中国人民大学民国史研究所　主办

民国史研究

STUDIES ON THE HISTORY OF
REPUBLICAN CHINA

第 1 辑

郭双林　主编

本刊出版受到中国人民大学“统筹支持一流大学和一流学科建设”经费
步印文化传播有限公司支持和资助

《民国史研究》编委会

主　　任　黄兴涛

委　　员　（以姓氏笔画为序）

马克锋　王奇生　王续添　左玉河　孙　江
李少兵　李　帆　李金铮　杨天宏　杨念群
罗志田　郑大华　金以林　郭双林　夏明方
桑　兵　章　清　黄兴涛　彭南生

主　　编　郭双林

发刊词

自 1912 年南京临时政府成立，到 1949 年中华人民共和国诞生、国民党退出大陆，是为中国近代史上的民国时期。在这 38 年时间里，以 1927 年南京国民政府成立为界，又可划分为前后两个阶段，即北京政府时期和南京国民政府时期。如果说自 19 世纪中叶以来，中国社会经历了前所未有的剧变，那么民国又是这一剧变展现得最为充分、全面和深刻的时期。经过晚清几十年的准备、酝酿，进入 20 世纪以后，社会和文化思潮的激荡，政治与经济结构的转型，政党的崛起与竞争，民众的觉醒与选择，加之外来力量的影响，使得中国社会发生的剧变达至顶峰。民国离现实最近，要想深刻理解今天的中国，必须对近代史上那段特殊时期的历史做深入细致的研究。

从 20 世纪 80 年代开始，中国大陆的民国史研究就逐渐转“热”，近年更呈愈来愈“热”之势。这是中国历史研究重心不断下移的自然结果，与海外新理论、新方法的引入和中国当今社会的急剧变迁直接相关，也与民国时期的档案、报纸、日记等史料之海量及其开放、整理和利用之方便密不可分。不过，总体来说，这种研究“热”的分布并不均衡。就时段而言，南京国民政府时期的历史研究更受重视，成果最为突出；北京政府时期则要相对冷清，关注较少。就内容而言，具体的、细碎的考述相对较多，宏观的、贯通性的，尤其是富有思想的研究则显得不足。新的时代需要民国史研究的全面深化，也呼唤“有思想的学术和有学术的思想”。正是在这一背景下，我们创办了《民国史研究》，希望在这方面，能够略尽我们的绵薄之力。

《民国史研究》是由中国人民大学民国史研究所主办的一份专业学术

集刊。它将依托地处北京的区位优势和本单位现有的学术条件，在全面关注整个民国时期历史的同时，自觉以北京政府时期的历史研究为侧重点；在兼顾政治史、经济史和社会史等领域的同时，尤为彰显思想文化史的研究特色。此外，在推动民国时期北京史的研究方面，也将提供一个专门持续的学术发表平台。本刊不仅重视新问题的提出、新方法的尝试和新思想的阐发，也重视新成果的评介、新史料的披露与运用。

《民国史研究》既为中国人民大学民国史研究领域同人的学术园地，亦望海内外同道热心赐稿。只要言之有理，持之有故，无论长篇短简，无不竭诚欢迎。我们期望经过若干年的努力，能将《民国史研究》办成可与《清史研究》并立的姊妹刊物。

目　录

·专题论文·

·学术笔谈·

·前沿动态·

·书评·

·珍稀文献·

·专题论文·

民国时期“中华国族”概念的运用、入宪讨论及典型阐说*

黄兴涛**

摘　要　“中华国族”是同“中华民族”有着密切关联的复杂的政治新概念。它在清末民初新出现的“国族”概念的基础上生成，在20世纪20年代中后期和30年代初期开始被使用。1935年被纳入“五五宪草”。本文勾勒了“中华国族”一词的形成、概念的不同内涵、早期的使用情形，及其在国民党内高层间形成的思想分歧和入宪讨论的历史过程，并分析了其最终流播有限的结局及成因，也透视了以人类学家芮逸夫为代表的“中华国族”论在民国的典型思想形态。

关键词　中华国族　中华民族　五五宪草　孙科　芮逸夫

“中华国族”是一个同“中华民族”有着密切关联的近代新名词和新概念，并且是一个当今学术界特别是台湾学术界似乎使用得越来越多的政治词语和概念。考察它在民国时期的由来、内涵及使用情形，相信不仅可供今人合理使用这一概念时参考，且对于人们了解和认知民国时代及其有关历史问题尤其是民族思想与中华民族认同问题也是不无裨益的。

---

* 本文为中国人民大学科学研究基金项目重大规划项目“中华民国编年史（北洋政府时期）”（批准号15XNLG02）的成果。

** 中国人民大学历史学院教授。

一　从清末“国族”概念的出现到孙中山“国族”说的形成

要探究“中华国族”一词和概念的由来，不得不首先考察“国族”一词及其概念在中国的早期历史。

现代“国族”与“民族”概念相互缠绕，它一出现就与现代“国民”概念不可分离，且与中国国内各民族人民一体化的族群整体意识之兴起联系在一起。笔者曾经研究指出，在清末立宪运动的浪潮中，体现中国各民族一体化整体观念的“国族”一词，已经出现。如 1911 年 7 月 15 日，《申报》主笔希夷在《本馆新屋落成几纪言》一文里，就与“国民”和“民族”两词并列，多次使用了“国族”这一概念。文中非常自觉地称全中国人民为“一族人”，称报馆同人“聚全国同族于一纸之中”，与之共同喜怒哀乐已然 40 年，并立志今后还要继续“与国族永聚于斯”、“相提相挈而同升于立宪舞台之上”，以“自植其立宪国民之资格……勉为高尚清洁之民族，而养成神圣尊严之社会”。① 其中，近代西方“民族国家”（nation-state）和“（国民）民族”（nation）的思想影响，于此可见一斑。从这里，我们还可以看到，像《申报》这类在全国范围内发行的现代媒体在近代中国的出现和运作本身，实具有并发挥过多方面有益于打破狭隘区域局限、实现中国各民族一体化的政治文化功能，而不仅仅是传播这种大民族一体化观念的工具而已。②

今人如欲把握“国族”概念使用的早期内涵，感知辛亥革命前夕清末国人的民族一体化整体意识的勃发，及其与立宪运动的开展和现代媒体启蒙者之间的历史关联，不妨细细品读一下《申报》主笔希夷包括上述内容在内的那段相对完整的“纪言”。

---

① 《申报》宣统三年辛亥六月二十日（1911 年 7 月 15 日）。此条材料系十多年前朱浒教授细查《申报》时代为查找，特志于此并致谢。

② 参见黄兴涛《民族自觉与符号认同：“中华民族”概念萌生与确立的历史考察》，《中国社会科学评论》（香港）第 1 卷第 1 期，2002 年。

> 我本馆同人之歌哭与聚国族而日夕相见者已四十年矣。……夫报纸为全国上下之缩影。政府歌则我报纸亦歌，国民哭则我报纸亦哭。聚全国同族于一纸之中，族人之悲欢忧乐即我报纸之悲欢忧乐也。此后报纸之或歌或哭，无一非我族人笑啼之真相。然则我报纸与族人关系之密切，不啻形影之不相离。虽至数千年而后，我报纸当永永与族人同聚于一室而歌哭相闻者也。……
>
> 虽然，今日之中国一族人，哭多歌少之日也。国势孱弱至此，则我族人哭；外患侵凌，则我族人哭；内乱迭兴，则我族人哭；水旱盗贼之相乘，商民财力之交瘁，则我族人哭；而在上者犹假立宪之名，以隐行其专制之实，凡国民应享之权利，无不出其敏捷强硬之手段以攫之而去，则我族人欲哭无泪矣。然而此非我族人坐以待毙之日，乃我族人卧薪尝胆时也。宣统五年之立宪，转瞬即届，政府虽未必实心举办，而我族人无不可乘此时机以自植其立宪国民之资格。学则兴教育，商则讲贸迁，工则重制造，绅则办地方公益。凡一切平民，皆当务专其业，勉为高尚清洁之民族，而养成神圣尊严之社会。我同人虽不敏，亦当勉任提倡指导之天职，鼓吹宣扬之义务，以与我族人相提相挈而同升于立宪舞台之上。于斯时也，我族人其破涕为欢，而始有相与歌哭之日乎？此则我同人愿与国民共勉之微意也。……
>
> 他日者，国家之命运由困而亨，神圣之国民由弱而强，则庶几我报纸与国族永聚于斯，闻歌声而不闻哭声，是即我同胞无量之幸福也。同人敢以此为他日之左券。①

上述引文中的“中国一族人”，既是现代国民全体“陶铸”而成之“国族”，同时亦称“民族”，或确切地应称之为有别于族裔或种群民族的“国民或国家民族”。它显然是就参与立宪国家建设的汉、满、蒙、回、藏等各族“同胞”的整体而言。申报馆此种各民族一体化的强烈“国族”

---

① 参见黄兴涛《民族自觉与符号认同：“中华民族”概念萌生与确立的历史考察》，《中国社会科学评论》（香港）第1卷第1期，2002年。

自觉及其责任意识，无疑得益于立宪运动的国民启蒙事业，不免令今人感慨万端。当是时，离清廷预定的立宪期限只剩下两年，离辛亥革命爆发之日，也已经不到三个月。

《申报》对“国族”一词的现代使用，同时也是对传统“国族”的词语含义加以转化的结果。《礼记·檀弓下》里有“歌于斯、哭于斯、聚国族于斯”之句，孔颖达疏曰：“‘聚国族于斯者’，又言此室可以燕聚国宾及会宗族也。”也就是说，《礼记》里的“国族”实际上是“国宾及宗族”的合称而已，这与该词的现代含义明显有别。类似含义的“国族”，明人夏完淳著名的《大哀赋》中也有使用：“式亏国族，深轸宸情，祭通族于太牢束帛，戍王人于扬水流薪。”不过，初步实现这种现代转换的“国族”一词化用的例子，恐怕并不始自《申报》，以笔者之见，早在1838 年，德国传教士郭士立在《古今万国纲鉴录》一书里即有使用。其关于“英吉利国史”的部分写道：“圣书曰：此后我看大群人不胜数，由诸国族民类而来，立于神座神羔之前……”[①] 如果说郭士立对“国族”一词的转译使用还少为人知，那么 1903 年，邹容《革命军》一书中的有关使用则流传甚广，且明显系由《礼记》中“国族”一词转化而来。请看《革命军》第四章：

> 吾正告我同胞曰：昔之禹贡九州，今日之十八行省，是非我皇汉民族嫡亲同胞生于斯、长于斯、聚国族于斯之地乎?[②]

这里，邹容对《礼记》里那段文字的借用，其中的“国族”一词已是与“家族”、“乡族”、“部族”相对而言的更大的族体单位。对此，《革命军》中另一处使用“国族”的文字可以为证：

---

① 郭士立：《古今万国纲鉴录》卷 16，道光十八年（1838）戊戌仲秋镌，新加坡坚夏书院藏版，第 56 页。该书还在现代意义上率先使用“国父”一词：“一千七百九十九年，窐性吞卒，通国悲哀，如丧其父，至今美民犹称之为国父也。”见该书卷 4。

② 郅志选注《猛回头——陈天华邹容集》，辽宁人民出版社，1994，第 209 ~ 210 页。

> 夫人之爱其种也，其内必有所结，然后外有所排。故始焉自结其家族以排他家族，继焉自结其乡族以排他乡族，继焉自结其部族以排他部族，终焉自结其国族以排他国族，此世界人种之公理，抑亦人种产历史之大原因也。[①]

很有意思的是，邹容《革命军》中使用“国族”的第二处，实际上由前一年即1902年梁启超发表在《新民丛报》上的《新史学》一文中“历史与人种之关系”一节有关文字直接“加工”而成。也就是说，梁启超化用传统“国族”一词较邹容还要早一年。在《新史学》一文中，梁氏写道：“历史生于人群，而人之所以能群，必其于内焉有所结，于外焉有所排，是即种界之所由起也。故始焉自结其家族以排他家族，继焉自结其乡族以排他乡族，继焉自结其部族以排他部族，终焉自结其国族以排他国族。此其数千年世界历史经过之阶级，而今日则国族相结相排之时代也。”[②] 由此也可见，当时的改良派与革命派之间在思想上相互影响之一斑。众所周知，梁启超的《新史学》以揭示“人群进化”规律、塑造“新国民”为目标，它强调“史也者，非纪一人一姓之事也，将以述一民族之运动、变迁、进化、堕落，而明其原因结果也”。[③] 可知梁氏对“国族”的理解，具有某种将族类、人种意识与国民的政治含义结合在一起，或者说把“民族”建立在“国民”基础之上的内涵，这与现代“nation”的意思已经相当接近。

据研究，在清末，明确以“国族”来对译“nation”或“nationality”的情形也已经出现了。张君劢乃是一个自觉的先行者。这位崇拜梁启超、经常阅看《新民丛报》的青年人到日本早稻田大学留学的第一年，编译了《穆勒约翰议院政治论》一文，发表在1906年的《新民丛报》上。在此文中，他就借助西方宪政民主思想家约翰·密尔（又译约翰·穆勒，John Stuart Mill）的学说，来阐释对“国族”的理解。

---

① 郅志选注《猛回头——陈天华邹容集》，第205～206页。

② 梁启超：《新史学》，张品兴主编《梁启超全集》第2册，北京出版社，1999，第741页。

③ 梁启超：《新史学》，张品兴主编《梁启超全集》第2册，第750页。

> 国族者何物耶？凡人类之一部，相互间以共同之感情而同受制于自主的政府之下者也。……凡可以成为一国族者，其根本不一，而其要不出四者：同人种，同血统，同言语，同宗教。虽然，有其最要者，则政治上之沿革，即共戴一国民的历史，同其怀旧之思、同其荣辱之感、同其苦乐之情，而以往之盛衰起伏无不同之是也。虽然，凡此数者不必事事皆居必要，亦有即具之而无补于事者。有人种异、言语异、宗教异，而不害为一国族者，瑞士是也；有宗教同、言语同、历史同，而不克成为一国族者，西雪里岛之于拿坡黎是也。[①]

张君劢此文编译自约翰·密尔的名著《代议制政府》，此文是他初登思想舞台的首篇文字。张氏显然很好地理解了密尔关于现代“nation”建立在公民或国民政治身份（citizenship）之上并享有“同国族之感情”的那种现代含义。因此文中强调：“凡苟有国族之感情者，应结合其人民以立于同一政府之下，然必云自主的者，则以专制之国，固有合数民族而为一国者，然出于君主之钳制，故不得谓为同一国族，且一旦统一者亡，则其民必随而分崩。惟其自主，乃得谓为真同化也。”同时强调：“国族二字，原文名曰 nationality，其意可以成为一国之族也。故译曰国［族］，而不译民［族］。”[②] 实际上，正是这种力图“化臣民为国民”以造“中国之新民”的宪政追求，使得清末的立宪派如梁启超等反对革命党人开展“排满”那种族裔（或种群）民族主义运动，而倡导一种国民（或国家）民族主义。也正是在这个意义上，宪政思想家严复才批评族裔性“民族主义”，视其为“宗法社会”之产物，认为其不适应所谓“军国社会”即

① 立斋（张君劢）：《穆勒约翰议院政治论》，《新民丛报》第 18 号，1906 年。

② 立斋（张君劢）：《穆勒约翰议院政治论》，《新民丛报》第 18 号，1906 年。参见方维规《近代思想史上的“民族”及相关核心概念通考》，孙江、陈力卫主编《亚洲概念史研究》第 2 辑，三联书店，2014，第 36～37 页。另见沈松侨《我以我血荐轩辕：黄帝神话与晚清的国族建构》，《台湾社会研究季刊》第 28 期，1997 年 12 月。沈氏不仅首次引用了张君劢的有关文字，还在第 229 个注释中强调，张君劢“于‘国族’之义已有深刻之体认，这也是笔者在晚清的大量文献中，惟一见到明白揭橥‘国族’一词的例证”。不过，他倒没有就此概念展开论说。

近代国家的需要。与此相应，严复也把现代英文词“nation”译为“同种国民”或者“国民之国家”。[①] 杨度其实深受严复在《社会通诠》中所传达的此种思想的影响。故在阐述其“中华民族”观念的《金铁主义说》一文中，他就认定：“今日之中国已由宗法社会进化入于军国社会，然尚未为发达之军国社会，但去此些须之家族制度斯发达矣。变词言之，则今日中国之主义已由民族主义进化入于国家主义，然尚为未发达之国家主义，但去此些须之家族思想斯发达矣。”他由此批评满人整体上尚缺乏“与汉人同居中国土地、同为中国之人民，即同有中国之国家”这样的“国民国家”观念，[②] 可见其与梁启超批评革命党人的思路大体一致。若了然于此，则一些学人长期纠结不清的所谓清末严复与近代民族主义的关系问题，亦可厘清——他反对族裔或种群民族主义，而认同国民或国家民族主义，也即国族主义。

在《穆勒约翰议院政治论》一文中，张君劢还传译了密尔关于“民族同化”的思想，并对满、汉两个民族的“同化”前景抱有期待。这与梁启超的有关思想也有相通之处。张氏此文刊登于《新民丛报》之后，梁启超的赏识，次年即与梁启超一道发起成立政闻社，加入立宪派阵营，开始了其一生追随梁启超、探索中国宪政道路的历程。[③]

不过，若具体到当时“国族”一词的运用语境来看，则邹容《革命军》中所使用的“国族”显然是就汉族建国而言，并非《申报》所指的超越汉族的中国各民族一体化的称谓，这与立宪派对“国族”概念的运用有所不同。实际上，作为中国各民族一体化代称的“国族”概念之使用，在清末时总体来说还极为少见。其较多使用，是在孙中山《民族主

---

① “同种国民”见严复1906年编译的《政治讲义》，“今日所谓同种国民，西语所谓nation者”。王栻主编《严复集》第5册，中华书局，1986，第1272页。“国民之国家”的译法，见严复译甄克思所著《社会通诠》，商务印书馆，1981，第141页。参见戚学民《严复〈政治讲义〉研究》，人民出版社，2014，第169~170页；另可参见王宪明《语言、翻译与政治：严复译〈社会通诠〉研究》，北京大学出版社，2005，第231~232页。

② 杨度：《金铁主义说》，《中国新报》第1号，1907年。

③ 可参见翁贺凯《张君劢宪政民主思想的起源——以〈穆勒约翰议院政治论〉为中心的考察》，《清华大学学报》（哲学社会科学版）2008年第5期。

义》演讲中正式使用“国族”一词之后。

1924 年 1 月 27 日，孙中山在其《民族主义》演讲的第一讲中，一开始就将“国族”与“家族”、“宗族”概念相联系，引人注目地提出了“国族”概念。他说：“民族主义就是国族主义。中国人最崇拜的是家族主义和宗族主义，所以中国只有家族主义和宗族主义，没有国族主义。……所以中国人的团结力，只能及于宗族而止，还没有扩张到国族。”[①] 那么何为“国族”呢？它与“民族”是什么关系？孙中山并未直接回答，而是强调所谓“民族主义就是国族主义”、“民族就是国族”这些说法“在中国是适当的，在外国便不适当”，因为在西方，“民族”与“国家”是有差别的，也必须将两者加以区分。“英文中民族的名词是哪逊（nation 音译——引者注），哪逊这一个字有两种解释，一是民族；一是国家。这一个字虽然有两个意思，但是他的解释非常清楚，不容混乱。”这种一词两义的现象，在中西语文中也很常见，不足为怪。不难看出，孙中山所谓“国族”，实际就是一个国家的全体人民所组成的凝结体，它是以国家为基础和对象的。他又说，“本来民族与国家相互的关系很多，不容易分开，但是当中实在有一定界限，我们必须分开”。在他看来，民族和国家间的区别，主要取决于其得以形成的力量性质：一个团体，由于王道自然力结合而成的便是民族；由于霸道人为力结合而成的便是国家。[②] 而“自然力”不外乎五种，包括血统、生活、语言、宗教和风俗习惯。国家和民族关系的构成也存在多种形式，“外国有一个民族造成几个国家的，有一个国家之内有几个民族的”，比如像在英国那样的国家，“民族”和“国族”，“民族主义”和“国族主义”就都不是一回事，无法对等；而中国则不同。中国“自秦汉而后，都是一个民族造成一个国家”，二者已合而为一。这实际上是一种独特的中国特殊论。不过孙中山这样的观点，显然无法合理解释元代中国和清代中国。不知其这里所言，是指中国作为传统王朝国家在“民族”与“国家”的关系上实与西

① 《孙中山全集》第 9 卷，中华书局，1986，第 185 页。

② “霸道人为力”，孙中山有时又表述为“政治力”、“政治强制力”等。

方近代民族国家无异，还是指传统中国已带有近代西方民族国家的某些特色？但可以肯定的是，孙本人却并没有因此完全否认各少数民族的现实存在，只不过是强调汉族人数占了绝大多数，而少数民族的数量微不足道，因而可以忽略而已。所以他说：

> 就中国的民族说，总数是四万万人，当中参杂的不过是几百万蒙古人，百多万满洲人，几百万西藏人，百几十万回教之突厥人。外来的总数不过一千万人。所以就大多数来说，四万万中国人可以说完全是汉人，同一血统，同一言语文字，同一宗教，同一习惯，完全是一个民族。①

这种因少数民族人数“极少”就称中国人“可以说完全是汉人”，中国为“一个民族造成一个国家”的说法，无疑彰显的是汉族的自大，理论逻辑上自相矛盾，难以服人。所以三年后的1927年，诸青来在出版《三民主义商榷》一书时，就抨击孙中山道：“以人口属数目论，满蒙回族人口究占总数百分中之若干，尚无确实统计。纵如中山所云，汉族占四十分之三十九，其他四族，仅得其一，亦不能说四万万人完全是一个民族。抬高五族中之任何一族，而抹煞其他四族，以一律平等之义衡之，得非大相剌谬乎？”②

概括起来说，在孙中山那里，“民族”和“国族”本来是两个有区别的概念。“国族”指的实际是国家的主体——国民之全体，属于纯粹的政治概念，它是否能彻底成为一个“民族”，尚有赖于血统、生活、宗教、语言和风俗习惯等五种“自然力”的进一步化合作用。但由于中国情况特殊，汉族占国民人口的绝对多数，简直就（仿佛）是“一个民族造成一个国家”，所以若从全部国人之总体层面来“大体”把握中国的“国

---

① 以上内容可参见《孙中山全集》第9卷，第186～188页。

② 诸青来：《三民主义商榷》（正谊社1927年初版），箴文书局1930年再版，第7页。诸青来（1881～?），上海人，清末留日。1934年参加国社党。后加入汪伪政权，出任交通部部长等职。

族”与“中华民族”这两个概念，其彼此所包含的国人数量之适用范围，“实际上”又已“基本”重合。

孙中山这一矛盾含混的“国族”说，在日后的国民党内部和思想界，造成了相当复杂的影响。对此不予以深究者，往往从定义上直谓“国族即民族”，因“孙总理”如是说，故乐于将两者混用；而那些具有中华民族一元论情结者，则必言孙中山所谓“国族”，实乃指“一个民族造成一个国家”之义，也即同单一“民族国家”相对应的“国家（民）民族”之谓，此种“国族”之下实容不得多个“民族”并列，因之与后来所谓多元一体论难免冲突。关于这一点，不认同单一性中华民族观的中共思想家们似多已明白，他们即便是在抗战时期也很少使用“国族”尤其是“中华国族”概念，应该与此不无关联。当然，更多的人则只是从孙中山那里接取“国族”二字，在范围更大的中华民国“国民之全体”的一般政治意义上来使用它，而同时将“民族”作为其政治下位概念，也即人类学和民族学意义上的历史文化概念来运用。这样的使用，实便于弱化、缓解其时国内的民族与国家之间的那种矛盾和紧张关系。此外，还有人在“国家和民族”这种泛泛并称的意义上使用“国族”一词。

但不管人们此后怎么理解和使用“国族”，孙中山正式将“国族”概念引入其三民主义的政治思想中，都是近代中国民族主义和民族思想史上的一个重要事件，尤其对现代“中华民族”观念的传播与认同产生了重要影响。

关于孙中山对“国族”和“宗族”关系的认知，还有一点应该补充。从前文所引述的孙中山在《民族主义》第一讲中的有关言论来看，他所批评的乃是传统中国人因只重家族和宗族而缺乏国族观念和凝聚力，终落得一盘散沙的缺失性一面；然而到了《民族主义》的第五讲时，其思路似乎又有所调整，转而从民族文化优越和自信的立场来加以立论，并强调对于宗族的“好观念”，只需略加改造便可构成对建设“一大国族”所需要的正面的基础性意义。故他说：

> 依我看起来，中国国民和国家结构的关系，先有家族，再推行到宗族，再然后才是国族。这种组织一级一级的放大，有条不紊，大小

> 结构的关系当中是很实在的。如果用宗族为单位，改良当中的组织，再联合成国族，比较外国用个人为单位当然容易联络得多。[①]

从这里，我们其实已不难看到后来蒋介石鼓吹的视汉族和其他少数民族为“宗族”的那一著名“宗族论”的某些直接的思想因子了。

有学者认为，实际上1919年之后，孙中山的“中华民族”观念本身仍然经历一个演变过程，“1919～1922年，他的‘中华民族’观是一种以同化为基础的一元一体的‘中华民族’观，就实质而言，这是一种大汉族主义的民族观；1923年到他病逝，他的‘中华民族’观是一种以平等为基础的多元一体的‘中华民族’观，既承认‘中华民族’是中国的‘国族’，但同时又不否认境内各民族的存在，主张在平等的基础上实现各民族的融合”。[②] 笔者以为，注意到1919年以后孙中山“中华民族”观发生了某种变化，无疑是有意义的。但究竟如何准确把握这种变化的实际内涵，或许还存在商榷之处。如果就内容而言，孙中山1919～1922年的民族思想固然有潜在的大汉族主义倾向，在文化上也确有一种明显的汉族中心的优越感，但很难说他在主观上也即认同理念上，已经全然放弃了其以往一贯声称的“民族平等”原则，特别是在政治和经济方面。正如金冲及先生所强调的，“他对民族主义的解释，一直特别看重‘平等’二字”。[③] 而复杂的是，1923年之后，他虽然正式使用了“国族”概念，但他使用这一概念所表达的“中华民族”观念，同1919～1922年相比却未必有本质的变化，其中那不自觉的大汉族主义思想倾向，也未见得就真正地被他自己彻底“扬弃”了。

二　“中华国族”概念的流播、入宪讨论及其结局

受孙中山思想的直接影响，1924年后特别是1928年国民党夺取全国政

---

① 《孙中山全集》第9卷，第238页。

② 郑大华：《论晚年孙中山“中华民族”观的演变及其影响》，《民族研究》2014年第2期。

③ 金冲及：《辛亥革命和中国近代民族主义》，中国史学会编《辛亥革命与20世纪的中国》（中），中央文献出版社，2002，第915页。

权后，“国族”一词在中国的使用逐渐增多，“中华国族”一词和概念也开始出现。尽管“国族”一词运用于当时的中国人整体指的自然就是“中华国族”，但“中华国族”作为一个正式的词汇和概念，其出现还是要较“国族”略晚，并且实际的使用也要少得多。笔者查阅《申报》数据库得知，1931 年九一八事变之前，该报似乎仅两次使用过“中华国族”：一是 1928 年 4 月 2 日，江苏大学民众教育学校的开学典礼上，其中一副对联里曾有使用。该对联为：“造中华国族新生命，放世界人类大光明。”[①] 二是 1930 年 1 月，国民政府蒙藏会议期间，《申报》的有关报道中曾有使用。一篇题为《蒙藏会议提案标准》的“要闻”报道写道：“本会议一切提案，均应尊奉总理遗教、及本党历次宣言决议案，以扶植蒙藏民族，使之能自决自治，与国内各民族实行团结，为整个的大中华国族为目的。”[②] 如果说，1928 年那副对联中的“中华国族”含义还难以确切把握，尚无法确认其如何看待构成“中华国族”的国内各民族之身份，那么 1930 年的“中华国族”用法，则显然以明确承认国内各民族的“民族”身份为前提。

就目前笔者集中阅读有关资料的体验来看，“中华国族”一词和概念的社会化使用，是在 1931 年之后特别是在国民党“五五宪草”的起草、临时公布和公开讨论过程中逐渐增多的。而其最重要契机乃在于国民政府和不少思想界人士越来越感到，在汉、满、蒙、回、藏“五族共和”的基础上建立一个一体化的“中华民族”，对于抵御外辱、建设统一的中华民国极其重要。而一方面既称国内各少数民族为“民族”，另一方面也称其整体化的总称为“中华民族”——这两者之间表面上看起来又似乎构成某种“矛盾”。当时，上自国民政府高层领导，下至普通思想界，解决这一“矛盾”的思路不外乎两种：一是放弃称国内各民族为“民族”，而改称“种族”、“支族”、“部族”、“宗族”等；二是从相反的方向致思，直接或间接地考虑如何调整各民族共同体的整体称谓，比如自觉地将“中华民族”改称“中华国族”，或更确切地说，将“中华国族”与“中

---

① 《江大民众教育学校开学礼记》，《申报》1928 年 4 月 2 日，第 11 版。

② 《蒙藏会议提案标准》，《申报》1930 年 1 月 20 日，第 6 版。

华民族”配合起来，相间使用。毋庸置疑，第二种思路同样属于现代“中华民族”观念及其认同问题中不容忽视的重要组成部分，不过是努力路径有所差异罢了。在这方面，以孙中山之子孙科为代表的部分国民党大员及其有关“立宪”活动，或许应当引起研究者格外的关注。因为它迄今为止不仅长期被学界所忽略，同时还涉及今人所关心的与“中华民族”概念入宪有关的问题。[①]

至于第一种思路，则早已为学界所熟悉。特别是顾颉刚1939年发表的《中华民族是一个》及其引起的有关争论，已被学界同人反复研讨。顾氏强调“民族”由“nation”翻译而来，它只是一个国际政治的概念，而非民族学概念，中国境内只有一个中华民族，国内原被称为“民族”的汉、满、蒙、回、藏，都只能称为“种族”。顾氏的观点虽有影响，却绝非同类观点的创发人。早在1929年，作为国民党最高统帅的蒋介石本人，就表达过类似意见，只是还不太明确清晰。是年7月9日，蒋在北平陆军大学做《三民主义纲要》演讲时曾说：

> 我们晓得世界上每一个民族，当然应该是独立的，各民族应该是平等的，但是我们中华民族不是一族的民族，完全是拿汉满蒙回藏五个种族合起来，成功整个的中华民族，这是历史上地理上文化上都可以证明为必要的。汉满蒙回藏五个种族联合起来，才叫做中华民族，是整个的不能分开的。我们的民族主义，对外要保持我们整个民族的独立和统一，不使得有哪一部分，受人家的侵略；对内要谋平等自由的发展，不许各民族间，及各人民间，有谁压迫谁的事实。[②]

---

① 可参见李占荣《论“中华民族”入宪》，《社会科学战线》2008年第10期；常安：《“中华民族”入宪有利于维护祖国统一》，《中国民族报》2009年11月20日等。在中国民族学学会会长郝时远先生看来，“中华民族成为宪法概念也是迟早的事情”。见郝时远《类族辨物》，中国社会科学出版社，2013，第305页。

② 蒋中正：《三民主义纲要》，副题为《十八年七月在北平陆军大学讲演词》，《中央周报》第63期，1929年。1930年，它又曾以《三民主义的纲要》一文为题，发表于《中央半月刊》第2卷第24期。其内容大体一致，只是文字有所出入。而笔者所引录的这段文字，两者则完全相同。秦孝仪所编的《先总统蒋公言论总集》目录中，却标明蒋介石的此次演讲稿“稿佚”，不知何故。

当时，蒋介石已开始尝试称呼包括汉族在内的各个民族为“种族”，以避免与中华民族说的矛盾，但他思想上尚是含混不清的，一方面，他同时称这些“种族”为“民族”，没有公开否认国内各民族的“民族”资格；另一方面，他似乎还没有意识到不同“种族”就意味着不同血统的问题。一旦他意识到这一点，就会自动放弃称中国各民族为不同“种族”——这便是他后来终于走向“宗族论”中华民族说的缘由。

从1940年代初开始，蒋介石已公然地不愿再称汉、满、蒙、回、藏各族为“民族”了。如在1942年8月27日发表的题为《中华民族整个共同的责任》的讲话和1943年出版的《中国之命运》一书中，他都明确地表明了这一点。只是蒋与顾颉刚等又有所不同，他这时宁愿称各族为“宗族”而不再愿意称其为“种族”。因为他已明确意识到中国各民族并非为血统有别的异“种族”存在，而“本是一个种族和一个体系的分支”，是“同一血统的大小宗支”，“中华民族是多数宗族融合而成的”，“我们的各宗族，实为同一民族”。[①] 若以现在一般民族学者的观点来看，则蒋肯定与孙中山一样，未能理解“民族”与“种族”的关键区别，甚至与孙中山比起来，他更有过之，但这已属于另一层面的问题。

可以肯定的是，蒋介石此时并不完全满足于像顾颉刚等人那样将“种族”与“民族”加以简单对立性区分，而把血统因素完全留给“种族”的看法。在他看来，顾颉刚等人的看法尚停留在他1929年发表《三民主义纲要》时的含混认知水平；“民族”和“种族”固然有差别，但也未尝不是意义上有所交叉重合的概念。应当说，蒋介石对现代西方民族概念的核心内涵并非一无所知。对他来说，只是简单强调“种族”与“民族”的区别，而看不到或不愿强调两者之间关于血统及血统意识等多方面的密切联系，这在当时那种特殊的中国国情之下，对于“中华民族是一个”的整体认同恐怕并无益处，甚至可能有点“别生枝节”的书呆之气也未可知。长期以来，学术界较多关注顾颉刚与蒋介石思想的同一性方

① 蒋介石：《中国之命运》，中央训练团，1943，第2页。

面，乃至怀疑其有可能被蒋“御用”，[①] 反而忽略当时两人彼此之间思想的差距，这其中恐怕存在失察之处。

但孙科的看法与蒋介石存在明显不同。正如已有个别研究者敏锐指出的，1943 年蒋介石《中国之命运》将“宗族论”高调阐发之后，孙科等人却并不附和，或者说根本不予理睬。是年 11 月 15 日，孙科在国民党中央训练团党政班演讲“宪法要义”问题时，仍旧强调：“中国是多民族的国家，其中占最大多数的当然是汉族。”[②] 这实际上也是他体会其父孙中山的遗教并多年坚持不变的观点。在孙科看来，把中国各族融化成一大“中华民族”固然是目标，但在目前各民族依然存在，也是必须正视的现实。

孙科早年留学美国，对宪政有所诉求。1931 年前后，他就曾公开表达对于蒋介石独裁统治的不满，呼吁国民党应尽快结束“训政”、开始“宪政”，并有志于为中华民国创制一部宪法。1932 年 12 月，他出任国民政府立法院院长之后，立即成立了宪法起草委员会，延聘国内 36 位著名法学家参加，自己兼任委员长，亲自主持起草工作。经过几年的反复研讨和修改，最终完成了《中华民国宪法草案》，并于 1936 年 5 月 5 日由国民政府公布出来，亦称“五五宪草”。由于立意为贯彻“三民主义”原则，该宪草在结构上势必涉及“民族”问题，这就为“中华民族”和“中华国族”概念的入宪，提供了更多的机会。此前民国制定的各种宪法，多只从国民角度，提“中华民国人民”、“中华人民”和“中华民国国民”等概念，尚没有从民族问题角度涉及“中华民族”及其相关概念如“中华国族”。

在 1936 年公布的“五五宪草”中，“中华国族”一词首次被正式写入了第一章“总纲”。该章的第五条明确规定：“中华民国各民族均为中华国

---

① 可能是顾颉刚抗战时期的有关思想和学术态度较能体现国民政府意愿的缘故，蒋介石在 1941 年 7 月 10 日和 17 日的日记中，曾记录他预定要约见顾颉刚，以及钱穆、熊十力和冯友兰“谈话”之事［见《蒋中正日记》（未刊本），民国 30 年 7 月 10 日、7 月 17 日］。但是否实际约见，尚不得而知。查吕芳上主编《蒋中正先生年谱长编》等书，均未见有约见记录。应该是未能约见。

② 参见杨思机《指称与实体》（中山大学博士学位论文，2010），第 226 页。关于孙科原话，可见中国第二历史档案馆编《中华民国史档案资料汇编》第 5 辑第 2 编政治 3，江苏古籍出版社，1994，第 750 页。

族之构成分子，一律平等。”这显然是有意借用了孙中山有关“国族”的概念。正如我们在本文前面曾提到过的，孙中山在《民族主义》演讲的第一讲中，曾矛盾地认为，中国早就是“一个民族造成一个国家”，民族与国家在中国，早已合而为一。这在世界上也是一大奇迹，所以在中国，中华民族就是“国族”，民族主义就是国族主义。孙中山的这一“国族”论，实际上造成两种不同的理解，一种是将“国族”完全等同于“民族”，趋向于认同单一中华民族论。1940 年代初，有的单一性中华民族论者，即乐于在这一特定的含义上使用“中华国族”，如 1942 年出版的《我们的国族》一书的作者毛起鵕等，就是典型代表。他们声称，之所以将该书命名为《我们的国族》，而不是《我们的民族》，正是因为孙中山上述“这一独特天才的启示”。在该书的章节标题上，他们也反复使用“中华国族”概念，并特别指出：“国父中山先生体认了中华民族的这一特点，赋予了一个特创的名词——国族”；“国族是什么呢？我们以为它和民族在某种情况下，是同一个东西，是同一的范畴。我们以为凡是一个民族，如果具有‘一民族一国家’（one nation one state）的这一特点，这民族便可算是国族”。由此出发，他们直接否认了国内蒙、藏、回等少数民族为“民族”，而在汉文中将其称为“部族”；认为汉、满、蒙、回、藏、苗等称呼，“严格的说，已经不能代表民族的名称。因为它们并没有因血统等关系而形成另外的组织而单独的存在。他们每个不个［过］中华民族的支派或组成的一个分子。实际历史已经把他们铸成一个同命的不可分离的结合体，而今我们只可说仅有一个‘中华国族’，汉、满、蒙、回、藏、苗等的名词，是不必要的了”。①

① 毛起鵕、刘鸿焕合编《我们的国族》，独立出版社，1942，第 2、3 页。毛起鵕等称汉、满、蒙、回、藏为所谓的“部族”，认为其实际含义与人类学意义上的“nationality”大体相当，换言之，“‘nationality’应译为‘部族’，近似所谓‘少数民族’（minorities）”。对西方人类学和政治学的有关知识多少了解一点的毛氏还强调，“民族”与“部族”可依两个标准来区分：一是“政治组织之有无”；二是“人数之多寡”。“民族为政治的结合，部族则为非政治的结合。政治的结合最高形态为国家为民族所应有，却非部族所必需”；“在一民族一国家里，民族就是人民的全体；在多民族的国家里，多数民族即可作为民族的代表，而少数民族便是部族”。但毛起鵕同时又认为，中国的汉、满、蒙、回、藏等族“彼此同一血缘者多，而非同一血缘者少”，因此严格说来，“以之比拟于西方国家中了［的］所谓部族（nationalities）或所谓少数民族（minorities），均属不伦”。参见毛起鵕《民族、种族、国族》，《军事与政治》第 2 卷第 5 期，1942 年。

这里，作者认为“中华国族”与“中华民族”一样，无疑属于一种单一性民族构成的政治概念。

但是显然，孙科主持制订的“宪草”中的“国族”概念的使用，却与此狭隘用法存在区别：他直接就强调了这一“国族”之下有多“民族”存在的事实。在笔者看来，孙科的认识理当被视为对孙中山“国族”论内涵的另一种理解和把握。就此而言，他的确体现出了某种与后来蒋介石所阐发的“宗族论”明显有别的思想旨趣。

可以肯定，“五五宪草”中“中华国族”一词及其作为整体概念的使用，与孙科个人的偏爱有关。他要贯彻自己一贯坚持的“国内各民族一律平等”的原则，而又能同时在字面上避免“民族套民族”的称谓矛盾。本来，1933 年在宪法起草委员会副委员长吴经熊所起草的《中华民国宪法草案初稿试拟稿》里，最初使用的是人们更为习惯的“中华民族”一词，而不是“中华国族”。吴经熊的拟稿分“总则”、“民族”、“民权”、“民生”诸篇。“民族篇”的第一章为“民族之维护”，第一条即为“国内各民族均为中华民族之构成分子”；第二条为“中华民族以正义、和平为本，但对于国外之侵略强权，政府应抵御之”等。[①] 1934 年 6 月 30 日，以吴稿为基础多方修改、由初稿审查委员会拟订的《中华民国宪法草案初稿审查修正案》里，“总纲”部分新增第五条为：“中华民国各族均为中华民族之构成分子，一律平等。”1934 年 10 月 16 日，立法院通过的《中华民国宪法草案》里，第五条则被改为：“中华民国各民族均为中华国族之构成分子，一律平等。”具体提出这一关键修改意见的人物，据笔者查证，当是国民政府立法委员陈长蘅。

陈长蘅（1898～1987）为四川荣县人，著名人口学家，1911 年赴美留学，1917 年获哈佛大学硕士学位归国。1928～1935 年曾任国民政府第一至四届立法委员。1934 年 9 月 21 日，立法院召开第 67 次会议研讨宪法草案问题，陈氏为出席会议的 74 人之一。该会由立法院院长孙科任主席。

① 转引自常安《中华民族认同与国家建构》，《湖北民族学院学报》（哲学社会科学版）2010 年第 1 期。这是笔者见到的对近代中国“中华民族”入宪问题有所涉及的论文。不过讨论的内容不多。有些材料内容与笔者所见尚有出入，待考。

会上，陈长蘅针对原第五条“中华民国各族均为中华民族之构成分子，一律平等”，发表了专门的修改意见。虽然，这位深知英文中“nation”现代内涵的学者究竟发表了怎样的具体见解，如今已经难得全知，但他显然主张明确称国内各少数民族为“民族”，同时把“中华民族”改为“中华国族”，这一意见，无疑得到了主席孙科和其他在场人士的基本认可。因为当天国民政府“中央社电”明确报道：原草案中的第五条，照陈长蘅之提议，改为“中华民国各民族均为中华国族之构成分子，一律平等”。次日的《申报》也曾据此给予报道。[①] 一年后的1935年10月25日，立法院再次开会讨论修正过的草案内容时，此条表述仍然保持未变，[②] 一直到“五五宪草”正式公布。

不过，将“五五宪草”中有关“中华国族”的表述和承认国内各民族存在的事实，仅仅归结为孙科、陈长蘅等立法院人士或者孙科一系的坚执之果，恐怕还过于简单。事实上，1930年代中后期，国民党高层内部在要不要承认国内各少数民族的“民族”身份问题上，始终是分歧不定、缺乏强有力共识的。存在类似孙科之思想者，还有多人。以冯玉祥的有关思想为例，1935年前后，他就受苏联民族政策影响较大，主张承认少数民族的“民族”身份，并著文公开批评国民政府的边疆政策无异于愚弄“边疆民族和人民”，呼吁“对于各民族的待遇一律平等而优待，绝不加以歧视”。[③] 而当时他不仅与孙科一道，同为国民党五届一中全会中央执行委员会的常委之一，还是国民军事委员会的副委员长，次年又与孙科一道，共同列名为国民党五届二中全会的主席团成员。不仅如此，甚至于国民党的“五全大会”正式通过的宣言，也令人惊异地包含了公开承认少数民族之“民族”身份的内容，据说其草拟者竟然还是一年前公开反对这一观点的戴季陶其人，而国民党元老于右任

① 《申报》1934年9月22日。

② 立法院中华民国宪法草案宣传委员会编《中华民国宪法草案说明书》附录三《立法院历次所拟宪草各稿条文》，中正书局，1940，第186、208、228页。

③ 冯玉祥：《中国与二次大战》，《冯玉祥选集》上卷，人民出版社，1998，第222～223页。

和张继，也联署表示了支持。他们的意思：一是承认现存各民族的身份，二是各民族参政应纳入地区范围，而不以民族为单位。在此前提下，可以享受特殊待遇、适当增加代表名额等。[①] 这一改变，可能与华北危机之后国民党逐渐明确的“联苏抗日”之外交策略，不无一定关系。而蒋介石个人，即便是不愿意接受少数民族为“民族”，至少对“五五宪草”中的“总纲”第五条以及“五全大会”宣言中的有关表述，也还是一度给予了容忍。

值得注意的是，同承认国内各少数民族的“民族”身份相一致，这一时期，强调各民族政治上不可分离的整体概念——“国族”之使用，在国民党的官方文件中也越来越多。据笔者的阅读印象，大约在1931年九一八事变之后，“国族”一词已不断地出现在国民党的官方文书里，1935年时，其用法已经是相当正规而不容忽视了。如国民党五大宣言及其五届一中全会重要决议案里，就都反复使用了“国族”概念，前者宣称“吾人必须团结四万万人民为一大国族，建设三民主义强固之国家”，“重边政、弘教化，以固国族而成统一”，特别强调，“必须扶助国内各民族文化经济之发展，培养其社会及家族个人自治之能力，尊重其宗教信仰与社会组织之优点，以期巩固国家之统一，增进国族之团结”；后者则要求党员“团结国族，共赴国难……增进边区人民国家民族之意识”等。“国族”概念在国民党政治话语中的时兴，不管是否与孙科本人地位的提升与思想倾向有关联，都为他在《宪法草案》的起草中直接使用“中华国族”概念并得到认可创造了条件。

1937年，青年党高层骨干常乃悳发表《国族的血》一文。这位崇尚国家主义的著名学者，抗战时期就很喜欢使用“国族”一词，而在此文中，他迅速而敏感地把握到“五五宪草”里采用“国族”概念和“中华

① 参见《戴季陶先生文集续编》、《戴季陶传记资料》(2)，转引自杨思机《指称与实体》，第85页。有意思的是，张继此人还喜欢公开攻击孙科、冯玉祥和于右任等“亲共”。有一次，他正攻击之时，蒋介石竟当着许多人的面痛斥他这种言论虽表面“爱党”，实则“害党”。后在日记中，蒋又表示因过于严厉而后悔。见吕芳上主编《蒋中正先生年谱长编》第6册，台北，“国史馆”、中正纪念堂、中正文教基金会，2014，第519~520页。

国族”表述的特殊意义，并予以积极的解读。

> 中国今日已经超越了民族社会时代而逐渐进到国族社会的建设时代。最近立法院的中华民国宪法草案，明定国族与民族的区别，实在是一件比较进步的认识。但是在中华国族的轮廓之内，依然有汉满蒙回藏苗夷各民族的单位存在着，这些民族在事实上不能分离而各自建设一独立的国族……①

1938年3~4月，国民党召开临时全国代表大会，会议对“民族主义”进行重新解释时，也特别强调“中国境内各民族，以历史的演进，本已融合而成为整个的国族”。② 可见在“国族”概念之下，依然承认国内各少数民族存在的事实。

由于抗战全面爆发，立宪活动被迫延后。1938年秋，为集思广益，团结各方力量，国民政府在武汉成立政治协商机关国民参政会，依照左舜生、张君劢等人意见，组成了包括国民党、共产党、民盟人士在内的宪政期成会以修改“五五宪草”。1940年3月30日，国民参政会上通过了《中华民国宪法草案（五五宪草）修正草案》，也就是所谓“期成宪草”。该草案对“五五宪草”中的“总纲”章第五条和其他章中涉及少数民族权利的部分，均提出了修改意见。其中关于第五条中的“中华国族”提法，陶孟和与章士钊都不太认同，故《期成宪草》“附记”中特别注明：“陶参政员孟和，章参政员士钊主张将‘中华国族’改为‘中华民国’。”③ 关于“人民之权利”的条款部分，则要求写明：“聚居于一定地方之少数民族应保障其自治权。”

对于“期成宪草”的上述修改建议，时任国民参政员的陈长蘅曾作

---

① 常燕生：《国族的血》，《国论》第2卷第10期，1937年。

② 详细内容可参见荣孟源编《中国国民党历次代表大会及中央全会资料》下册，光明日报出版社，1985，第467~468页。

③ 中国国民党河北省党部编印《中华民国宪法草案及各方研讨意见》（河北党务丛刊之十五），出版日期不详，第24页。

文加以反驳，认为“五五宪草”的“总纲”第五条“表示中华民国各民族无论其为多数或少数，均为中华国族之构成分子，彼此利害相同，休戚与共，不得任意脱离，亦不得互相歧视，比之协商会议所拟修改原则仅保障少数民族之自治权一点，实远较完善周妥”。[①] 他显然是要维护昔日他曾发挥过重要作用的“宪草”成果。1940 年 4 月，国民参政会一届五次大会在重庆开幕，正式讨论“宪草”修正案。蒋介石主持大会，孙科则介绍了“五五宪草”的起草经过并对有关内容进行了特别说明。在说明中，孙科专门提到：“第五条规定中华民国各民族均为中华国族之构成分子，一律平等，充分表现出民族主义中国国内民族一律平等的原则。”[②]

为了表达对“期成宪草”的不满及对陶孟和与章士钊等修改意见的不认同，孙科会后还特别让立法院编辑了《中华民国宪法草案说明书》，于 1940 年 7 月公开出版。在这份说明书中，我们可以看到孙科对于“中华国族”、“中华民族”以及“中华民国”之关系的完整理解。鉴于此前似未曾见到有人提及此事，这里不妨较为详细地引录如下：

> 民族主义之目的，对外在求国家之平等，对内在使国内各民族一律平等。中华民族，系由汉、满、蒙、回、藏……族所构成。分而言之，则为“各民族”，合之则为整个之“国族”。国父曾言“在中国，民族就是国族”。故特著为专条，以明中华民族之构成分子，而示民族团结平等之精神也。外国立法例如苏联宪法，亦有类似之规定。有谓此种规定为《中华民国临时约法》、《训政时期约法》及历来各次宪草所无，“中华国族”宜改为“中华民国”，不知本条所定，乃指“国族”之构成分子，非指“国家”之构成分子而言。国族之构成，以民族为单位；而国家之构成，则以个人为单位。本条所定各民族一律平等，与第八条所定“……人民在法律上一律平等”其涵义固不同也。[③]

① 《中华民国宪法草案及各方研讨意见》（河北党务丛刊之十五），第 52、76 页。

② 孙科：《关于宪草制定之经过及内容之说明》，《中华民国宪法草案说明书》，第 161 页。

③ 《中华民国宪法草案说明书》，第 9 页。

从上文可知，在孙科等人看来，“国族”还是有别于“国民”的，后者以个人为单位，前者以民族为单位。但蒋介石本人显然并不同意孙科等人的意见。正如前文所提到的，他明确反对称国内各民族为“民族”，认为中国只有一个民族即中华民族，其他所谓民族都只能称为“宗族”。这一国民党内一度强势的单一性中华民族观念，自然也影响了抗战时期地方政府对《中华民国宪法草案》的修改意见。如 1944 年 5 月，新疆省民政厅宪草研讨会就提出有关宪法草案的修正案，并上呈省政府，主张“‘中华民国各民族’应将‘民族’改为‘宗族’；又同条‘中华国族’之‘国’字应改为‘民’字”。[①] 这无疑抱持的是蒋介石 1943 年在《中国之命运》中所阐发的那一影响深远的宗族论。

笔者以为，对于孙中山 1924 年的民族主义思想而言，如果说蒋介石的阐发走的是从“宗族”到“民族”之路，那么孙科的继承，则走的是从“民族”到“国族”之途。前者重视各族之间血统的交融与统一性而漠视其独立的“民族”性存在，而后者则正视各民族依然存在的现实，希求得各民族在国家层面上的平等团结、进一步的深入融合以及政治上的不可分离。从思想来源来看，孙科显然较多受到苏联民族政策和宪法理念的影响，[②] 这使他在这一点上，似与中共及吴文藻、费孝通等人类学家的观念有接近之处。过去，学界一谈到国民政府有关“中华民族”的民族政策或民族观，总是只提蒋介石的“宗族论”思想，而看不到以孙科为代表的国民党内另一思想路线的长期存在及其势力。这是亟须加以纠正的。不过，无论是蒋介石还是孙科，都强调和认同“中华民族”的一体性，与此同时，也都共同维护国民党的政治利益。

---

① 转引自王晓峰《民国时期新疆地方宪政研究》，中国政法大学出版社，2013，第 234 ~ 235 页。

② 在将国内各民族的“民族平等”入宪的问题上，孙科受苏联宪法精神的影响较大，这是显而易见的。他在“外国立法如苏联宪法，亦有类似之规定”处，特别做一注释，译出其具体规定内容：“不论民族及人种，苏联人民在经济、国家及政治社会所有各生活方面之平权，为不变之法律”；“公民权利之任何直接及间接限制，或反之由于其民族及人种差别之直接及间接特权之规定，暨人种或民族排外或仇视及侮慢之一切仙［迁］播，均受法律之惩治”。参见《中华民国宪法草案说明书》，第 8 页。

由于蒋介石和孙科都不满意于《期成宪草》，因此制定宪法的任务只能是继续后拖。直到抗战胜利以后，它才再度正式被提上议事日程。不过，在这期间，地方政府有关部门乃至民间对于“五五宪草”进行“修正”或“补订”的热情，也未曾中断。笔者就曾见过一份《大中华民国宪法草案补订案》的“非卖品”印刷物，这里不妨略加介绍，以窥“中华民族”入宪愿望始终存在之一斑。该《补订案》为江苏学者乔一凡（1896～?）努力参政议政之“杰作”。乔氏乃江苏宝应人，1927年曾主持南京教育会，1930年代创办过《南京日报》，抗战爆发后入重庆工作，曾作《武汉退却后上蒋委员长书》，抗战胜利后当选为国民政府立法委员。乔一凡的这一《补订案》印刷于1940年5月，也就是前述国民参政会讨论“期成宪草”前后。它给笔者印象最深的地方有三：一是全篇标示“大中华民国”和“大中华民族”；二是明确提出宪法须“规定正月朔为大中华民族节”；三是在“宗族”问题上大做文章，要求将“宗族”建设入宪，但又与蒋介石的宗族论意旨大别，可谓别生谐趣。蒋介石明明是要以“宗族”取代以往对国内各民族之“民族”称谓，而乔氏不仅公开承认各族的“民族”地位，还偏强调各民族均以“宗族”为重要的基层组织。该方案的第二章题为“民族”，其中第七条为：“大中华民国各民族均为大中华民国构成之份”；第八条为：“大中华民国各民族之宗族得依其习惯设族长以教其族人”。在所附的说明中，乔一凡大讲孙中山从“宗族”入手进行“国族”建设的高明之处，认为“此条入宪，实无异为国家添数千万管教人员”，且抓住了“中国文化的核心”，既可“示人生正确之观念”（非个人主义），亦可“奠民族文化独立之基础”。[①] 这一源自孙中山思想启示的国内“各民族之宗族”入宪说，在笔者看来，对蒋介石试图加以改造以代替国内各民族称谓的宗族论，恰恰产生某种悖论性的解构效果。

1946年底，国民党与青年党、民社党等合作，联合召开了没有共产

① 乔一凡：《大中华民国宪法草案补订案》，重庆市沙坪坝印刷生产合作社，1940，第10、36～38页；《武汉退却后上蒋委员长书》，中国民生教育学会，1938。

党和民主同盟参加的制宪国民大会（大陆学者通常称之为伪国民大会）。会议期间和前后，国内各少数民族代表围绕着本族的权利与义务，据理力争、决不妥协的民族意识，得到清晰的彰显。他们有的坚决要求民族自治，有的反复吁求本民族代表名额的增加，有的强调本民族的名称必须写进宪法，同时呼吁政府扶持弱小民族、尊重少数民族等，代表们慷慨陈词，毫不退让，[①] 一时间各类报刊争相报道，给当时的政党代表、知识分子和政府官员留下了极为深刻的印象。在这种大势所趋的情况下，蒋介石若还要坚持否认中华民族之下存在不同民族，就已经几无可能。制宪国大期间，蒋介石一反常态，被迫接受了国族之下存在各民族的事实，不得不暂时收起了他那套“中华民族一元论”的宗族说。

相比之下，“五五宪草”中的“中华国族”说之基本精神，反而得到了较多同情。如制宪国大代表赵炳琪就认为，“明白规定各民族皆为国族之构成分子，不仅表明我国数千年以来，国内各民族血统相混文化交流、彼此相互融合之事实，亦指明今后逐渐融为国族之趋向，以提高各民族一致团结之精神，而加强其向心力之力量!”[②] 以往，学界同仁过于夸大了蒋介石宗族说的影响，实际上它在政治思想界的传播和占绝对主导地位，也就只有三四年而已。

1946 年 12 月 25 日，制宪国大最终通过了民社党党魁张君劢等以“五五宪草”为基础起草的《中华民国宪法》，1947 年元旦，由国民政府加以公布，宣布当年 12 月 25 日起正式实施。该宪法第一章“总纲”第五条最终定为：“中华民国各民族一律平等。”其中，既没有“中华民族”，也没有“中华国族”，不免令许多究心“中华民族”整体认同者感到失望。但毕竟，国内各“民族”的现实地位在其中得到了明确承认，“民族平等”的原则也被庄严地写入宪法，这总还是体现了时代的进步。因此，1947 年 8 月，由国民代表李楚狂编著、正中书局权威出版的宪法

---

① 可参见杨思机《指称与实体》，第 233～284 页。

② 《国民大会代表对于〈中华民国宪法草案〉意见汇编》上册，国民大会秘书处，第 28 页。上无具体出版时间，估计为 1946 年底“制宪国大”期间或会后所印。现藏于中国人民大学图书馆。

解读书《中华民国宪法释义》中，郑重点明：“本条之规定，系以民族为主体，而保障各民族在政治上之地位平等。与本宪法第七条所定人民在法律上一律平等之以个人为主体，而保障个人在法律上之地位平等者，意盖有别。”[①] 应当说，这一“处理”也是当时各方观点和各派政治思想势力互动妥协的结果。

更值得注意而今人多未注意、似乎当时人也未必真广泛在意的是，1947 年 9 月，也就是一个月后，由孙科题写书名的《中英对照中华民国宪法》——一部旨在对外宣传，彰显中国民主建设伟大成就的宪法之英译本，也由商务印书馆权威推出。此条的英文翻译表述为：Allthe races of the Republic of China shall be equal。[②] 不知这一将中华民国各民族（包括汉族）译成“races”（种族）的翻译，究竟达成了谁的心愿，显然不完全是蒋介石的，似乎也不全合孙科的主张，倒是比较符合顾颉刚和下文将要提到的民族学家谢康等人的认知。至于这样的翻译如何形成，哪些专门的国家组织和机构曾真正严肃地加以对待，这已经不是笔者目前的研究所能回答的了。

两年后的 1949 年，中国人民政治协商会议在北京召开，中国共产党领导的新中国即将成立。但其所通过的《共同纲领》也只谈到国内各民族的平等团结，民族区域自治和保护少数民族政治、经济和文化发展权等内容，同样没有使用现代意义的“中华民族”概念。也就是说，在整个民国时期，尤其是抗战时期及其后，包括国内各民族在内的“中华民族”这一总的民族共同体概念，尽管传播很广、关系重大，却因为时人认识和理解上的分歧，始终未能正式入宪。“中华国族”概念也是如此。这是研究者不能不指出的事实。

三　芮逸夫的“中华国族”解说：一个典型阐述之考察

“中华国族”概念及相关认识，无疑是近代“中华民族”观念及其认

① 李楚狂：《中华民国宪法释义》，正中书局，1947，第 18 页。

② 《中英对照中华民国宪法》，赫志翔译，商务印书馆，1947 年 9 月初版，11 月再版。

同思想史上不容忽视的重要问题和内容。该概念在民国时期特别是抗战时期有一定的传播，特别是 1936 年公布、至少被期待了十年的《中华民国宪法草案》将其正式列入“总纲”第五条，正体现了这一点。前文我们曾提到 1940 年夏孙科在《中华民国宪法草案说明书》中对这一概念与“中华民国”和“中华民族”之关系有过粗略说明，当时很多人见到这一说明后，未必都能满意。人类学家和民族学家芮逸夫，就是其中很有代表性的一个。1942 年 12 月，芮逸夫发表《中华国族解》一文，便试图从理论上较为系统地专门阐释“中华国族”概念，以形成与流行的“中华民族”概念的某种调和，可以说在理论上具有一定的自觉性和典型性。由于类似的思想努力在民国时期并不多见，故笔者以为值得格外关注。

芮逸夫（1898 ~ 1994），江苏溧阳人，长期任职于中研院历史语言研究所，是民国时期较早注重田野工作的著名人类学家和民族学家之一。1933 年，他与凌纯声等一起赴湘西南考察，写成《湘西苗族调查报告书》，被认为是中国最早一份正式的苗人调研报告。后来，在考察和改定西南少数民族汉字族称方面，他也曾做出过重要贡献，并积极致力于扩大少数民族参政权的工作。1942 年 9 月，芮逸夫写成《中华国族解》一文，三个月后发表在中国人文科学社所主办的《人文科学学报》上。该文认为，“国族之名，创自孙中山先生。……由我国的情形说，国族和民族是相同的；而民族和国家也是相同的；其在西文，本同作一词：拉丁文作 Nationem，英、德、法文并作 Nation。所以我尝以为中华国族，中华民族和中华国家三个称谓，可以说是‘三位一体’”。他这一认识的得出，受到过清末时章太炎先生《中华民国解》一文有关看法的启发。章氏强调华、夏、汉等传统称谓，尽管最初的本义有别，但后来含义交叉互摄，所谓“华云、夏云、汉云，随举一名互摄三义。建汉名以为族，而邦国之义始在；建华名以为国，而种族之义亦在。此中华民国之所以谥”。不过，芮逸夫却认为章太炎“对于中华民族之义，似乎不很了解。他对于所谓金铁主义者之说，驳斥不遑。其实所谓金铁主义者对于中华民族的见解，虽不尽然，却颇有相当的是处”。他肯定金铁主义者杨度的“中华”不是“一血统之种名，乃为一文化之族名”的观点“正合乎现代民族学者所采民族分类的标的”。因为“民族与种族，虽然相关，但不容相混。前者是文化的融合，而由于社群的团结；后者是体质的联系，而由于血统的遗传”。种族是“天然的，是有史以来生成的”；民族则是“人为的，是在历史的过程中由人类的思想、感情、意志造成的，是经过长时期的努力获得的”。他还指出：“一个种族可以分裂为几个民族，一个民族也可以包含几个种族。我国民族乃是经过几千年，融合古今来好些个种族，及其思想、感情、意志而成。本文所称的中华民族，即指此义。”

在芮逸夫看来，“中华国家”、“中华民族”和“中华国族”虽然是“三位一体”的，但彼此之间又是“各有分际”：“和种族为生物学及人种学上的名词一样，民族为社会学及民族学或文化学上的名词，国家为政治学及法律学上的名词。换句话说，即由社会的及文化的观点来说，应称中华民族；由政治的及法律的观点来说，应称中华国家；而中华国族则为兼由社会的、文化的，及政治的、法律的种种观点而称说的名词。所以中华国族的第一义，我们可以省作中华国家和中华民族联成的一个复合词的简称解”。[①] 由此出发，他将“中华国族”具体析成四义，即“地域的中华国族”、“人种的中华国族”、“语言的中华国族”和“文化的中华国族”，并一一解析了其内涵。

在讨论“文化的中华国族”的时候，芮逸夫特别提到，全国各地风俗习惯大同小异，“只有蒙古、西藏、新疆，差异稍大，然其化而为大同小异，也只是时间问题而已”。在强调“一个种族可以分裂为几个民族，一个民族也可以包含几个种族”这一点上，他与人类学家吴文藻等的认知颇有相似之处，但芮逸夫此文只称蒙、藏、回等族为“种族”或“族类”，并主张中国国内各族文化应不断融合，认为“中华民族”的概念与千年混成的“中华国族”之文化层面的内涵一致；而“中华国族”之所以不断壮大，恰是得益于本民族“中庸之道”的文化精神。

---

① 关于“国族”是民族与国家两相结合的看法，在民国时期也较流行。如胡一贯在《国族之神圣与动力》（《三民主义半月刊》第 3 期，1946 年）一文中就认为：“民族与国家的结合，是神与圣的结合。分而言之，曰民族，曰国家；合而言之，曰国族，曰神圣。所以国族是神圣的。”

不仅如此，芮逸夫还对“中华国族”的多元一体特点，做了自己独特的总结：

> 我中华国族在任何意义上都是多元的：领土兼具多种地形，人种混凝多数族类，语言包含多数支派，文化融合多数特质。然此种种，早已混合同化，而归于一。秦、汉的统一，是我国族的初步形成；两晋时五胡的乱华，而突厥种人同化于我；两宋时辽、金的南侵，而通古斯种人同化于我；后来蒙古满洲，先后以武力主宰中原，然终被华化，而各成为今日中华国族的重要成分。正如江海的不辞细流，所以能成中华国族之大。①

芮逸夫显然懂得现代“nation”概念的内涵，故能在国家政治整合的基础上，复提出语言文化和血统进一步融合的整体诉求，并强调中国历史上国家与民族曾不断互动，取得阶段性政治、文化和血统等的融合成果之综合延续性。这种试图调和“中华国族”与“中华民族”说的多元一体论，不仅将国家和民族统一起来，而且把历史和现实联系起来，显示出宏阔的视野和一定的灵活性。不过，芮逸夫的这种调和论最初并没有将传统国家与近代宪政国家及其人民加以区分（对他来说，有所区分是 1947 年以后才有的事情），且大体以回到孙中山的“国族”说为其立论基点，并只是对此重新加以解释而已。在这点上，他本人似乎受到前文提到的《我们的国族》一书的某种影响（如果仔细对读两者，不难发现此点）。但芮逸夫毕竟是专业的民族学家和人类学家，且有较强的理论阐释兴趣，因此在对待国内少数民族的称谓问题上，他也没有发展到绝对否认其“民族”身份或特征的地步，只是一度尽量避免“民族”的提法，一般从“种族”构成成分角度加以涉及而已，尽管他同样强调“中华民族”的一体性和整个性。

1946 年 4 月，芮逸夫在《民族学研究集刊》上发表《再论中华国族

① 参见芮逸夫《中华国族解》，《人文科学学报》第 1 卷第 2 期，1942 年 12 月。

的支派及其分布》一文，对他自己称之为“急就章”的《中华国族解》一文的有关内容有所补充。一方面，他从人种学（包括体质遗传特征研究和血型研究）与民族学的角度，将此前的观点进一步条理化，把“中华国族”具体析成“六支三十组”的支派，强调“构成我们国族的因素大体是相同的，但这是就构成分子的‘共相’而言；若就各分子的‘自相’来说，我们知道一个娘胎里生不出两个完全同样的弟兄。我们的国族人口有四亿五千万之众，分布有一千一百万方公里之广，当然不会没有差异。况且数千年来渐次加入的新分子，其同化程度也各各不等。由于地理和其他环境的不同，自然而然发生不少差异”。不仅如此，芮逸夫还将中华国族“共相”而“凝聚同化而归于一”的主要原因归结为其主体汉族“文化的优越和文字的统一”，以及“包容力含孕之力极大”。在这点上，他基本接受了孙中山的汉族中心观和自然形成的“同化融合”说，与其中研院史语所的顶头上司，不愿称汉、满、蒙、回、藏为“民族”的傅斯年的观点大体保持一致，至少不直接冲突。他明确表示，今后国人必须“赓续祖先的遗业来创新，来求进步，就国族的融合一端来说，祖先之业已经给我们做到百分之九十五以上了，其余不足百分之五的支派，不容讳言，尚有待于进一步的融合，这进一步融合的责任，我们就应该负起来”。具体而言，就是应该对这些“支派”进行扶植，“使他们达到现代的文化水准，同进于文明之域。扶植之道，首先要把我们的优越的文化，统一的文字，普及于各支各组各族的国民，使他们都有‘同声之应’、‘同气之求’，且得‘同文之便’。本着我们的祖先传来的‘中庸之道’，配合着‘三民主义’，使他们心悦情愿地向心同化”。[①]

这里，值得注意的还有一点，就是芮逸夫如何称谓蒙、藏、回等国内少数民族的问题。1942～1946年，芮氏在构筑中华国族说的时候，应该说采取了一种含糊其辞的回避态度。如果按照其所信服的民族学见解之内在逻辑，视“民族”为一种社会历史文化之群体，那么蒙藏等族便依然可称为“民族”。在这点上，他当时应该说是有所顾虑，故而前后难免有

① 芮逸夫：《再论中华国族的支派及其分布》，《民族学研究集刊》第5期，1946年。

所矛盾，而宁愿在“种族”角度上谈论各族。1942 年前他称国内少数民族为“民族”自不待言，此后他虽多从“种族”角度加以谈论，却也仍有称为“民族”的时候，如 1943 年，他发表《西南民族的语言问题》一文时，就仍称西南少数民族为“民族”，由此可见其矛盾心态。直到 1946 年确认国内各少数民族为“民族”的《中华民国宪法》公布之后，芮逸夫才最终克服这种矛盾，明确而自然地称国内蒙、回、藏、苗等为“民族”而不再改变。在 1947 年 9 月发表的《行宪与边民》一文中，他明确写道：“本文所称的边民，是指全国的边疆各民族，也就是全国的边疆国民。所以称他们为民族，只是说他们各有其文化的特征。我们知道，中华国族的文化是凝聚多数特征而成的。概括地说，边民的特征是：口操非汉语，写读非汉文，或没有文字，信仰某一种宗教，或仅保存原始的灵气信仰……在这个边民的含义之下，蒙古和西藏两族也是包括在内的。”①

这样，芮逸夫的中华国族论就与承认国内少数民族为“民族”的中华民族论终于统一了起来，且此后不再有大的变化，即认为中华国族是由中华国家和中华民族合构而成的混合体，“中华国族”是这个合构体的“简称”；而中华民族之下暂时还存在各个分支民族。“国族”与“民族”的差别，实际表现在前者有统一的国家政权作为基础。② 这种观点，颇能体现民国时期民族学或人类学界与此有关的主流思想倾向。③

1947 年之后，作为国民政府立法委员的芮逸夫，在为国内少数民族

---

① 芮逸夫：《行宪与边民》，《边政公论》第 6 卷第 3 期，1947 年。

② 1971 年，在谈到“民族与国族（nation）”时，仍然保持此种看法，不过写得更为简洁明白：“‘民族’与‘国族’二词，在西方只是一词，所以都可解说为由共同文化与共同意识结合而成的最大的人群。……至于二者的存在，虽同为历史上的结合和文化上的连系，但也略有区别：即民族可不必有政治上的自治权及国家的形态，如过去的犹太民族是；而国族则必须有国家的实质，如中华国族是。”（按，“国族”是国父孙中山先生所创用，详见《民族主义》第 1 讲，民国 13 年）芮逸夫主编《云五社会科学大辞典》第 10 册《人类学》，台北，台湾商务印书馆，1971，第 94 页。

③ 关于“民族”和“国族”的区别，早在 1946 年，国民政府蒙藏委员会委员、民族学研究者李寰在《边铎月刊》上，明确表达了与芮逸夫相同的看法，认为：“考民族一语，在英文中为（Nation），意即民族国家，亦有谓为国族者，后因含义不明，遂另制‘民族’（Nationality）一字，专指同语言与同习俗之人群，而国族则指有主权政治国家之人民，以为区别。”参见李寰《国族与宗族》，《边铎月刊》第 7 ~ 8 期，1946 年。李寰（1896 ~ 1989），四川万县人，曾任国民政府贵州省政府秘书长和国大代表。

争取政治地位、权利和文化融合方面，做了很多努力。他主张“依据宪法民族平等的精神”，在边疆地区可以实行“民族平等的边疆地方自治”，“依各民族人口的比例，确定其实行选举的各级民意机构组成分子的名额”。[①] 在芮氏看来，1947 年 1 月公布的《中华民国宪法》中对蒙、藏等地区的国民大会代表和立法委员名额规定之优待办法，在世界各国中都不曾有过，若仅就此方面而言，“可以说是世界上最民主的宪法了”。当然，他认为国民政府还可以做得更好，比如对于边疆地区少数民族的各级代表和议员的名额，还可以“采加倍优遇方法”[②] 等。至于在少数民族聚居的边疆地区如何开展地方自治，他则进一步提出了“服从多数、尊重少数”的原则：“因为各民族的多寡不等，必不免引起多数民族（不一定是汉人，有很多地方是边民占多数的）排斥少数民族（不一定是边民，有很多地方汉人占少数的）问题”，只有实行“服从多数、尊重少数”的原则，给少数民族“相当限度的否决权”，“而后少数民族的意见遂不致永远在被牺牲之列，而后才能做到大家都尽义务，大家同享权利，共同从事边疆地区的建设”。当然，这种以地域为单位的地方自治，同中共后来实行的以民族为单位的区域自治，仍存在一定的差别。芮氏认为，在边疆地区实行民族平等的地方自治，加深不同族类彼此的了解和文化的协调，是先决条件。而要做到这一点，“实有赖于与内地文化的交流融合，使同趋于现代化，首先应开辟边疆地区的主要公路和铁路，使边疆和内地的交通日臻便利，并振兴教育以提高边民的文化的水准……宪政前途，实利赖之”。[③] 他此时已经不再讲少数民族文化与汉族文化“同化”，而是讲“同趋现代化”了。这在 1946 年“制宪国民大会”通过《中华民国宪法》之后，似乎成为一种较为普遍的现象。

1946 ~ 1948 年，受边疆自治问题的影响，谈边疆民族文化“国族化”或“中国化”的人增多了起来。且谈论者一般都注意与“汉化”或“同化”论划清界限，而强调“共同进化”和“现代化”，从而显示出时代的

---

① 芮逸夫：《行宪与边疆地方自治》，《边疆通讯》第 5 卷第 2 ~ 3 期，1948 年。

② 芮逸夫：《行宪与边民》，《边政公论》第 6 卷第 3 期，1947 年。

③ 芮逸夫：《行宪与边疆地方自治》，《边疆通讯》第 5 卷第 2 ~ 3 期，1948 年。

进步。如 1948 年，国民政府蒙藏委员会委员李寰就撰文强调，中华民国各族人民当“共同努力于文化及其他有益事业”，也即“共同进化”。他写道：

> “共同进化”一词，一般人多误解为“同化”之变名，其实两者是两样含义，各不相同。如以民族文化为例，“同化”是以一族优良之文化、制度，来同化其他族落后之文化、制度，不管他族是否适合，而亦同化变更之，可说是含强制性。共同进化则不然，是配合时代需要，采取各族之优点文化，创立新的典章制度，是一种顺应自然之方式。在今天言，共同进化，最适合于国情最惬洽乎民心，因边地同胞，保存有几千年来之优良文化，大可彼此交流，酌情采用，融洽成整个国族文化，于国于民，皆有利焉。

在李寰看来，这种“共同进化”的实现，实有赖于厉行一种“中国化运动”。“中华民国，为中华民族全体建立之国家，中华国族系由国内各宗支族所组合而成，亦称中华民族”，要想文明程度不一的各族“同心协力”，非实行“中国化运动”不可，否则不足以促进彼此的精诚团结和共同进步。“所谓中国化运动，凡属中华国籍之人民，无论属于任何宗支族，其衣食住行、语言文字、行为思想等，必须合于一种中国化之公式。”这种公式的具体内容如何，作者没有说明，但他强调其必须“是采取各族之优点，交流各族之文化而成”。这种“中国化”与学习西方文化、采用民族形式的那种流行的“中国化”说法有别，实际上是“国族化”的同义语。①

当时，另有研究边疆民族的学者撰写《论边疆文化的国族化》一文，声言应当使全国人民特别是边疆同胞形成如下三点认识：“第一是今日的国族文化，不是中原民族独创的文化，而是国内各民族文化汇融的结晶，现在却正在积极地现代化；第二国族化不是汉化，是国族底现代化，旨在

---

① 李寰：《论共同进化与中国化运动》，《边铎月刊》第 1 期，1948 年。

发扬边疆固有的优良文化，提高边疆文化生活水准，以便加速国族文化现代化；第三是文化国族化，不是地方或民族便没有自决自治的权利……每一个民族的文化国族化，与他的政治制度没有什么绝对的关连。每一个地方或民族，尽管自治，甚至于成为自治邦……它的文化还须要国族化的。”[①] 这大体上反映了抗战结束后国内主流的民族思想。

应该指出的是，当时使用“中华国族”概念的人，很多时候是和孙中山一样，是在强调中华民族的独特性时才乐于这样用，并非着意使之取代“中华民族”概念。因此使用者往往两词并用或在基本相同的意义上分别使用这两个概念。如 1940 年，民族学者谢康的有关使用，就可视为典型。他认为：

> 我们所谓“中华民族”，翻成英文应该是 Chinese nation，法文应该是 La nation Chinoise，她的涵义大概是由天然力及政治文化经济等力量造成的隶属中国国籍的人民的总体，或者说中国人民（La population de L'etat Chinois）的全部，换言之，也就是中国人民所形成的“民族国家”（Etar-nation），所以也可以用“中华国族”的字样。中山先生在民族主义演讲词中，曾经再三阐发造成“国族”的意义与步骤，现在“中华民族”或“中华国族”是毫无疑义的包含：四万万以上的汉族，本与汉族同源而数目只有一百多万的满洲族，几百万蒙古人，百余万信奉回教的突厥人，和两百万西藏人五大民族（race）及其他少数苗、瑶、侗、黎、□□、蛮夷诸小民族（Sous-race）。[②]

又如 1941 年，国民政府的要员、回族高官白崇禧在对蒙、回、藏慰劳抗战将士团的讲话中的有关使用，也是如此。他说：“总理在《民族主义》里面曾经说过：‘民族主义就是国族主义’，换一句话说，民

① 张汉光：《论边疆文化国族化》，《边疆通讯》第 4 卷第 4 期，1947 年。
② 谢康：《民族学与中华民族的认识》，《建设研究》第 3 卷第 3 期，1940 年。

族主义不仅在打倒满清政府，而是要在打倒了满清政府之后，做到汉满蒙回藏五大民族团结，成世界上一个最伟大的中华民族，也就是一个精诚团结的中华国族。中华民族或中华国族的造成，不是用武力霸道去压迫国内任何民族，而是顺适自然，本共同生产共同开发的原则来达到的。”①

虽然，“中华国族”的说法在字面上，似乎为蒙、藏等民族的“民族”称谓留下了某种程度的空间，但由于当时很多使用者都将其与“中华民族”的概念完全等同使用，甚至是基于“中华民族”意义的使用，故并非所有“中华国族”论者都认可国内少数民族的“民族”地位和身份。前文提到毛起鵕等编的《我们的国族》一书的思想倾向，便是突出例子。不仅如此，即便在 1946 年确认蒙、回、藏、苗等少数民族“民族”地位的《中华民国宪法》得以颁布之后，依然有人坚持这一观念。如前文提到的李寰一方面喜欢使用“中华国族”的整体概念，另一方面仍愿意把汉、满、蒙、回、藏等民族称为“宗族”，即为代表。1948 年，《中国边疆》月刊创刊号发表《中华国族说》一文，也持这种观点。文章强调：“居住在中华国土的人民，本来只有一个民族，即中华民族是也。国人历来对于民族的意义，向少注意，只以各人群居住地区之不同而谓有汉、满、蒙、回、藏各族之称，又以汉族，即是中华民族，其实这都是未曾深察。汉族固是中华民族的主体，而不能概括中华民族。满、蒙、回、藏，在血统等等一切的条件上，特非单独自成系统，实在都是中华民族的一支。”②

实际上，无论是“国族”还是“中华国族”概念，在抗战时期乃至 1949 年以前的中国，其传播范围虽有逐渐扩大之势，但毕竟都还不能说已在社会上真正广泛地流行开来。“中华国族”一词使用尤少，特别是中共方面，几乎不用。从纯语言使用效果上来看，“国族”和“中华国族”对于当时的中国普通老百姓来说，与“国家”及其主体“国民”之全体

① 白崇禧：《实现总理的国族主义》，《边疆月刊》第 3 期，1941 年。

② 《中华国族说》，《中国边疆》创刊号，1948 年。

相比，似并无什么特别不同之处，因此很难显示出超越于纯政治范畴的国家及其主体“国民”的更进一步的民众凝聚力之意义（尽管使用者往往有超越“国民”政治概念的文化意图）。而凸显历史文化融合乃至涵容泛血统混杂意义（你中有我、我中有你）的社会文化概念“民族”，则无疑更具有族类亲近感、历史纵深感和文化黏合力，这就是为什么当时“中华民族”作为一个具有自我身份认同意义的总体符号，仍具有某种不可替代性，并为政治家、思想家和一般国人普遍乐于使用的原因。

民初省制问题争议

邹小站*

摘　要　清末以来，省日渐崛起。辛亥革命以各省“独立”的形式开展，民国以“独立”各省联合的形式而成立，联邦制一度成为政治建构的选项之一。辛亥鼎革的思想动因之一是改造政治，以救危亡，因此，革命之后国家主义话语盛行一时，与中央集权一时成为舆论界的口头禅。在此情形下，如何改变都督专横、各省“独立”的局面，如何调整中央地方权力关系，尤其是如何处理省制问题，就成了民初政治界、思想界争议的热点之一。由于主要的政治势力之间缺乏政治互信，各方意见、利益严重对立；又由于社会条件的限制，在旧的权威崩溃以后，政治的权威一时难以实现由兵马的权威向法律的权威过渡，这使得民初政治精英未能及时处理好中央地方权力关系，尤其是省制问题，种下了此后十多年间军阀混战局面的祸根。

关键词　民初　省制问题　政治格局　军民分治　省长民选或简任　省议会解散权

自秦以后，历代均力图集权于中央。但由于缺乏地方自治的传统，此种制度乃名义上的集权。中央政府表面上似乎无所不能，实际上由于中国地广民众，区域发展不平衡，各地政情民情复杂，同时受经济、信息传输、技术条件所限，中央政府的治理能力十分有限，其所谓的治理限于秩序的维持，地方政治也以防弊为主。地方官除催科、听讼之外，对教育、

* 中国社会科学院近代史研究所研究员。

产业、救恤、抚绥、地方工程等皆不过问，而民间所谓社仓、乡约、赈灾、慈善等事务，或寄于官吏个人，或操纵于土豪劣绅之手，地方事业废弛，人民生活日趋退化。[①] 由于缺乏地方自治朝廷，在中国传统的地方政制之下，地方居民无参政渠道，自治能力与政治能力无由发达，无由通过参与地方政务构建其国家认同。进入近代，中国面临着严重的民族危机，为应付危机，就需要整合国民，构建国民的国家认同；需要动员国民参与国家事务、参与国际竞争。为达到此目的，必须进行政治改革，开放政权，给国民以参政渠道。也正是在此背景下，地方政制的改革问题与中央政制的改革问题几乎同时引起了人们的关注。

地方政制改革的关键问题是省制问题，此问题在清末就是极其棘手的问题。清政府的预备立宪改革效法日本，以官制改革、集权中央为入手之方，但是丙午官制改革者在出台中央官制之后，外官制改革方案就因为遭到地方督抚的抵制而不能出台。迄清朝灭亡，外官制改革仍没有完成。辛亥鼎革后，省制问题仍然是一个极其重要的问题。辛亥革命以武昌首义，各省宣布脱离清廷独立的形式开展，民国以独立各省联合的形式而成立。在革命过程中，各省都督获得了统辖一省军政民政的权力，权力之大超逸清代之督抚，形成了都督专横的局面。在上，中央政府不易更换都督，在下，行政各司以及省议会都不能对都督形成有效的制约。南京临时政府时期，各省都督专权跋扈，中央政府被架空已然成局，“中央行政，不及于各省，各部亦备员而已”。[②] 袁世凯上台后，这种局面没有实质的改变，政府虽“日日言统一，其实皆纸片口头上的说话，各部只有形式上之公事，无一命令能行者”，[③] 军政、财政、民政等实际上是各省自行其是。各省形同割据，拥兵自重的都督，不仅不从中央之政令，且有地方割据称雄之势。当时即有人忧虑，若改革省制，实现统一，则民国可能陷入长期的军阀混战，有力者将以兵力争夺中央政权，“狐火篝鸣之徒，尤误解共

---

① 光升：《读柏哲士论民族所有政治上之性质并讨究中国人之政治特性》，《中华杂志》第1卷第10号，1914年10月1日。

② 《胡汉民自传》，台北，传记文学出版社，1969，第65页。

③ 《虎头蛇尾之国税厅》，《时报》1913年2月1日。

和政体，以为上无天子，下无方伯，军府之尊，不啻帝制自为，谁不歆动其帝王之欲。而纷纷白马，攘攘黄巾，有取而代之之势，实足以启天下之惊疑而益滋其祸乱也”。[①] 这种担忧不是没有道理，况且也为后来的事实所证明。可以说，在旧的政治权威崩溃之后，如何在意见、利益不同的政治势力之间谋求实现国家统一，合理安排中央与地方，尤其是中央与省的权力关系，是新建的民国面临的最重要的问题。杜亚泉称地方制问题为中华民国成立后之第一大问题。[②] 1913 年初，张百麟亦称，一年来各方争辩之最大者即地方分权与中央集权之问题。[③] 确实，地方政制问题尤其是省制度问题是民国元年、二年间争论最为激烈的问题之一，当时的主要政治力量都卷入了这场争论中。民初政治精英在重建政治秩序的过程中，对于地方政制问题尤其是省制的处理并不成功，没有及时建立起合理的中央地方权力关系，遂造成此后十多年间的军阀混战局面。此问题的争议持续时间颇长，但民国元年、二年这两年颇为关键，故本文主要讨论民国元年、二年间思想界、政治界围绕省制问题的争议。[④]

一　南京临时政府建立前后联邦论的忽起忽落

武昌起义后，各省纷纷响应，以“独立”的形式宣布脱离清廷。不少“独立”省份制定了自己的约法，组织军政府，一些地方组织了临时省议会。独立各省之制度安排大多采三权分立之制，均有省级议会，省政

---

① 近碁：《分权集权评议（中）》，《时报》1912 年 8 月 6 日。

② 伧父：《中华民国之前途》，《东方杂志》第 8 卷第 10 号，1912 年 4 月。

③ 张百麟：《民国存亡问题之商榷》，《平论报》第 1 卷第 1 号，1913 年 1 月。

④ 关于此问题，学界已有不少成果。一些通史性的著作比如李新主编的《中华民国史》，金冲及、胡绳武的《辛亥革命史稿》等都对此有论述，最近几年出版的著述中，也不乏对此问题进行论述者，比如杨妍的《地域主义与国家认同：民国初期省籍意识的政治文化分析》（天津人民出版社，2007）、关晓红的《从幕府到职官：清季外官制的转型与困扰》（三联书店，2014）就是其中的代表性成果。关于民国时期省制问题的专题论文亦复不少，比如于鸣超的《中国省制问题研究》（《战略与管理》1998 年第 4 期）、张学继的《民国时期的缩省运动》［《二十一世纪》（香港）总第 25 期，1994 年 10 月］、李学智的《民元省制之争》（《民国研究》第 17 辑，社会科学文献出版社，2011）、黄雪垠和符建周的《民国时期省制改革过程及动因研究》（《学术探索》2012 年第 8 期）等。

府分设各司，其制度安排俨然独立国家之组织，“以军事论，则参谋部、军务部无所不备，以行政机关而论，则外交司、会计检查院无所不有”。[①]“起义各省，各治其兵，各立其政，俨然独立国家。”[②]不仅如此，对于未来国家之组织，独立各省中也颇有主张实行联邦制者。《贵州宪法大纲》、《鄂州约法》，以及山东宣布独立时宣布的八条政纲，都提出了建立联邦制的要求。独立各省希望建立联邦制国家是不难理解的。清末以来，省在国家政治生活中地位日渐凸显，地方自主意识逐渐加强，尤其是各省谘议局的设立，各省新式政治精英渐欲以谘议局为省议会，来实现省自治。而清政府力谋中央集权的种种举措，更加剧了地方督抚与地方精英的分离倾向，“督抚与中央情意分立”。[③]地方精英要求省自治，扩大地方自主权，反对中央集权。此种要求在革命军起后，更加速发展。当革命军起，各省通过“独立”获得相当的自主权时，各省都督、各省临时议会自然欲借机保持其既得的政治权力，而联邦制的方案就颇符合各省都督、各省议会要求维持既有权力的现实需要。

近代中国建立联邦制国家的构想，最初是由革命领袖孙中山提出来的。孙中山在走上革命道路之后，就对革命方略与革命之后的建设问题进行思考。他发现中国历史上“凡国经一次之扰乱，地方豪杰互争雄长，亘数十年不能统一，无辜之民为之受祸者不知几许”。究其原因，“举事者无共和之思想，而为之盟主者亦绝无共和宪法之发布也。故各穷逞一己之兵力，非至并吞独一之势不止”。今日中国之革命是在列强环伺之下进行的，长期的战乱，不但会给平民百姓造成长期的痛苦，且为列强瓜分中国提供借口与时机，因此必求“迅雷不及掩耳之革命”的办法。还在1897年，孙中山就提出建立联邦制共和国的方案，希望通过共和方案，使革命豪杰无争帝位之心；通过联邦制方案，使革命豪杰中之夙著声望者，各为一部之长，以尽其才，满足其政治雄心。然后在各联邦的基础上

① 《裁汰冗员论》，《民国汇报》第1卷第2期，1913年2月。

② 陈茹玄：《增订中国宪法史》，中国政法大学出版社，2013，第136页。

③ 宣樊：《政治之因果关系论》，《东方杂志》第7卷第12号，宣统二年十二月二十五日（1911年1月25日）。

建立中央政府，以为联邦之枢纽。他相信，“方今公理大明”，实行联邦共和的方案，就可以防遏枭雄非分之希望，避免革命爆发之后出现野蛮割据与长期的战乱。[①] 对于联邦制的设想，孙中山在此后还曾数次提到。但是，孙中山的联邦制主张，主要是为革命方便，属于政治策略层面的方案；从其“革命方略”看，他主张在军法之治时期与约法之治时期实行中央集权。[②] 孙中山的联邦共和方案在革命党人中产生了一定的影响，也被看作可行的方案之一。

这样，武昌起义后，在各省独立的情形下，欲统合实际独立的各省，组建新的中央政府，就不能回避各省独立的现实以及已然兴起的联邦论思潮，而孙中山曾经提出的联邦共和方案则成为一个颇为自然的选择。其时，有实力和机会组织新的中央政府的各方势力，大都有意识地顺应此种现实与思潮。湖北都督黎元洪通电全国各地，要求“建立联邦国家，作为对外之交涉”。浙江都督汤寿潜、江苏都督程德全致电沪督陈其美，要求开各省联合会时，也表示：“美利坚合众国之制，当为吾国他日之规模。”[③] 当时在欧洲活动的孙中山，在几次谈到新国家的政制时，也都主张中央政府应当取联邦制。他说，中国幅员辽阔，各地民情风俗不一，“似此情势，于政治上万不宜于中央集权，倘用北美联邦制度实最相宜。每省对于内政各有其完全自由，各负其整理统御之责；但于各省上建设一中央政府，专管军事、外交、财政，则气息自联贯矣”，同时各省行政长官应当由民选。[④] 可以说，中国当时确有建立联邦制的机会与可能，而南京临时政府亦“殆有联邦政府之观”，[⑤] 其立法机构是由各省都督府推派的参议员组成的临时参议院，临时参议院的表决权也是基于地方代表主

---

① 孙中山：《与宫崎寅藏、平山周的谈话》（1897 年 8 月下旬），《孙中山全集》第 1 卷，中华书局，1981，第 173 页。

② 李剑农：《戊戌以后三十年中国政治史》，中华书局，1980，第 159 页。

③ 胡春惠：《民初的地方主义与联省自治》，台北，正中书局，1983，第 47 页。

④ 孙中山：《在欧洲的演说》（1911 年 11 月中下旬），《孙中山全集》第 1 卷，第 560 页；《与巴黎〈巴黎日报〉记者的谈话》（1911 年 11 月 21 ~ 23 日），《孙中山全集》第 1 卷，第 562 页。

⑤ 伧父：《中华民国之前途》，《东方杂志》第 8 卷第 10 号，1912 年 4 月。

义，每省有两个投票权，临时政府实际上是建立在各省联合的基础之上的。孙中山在就任中华民国临时大总统之职的宣言中也明确承认各省自治与各省联合组织新政府的事实："国家幅员辽阔，各省自有其风气所宜。前此清廷强以中央集权之法行之，遂其伪立宪之术。今日各省联合，互谋自治，此后行政期于中央政府与各省之关系，调剂得宜。"①

大体上说，南京临时政府成立前后，确实存在联邦制思潮。当时有影响的政治人物大体上只有梁启超明确反对联邦制，并有系统的论述；康有为也明确反对联邦制，但他当时没有系统的阐述。其时，联邦制与单一制并未形成正面的论争，主张联邦制者也没有系统地阐述其主张联邦制的理由。当时人如梁启超、王印川以及国民共进会的伍廷芳、王宠惠等人都曾总结联邦制论者与单一制论者各自的意见。这些总结虽只是总结者本人的概括，而并非双方正面论争中表述的意见，但也颇能表现主张联邦制与主张单一制人士的见解。根据时人的概括，联邦制论者与单一制论者的意见分歧如次。

第一，就现实情形看，联邦制论者认为，中国各省类似美国各州，南文北野，各成风气，且起义以来，各省独立，自举都督，自定约法，俨成一国，取联邦制，因而仍之，势顺而易。而主张单一制的人士则认为，中国向重一统，长期实行中央集权之制，缺乏联邦制的传统，各省行政长官向由中央任命，民情风俗虽稍有不同，但政教要无大异，与美国州长民选，各州自为风气，情形不同。且今各省虽多独立，然已受临时政府之命，各省之约法也都声明，国家宪法成立后，省约法可以取消。总之，中国有实行单一制的传统与现实条件，若违背传统而取联邦制，则各省独立倾向将益加明显，恐致国家分崩离析。

第二，从地方治理的角度看，联邦制论者认为，中国幅员广大，交通梗阻，中央鞭长莫及，难以治理地方，若取联邦制，利用国人的桑梓之念以及地方人士人地相习的优势，以本省之人施本省之政，则痛痒攸关，利害了然，可以治无不举。而主张单一制的人士则认为，交通梗阻，可以梳

① 孙中山：《临时大总统宣言书》，《孙中山全集》第2卷，中华书局，1982，第2页。

理，若畏其难于统治而听之，则统一之国家、强有力之政府永不可得；若谓地方人士桑梓情重，利害攸关，对于地方政务能勇于任事，那么地方政务对于中央政府来说，也是利害所关；以为单一制下，地方政务会因其与中央政府利害相远而难以发达的说法“未免狭隘”。同时，中国政治人才本就匮乏，若集中少数政治人才于中央，则足以使用而能为治，若分其才于中央与各地方，则中央与地方之政治人才皆不敷用。

第三，从区域发展看，联邦制论者认为，“取联邦制，使各省竞争，互相激励，进步自速”，也就是说，联邦制可以建构省区竞争机制，推动地方发展。而主张单一制的人士则认为，中国本存在地域发展不平衡的问题，边远省份之政费与发展所需资金，急需发达省份之挹注，若行单一制，实行中央集权，则中央可调剂各省人才与财力，解决发展不平衡问题；若析为联邦，各省发展不平衡的问题不但不能解决，且会加剧，而此种发展不平衡会造成离心倾向，分裂国家于无形。

第四，从国家发展看，联邦制论者认为，中国有深厚的专制传统，现虽脱专制而为共和，但官僚政治之积弊难以扫荡，行单一制与中央集权之制，则野心家将利用官僚政治之积弊与国民政治意识淡薄的弱点，恢复专制，法国革命后反复出现帝制复辟，重要原因就是法国革命后行中央集权之制。若行联邦制，则列邦与联邦互相维系，权限既分，共和之基础，日益巩固，即使事变纷呈，中央间有动摇，而各省屹然特立，绝不受其影响，可以利用列邦的力量制衡中央的专制势力。同时，实行联邦制，使省自为治，各省人民可得参政机会，普及政治之知识，练习政治之能力；自治之范围既广，中央政府受制于联邦体制，其蹂躏国民自由权利较集权体制要难。如果说主张联邦制的人士主要从消极防弊的角度看问题的话，那么主张单一制的人士则主要从积极兴利的角度看问题，他们认为，当今世界是一个竞争激烈的世界，列强都在强化中央权力与国家的统合能力以应对国际竞争，甚至素行联邦制的美国也出现了罗斯福的新国家主义，欲消除联邦制之弊端，实现国家高度的整合。面对“列强并峙，各国方挟其统一之民族，强固之国家，龙拿虎斗，皆以我为机上肉而思操刀一割”的严峻国际形势，面对列强加强国家统治能力，强化政府权力的世界潮流，中国“苟非得强有力之中央政府，国无道以图存也”。为此，必须建立单一制国家，实行中央集权之制，如违背世界潮流，实行联邦制，则会造成国家分裂与政府权能下降，断不能适应当前国际竞争之需要，“是恐死亡之不速，又从而自杀也”。至于发达人民政治能力，保障人民自由权利，则联邦制并不优于单一制，英国、法国并非联邦，而其人民政治能力之发达，自由权利之保障，并不逊色于实行联邦制的美国。且国民之自由权利亦何尝不赖乎中央之政府，取联邦制而中央之国家不能巩固，失其对抗外国之效力，人民之自由权利何在？至于野心家复辟专制之危险，主张单一制的人士在此时尚未正面回应。

第五，从边疆治理与控制的角度看，联邦制论者认为，中国边疆与内地风气殊异，发展程度不同，存在较大差异，而革命以来，蒙古、新疆、西藏渐有分离趋势，如实行联邦制，则可以容纳此种差异，实现边疆与内地政治上之平等，可以使其不致分离，沦入他国。若不顾实际情形，对边疆强行中央干涉，“名为中央集权，实则内外暌隔，百务废弛”。“蒙古西藏，虽隶图籍，一切羁縻，实与列邦无异，中央政府之实力初不能达，放弃委任，理所不能，强行干涉，势又不可”，实陷入两难境地。主张单一制的人士对于革命之后的边疆形势忧虑甚深，认为实行联邦制的必要前提是中央对于各邦有实际的控制力，若缺乏此种能力，则各邦将分裂而去，国家将处于分裂状态。就蒙古、新疆、西藏的实际情况看，中央对其控制能力本较内地为弱，若实行联邦制而控制力不足，则面对英国、俄国的觊觎，这些地区将“破壁飞去，化为人有”，等于主动抛弃中国对于这些地域的主权。①

南京临时政府成立前后联邦论思潮的出现，实由于社会心理普遍厌恶清末的中央集权措施，同时也是因当时各省独立的局面而起，亦与清末以来的省界意识以及因谘议局设立而渐次觉醒的省自治意识有关。主张联邦

① 梁启超：《新中国建设问题》（此文的写作时间，据《梁启超年谱长编》称，为辛亥九、十月间），《饮冰室合集·文集之二十七》，中华书局，1989，第27～34页；《国民共进会共和联邦制商榷书》，《大公报》1912年2月26～28日；空海（王印川）：《中华民国制定新宪法之先决问题》，《民立报》1912年1月25～27日、2月7日。

制的各方，虽提出种种意见，但本质上是策略的考虑，并非对于联邦制的理论与实行联邦制的利弊有深入的研究，对于联邦制也没有坚定不移的信心。在独立各省，无论是都督还是省临时议会，都想保存既有权力；在有资格组织新的中央政府的各方，如黎元洪为代表的武昌集团、张謇等为代表的江浙集团、孙中山为代表的同盟会主流派那里，顺应各省的自治要求，就能在争夺组建新政府的主导权的过程中，得到各省的拥护。可以说，在欲争取主导组建中央政府的政治势力那里，联邦制是一个工具，到临时政府建立，此工具自然可以根据事势与社会心理之变化而抛弃，不必固守。

到南北议和告成，清帝逊位之后，社会心理突变，实现统一与中央集权，限制都督权力，又成为一时思潮。人们认为，清帝逊位，扫荡专制的任务业已完成，共和民国的最大威胁已经解除，民国基业已然确立，剩下的就是建设问题。又认为，因为外在局势的影响与外在国际资本竞争的压力，中国之建设不能走自由资本主义的发展道路，而应有赖于强大而有效能的中央政府的领导，也就是必须走国家主导现代化的道路，为此要建立强固有力的中央政府。否则，在列强觊觎、国际资本挤压之下，在国家主权受损而无充足的保护本国产业发展之措施的条件下，在资本主义精神匮乏、产业基础薄弱、产业人才准备不足、技术落后、近代信用体系未建立的中国，资本主义的发展很难有前途，中国的资本很难与国际资本竞争。这种思路，将国家发展与政府之强有力紧紧地捆绑在一起，选择的是一种国家主导近代化的模式。这在当时内外局势之下，是很自然的选择，而且在时人看来，日本、德国的成功就是因为它们不是采取英国、法国、美国的自由资本主义道路，而是采用国家主导近代化的模式。在选择国家主导近代化的模式之后，强有力政府与国家统一就被看成实行此种模式的基本前提。在理论上，联邦无碍于国家之统一，但是，久受大一统影响的中国人普遍看重统一，而且当时中国思想界认为，联邦制之下，权力重心在各邦，国家有分散之势，有碍于国家统一。再者，联邦制之下，中央政府与各邦政府权力有界限，中央政府权力受联邦宪法与各邦权力的制约，主张国家主导现代化的人士认为，此种体制不能产生强有力政府，不适合中国对于强有力政府的现实需要。

因此，联邦制方案迅速被人们抛弃就很正常了。故当清帝逊位之后，“联邦论遂阒然无闻”，[①] 深受“大一统”思想熏陶的知识分子，鉴于几十年以来国家主权备受侵蚀，国家地位沦落，人民因之备受歧视、欺凌的历史，且目睹革命以来，各省都督专权跋扈，中央政府毫无权威，无力应付局面，国家日趋分散的现状，乃纷纷高唱强有力政府论与中央集权论。孙中山在就任临时大总统后，就不再提联邦制，而是提民族之统一、领土之统一、军政之统一、内治之统一。[②] 当中华民国联合会致函孙中山，要求限制临时参议院的立法权，尊重各省都督之权力，欲图维持各省分治时，孙中山明确表示，“联邦制度，于中国将来为不可行；而今日则必赖各省都督有节度之权，然后可战可守。所谓军政统一，与此绝无矛盾也”，[③] 明确否定了联邦制的方案，并表示各省都督的权力当前需要借重，但将来势必要节制。而中国同盟会于 1912 年 3 月公布其总章，其政纲第一条为“完成行政统一，促进地方自治”，[④] 将完成行政统一与促进地方自治并举，而行政统一显然居于优先地位。南京临时政府的司法总长宋教仁也曾对省制改革提出意见，其基本的取向也是中央集权。可以说，中华民国成立不久，集权之声就已“直成一般舆论”，[⑤] “非特进步、民主、共和诸党同倡中央集权主义；即素以民党自命之国民党，其大多数亦莫不晓然于为国乃为民之意，而欣然和之”。[⑥] 与中央集权论相呼应，“强有力政府”五字“几如天经地义之不可侵犯”者，成为“最有势力之舆论”。[⑦] 在此思潮之下，联邦制则被看成妨碍国家统一、造就弱势政府的方案，受到舆论的排斥。高一涵说，民国建立后，除少数人公开主张联邦制外，“大多数人大概都是一听见联邦论，即以为是异端邪说的。所以稳健的学者和与政党有关系的政论家，

---

① 李大钊：《省制与宪法》（1916 年 11 月），《李大钊文集》（上），人民出版社，1959，第 236 页。

② 孙中山：《临时大总统宣言书》，《孙中山全集》第 2 卷，第 2 页。

③ 郭汉民：《孙中山佚文辑录》，陈锡祺主编《孙中山年谱长编》，中华书局，1991，第 625 页。

④ 《中国同盟会总章》（1912 年 3 月 3 日），《孙中山全集》第 2 卷，第 160 页。

⑤ 洗心：《社会新心理之箴勉》，《独立周报》第 1 年第 13 号，1912 年 12 月 15 日。

⑥ 曼公：《大一统论》，《新中华》第 1 卷第 1 号，1915 年 10月 1 日。

⑦ 徐傅霖：《强有力政府之效果》，《正谊》第 1 卷第 8 号，1915 年 5 月 15 日。

都绝口不谈联邦制，就是想采取联邦制之实，也没有不郑重声明，避免联邦之名的”。“主张单一制的人，以为单一制是天经地义，如果有人主张联邦制，即是大逆不道。”① 不唯如此，人们亦讳言地方分权，“当民国二年袁政府时代，国内讳言分权，有言之者，闻者谈虎色变，目为破坏统一”。②

在中央集权论与强有力政府论高唱入云的时候，欲维持自身权力的各省都督，亦不敢倡导联邦制，个别都督如同盟会的李烈钧、胡汉民欲倡联邦制，以限制中央集权与袁世凯权力的膨胀，也不敢用联邦制之名，而是用“有限制的中央集权论”之类的说辞。1912 年 2 月，以伍廷芳为会长，王宠惠为副会长的国民共进会发布《国民共进会共和联邦折中制商榷书》，该文件提出了所谓的折中制。但是细究起来，该会之主张实为联邦制。③ 王宠惠的《宪法刍议》一文关于地方制度的主张，也颇近于联邦制。但他们都不敢再用联邦制之名。说到民国元年联邦制论的迅速消退，章士钊在 1914 年提倡联邦制的时候说，“平心论之，革命之业，发于诸省。诸省独立，已如北美群州。在都督军事者，岂不乐就联邦，为拥权自恣之便，而顾不敢发。盖当时东瀛承学之士，旧朝习政之夫，倡言统一为中华必采之途，反此即为不韪，闻者和之，习为一谈，舆论专制之势已成，自由讨论之风莫起，强顽者有所惮，自好者亦默尔而息。谈厥真因，则由未辨联邦之道，以为联邦果徒便私途，而无裨益国计，以为联邦惟革命党受其赐，非革命党皆遭其殃。前派以此自疑而不敢言，后派以此自励而张其讨伐”。④ 此评颇中的。

二　民国元年、二年省制难产

联邦制方案被抛弃后，如何处理中央—地方关系，尤其是如何处理都

① 高一涵：《联邦建国论》，《东方杂志》第 22 卷第 1 号，1925 年 1 月。
② 高一涵：《联邦建国论》，《东方杂志》第 22 卷第 1 号，1925 年 1 月。
③ 《国民共进会共和联邦折中制商榷书》，《东方杂志》第 8 卷第 11 号，1912 年 5 月。
④ 《联邦论》，《甲寅》第 1 卷第 4 号，1914 年 11 月。

督与省制问题，仍然是一个极为棘手的问题。各方围绕中央—地方权力关系的调整，尤其是省制问题，发生了激烈的争论。这一争论在民国元年、二年最为激烈，但几经争论都没有产生正式的省制，这对此后的政治进程有着相当的影响。

1. 南京临时政府法制院对于省制问题的意见

南京临时政府成立后，省制问题就突出地摆在人们面前。1912 年 2 月初，内务部即咨行宋教仁主持的法制院，就地方官制提出四大基本问题，请求答复。这四大问题是：各省行政是否应由都督负责，都督与中央各部及省议会之关系如何？省级行政建制是否需要调整，是存省，还是废省，抑或是缩省？各省行政长官之产生，由中央简任抑或地方选举？地方行政是否应当区分地方官治行政与地方自治行政？① 这四个问题即军民分治问题、省制存废问题、省行政长官简任抑或民选问题、省行政长官与省议会之关系问题，它们是民初省制争议中最主要的问题。法制院对此给予了答复：第一，关于军民分治，法制院认为都督并非适宜之管理民政机构，但目前形势下，军民分治难以推行，地方行政暂时只能由都督兼管。第二，关于省制存废，法制院主张缩小省的规模，将现有之省分作两到三个省，废除道级行政区划，县直隶于省，实行省县二级制。第三，关于省行政官员之任用，法制院主张都督由总统特任，都督之下的各司由国务卿推荐，经总统任命，各县知事由都督推荐，经总统任命，均不经民选。第四，关于地方官治行政与地方自治行政，法制院主张都督掌各省官治行政，受国务卿监督，不受省议会监督；省议会及省参事会负责省自治行政，省议会有列举立法权及监督财政权。参事会由都督及各司组织之。也就是说，在缩小省区的前提下，省为地方官治行政与自治行政合体之地方行政层级，都督有两重身份，作为地方官治行政之负责人对于国务卿负责，对于地方自治行政，作为参事会之一员，受省议会之监督。②

① 《内务部提议地方官制先决问题》，《民立报》1912 年 2 月 7 日。

② 《法制院拟地方官制先决问题（答内务部案）》，《民立报》1912 年 2 月 6 日。

1912 年 4 月，《民立报》又披露《法制院拟定地方官制先决意见》，① 此件颇能表现法制院面对当时省区庞大，都督权重的局面，欲收回都督权力，但面临着重重困难，听任都督专权又恐出现割据局面，故在制度设计上，彷徨失措，无所适从的情境。关于省之存废与军民分治问题，法制院提出四层办法，并分陈其利弊。第一层办法，维持现状，保留现行省区，维持都督兼理军民的格局。其缺点是，现在都督所拥有之权力为事实上之权力，非法律上之权力，若行此制，都督之权力将变为法律上的权力，都督权重的局面将更加严峻，省界观念将更牢不可破，恐为将来地方制度改革之障碍，联邦制恐将成现实。第二层办法，保持现行省区建制，实行军民分治，都督只管军事，行政权另委行政长官办理。其缺点是，都督掌握军事权力，民政长将在事实上成为都督的属官，无法独立管理民政；同时，也无法打破都督专权的局面，将来统一军事仍会面临重重障碍，而省界观念也无法打破。第三层办法，暂不废省或都督，设法将军事权集于中央，而将都督改为行政长官。其弊病是，现有都督未必皆适合为行政长官，省界仍不能破除。第四层办法，废省为数道，各省设立行政长官，都督暂不废，令掌握军权。此方案固然不错，但推行上有巨大的障碍。

南京临时政府存在的时间甚短，面临着重重的压力与困难，关于省制问题及解决办法只是停留在政府内部讨论的层面，甚至未及提交临时参议院，故尚未引起广泛的争议。不过，从中可以看出，同盟会内部的宋教仁等人主张中央集权、缩小省区、地方行政长官由简任而不由民选，也认为将来必须实行军民分治，必须改变都督权重的局面。这一主张与宋教仁的中央集权、强有力政府的理念有关，也与当时国家内部趋于松散，中央政府不能有效统御各省的现实状况有关。

2. 北京临时政府法制局省制原案与国务院的修改

袁世凯上台后，欲完成国家行政统一，乃推动省制、省官制之厘定，于是围绕着省制问题，中央与地方之间，同盟会—国民党与共和党、统一

---

① 《法制院拟定地方官制先决意见》，《民立报》1912 年 4 月 10 日。此法制院究竟为南京临时政府之法制院，还是北京临时政府之法制局，从材料所表述的内容看，难以做准确的判断，笔者倾向于前者。

党、民主党之间，展开了复杂的角力。

早在1912年3月初，尚未就任临时大总统的袁世凯即指定汪荣宝起草外官制草案。据报载，此草案以军民分治为基调，保留各省都督，但都督只主管军政、保卫疆界，以民政长为地方行政长官，民政长之下分设外交、理财、教育、司法、工商、农林等司，各管一政；地方层级上，裁撤道、府、厅、州，实行省县二级制。[①] 还在草案起草过程中，袁世凯曾就军民分治问题征求副总统黎元洪的意见。黎元洪即于4月12日发表“侵电”，赞成军民分治，并表示他控制的湖北将首先设立民政长，推行军民分治，为各省之先驱。得到黎元洪的拥护后，袁世凯试图马上推动军民分治，要求各省于一个月内举定民政长，电请大总统任命，但此举遭到地方都督的强烈反对，只好暂缓推行。此时，争论的焦点是军民分治问题。

地方制度不定，使地方政务面临重大的制度缺失，在各省议会的催促下，1912年5月21日，参议院咨催临时大总统迅将地方官制草案交参议院。5月27日，法制局将地方官制草案呈报国务院。6月10日，国务院会议讨论省制、省官制草案。法制局的草案完整版笔者尚没有找到，但从相关材料看，此草案大要如下：第一，否定联邦制方案，也否定废省或者缩省的方案，省之区域暂仍其旧。第二，实行军民分治，都督管地方军政，省总监负责省行政。第三，省总监为民政官吏，由大总统委任，在法律上具有两种性质，其执行国家所委任之事务，具有行政官性质，对中央政府负责；其执行本省行政事务，具有政务官性质，对省议会负责。省总监为独任制官厅，下辖各司，各司处于补助地位，与总监合署办公。第四，关于省总监与省议会之关系：省议会为省立法机关，具备监督行政、财政之权，可对省总监之施政进行质问，可受理人民之请愿。对于本省行政，省议会认为省总监违法时，得向平政院提出诉讼；（第23条）认为省总监失职时，得以议员3/4以上之出席，出席议员2/3以上之可决，提出弹劾案，经由国务院上达大总统。大总统如以为然，应免总监之职；如不以为然，交省议会复议一次，若仍执前议，得解散之，但次届省议会仍提出弹劾案

① 胡绳武、金冲及：《辛亥革命史稿》第4卷，上海人民出版社，1991，第437页。

时，应免总监之职。（第 24 条）这个方案，大体上保存省制，主张军民分治与省行政长官简任，但同时承认省兼有地方官治行政与自治行政两重性质，肯定省具备自治的资格；其所拟订的省议会与省总监之关系，大体上还算均衡，既给予省议会议决权，也给予省总监交令复议之权；既给予省议会弹劾省总监之权，也保留大总统解散省议会之权。① “专取稳健主义，稍减地方官制权力”，是此方案的显著特征。②

法制局的草案提交国务院之后，国务院会议对它进行了修改。时唐绍仪内阁尚未倒，内阁号称同盟会内阁。主导复核该草案的是担任司法总长的同盟会会员王宠惠，他倾向于省自治，对美国式的联邦制情有独钟，故国务院会议对于草案的修改颇注重地方分权。国务院会议对于法制局草案关于保留现行省区划分、军民分治、总监简任等规定未做修改，主要的修改是删除原案第 23 条，原案第 24 条变为第 23 条，其表述为：“省议会对于本省行政，认为总监有违法或失职时，得以议员四分之三以上到会，到会议员三分之二以上之可决，提出弹劾案，经由国务院达于大总统。前项弹劾案，大总统如以为然，应免总监之职，如不以为然，交省议会复议一次，若仍执前议，应免总监之职。”这一修改值得注意的地方是：第一，将原案第 23 条关于省议会对于本省行政认为总监违法时，得向平政院提出诉讼的规定，改为由省议会弹劾。此修改并无不妥，因为所涉事项并不适合行政诉讼，不应归平政院管辖，这是当时不少在省制、官制问题上批评参议院的人士也承认的。第二，它将大总统在交令省议会复议弹劾省总监案之后，省议会若仍持原议，总统可以解散省议会的规定删除了。这样，省议会可以弹劾总监，而大总统不能解散省议会。这就引发了所谓解散省议会权问题。此外，国务院的草案中，还有几条值得注意：第 60、61 条，关于法令

① 《参议院对于省制省官制案内幕之一揭》、《参议院对于省制省官制案内幕之一揭（续）》，《申报》1912 年 9 月 15、16 日；《临时大总统为省制省官制省议会议员选举法三项草案提请议决咨》（1912 年 7 月 5 日），中国第二历史档案馆编《中华民国史档案资料汇编》第 3 辑政治 1，江苏古籍出版社，1997，第 90 ~ 106 页。临时大总统于 1912 年 7 月 5 日提交参议院的议案是经过国务院会议修改的草案，并非法制局最初提交的议案。

② 《参议院对于省制省官制案内幕之一揭》，《申报》1912 年 9 月 15 日。

公布，规定“省议会议决之单行法，由总监于一月内公布之”。“省议会议决之单行法，总监应交参事会审查。若参事会有意见时，总监应将其意见，提出于省议会，令其复议。前项复议事件，如省议会三分之二以上仍执前议时，总监应公布之。”第68条规定，“省议会或省参事会之决议，总监认为违背法令者，得开具理由，请其复议。若仍执前议，得撤销之。省议会或省参事会不服前项之撤销处分者，得向本（平）政院提起诉讼”。这三条是法制局原案所有，还是国务院曾进行过修改，尚不能确定。据政府特派员1912年7月10日在参议院的说明，之所以规定总监可以撤销省议会之决议案，并将省议会与省总监关于省议会决议案之冲突的处理权交给平政院，是因为不能解散省议会，为平衡总监与省议会权力关系起见，做了此规定。① 可以看出，国务院的草案在省总监与省议会的权力关系问题上，删除了解散省议会的规定，将使二者权力关系失衡，省议会的权力明显偏大。这自然引起各省都督，以及主张中央集权人士的反对。

3. 各方对于国务院提交的第一次草案的意见

7月5日，大总统将国务院修改后的省制、省官制、省议会选举法草案咨交参议院。7月10日，参议院开会审议。随着省制、省官制草案内容的披露，各方人士纷纷发表意见，争论的焦点除了前述的军民分治问题之外，增加了另一个热点问题即省总监简任与民选问题，但省议会之弹劾权与解散省议会问题，尚未引起激烈争执。其中，各省都督反对军民分治，而对于总监简任与选举问题，则绝不过问，各省议会则反对省总监简任，主张省总监民选，而对军民分治则不反对。反对军民分治的都督，除了前述几人外，又增加山西、陕西、湖南、江苏、直隶、广西、浙江等省都督。而李烈钧、胡汉民还曾以联合各省一致进行，监督中央政府，保障共和为名，要求各省联合，以对抗中央政府集权之图谋。②

---

① 《参议院第35次会议速记录》，《政府公报》第89号，1912年7月28日。

② 胡汉民曾于1912年7月20日致电蔡锷，要求联合起来，监督中央政府。参见蔡锷《复胡汉民电》（1912年7月31日），曾业英编《蔡松坡集》，上海人民出版社，1984，第543页。又胡绳武、金冲及的《辛亥革命史》第4卷提到李烈钧曾密电四川代理都督胡景伊、民政长张培爵，要求联合一致，监督中央政府。

其时，中央政府清楚各省都督之要求在于维持都督兼理军民，而于总监简任并不反对，乃欲利用都督压服各省议会。7 月 30 日，法制局通电各省都督，称各共和国家，除纯粹联邦国家之外，绝少选举地方长官之例。今国家新造，若行省行政长官民选，必有流弊：第一，行政长官必受选举人之掣肘而成为选举人之傀儡，不能自由施政；第二，在省界观念的支配下，当选者一定是本省之人，外省官员将无由立足，而当选之本省人，其施政必受地方人情之累。法制局希望各都督支持行政长官简任的方案。[①] 总监民选则总监自然受制于省议会；省总监由总统简任，都督手握军事大权，而都督与总监辖区相同，不重新划分军区与政区，则在省区范围内，总监将实际上成为都督的属官。相比较之下，各省都督普遍支持总监简任。据报载，到 8 月间，总统府先后收到李烈钧、张镇芳、赵尔巽、赵惟熙、阎锡山、胡汉民、蒋尊簋、陆荣廷、蔡锷、陈昭常、宋小濂、黎元洪等 12 位都督赞同总监简任之电文。[②] 而各省议会则多要求总监民选，直隶、奉天、吉林、山东、河南、陕西等省议会都曾致电总统府和参议院，要求总监民选，东三省更派专员到京力争。[③] 而在参议院内，同盟会和统一共和党极力主张总监应由人民选举，共和党则力主由中央简任。

袁世凯看得很明白，省制问题中，军民分治最要紧，各省都督的态度最重要。各省都督掌控着各省军政大权，是各省的实力派，也是袁世凯实现行政统一最先需要说服或者压服的对象。一旦实现军民分治，照袁世凯的思路，则各省议会要求民选省行政长官的问题，很容易处理。为加强与各省的沟通，袁世凯于 7 月 24 日电令各省都督各选派熟悉军政及内政，素有阅历与经验，而为各都督所信任者三人为代表，迅速赴京，以备咨询。[④] 袁世凯试图以此沟通与各都督之关系，以备咨询而图统一，推动省制与省官制的制定。但李烈钧则试图以此为契机，扩大各省在中央的发言

---

① 《法制局致各省都督电》，《政府公报》第 106 号，1912 年 8 月 14 日。

② 《都督中之赞成总监简任者》，转引自关晓红《从幕府到职官：清季外官制的转型与困扰》，第 562 页。

③ 《外官制大争论之开始》，《申报》1912 年 8 月 7 日；《外官制之大问题》，《时报》1912 年 8 月 7 日。

④ 《东方杂志》第 9 卷第 3 号，1912 年 9 月。

权。7 月 27 日，他致电各省都督，提出各省都督代表之权限四条：第一，国务会议，各省代表得出席陈述意见，但每省以一人为限。第二，各省代表对于本省要政，奉都督之指令，得请求开国务会议。第三，大总统提出法制、预算案交参议院以前，应征集各省都督之意见，由代表转达之。第四，对于各省政务之命令，应先期咨询各该省之代表于地方情形有无窒碍。[①] 这被主张中央集权的人士看作谋求实行联邦制。经过李烈钧、程德全等反复电商，此主张为江苏、奉天、直隶、吉林、山东、河南、甘肃、山西、广东、广西、湖南、安徽、福建、云南、贵州、江西、四川等十七省都督所认可。各省都督在扩大都督对于中央政务与本省政务的发言权上，意见相当一致。[②] 而国务院对于各省都督的这些主张则力持反对意见。到 9 月，据报载，已有十二三省的代表陆续到京，政府给予各省都督代表“行政咨询员”的名号，并提出章程十条，对其职权做出规定，[③] 否定了各省都督关于各省代表职权的意见。

4. 国务院第一次草案的撤回与法制局原案的复活

袁世凯对同盟会主导的国务院对于法制局提交之省制、省官制草案的修改本就不满意，认为国务院对于法制局原案的修正偏于地方分权，与其中央集权之意图相违。6 月 27 日，唐绍仪辞职，6 月 29 日同盟会内阁垮台。在省制、省官制草案提交参议院之前几日，政坛局势已经发生了重大变化。到省制、省官制草案遭到各方反对后，政府乃趁机于 8 月 1 日将草案从参议院撤回，重新修改。8 月 16 日，袁世凯将经法制局修改后的草

---

① 李烈钧：《致各省都督电》（1912 年 7 月 27 日），徐辉琪编《李烈钧文集》，江西人民出版社，1988，第 68 ~69 页。

② 《各省代表权限之确定》，《申报》1912 年 8 月 24 日。

③ 《行政咨询员简章》十条，规定行政咨询员之职权如下：“第一，咨询事件：民政、财政、军政。第二，该事件由主管部按照情形办理。第三，各部应特派专员接洽。第四，特派员及各省特派员得各就主任事件随时建白或答复意见。第五，各部及各省特派员对于主任事件有认为应开会议者，得三人以上赞同，即可开会，规则由各部自定。第六，凡议决或陈述事项，应呈候各总长裁夺。第七，特派员关于主任事项完竣时，经主管各部总长之许可，随时回省。第八，大总统得派员加入此项会议，或遇事咨询。第九，设立总事务一所，以为会集之机关，并酌派专员接待。第十，特派员到京后，应先赴该事务处报告，并接洽。凡请谒大总统、国务总理暨各部总长事宜，即由接待员绍介。”（《申报》1912 年 9 月 12 日）

案再次提交临时参议院，此为第二次草案。此次修改涉及几个问题。

其一，军民分治问题。军民分治之基本方向不变，但根据各省实际情形，可以规定暂行章程，令都督兼任省尹，但具体办法要到各省都督代表到齐后，才能确定办法。[①] 这是各方妥协的结果，并非袁世凯的本意。在撤回国务院审定的第一次草案之后，袁世凯即表示，临时大总统之任期将满，无意修改约法，“惟极力主张军民分治之策”，[②] 坚持其军民分治之态度。此种态度得到以黎元洪为首的拥袁势力的支持，共和建设讨论会即致电大总统和国务院，力挺军民分治。[③] 但军民分治必削夺都督权力，故各省都督多反对军民分治，胡汉民、李烈钧、程德全等均力陈反对军民分治之意见，甚至力谋各省统一行动。这给大总统和国务院带来巨大的压力。面对这种压力，国务院电复各省都督称，大政方针，宜规久远，国务院对于目前各省情形并非不顾，故省官制草案即有边远地方，或依各省特别情形，经国务会议之议决，得以驻在该地之都督简任总监（此即国务院第一次修改之省官制草案第 26 条），早已留有伸缩之地步。[④] 也就是告诉各省都督，经过国务会议之批准，军民分治可缓行，各省都督暂时还可兼任总监，不必全力反对军民分治。中央政府内部对于都督是否可以兼摄总监，亦颇有争论。总理陆徵祥即不赞成军民分治，认为大局尚未巩固，各省军队林立，不易约束，若遽行军民分治，恐各省军队发生哗变，影响大局；再则，地方不靖，平定地方，势必调用军队，若军民分治，势必军方与地方政府互相掣肘，殊为不便。[⑤] 这与各省都督反对军民分治的理由基本相同。因为有阻力，所以法制局不得不在坚持军民分治的同时，保留各省变通的余地。但是，政府提交参议院的第二次草案，关于军民分治究竟如何规定，笔者尚未找到确切的材料。

其二，关于省行政官之名称、产生及其与省议会之关系问题。修改要

① 《省制修正大纲》，《申报》1912 年 8 月 22 日。
② 《时报》1912 年 8 月 3 日。
③ 《军民分治之大保障》，《申报》1912 年 8 月 14 日。
④ 《时报》1912 年 8 月 5 日。
⑤ 《最近之三大问题》，《时报》1912 年 8 月 18 日；《政府对于军民分治之态度》，《申报》1912 年 8 月 16 日。

点如下：(1) 省总监改称省尹。(2) 删除草案第 68 条，即关于总监可撤销省议会决议的条文。(3) 变通委任，省尹仍由中央委任，但需要征求省议会之同意。① 据《申报》载，关于省行政长官之产生，总统袁世凯与总理陆徵祥曾有商议，达成一项共识，即一方面坚持简任，另一方面安抚各省议会。规定简任的具体办法为，由中央提出三人，电各该省议会求其同意，得同意者，即可委任为省尹。这样一面可以顾及舆情，一面能不失统一之意。随后法制局照此修改。② (4) 省议会如认为省尹违法，得向平政院起诉；如认为省尹失职，得提出弹劾案，经国务院转达，总统如谓然，则免省尹职，否则交令复议，如仍执前议，则解散省议会。若次届省议会再提弹劾，则免省尹职。③ 省总监改称省尹，是因为一些省议会如陕西省议会反对总监之名称。④ 这个改动无关紧要。上述第 (3) 项修改，名义上省行政长官之任命需要征求省议会之同意，但提出人选的是中央政府，因此本质上是简任，而非民选。删除草案第 68 条，应当与第 (4) 项对照起来看，国务院的第一次草案没有给予大总统解散议会之权，故特设总监撤销省议会议决案之条文，以为救济；现既恢复法制局原案之解散省议会的规定，则第 68 条实际无存在之必要。第二次草案中，政府将省尹违法与失职分开处置，关于省议会认为省尹违法时，可向平政院提出诉讼，实际上恢复了法制局原案，而且条文仍然是第 23 条。第 (4) 项修改，也是否定国务院（同盟会主导的内阁）第一次对法制局原案的修改，恢复法制局最初草案之解散省议会之规定，其条文则由国务院第一次草案的第 23 条变为第 24 条。

可以看出，此次修改，实际是将国务院第一次草案偏向省自治和地方分权的方案，改为偏向中央集权与保持省行政、省议会权力平衡。也正因为如此，当时媒体称，此两项修改为“法制局原案之复活”。⑤

① 《省制修正大纲》，《申报》1912 年 8 月 22 日。

② 《省官制撤回修正之异词》，《申报》1912 年 8 月 9 日。

③ 《时报》1912 年 8 月 21 日。

④ 《外官制之争论》，《民立报》1912 年 8 月 7 日。

⑤ 《参议院对于省制省官制案内幕之一揭》，《申报》1912 年 9 月 15 日。

5. 参议院对于第二次草案的审查与修改

政府第二次将省制、省官制草案交议后，临时参议院即进行审查。主持审查的是担任临时参议院法制审查委员会（简称法制委员会）常任委员的国民党议员张耀曾。

此时参议院内外的形势有了重大变化。其一，刚刚经历唐绍仪内阁的倒台与几乎持续整个 7 月的陆徵祥内阁表决风潮，同盟会一系的政治人物，对于袁世凯唆使地方军政长官公然以武力威胁参议院，强迫参议院通过陆徵祥内阁，乃至动用黑社会手段，组织所谓“健公团”，给 103 名参议员每人一封信，劝他们“勿挟私见”，尽快通过内阁人选，否则就要“炸弹从事”一事，[①] 强烈不满。本不信任袁世凯的同盟会议员，因此对袁世凯更加警惕，其反对中央集权，要求以地方分权制衡中央政府的立场更加坚决。其二，8 月 15 日，也就是政府提交的第二次省制草案之前一天，发生了革命元勋张振武、方维被杀事件。此事立即在政坛掀起轩然大波，同盟会对于袁世凯疑忌之心益深。其三，其时正当同盟会与统一共和党等五党联合组成国民党之时，统一共和党与同盟会合并，除了政见接近外，一个重要原因就是贯彻军民合治与都督民选的主张。[②]

在此背景下，参议院法制委员会提出的审查报告就与政府提交的第二次草案之观点有明显的区别。张耀曾在 9 月 12 日向参议院报告审查结果时就称，审查会之态度与政府所持之态度不同，政府方面以中央为重，地方为轻，而审查报告则以地方为重。[③] 参议院审查报告对于政府第二次提交的草案的修改要点如下：（1）省行政长官由省尹改称省长。（2）关于省长之产生，规定由本省议会用无记名投票方式分次选出二人，呈大总统选其中一人兼任，前项选举需要全体议员 3/4 以上出席，以得票过半数者为当选者。[④]（3）关于省长与省议会之关系，参议院对于政府第二次草案的修改如下：一是废弃原案关于大总统可以在省议会弹劾省尹时解散省议

① 《时报》1912 年 7 月 27 日。

② 《最近之三大问题》，《申报》1912 年 8 月 18 日。

③ 《参议院第 75 次会议速记录》，《政府公报》第 160 号，1912 年 10 月 8 日。

④ 《省官制草案》，《申报》1912 年 9 月 21 日。

会的规定，恢复了国务院第一次草案第 23 条的规定（在参议院的修正案中，此条变成了第 21 条）；二是恢复了国务院第一次草案之第 68 条关于省总监可以撤销省议会决议案的规定，列为新草案之第 60 条。[①] 经过修改，草案变成了 86 条。可以说，参议院的修正案除了恢复国务院第一次草案部分内容之外，另对省长产生问题做出了新的规定。其中，关于省长之产生，表面上看，是折中了简任与选举两派意见，但这在当时被许多人解读为省长民选。这种解读是正确的，因为依照修正案，总统只能从省议会选出的两人中选择一人为省长，而政府原来的主张则是省议会只能从总统推荐的三人中选出一人。可以说，两者的所谓折中都是虚的，政府的主张实际是省长简任，而参议院法制委员会的修正案实际上是省长民选。

参议院法制委员会的这种修改，在参议院内遭到共和党与共和建设讨论会的强烈反对。早在参议院法制委员会审查此草案时，汪荣宝就因此与张耀曾发生冲突，并提出辞职。[②] 9 月 12 日，法制委员会向参议院报告审查结果时，共和党、共和建设讨论会与国民党发生了激烈冲突。此后几次会议讨论审查报告，双方又连续发生激烈冲突。而在参议院外，共和党、民主党及其所掌握的报刊对于参议院确定省长民选、取消总统解散省议会之权口诛笔伐，攻击国民党的主张激于感情，偏于党见，蔽于私利，势必使国家无联邦之名，而有联邦之实，造成国家之分裂，妨碍国家之统一；而国民党的报刊则纷纷予以回应。有关省制问题的讨论，在舆论界真正热闹起来。由于中央政府表示军民分治可以根据各地实际情形暂缓推行，争论的焦点不再是军民分治问题，而变成了省长民选与解散省议会问题。除了舆论战外，一些都督与政治团体如山东都督周自齐、甘肃都督赵惟熙、新疆都督杨增新、吉林都督陈昭常，以及共和建设讨论会和国民协会等，还致电大总统与国务院，就参议院主张省长民选、删除总统解散省议会之规定表达反对意见。[③] 湖北都督黎元洪更于 10 月 3 日联合 13 省都督、民

① 《省制草案》，《申报》1912 年 9 月 18、19、20 日。

② 《时报》1912 年 9 月 6 日。

③ 《政府公报》第 154 号，1912 年 10 月 1 日；第 161 号，1912 年 10 月 8 日。

政长致电参议院，反对取消总统解散省议会权，其中包括广东都督胡汉民。[1] 11 月初，浙江都督朱瑞又联合 15 省都督致电参议院，主张省长简任，反对省长民选。[2] 在省长民选与否、总统是否有解散省议会权问题上，反对参议院立场的，不只是所谓拥袁势力，还包括坚决要求省自治和地方分权的国民党都督李烈钧、胡汉民。9 月 14 日，即参议院审查报告出来后的第三天，李烈钧、胡汉民即联合程德全致电参议院，认为参议院删除总统解散省议会之条款，势必使省长不仅受中央政府之惩戒，还得服从行政裁判，更得受省议会之弹劾，施政断难有所作为；省长受省议会之弹劾，而总统不能解散省议会，则省长将无日不在畏疑震撼之中，无事不在议会操纵之下，必成"议会专制"之势；在军民分治尚未实行的情况下，省长将多由都督担任，所谓弹劾省长也就是弹劾都督，而在秩序尚未恢复的情况下，弹劾都督势必动摇军政，影响地方秩序之恢复，危害极大。故他们强烈呼吁参议院权衡法理，参察事实，既赋予参议院以弹劾省长之权，又赋予总统解散省议会之权，以保持立法、行政二权之平衡，有利于地方政治之平稳开展。[3]

6. 政府再次撤回草案与虚省三级地方制草案的提出

参议院对省制、省官制草案的修改，是对政府第二次提交的草案的"根本主义全然反对"。[4] 照当时参议院内的党派格局，若参议院内的国民党议员强行推动表决，参议院的修改稿很可能获得通过。这是袁世凯不愿意看到的。即便参议院迫于大总统、各省都督的压力，不强行推动表决，省制、省官制案也可能旷日持久，不能成立。这也非袁世凯愿意看到的。且袁世凯拟于 9 月 25 日公布孙中山、黄兴、袁世凯、黎元洪达成的"八大政纲"（即军事、外交、财政、司法、交通均取中央集权主义，其他取地方分权主义），欲以此为依据，推动各方就省制问题达成他可以接受的

---

① 《各省反对删除总统解散议会权》，《申报》1912 年 10 月 14 日。

② 《十六省都督主张简任省长之要点》，《时报》1912 年 11 月 3 日。

③ 李烈钧：《与胡汉民程德全致参议院电》（1912 年 9 月 14 日），徐辉琪编《李烈钧文集》，第 87～88 页。

④ 《省官制案讨论大纲之激争》，《申报》1912 年 9 月 27 日。

共识。[①] 于是，袁世凯于9月20日第二次将省制草案撤回。

政府第二次撤回省制草案时曾表示，将在一个月内提交新的草案。随后，政府即令法制局局长顾鳌负责新草案的起草。顾鳌曾留学德国，颇推崇普鲁士地方制度。在顾鳌看来，普鲁士地方官制似乎可以调和各方意见，乃以普鲁士地方官制为基本精神起草省制与省官制方案。据报载，其方案是：（1）省兼有国家行政与地方自治行政两种性质，省行政机关分自治机关与官治机关两种。（2）省长执行官治行政，故由简任，省总董执行自治行政，故由选任。在顾鳌看来，省行政既有官治自治之分，则省长由简任，总董由选任，这就可以调和省长简任与选任两派之意见；省长负责官治行政，不对省议会负责，则省议会不得弹劾省长，而省长也就不得解散省议会。这可以调停各方关于省行政长官简任与民选之争，调停各方关于解散省议会权问题的争论。[②] 此一方案甫经披露，即引发各方反对，江苏、江西、四川都督闻讯即致电国务院表示反对，章士钊在《独立周报》刊文，批评普鲁士地方制度为不正当之地方制度，不适合中国。[③] 梁启超也在稍后批评此方案为“无理取闹之三头政治”。[④] 对于此一方案，9月22日的《时报》就给出了准确的推测，认为法制局将采用普鲁士地方制度，划分中央行政与地方行政，省长专管中央行政，由简任；省议会之外另设董事会，置总董，由民选，用合议体，专管地方行政。据《时报》称，政府第二次撤回省制案，系受张耀曾影响，而采用普鲁士地方制度，也与张耀曾有关系。因为此传言，还在法制局起草新省制草案时，共和党、民主党在参议院内就“抵死力争”，坚决反对采用普鲁士地方制度。[⑤]

法制局的方案仍以省为自治体，也不合袁世凯之意。因此，此案在提

① 胡绳武、金冲及：《辛亥革命史稿》第4卷，第447页。

② 黄远庸：《蛛丝马迹之省制案》（1912年10月26日），《黄远生遗著》卷2，商务印书馆，1984，第186～196页。

③ 秋桐：《普鲁士官制论》，《独立周报》第1年第2号，1912年9月29日；《论划分省治非正当地方制》，《独立周报》第1年第3号，1912年10月6日。

④ 梁启超：《省制问题》，《庸言》第1卷第1号，1912年12月1日。

⑤ 《时报》1912年9月22日。

交国务院之后，很快就被否决。10 月 12 日，此案提交国务院会议，因事关重大，改定于 14 日开会讨论。会后，袁世凯召集朱家宝、孙宝琦、齐耀琳、沈秉堃、李盛铎等研究此事。14 日，国务员在总统府再次开会，多数国务员反对采用普鲁士地方制度，并提出两个方案供法制局选择：一是废省存道，地方政制实行道县两级制；二是道县两级之上设一监督机构，代表内务总长，如明代之巡按使之类，这就将省列为虚级，即所谓虚省三级地方制。[①] 10 月 23 日，国务院会议再次召开，确定采用虚省三级地方制。此次会议召开前，总统府曾令梁士诒、沈秉堃、朱家宝、李盛铎、齐耀琳、孙宝琦、曾彝进、靳志研究地方制度，并提出具体建议，形成了一个关于地方制度的说帖。说帖以虚省三级制为原则，提出甲、乙两种具体方案供选择。此说帖提交给 23 日的国务院会议后，即被采纳。[②]

在确定采用虚省三级地方制后，法制局即根据总统府说帖起草省制草案。但虽经参议院数次咨催，一直到 1913 年 1 月下旬，国务院才将修改后的省制、省官制草案第三次提交到参议院。

法制局起草的虚省三级制大要是：（1）省为国家行政监督区域，设总监一人为特任官，代表中央处理特别委任事务，处理道以上及全省之国家行政，监督省以下各级官署。省总监的监督并不包括指挥之性质，并非介于内务总长与道知事之间之机关，其监督以受理诉讼为主要职责。也就是说省是个监督地方国家行政的虚级，并不是一个地方行政实级，不具备地方自治主体资格，不设省议会。既如此，则不存在省行政长官之民选问题，也不存在解散省议会问题。（2）道为自治联合体，设道知事一人，为一道之行政长官，由内务总长呈由大总统简任。道知事之职责包括：办理道之地方行政，如办理国会、自治会之选举，及道内警察、卫生等事务；受中央各部之指挥监督，执行其命令之事务；监督所属各县之行政，并监督道自治体。（3）县设知事一人，为县行政长官，由道知事呈由内务总长荐任。（4）地方自治团体：市、乡为地方自治团体之初级，设立

① 《新省制之千折百回》，《申报》1912 年 10 月 21 日。

② 《普制最后之决议》，《申报》1912 年 10 月 26 日；《省官制改定虚三级详情》，《申报》1912 年 10 月 28 日。

市、乡会为议决机关，设市长、乡长为行政机关（取独任制）；道为上级自治团体，道议会为议事机关，道董事会为执行机关。[①] 虚省三级地方制的关键在于以虚省“坚省长简任之壁垒”，而绝非省长民选论者之主张。[②] 此制的设计，省与县都不是自治层级，其下级自治行政层级为市、乡，上级自治层级为道，同时，其设计中，道知事又不对道议会负责，道的自治行政由道董事会任之，道知事也出于委任。此种设计近于荒唐。如果说不给省自治资格，是出于防范省界观念之加深，谋求统一与中央集权，还有可说的道理的话，则不给县自治资格，实在没有道理。

虚省三级地方制草案由法制局成稿后，经国务院再三会议，又经总统府顾问之会议与国务院之议决，最终形成一套系统的方案，包括地方行政编制法草案、省总监官制草案、道官制草案、县官制草案、地方行政编制施行法草案、道自治制编制法草案。此案于 1913 年 1 月下旬提交参议院，此为省制、省官制案第三次提交参议院。[③] 关于此制，黄远庸分析称，其“骨子在地方行政编制法，其唯一之宗旨在废省存道县，为二级制度”，但鉴于省不能骤废，故姑存省总监，而废去省议会；又恐省议会一时不能废，故另制定施行法，暂存省议会。[④]

7. 虚省三级制被参议院否决与参议院通过《省议会暂行法》

1913 年 1 月 8 日，袁世凯以各省官制不统一，政治难以统一，影响民生与政治为由，颁布了《划一各省地方行政官厅组织令》，提出所谓“暂行省制”。此暂行省制只有 14 条，主要内容为：其一，统一各省行政长官名称。除蒙古、西藏、青海另有规定外，各省行政长官称民政长，已设民政长省份以民政长为该省行政长官，未设民政长省份，以都督兼任民政长。各省行政长官之职务权限依现行法规之例行之，其依现行中央各部官制所定属于各部总长主管事件，得临时委任各省行政长官办理。其二，

① 《省官制改定虚三级详情》，《申报》1912 年 10 月 28 日。

② 松岑：《虚三级省制施行之研究》，《独立周报》第 1 年第 12 号，1912 年 10 月 28 日。

③ 《时报》1913 年 1 月 26 日。

④ 远生（黄远庸）：《虚三级省制案之轮廓》，《时报》1912 年 12 月 7 日；又见《黄远生遗著》卷 3，第 10 页。

各省民政长设立一行政公署，内设总务处、内务司、财政司、教育司、实业司。其三，各省行政长官由大总统任命，各司司长由省行政长官呈由国务院总理简任，秘书科长、技正等由国务总理荐任。此案内容虽短，但其以军民分治与行政长官简任为基调是很清楚的。同日，政府又颁布划一顺天府、各道、各县行政官厅命令，主要内容是行政区域暂不变更，各级行政长官由简任产生，其主要属官由荐任产生。[①] 其时，省制还在讨论之中，行政当局以总统命令的形式，颁布官制官规，而未经参议院通过，显然违法。这一命令于规定维持现行行政区域、军民分治区别情形分别对待的同时，体现了军民分治、省长简任的基本意旨，显然不能得到反对军民分治的各都督、反对省长简任的国民党及各省议会之赞同。国民党议员彭允彝在参议院质问，行政咨询处之湖南都督代表周震鳞更通电反对。

虚省三级地方制草案提交到参议院的时候，正值国会选举进行之际，不少参议员回乡参加竞选，参议院屡次开会，均不足法定人数。到 2 月中旬，议员陆续回京，但仍很难凑齐法定人数。省制草案列入参议院议事日程十余次，均因不足法定人数，不能完成初读。1912 年 11 月到 1913 年 2 月，各省相继举办省议会选举，成立了新的省议会。但省议会之职权与议事规程，尚缺乏可遵行的法律。为使省议会之运作有法可依，袁世凯于 1913 年 2 月 1 日颁发总统令，以“省议会暂行章程”之制定尚需时日为由，令各省议会之组织及职权暂适用前清之《谘议局章程》。《谘议局章程》所规定的谘议局权限显然与各省议会对于省议会职权的期待相去甚远，因此，袁世凯的此项命令引起各省议会的强烈反对。[②] 有鉴于此，政府乃于 1913 年 3 月 14 日向参议院提交《省议会暂行条例》。此条例共 30 条，因为政府预定要推行虚省三级地方制，故其所拟《省议会暂行条例》规定省议会不是省自治机构，其职权非关于省自治行政，乃关于道自治行政，其职权有七：议决各道自治经费之预决算；依照厘定国税地方税之规定，议决地方赋课征收；议决各道公债之募集及有负担之契约；议决各道

---

① 《政府公报》第 243 号，1913 年 1 月 9 日。

② 沈晓敏：《民初各省议会反对适用〈谘议局章程〉的斗争》，《中山大学学报》2001 年第 3 期。

公有不动产之买卖或处分；议决各道公立营造物及公立设置之管理办法及处分；议决各道官吏员额及选用惩戒办法；咨复道民政长咨询事件。关于省议会与省总监、道民政长之权限，条例规定：省议会召开会议时，道民政长得到会陈述意见，省总监因监督之必要得出席于省议会。省总监可呈准内务总长解散省议会，但须于六个月内重新选举并召集之。省总监对于省议会之议决，有认为侵权违法时得交复议，省议会于复议后仍维持原决议时，得呈准内务总长令道民政长停止议决之执行。[①] 省议会与省总监、道民政长之权力关系显失平衡，省总监可以呈请内务总长解散省议会，可以撤销省议会之决议案，而省议会则毫无制衡之手段；省议会议事范围过于狭小。这样的省议会，不但不是主张省自治的国民党所期望的，也不是拥护中央集权的共和党、民主党所期望的，更非各省议会所期望的。故参议院接到此条例后，法制委员会即接连开审查会。3 月 24 日，参议院侥幸凑齐法定人数，法制委员会报告审查意见，认为地方行政编制法及施行法尚未成立，政府提交的《省议会暂行条例》当然不适用，该条例也无从修改，只有将其否决。结果，“众无异议。一致起立否决”。[②]

随即，参议院即决定自行起草《省议会暂行法》。《省议会暂行法》提案人、国民党议员张耀曾在答复共和党议员李国珍质问时陈述了草案之基本原则：（1）视省为自治团体；（2）视省行政官一面为官治行政机关，受国会之监督，一面为自治行政机关，受省议会监督。据此，省议会之职权如下：议决本省单行条例，但以不抵触法令为限；议决本省预决算；议决省税及使用费、规费之征收；议决省债之募集及省库有负担之契约；议决本省财产营造物之处分、买入及管理办法；答复本省行政长官咨询事件；受理本省人民关于本省行政请愿事件；就本省行政及其他事件建议于省行政长官；议决其他依法令应由省议会议决事件。对于省议会的这些职权规定，参议院内并无多少争议。[③] 参议院内关于《省议会暂行法》的争

① 《时报》1913 年 3 月 19 日。

② 《二十四日之参议院》，《时报》1913 年 3 月 29 日。

③ 《时报》1913 年 3 月 26 日；《省议会暂行法》（1913 年 4 月 2 日公布），《东方杂志》第 9 卷第 11 号，1913 年 5 月 1 日。

论集中在草案第 17 条，该条原文为："省议会对于本省行政长官有认为违法行为时，得以议员四分之三以上之出席，出席员三分之二以上之可决，提出弹劾案，经由国务院呈请大总统惩办。"在讨论中，李国珍提出，省议会弹劾省行政长官之事项，应明确为"关于本省行政"，同时，各国皆以内务总长为自治行政之第一级监督，则省议会弹劾省行政长官之案当向内务总长提起，而非向总统提起。对此，国民党议员虽力争，但最后还是基本接受了李国珍的意见。关于弹劾案成立之出席人数，张耀曾提出，草案所定过严，难以成立，当删除 3/4 以上议员出席的规定，这一要求获得多数赞成。最后形成的条文是："省议会对于本省行政长官，认为有违法行为时，得以出席议员三分之二以上之可决，提出弹劾案，经由内务总长，提交国务会议惩办之。"① 这是参议院内党派妥协的结果。关于省议会与省行政长官之关系，该法规定如下："省议会之议决事件，省行政长官应于十日内公布之。"（第 37 条）"省议会之议决，省行政长官如不以为然时，应于 5 日内声明理由，咨交复议。如有出席议员三分之二以上仍执前议时，应依前条之规定。"（第 38 条）"省议会之议决，省行政长官如认为违法时，得咨省议会撤销之。如省议会不服其撤销时，得提起诉讼于平政院。前条诉讼，于平政院未成立之时，最高法院受理之。"（第 39 条）

显然，《省议会暂行法》体现了国民党在省制问题上的若干重要意见，与袁世凯的主张有很大的距离。此法经临时参议院议决之后，于 1913 年 4 月 12 日，由大总统袁世凯颁布，为一段时间内省议会的活动提供了法律依据。1913 年 4 月 8 日，第一届国会召开，国会议事的重点转向制宪问题与总统选举问题，以及临时出现的问题如善后大借款等，在制宪过程中，有人提出省制问题，但宪法起草委员会的多数人主张省制问题另议，不纳入宪法，省制与省官制遂被暂时搁置。

8. "暂行省制"的实施与联邦论之再起

"二次革命"后，袁世凯借口省议会和地方议会牵涉"二次革命"，

① 《二十四日之参议院》，《时报》1913 年 3 月 29 日；《省议会暂行法》（1913 年 4 月 2 日公布），《东方杂志》第 9 卷第 11 号，1913 年 5 月。

议事效率低下，妨碍国家统一，于1914年2月解散各级地方议会与省议会，随后于1914年5月23日用行政命令公布了新的省制。这一新省制的基本架构就是曾被临时参议院一致否决的虚省三级地方制草案，其要点在于，一方面取消省议会，使得省绝无自治之余地；另一方面在省设巡按使，扩大巡按使的权力。李其荃分析此方案之谬误与政府之用心，认为此方案之谬误在于，一是将地方自治与统一对立起来，认为地方自治必妨碍国家统一，必须废除地方自治尤其是要废除省议会；二是囿于传统官僚政治的思维，以为中央掌握巡按使之任免，即可控制巡按使，令其唯中央之命是从而不敢稍有违抗，故给予巡按使等同于前清督抚之权力，而并不担心其跋扈擅权。另外，当局对于地方议会则很不放心，认为地方议会尤其是省议会，其议员由民选，非中央可以控制，一旦给予省议会权力，则必妨碍国家统一，更担心地方议会与省议会会为革命党人提供合法的活动地盘，“更不幸有如前清之谘议局与革命党勾通，民国省议会之涉嫌内乱，则危险殊甚”，故罔顾“自治力强、自治思想厚之民，弱不亡，亡不奴，奴不久也”的基本道理，因噎废食，彻底废除省议会，不惜断绝国家之生机。这样，新省制一方面给予巡按使巨大的权力，另一方面对于地方自治又顾忌，迟回疑虑，而莫肯慨予，“遂致地方有实权广漠之行政首长，无监督独立之议事机关，驯至阳用集权之名，阴袭分权之制，终乃无分权之利益而有集权之弊”。①

新省制的推行，断绝了原立宪派以及国民党之温和派在国会解散之后，通过地方政治活动，逐渐改革国家政治的希望，也将使他们丧失合法的政治活动的地盘，引发他们极大的担忧。他们担心地方自治的停办将使宪政无从实行，也看到了新省制的推行所造成的问题：当局以任免地方长官之权为基本手段，而无地方自治的中央集权，并没有带来所谓的统一与实际的中央对于地方的控制，相反，“国令不及于京津……前之抗中央者，犹［尤］为地方之民，今之抗中央者，乃显为中央之命官……权愈

① 李其荃：《论中央集权与地方自治》，《中华杂志》第1卷第6号，1914年7月1日。

集，裂愈甚”。[①] 在大力推动中央集权的同时，袁世凯于 1914 年 5 月又颁布所谓《中华民国约法》，实行总统大权独揽之政制，所谓中央集权其实就是集权于大总统一人。高度的权力集中并没有带来政府的效能与国家的统一，而是整个国家“不见有中央、各省，亦不见有官吏、人民，且并不见有国家，惟中央当权之一个人而已”。而就连这个统揽天下的“当权之一个人”亦不能指挥地方，不与各省协商，不征得各省之同意，不能裁一兵，不能施一政。[②] 此种情形，不但目前宪政无望，而且在此当权之一人死后，“中央必陷于无政府之状况，各省纷纷独立，当更有分崩割据之隐忧”。[③]

受时局的影响，思想界一些人开始反思民国元年、二年的中央集权论，引发所谓“救国方法”的自觉，联邦论乃再次兴起，并渐成思潮。但是，袁世凯倒台后，联邦制又迅速失去了市场。护国战争之后，国会重开，重新开议宪法，宪法研究会与宪法商榷会两派又围绕省制是否入宪发生激烈争执。争执未已，而张勋复辟。此后，护法战争兴起，省制问题再次延搁。

三　民国元年和二年间的政治格局、各派之方略与省制问题

要理解民国元年、二年间的省制问题争议，须了解此时期的中国政治格局与各派的方略。从孙中山让位袁世凯以后的政治势力的版图看，袁世凯掌握着中央政权，掌握着北方各省军政实权，北方各省都督大都附从袁世凯。副总统黎元洪以首义功臣兼湖北都督的身份控制湖北，他在政治立场上比较倾向于袁世凯，但又与同盟会—国民党有相当的联系，是同盟会—国民党竭力争取的对象。同盟会—国民党控制江西、广东、湖南、安徽四省军政实权，同时与江苏都督程德全关系密切，其他南方都督大体在

① 曼公：《大一统论》，《新中华》第 1 卷第 1 号，1915 年 10 月 1 日。

② 中州退叟：《吾国省之价值于国家之组织》，《新中华》第 1 卷第 2 号，1915 年 11 月 1 日。

③ 中州退叟：《吾人对于国体变更必要之注意》，《新中华》第 1 卷第 1 号，1915 年 10 月 1 日。

袁世凯与同盟会—国民党之间持比较中立的立场。云南都督蔡锷则亲近原立宪派。[①] 从政党格局看，同盟会自革命党改为政党，进行公开的政治活动后，势力迅速扩充，到 1912 年 8 月，又联合统一共和党等五党改组为国民党，为当时第一大政党，以湘、赣、粤、桂、滇、秦、晋等省为大本营。由部分原革命派以及原立宪派组成的共和党，其势力仅次于国民党，为第二大政党，以鄂、闽、苏、黔诸省为大本营。以原宪友会为主干的民主党，分子比较纯正，但势力不如国民党、共和党，居于两大党之间，为第三大政党，是国民党、共和两党争取的对象。但其总体政治倾向是支持中央集权，主张国家主义与建立强有力政府，与共和党较为接近，故后来与共和党合并为进步党。

袁世凯一派的政治势力虽掌握中央政府与北方各省军政实权，但由于缺乏政党运作的知识与经验，没有组织起自己的政党，在中央议会并无可靠的政党以为操控之具。而民国既已建立，在法理上说，政党、议会是政治运作必不可少的凭借，在此情形下，袁世凯只能借用金钱收买与势力诱惑，以政治手腕去操纵政党与议会，同时假借手中的军政实力对议会与政党施加影响，使其从己意。袁世凯一派势必破坏共和政治的基本规则，成为共和中不遵守游戏规则的“特别势力”。

同盟会—国民党在临时参议院占据多数，在国会选举中，国民党亦获得胜利，成为正式国会的第一大党。同盟会—国民党则不仅控制南方四省，占据着中央议会的多数，且在诸多省份因其党务的扩展而能发生相当的政治影响力，此派政治势力虽具备一些政党运作与议会活动的知识，但面对袁世凯派的军政实力及其以金钱、武力操纵政党与议会的行为，不得不借助其所控制的军政势力以为抵制之策。可以说，袁世凯一派的政治势力与同盟会—国民党是两大彼此猜忌甚深、“绝对不相容”的政治势力。[②]

袁世凯久历宦海，有政治能力，有政治手段，但“智识不能与新社

① 关于各省政治格局，可以参见《中华民国史》第 2 编第 1 卷（上），中华书局，1987，第一章第三节“各省政情与南北对峙的政治形势”。

② 思农（黄远庸）：《对于三大势力之警告》，《论衡》第 3 号，1913 年 6 月 7 日。

会相接”，观念陈旧，缺乏近代政治理念，“脑筋中殆向无世界各国新式政府组织之形式与大政上系统之影响”，“生平与政党不相习，不知政纲政见为可信”。他毫无近代政治的法治理念，不相信可以法律规范进行政治权力运作，不相信对立的政治势力会遵从法律。他习惯于以传统的官僚政治之手腕去处理选举政治下的行政与立法之关系、中央与地方之关系，坚信控制官员、控制各省的最实用办法不是法律，而是任免官吏之权，深信唯有威权势力才能使对立的政治势力服从自己。他迷信权力与金钱，“以为天下之人，殆无有不能以官和金钱收买者。故其最得意之政策，在笼人以勋位，以上将、中将、少将种种，其他或以顾问，或以赠与，或以其他可以得钱之种种”。他不遵从选举结果，不尊重议会，虽迫于舆论压力几次下发不许地方军政长官对于各级议会之议事活动横加干涉的命令，但这些都是官样文章，其实正是袁世凯的默许乃至挑唆，才造成民初武人干政之风盛行。由此可见，在政治运作中，他蔑视法律，视法律为无物，同盟会—国民党为他设置了种种法律束缚，他都能“指天画地，念念有词，周身绳索蜿蜒尽解”，简直是“遁甲术专门之袁总统”；他热衷于培植私人势力，表现出明显的“公心太少而自扶植势力之意太多”的政治风格，其施政用心不在国家政治转型，而在扶植私人势力，以个人控制国家政治为其最大目标。[①] 他的政治见识、政治风格使得他热心于集权，极力谋求集权于大总统；在省制问题上，他积极推动军民分治，削弱各省都督的权力，希望将权力集中于总统个人；他坚持地方行政长官必须由中央简任，深信地方官吏不由中央任命，则中央政府就不能有效控制地方，国家将趋于分裂；他不相信地方议会能有效监督地方长官，认为地方议会只会掣肘地方行政，故趋于限制地方议会的权力，尤其限制省议会的权力。

袁世凯对于同盟会—国民党也疑忌甚深，他上台以后的政治方针几乎

---

① 黄远庸：《遁甲术专门之袁总统》、《少年中国之自白》、《游民政治》、《官迷论》，《黄远生遗著》卷 1，“论说”；思农：《对于三大势力之警告》，《论衡》第 3 号，1913 年 6 月 7 日；善哉（丁佛言）：《对于将来正式政府组织之预测》，《亚细亚日报》（北京）1912 年 10 月 29、31 日。

皆以同盟会—国民党为对手，一切举措均以削弱乃至消灭同盟会—国民党为目的。[①] 同盟会要求定都南京，袁世凯即处处设障，乃至策动军队哗变，以遂其定都北京之谋；同盟会—国民党要求组织政党内阁，他则声称但论才不才，不论党与不党，要组织的是人才内阁与超然内阁；他以独揽大权为乐，要求国务总理只是仰承意旨、苟保禄位的官僚，结果国务院实权尽为其剥夺，所谓责任内阁制有名无实，变成了实际的总统制；同盟会—国民党主张地方分权与省自治，他则实施都督简任，极力推动军民分治，坚持省行政长官简任，乃至欲确立虚省三级地方制度，取消省议会，取消省的自治资格。对于同盟会—国民党在南方军政实力，他虽有忌惮，但无日不图消灭之。

袁世凯的政治见识、政治行为习惯使同盟会—国民党对袁世凯控制的中央政府有深度的不信任感。这种不信任，表现在方方面面。1913 年 6 月，黄远庸曾批评国民党一年多来，其政治方针与策略，专从针对袁世凯个人入手，而不肯从国家建设大局、政党自身发展之远大方略出发，来规划自己的政治方案，实施自己的政治策略。[②] 与黄远庸的批评类似，署名“孤翔”者也称：“当国民党全盛之时也，对于立法之主张，皆以袁氏为前提，以谓但能以宪法之规定而限制袁氏之行动，则于愿已偿，至于国家根本当如何郑重出之，庶足以树百年之计，未常一计及之。所谓地方分权也，联邦制也，二重政府也，凡斯类者，必岂豪［毫］不自觉其谬，悍然主张而不顾者，亦曰将借以防袁氏，他非所问也。”[③] 此类批评，虽不乏党派之见，但也颇道出民国元年、二年间同盟会—国民党政略的重点所在。

由于对袁世凯有深度的不信任，认为袁世凯可能会破坏共和政治，同盟会—国民党希图在政治制度上对袁世凯进行限制。在中央层面，它试图通过《中华民国临时约法》构建的议会权重的内阁制去限制袁世凯，在中央地方关系层面，它试图通过省自治限制袁世凯，主张省自治是同盟

① 思农：《对于三大势力之警告》，《论衡》第 3 号，1913 年 6 月 7 日。

② 思农：《对于三大势力之警告》，《论衡》第 3 号，1913 年 6 月 7 日。

③ 孤翔：《政制抗议》，《雅言》第 4 期，1914 年 2 月。

会—国民党区别于民初其他政治力量的重要特征。

其激进派认为中国有长期的专制政治的传统，革命之后，对于共和政治的最大威胁就是野心家复辟帝制，而掌握中央政府的袁世凯是一个少受近代政治观念影响的枭雄，若行中央集权，则必为帝制复辟开方便之门，因此极力主张地方分权与省自治，欲以自治各省的力量限制中央政府，防范野心家复辟；甚至很早就提出所谓“二次革命”的主张，认为与其在内阁制还是总统制、中央集权还是地方分权等问题上与袁世凯纠缠，还不如直接以暴力革命推翻袁世凯，重新以革命力量构建共和政治。其地方实力派与稳健派，虽对帝制复辟风险的估计不如激进派清晰而坚定，但对于袁世凯亦有深刻的猜疑。这两派对于限制袁世凯，立场一致，但在策略上有分歧。以胡汉民、李烈钧为代表的地方实力派认为，只有依靠地方力量尤其是同盟会—国民党控制的南方四省的军政实力，才能有效限制袁世凯的专制集权，确保共和国体；若集权中央，而期望借国会去限制袁世凯，则是不现实的。而其稳健派则认为，实现统一是当务之急，若保留都督制度，地方军政民政不分，则割据之势将成，强固有力之政府无由成立，这不符合中国实际需要；至于限制袁世凯，他们认为这可以通过加强中央议会之权力、组织政党内阁来实现。还在南京临时政府时期，宋教仁与胡汉民就未来政制与如何限制袁世凯的问题存在明显的分歧。胡汉民回忆称：

> 余在南京，与宋钝初关于中央地方之建制，辩争颇烈。宋主中央集权，余主地方分权。宋谓：“起义以来，各省纷纷独立，而等中央于缀旒，不力矫其弊，将成分裂；且必中央有大权，而国力乃可以复振，日本倒幕，是我前师。”余谓：“中国地大，而交通不便，满清末造，惟思以集权中央，挽其颓势，致当时有中央有权而无责，地方无权而有责之讥，而满清亦暴亡，则内重外轻，非必皆得。且中国变君主为共和，不能以日本为比。美以十三州联邦，共和既定，即无反复；法为集权，而黠者乘之，再三篡夺。我宜何去何从？况中国革命之破坏，未及于首都，持权者脑中惟有千百年专

制之历史，苟其野心无所防制，则共和易被推翻，何望富强？”宋谓：“君不过怀疑袁氏耳。改总统制为内阁制，则总统政治上之权力至微，虽有野心者，亦不得不就范，无须以各省监制之。”余谓：“内阁制纯恃国会，中国国会本身基础，犹甚薄弱，一旦受压迫，将无由抵抗，恐蹈俄国一九〇五年国会之覆辙。国会且然，何有内阁？今革命之势力在各省，而专制之余毒，集于中央，此进则彼退，其势力消长，即为专制与共和之倚伏。倘更自为削弱，噬脐之悔，后将无及。”宋终不谓然。[①]

这段材料，将两人的分歧说明得很清楚。其实，这不只是宋教仁与胡汉民的分歧，还是同盟会内部侧重政党政治与侧重行省分权两派，或者说稳健派与地方实力派的分歧。

以宋教仁为代表的稳健派、政党政治派主张中央集权与强固政府。章士钊在说到民国初建时的联邦论时指出，虽有联邦论的声音，但“当时南京政府，实主张统一者也，宋教仁之徒，信之尤笃”。[②] 在南京临时政府时期，宋教仁就主张统一与中央集权，这一点前文已经提到。1912 年 5 月 30 日，在北京临时政府召开的国务院会议讨论地方制度时，他又提出军民分治、集中军政权于中央，都督专管军队，直隶总统，由中央政府任免；省另设地方行政长官，直隶内务总长，其任免由总统。[③] 同盟会内阁垮台后，宋教仁在致孙武的信中，表达了其强有力政府的政治见解：“弟尝潜观宇内大势，默筹治国方策，窃以为二十世纪之中国，非统一国家、集权政府不足以图存于世界。而当兹丧乱之后，秩序败坏，生计凋敝，干戈满地，库帑如洗，外则列强未之承认，内则各省俨成封建，尤非速行军民分治，集中行政权力，整顿军队，厉行救急财政计划，不足以治目前之危亡。而欲行此种政策，更非国务员全体一致，志同道合，行大决心，施

① 胡汉民：《自传》（1925 年），中国国民党中央委员会党史委员会编《胡汉民先生文集》第 2 册，台北，“中央文物供应社”，1978，第 70 ~ 71 页。

② 《联邦论》，《甲寅》第 1 卷第 4 号，1914 年 11 月。

③ 《民立报》1912 年 6 月 2 日。

大毅力，负大责任，排大困难，坚忍以持之，忠诚以赴之，不足以见最后之功。”[①] 也就是说，他的主要政治主张是实行中央集权与政党内阁制。至于如何限制袁世凯，宋教仁相信，“世界上的民主国家，政治的权威是集中于国会的。在国会里头，占得多数议席的党，才是有政治权威的党”。因此，他认为，国民党的主要任务应是以正大光明的手段来获得国会选举的胜利，“若占据议会的多数席位，就组织一党的责任内阁；退而在野，也可以严密的监督政府，使之不敢肆意妄为”。[②] 他认为通过国会与政党内阁，就可以将政治权威集中到国会，将总统变成一个没有实际权力的国家元首。对于省制，宋教仁主张缩小省区，主张将省确立为自治体，而胡汉民、戴季陶等人则坚持维持现行省区。在南京临时政府时期，宋教仁就主张缩小省区，此种见解此后并没有变化，在遇害之前几天，他所起草的《中央行政与地方行政划分之大政见》又提到应当缩省，实行省县二级制；省、县（府）均设地方官，掌官治行政，同时为自治团体，设立议会、参议会，掌握自治行政。县以下设立镇乡，直接辖于县，为纯粹之地方自治团体。[③] 对于省行政长官之产生，他主张应当由中央简任，但革命以来，各省都督多由民选产生的局面恐一时难以改变，所以他“主张以省长委任制为目的，而暂行民选制为逐渐达到之手段”。[④] 至于中央与省的权力划分，他提出，立法权属于中央议会，而地方亦当有列举之立法权。至于行政权的划分，他主张外交权以及消极的维持安宁之行政，如军政、外交、司法等应当属于中央；此外，交通、财政之主要权力应当归于中央，而对内的、积极的增进幸福之行政，如民政、重要产业之外的地方产业、教育行政等属于地方官治行政，而地方财政、地方

---

① 宋教仁：《复孙武书》（1912 年 7 月 4 日），郭汉民编《宋教仁集》（2），湖南人民出版社，2008，第 480 ~ 482 页。

② 宋教仁：《国民党鄂支部欢迎会演说辞》（1913 年 2 月 1 日），郭汉民编《宋教仁集》（2），第 542 ~ 543 页。

③ 宋教仁：《中央行政与地方行政划分之大政见》（1913 年 3 月 12 日），郭汉民编《宋教仁集》（2），第 559 ~ 562 页。

④ 宋教仁：《代草国民党之大政见》（1913 年 3 月），郭汉民编《宋教仁集》（2），第 579 ~ 588 页。

实业、地方交通、地方工程、地方学校、地方慈善公益事业等，则归于地方自治行政。[①] 宋教仁虽认为道府制为腐败之制度，但他的缩省方案与康有为、梁启超等人的废省存道方案，在本质上是接近的，都是试图缩小省区，以便中央集权。他主张划分省制为官治行政与自治行政的主张，实际上比较接近于法制局 1912 年 10 月所拟虚省三级地方制度方案。他在 1912 年 11 月的一次谈话中提到法制局的方案，划分官治行政与自治行政，在官治行政方面，省设总监一人，为特任官，道设知事，由总统简任，县设知事，由内务总长荐任；自治行政方面，道为上级自治团体，县为初级自治官体的制度设计，“折中至当，大概可以免各方面之纷争”。[②] 他的这番谈话，并非应景的谈话，那时他早已辞去内阁职务，在南方从事国会竞选活动，没有必要违心去吹捧法制局的方案。从他前后的主张看，他的主张与法制局的方案有相当接近之处。

而国民党之地方实力派与激烈派认为，所谓集权于中央国会，只会造成总统集权。他们认为，若无以省自治为基础的地方民主作为支撑，若无国民党在南方的军政实力作为支撑，国会根本无力限制袁世凯；而以中国专制集权之悠久与国民推崇强势政治人物的传统，在革命之后，秩序混乱之时，专制集权的总统极有可能走向破坏共和政治、复辟帝制的歧路。当时供职于《中华民报》的胡朴安即称，立法集权、行政分权之论，在理论上固可圆满自足，但立法集权最重要的条件是立法机关要有权威与实力。但是，在中国，立法机关缺乏权威与实力，其议政处处受武人的干涉，而武人干政背后的实际操控者就是大总统袁世凯。在此情形下，立法机关必然沦为行政之附属品，“所谓立法集权者，非集权于立法机关也，间接集权于军人，实直接集权于总统也”。又说：“今日之集权分权问题，不能拘法理解决之。凡以法理解决此问题，必与此问题相关之人皆谨守法律而后可。今既不然，彼常轶出法理之外，我斤斤然惟法理之是谈，美则

① 宋教仁：《中央行政与地方行政划分之大政见》（1913 年 3 月 12 日）、《国民党沪交通部欢迎会演说辞》（1913 年 2 月 9 日），郭汉民编《宋教仁集》（2），第 548、559～562 页。

② 宋教仁：《在鄂都督府之谈话》（1912 年 11 月 5 日），郭汉民编《宋教仁集》（2），第 508 页。

美矣，其如不合事情何?”因此，从当前实际情形看，要巩固共和，中国应当实行地方分权之制。[①] 这一看法从实际情形立论，颇击中宋教仁等人主张立法集权、行政分权之论的要害。宋教仁的立法集权、行政分权、政党内阁的基本政制设计，其立论前提是“世界上的民主国家，政治的权威是集中于国会的”，但中国当时不是民主国家，民主制度不是已经建立，而是正在建立的过程中，名义上的政治权威在国会，但实际的政治权威还是“兵马权”的权威。杜亚泉即说，民国建立以后，中国政治最明显的特征是“兵马权重，而法律权轻”。兵马权为事实上之权，法律权为原理上之权，“理想之势力，决不足以敌事实之势力”。[②] 至于如何确立法律的权威，使政治权威由兵马的权威向法律的权威过渡，杜亚泉以为“理想者，事实之母也”，要改变现实，须先改变思想。具体的办法就是，以共和原理、人权理念陶铸国民心理，树立法律的权威，以改变现实。[③]

若共和原理、人权理念能够深入人心，则共和政治的基本游戏规则有确立的可能，但是共和的确立除了思想的变动，还需要深刻的社会变动作为条件。所谓深刻的社会变动，指的是近代资本主义的发展与资产阶级、无产阶级等近代社会力量的成长，以及由于社会经济结构的变化而带来的思想言论自由、集会结社自由以及由此而带来的近代社会团体尤其是政治团体的发展。而这其实需要相当时间的累积。可是暴力革命在社会变动与思想变动尚不充分的时候已然发生，并造就了并不成熟的民主宪政体制，追求民主宪政的人士只能面对现实，在既有的条件之下，谋求确立民主宪政体制之道。在此情形之下，进行思想启蒙似乎是一条便捷的途径。这样，我们也就可以理解杜亚泉的主张了。

与杜亚泉主张通过灌输共和原理、人权理念来改造国民心理，从而改造现实政治的思路不同，面对兵马权重，而法律权轻的现实，同盟会—国民党之地方实力派试图利用各省实力来制衡中央，以自治的地方来限制中央权力的滥用，保障共和。他们的这种思路与其维持既有权力的意图又正

---

① 朴庵（胡朴安）:《论集权足以亡国》，《中华民报》1912 年 8 月 14 日。

② 伧父:《共和政体与国民心理》，《东方杂志》第 9 卷第 5 号，1912 年 11 月。

③ 伧父:《共和政体与国民心理》，《东方杂志》第 9 卷第 5 号，1912 年 11 月。

好重合。基于这两种考虑，他们反对当局提出的军民分治方案。在反对当局的军民分治方案方面，胡汉民、李烈钧的态度最为积极。不仅如此，对于扩大省权，胡汉民、李烈钧也颇为积极。胡汉民曾于 1912 年 5 月 26 日发布“宥电”，针对当局的中央集权说，提出“有限制的集权说”。他主张：在立法问题上，地方在不抵触中央所定根本法范围内，得自定各种单行法。在司法问题上，司法集权于中央。在行政权方面，外交权属于中央。在财政上，中央订定币制，征收租税如关税、盐税、间接内国消费税等；各省得定国税之外的各种税法及征收法，募集内国公债。在军政上，中央计划军制，计划各省军队数目，筹设海军、中央兵，筹设并整理海陆军教育机关；对外战争调动海陆军，中央得专行之，对内为镇压内乱而调动军队，须得其省督之同意；中央基于省督之推荐而任命军团长及要塞司令长；军政权之属于各省者，由省督执行征兵令，调动省内海陆军，整饬省有兵工厂。交通方面，电政、邮政、船政归中央，铁路干线由中央经营，铁路支线则中央、各省皆可经营。省督由国务院保荐本省有被选资格者三人，送省议会认定一人，由总统委任。省督有该省一切行政、军政、财政权，并任免省内所属官吏。省督任期 4 年。省立法权归省议会，但须得省督之裁可而公布之，始生效力。[①] 可以看出，在胡汉民的方案中，省的权限比较大，省督的权力比较大，尤其是省以及省都督有相当的军事权力，此种权力甚至超出联邦制国家之各邦应具有的权力。但是省督不全由各省选民选举产生，而是中央政府推荐三人，省议会选举其中一人，经总统任命而产生，则又可以使中央政府在省督人选上有较大的发言权。这种方案在当时主张统一和中央集权的人士看来，简直是要分裂国家。

1912 年 7 月，袁世凯为解决地方制度问题，曾电令各省都督选派三名代表进京，以备咨询，李烈钧即趁机提出代表之四大职权，并电各省都督以为一致要求。此四大职权，意在扩大省对于中央决策的影响，《时报》因此指责李烈钧乃“意欲张代表权限，实行联邦政策”。而胡汉民更

① 《粤都督之治国策》，《民立报》1912 年 6 月 8、9 日。

进一步，直拟各省代表会议为参议院之基础。[1] 据《时报》指称，李烈钧还曾在 1912 年四五月倡七省纸币联盟之说，胡汉民曾致电张锡銮，主张直接税全归各省，又致电程德全，反对统一纸币，欲垄断一省财权。[2] 显然，李烈钧、胡汉民欲以财政分权为抵制中央财政集权之手段。胡汉民、李烈钧等人的这些主张，被当时主张中央集权的人士认为纯粹是偏于党见，为维持个人权力，其“勃勃野心，昭然若揭”，而不是从国家利益大局出发来考虑问题。革命之后，都督权重，各省实际独立，在社会思潮普遍希望实现军政、行政、财政统一之际，李烈钧等人的主张，遭遇此种待遇，也不奇怪。

处在两大政治势力之间的原立宪派以及因政治利益、政见等原因从原革命派中分离出来的人士，为第三大政治势力（下文称“第三势力”）。立宪派与革命派在清末即“有互相水火，不共载天之势”。[3] 武昌起义后，立宪派迅速倒向革命，革命形势迅速发展，革命派也因为其长期鼓吹、组织革命并发动武昌起义而获得相当的支持。若有丰富的政治经验，若有长远的战略，革命党则当安抚、联合立宪派，以共同推动革命事业的发展，并在共和政治建构中与其携手共进。但是，同盟会的政治领袖毕竟缺乏实际的执政经验，党内又不乏激进分子，党的领袖对于各地方的革命党人的控制力又有限，故南京临时政府时期，一些同盟会会员的举动不无过分之处，有为丛驱雀之举，支持革命的原立宪派分子因此转而支持袁世凯。章士钊在 1914 年鼓吹调和立国时，批评同盟会不懂政力向背之道：“夫以数千年之古国，一旦以共和之义，来相号召，旧势力不能尽倒，童子可以知之。而民党设心，悉背反敌为友之方，而并力于为丛驱雀之举”，由此造成社会对革命党人的厌恶，[4] 使本就排斥革命，以为革命分子皆社会下流人物，而以稳健自居的原立宪派，在民国建立之后不久，大部分转向拥护袁世凯一派，渐与同盟会—国民党对立。

---

① 近碁：《分权集权评议（中）》、《分权集权评议（下）》，《时报》1912 年 8 月 6、7 日。

② 近碁：《分权集权评议（中）》，《时报》1912 年 8 月 6 日。

③ 黄远庸：《一年来政局之真相》，《黄远生遗著》卷 1，第 81 页。

④ 秋桐：《政力向背论》，《甲寅》第 1 卷第 3 号，1914 年 8 月。

在政治理念上，在对于民国建立后共和政治的最大威胁的判断上，所谓“第三势力”与同盟会—国民党有重要的区别，因此在方略与政制设计上，两派也就产生了严重的分歧。这是两派难以合作的重要原因。

同盟会—国民党成员基本上属于“共和主义者”，“素抱有一种理想的共和主义，日夜兢兢，或恐失坠”，[①] 认为只有共和政治才能救国强国，因此致力于真正共和政治之落实。同时，他们认为中国有长久专制的传统，革命成功太速，官僚政治未由扫荡，掌握政权的以袁世凯为首的旧官僚势力缺乏近代政治理念，若实行总统制与中央集权制，则国家权力将集中于袁世凯以及附从于他的旧官僚势力，而这将为野心家复辟帝制打开方便之门。因此，同盟会—国民党将限制野心家作为落实共和政治的最为迫切的任务，其政治方案与政治策略的侧重点均在此，其主张“民权主义”，主张国会掌握大权，实行责任内阁制，推动政党发展，主张省自治、省长民选、取消总统解散省议会之权，着眼点也均在此。

而以原立宪派为主体的第三势力在政治理念上属于“国家主义”，认为国家富强优先于共和政治，“必先保有民国之存在，方能得有共和之幸福”。[②] 在清末，立宪派认为，中国贫弱的根本原因是政府不负责任，欲政府负责任，必须开国会、立宪法，建立君主立宪政治，以负责任、有效能的政府去领导国家的现代化。其政治改革的立足点在于对国家主义的政治追求。民国建立后，立宪派仍然秉持国家主义的立场，认为中国的现代化必须由国家主导，必须建立强有力的中央集权的政府，而自由主义的政策不适合于中国。他们认为，自由主义主张以个人之发展、个人之自谋福利为社会发展之基石，但这需要国民有相当的素养，需要比较宽松的国际环境。而中国不具备这样的条件：从国民情况看，中国国民尚幼稚，尚无自谋福利之能力，与其寄望于国民之发展以促进国家社会之发展，不如以国家权力促进国民之发展。从中国面临的国际环境看，面对帝国主义列强

① 善哉：《民国政治之二大派别》，《亚细亚日报》（北京）1912 年 6 月 24 日。
② 善哉：《民国政治之二大派别》，《亚细亚日报》（北京）1912 年 6 月 24 日。

的侵压与国际资本主义扩张的压力，中国没有发展自由资本主义的机会，若听任民间资本之发展，则在主权有缺、资本不足、技术落后、信用体系未建立的情形下，中国资本是绝对无力与国际资本竞争的，必将在国际竞争中处于劣败之地位。欲与列强以及国际资本竞争，中国必须充分利用国家政权的力量，必须通过国家权力来保护本国资本、推动资本主义的发展。[①] 在中央权力与地方权力之间，国家主义者将希望寄托于中央权力，认为欲国家发达，必先建设强有力之中央政府。他们相信，相较于将权力寄托于地方政府，将权力寄托于中央政府，易得良善之结果，而风险较小。从构建良善政府的角度来看，“得一良中央政府易，得多数之良都督难”，与其分散精力试图构建 20 余个良善的省级政权，不如集中精力去构建一个良善的中央政权。[②] 从防范政府恶劣的风险来说，集权中央，有专制集权的危险，分权于省，有分裂割据、都督专横的危险，但“合全国之力以防一人之专制，与分二十余省之力以敌二十余人之专制”，显然前者易，后者难。[③] 从中国的历史与中国民性来说，他们认为，以中央权力推动社会与国家发展，其效力足，速度快。中国数千年大一统之局面多，“故中国民性独立之精神少，而服从之质分较多，使之奉令承教，则一日可以千里，使之纷烦为政，则良者常苦屈伏也；且向不习地方独立之习，一朝而使中央托以大权，非隳废则目光仅及一隅，欲求其巩固中央”。[④] 从应付现实危机与创造国家发展所需之和平有序的环境看，中国革命之后，外则外患洊至，边疆不固，蒙古、新疆、西藏在英国、俄国的挑动下出现分离倾向，内则各省独立，当此情形，若倡导极端之地方分权，则中央将无法统驭各省，各省权力冲突将无从调解，必出现割据之祸与长期的战乱。这将为列强干涉中国、分裂中国提供借口与时机，使中国

---

① 梁启超：《中国立国大方针》，《饮冰室合集·文集之二十八》，第 40～78 页；吴贯因：《政府经济上之职掌》，《庸言》第 1 卷第 5、6 号，1913 年 2 月 1、16 日。

② 陈承泽：《政情篇　参院议［参议院］立法之不忠》，《独立周报》第 1 年第 1 号，1912 年 9 月 22 日。

③ 超然：《救亡决论》，《独立周报》第 1 年第 1 号，1912 年 9 月 22 日

④ 彬尹：《宪法平议——宪法先决之前提（分权与集权）》，《独立周报》第 2 年第 8 号，1913 年 3 月 2 日。

失去发展的基本内外环境。而行中央集权，则可以避免国家分裂，实现国家统一，保卫边疆安宁与内部之秩序，为国家发展提供有利的内外环境。①

这一派人士的思想逻辑是，欲国家富强，必须有强有力的政府，欲政府强有力必须中央集权。在他们那里，国家主义就等于中央集权，就等于扩张中央政府的权力。共和党的"党义浅说"这样解释："何以叫做国家主义？就是一切政事都从全国统一上着想，原来各种政事，有应属国家的，也有应属地方各省的，亦有可以属国家又可以属地方各省的。如果采地方主义，就得许多事业，分在地方各省去办，自不消说，就是那属于国家，又可以属各省的事，也听地方各省去办。国家主义就不是这样，所有一切政事，都要从统一上着想，凡办一事，除应属各省的外，总要全国一统，使得各省与中央联成一气……现今世界的竞争何等激烈，中国统一起来，还怕不能与外国对敌，何况又分作十几片，失去这广大国家的效力，岂不可惜。即令没有国际的竞争，一国既已分裂，这文化的进步，也万不能齐一……只有国家主义，从前所有统一的形式，保持他不使分割，从前即有不统一的地方，从此更加统一，事事趋向国家一方面，即事事由国家有统系的办法。"② 在这里，国家主义与地方主义相对立，成为中央集权主义的代名词。这在民初是国家主义者普遍的思想倾向。国家主义的立场使立宪派在中央地方权力关系问题上趋向于中央集权。

鉴于法国革命之后出现的"暴民专制"和由此而引发的帝制复辟，以及土耳其与一些南美国家移植近代民主政治而出现的反复的政治动荡，立宪派认为中国共和政治的最大威胁不是袁世凯以及服从于他的官僚势力，而是"暴民专制"。他们所指称的"暴民"，也就是梁启超指称的"莠民社会之乱暴的势力"，主要是指原革命派中的激进派。至于以袁世凯为首的

① 彬尹：《宪法平议——宪法先决之前提（分权与集权）》，《独立周报》第2年第8号，1913年3月2日；超然：《救亡决论》，《独立周报》第1年第1号，1912年9月22日；洗心：《对于集权分权之感想》，《独立周报》第1年第8号，1912年11月10日。

② 共和党本部：《共和党党义浅说》，章伯锋、李宗一主编《北洋军阀》（1），武汉出版社，1990，第425～426页。

“官僚腐败势力”，他们认为袁世凯久受传统官场风气与政治逻辑熏染，拥有相当的军政实力，在革命之后群雄纷起、各派力量争权夺位的局面下，是一个维持现状的合适人物，但受见识、观念的限制，他不足以担当“中国政治之革新家、指导家”的重任，而且由于他扶植势力之心甚重，有“脱逸立宪轨道，浸浸乎演成一武人专政之局”的可能性，此为民国政局前途之无穷隐忧。[①] 因此，对于袁世凯不能不加以防范。另外，他们当中的相当一部分人士，还存在“开明专制”的幻想，认为以中国的传统与现实的条件，欲由专制政治进化为近代政治，必须经由开明专制。他们希望出现一个俾斯麦或者明治天皇式的人物，以威权维持秩序，又行开明统治，逐渐培育国家社会的近代因素，逐渐开放政治，培育国民之新知识、新道德，以平稳地向近代政治过渡。在清末，他们将开明专制的理想寄托于清政府，入民国后，又将这一理想寄托于袁世凯。于是，他们的主要方略是，先依靠袁世凯维持秩序，并联合袁世凯打压同盟会—国民党，防范“暴民专制”的出现，然后再徐图引导袁世凯步入政治轨道之法。

从其国家主义的政治理念以及注重防范“暴民专制”的政治方略出发，其政制的基本设计是：关于中央政制，主张成立政党内阁，以为自己留下政治活动的空间；在中央地方关系问题上，主张中央集权，反对地方分权和省自治。立宪派在清末预备立宪时期，曾将地方自治作为立宪预备的重要一环，极力主张将谘议局办成省议会，对清廷的中央集权政策予以激烈的批评；为联络地方督抚共同推动开国会，立宪派也曾主张在省建立类似内阁制的政制，注重省自治，注重督抚对于省谘议局或者省议会的责任。民国成立后，尤其是当孙中山让位袁世凯之后，立宪派开始极力鼓吹中央集权，反对地方分权，尤其反对省自治；反对省长民选，反对参议院取消总统解散省议会之权，赞同军民分治，主张省长简任，主张省议会可以解散。他们批评国民党及各省议会主张省长民选，参议院取消总统解散省议会之权，乃不明中国历来行中央集权，地方长官均由中央简任的历史

① 善哉：《对于将来正式政府组织之预测》，《亚细亚日报》（北京）1912 年 10 月 29、31 日。

与传统，不察今日中国内则秩序未宁，危机四伏，外则面临列强帝国主义政策的压力，非有强固有力，上下一体，指挥如一之中央政府，不能恢复秩序而推动国家发展之现实需要。国民党与各省议会或“眩于极端之平民政治”，以为国家共和，地方长官就当由民选产生。国民党与各省议会或“挟私以争权利”，欲借省长民选剥夺约法赋予总统之任免文武官吏之权，通过自己在地方议会的实力，实现其“以一党之势力，垄断一国之政权，而不许他党得厕其间”，欲借地方限制总统，对抗中央。这完全是基于一党私利与地方感情，而不是理性地从国家当前需要与世界潮流出发来考虑问题。[①] 他们说，主张省长民选的人士，虽提出了诸如民权说、限制总统说、共和精神说、国土辽阔不便行中央集权说、共和先进国家有行地方长官民选之先例等理由，但从根本上说，“限制总统权力，实为民选派披肝沥胆之语”。[②] 这些批评，若剔除其中的党派攻击之词，则所说是大体不错的。

除上述三大政治势力之外，不能不说到掌握军政民政实权的各省都督，也就是所谓的地方实力派的态度，他们手握实权，在民初政争中居于举足轻重的地位。总的来说，各省都督有同盟会—国民党一系的政治人物，还有附从于袁世凯的北洋系都督以及由原清朝督抚转换而来的都督，还有政治立场上亲近原立宪派的都督。各省都督的政治立场虽有歧异，但在维持既有政治权力的问题上，他们的态度其实都比较接近。比如，袁世凯欲推行军民分治，各省都督，不论是拥护袁世凯，还是亲近同盟会—国民党，都反对军民分治。同盟会—国民党主张省行政长官民选，反对总统有解散省议会权，同盟会—国民党系统的都督则与拥护袁世凯的都督一样，都反对省行政长官民选，要求赋予总统解散省议会之权，与同盟会—国民党的主张明显有别。这是由他们所处的地位与自身利益决定的，不足为奇。各省都督的这种态度使政府的军民分治之策难以推行。袁世凯尚不能维护、拥护他的都督，何能说服南方的国民党都督接受军民分治？对于

① 寒：《为省官制案告参议院诸公》，《申报》1912 年 9 月 12 日；希夷：《省长选任问题》，《申报》1912 年 9 月 21 日；荄兹：《驳省长民选之谬》，《独立周报》第 1 年第 12 号，1912 年 12 月 8 日。

② 忠甲：《予之省长民选说》，《时报》1912 年 11 月 26 日。

同盟会—国民党来说，其省长民选、反对总统有解散省议会之权的主张，不能得到本党地方实力派人物的支持，自然没有实现的可能。可以说，在民国元年、二年的政治格局中，无论是中央政府，还是同盟会—国民党，在省制问题上，得到地方实力派的支持都是至关重要的，但它们不可能在所有问题上都获得各省都督的支持。这是民初省制问题的复杂性所在。

四　争论中涉及的主要问题

1. 军民分治问题

都督专横、民权旁落，是民初调整中央—地方权力关系，实现国家统一，需要首先突破的现实政治格局。因此，军民分治就成为民初省制争议中最初提出的问题，也是民初省制问题中最难解决，却又最为关键的问题。

依照《中国同盟会革命方略》，革命分军法之治、约法之治、宪法之治三期；革命军起后，成立总揽军民两政的军政府；各处国民军，每军立一都督，以起义之首领任之，全权掌理军务。[①] 该方略未明确规定军都督是否掌理一地方之行政，但依照其总体精神，可以认为军都督兼理地方之军民两政。武昌起义后，各地义军成立都督府，出现军府林立、都督统揽地方军政民政大权的局面。由于同盟会组织上存在缺陷与思想上认识上的不统一，而革命党力量又有限，武昌起义后革命党控制的区域不大，各地义军构成复杂，加以社会思潮急切希望实现宪政，故辛亥革命并未按照既定革命程序进行。革命之后，一些省份建立了军政府，但随后成立的中华民国临时政府却并不具备军政府的色彩。后来制定的《临时约法》，虽沿用“同盟会革命方略”的提法，以“约法”为名，但实质上是一部临时宪法，并非同盟会革命方略所设想的“约法”。可以说，革命之后，中国并没有经历完整的军法之治，也没有经过约法之治，而是直接进入宪法之治。不过，起义初期的都督制留下来了，并成为民初中央地方权力关系中最为棘手的问题。

① 孙中山：《中国同盟会革命方略》，《孙中山全集》第 1 卷，第 296～299 页。

1911年11月，《神州日报》即发表社论称，军政府之制创于海外革命青年，其设计是革命军起之后，以军政府统辖军民两政，争取革命的胜利，到天下形势大定后，再施行民政。今革命军起，亿兆向顺，东南半壁已定，实施民政已迫在眉睫。若仍由军府统辖民政，则都督权力既大，恐成藩镇割据之局。为避免此种局面的出现，该报主张，"以青年之能冲锋陷阵者，纯隶于军政，而举有道德学识经验者办理民政"。[①] 时革命战争还在进行之中，此种主张不适合革命形势，故不曾发生影响。南京临时政府建立后，由于实力有限，又处于革命时期，颇依赖各地都督，其内部曾讨论过军民分治是不是适合之地方政制，但并未有实质的动作。袁世凯上台后，欲削弱都督的权力，谋求统一，乃着意推行军民分治，但遭到各省都督的强烈反对。

对于军民分治问题，政党方面，共和党、国民协会、共和建设讨论会等持赞成态度，同盟会—国民党也并不反对军民分治，其政治领袖黄兴、宋教仁等都曾公开赞同军民分治，同盟会内阁修改的省制、省官制草案也主张军民分治。反对军民分治的主力是各省都督，这是不分党派，也不分拥袁、限袁、反袁的政治立场的。在南方各都督如李烈钧、胡汉民等一方面想要维持其既有权力，另一方面希望以省为根据地限制中央专制势力；而北方各都督反对军民分治，则基本上是恐军民分治有伤其本人权力。袁世凯提出要推行军民分治后，李烈钧率先起而反对，其后奉天、黑龙江、广东、江苏等省都督也都表示反对。据当时媒体报道，各省都督对于军民分治，态度大体分作三派：湖北、山西、四川都督赞成；江西、湖南、广东、安徽反对，直隶、河南、云南、东三省等表面赞成，但以秩序未定或军队未遣散为由，主张从缓办理。[②] 因为多数都督反对军民分治，故政府决定军民分治分即行、缓行、虚设三种方式办理。已行分治者如鄂、川、晋，为模范；秩序完全省份如直隶、豫、鲁、陕、甘五省，俟省官制通过即实行；军事未完备省份如苏、皖、赣、闽、浙、粤、湘七省，地方未大

① 《敬告军政府与吾国民》(1911年11月7日)，转引自胡绳武、金冲及《辛亥革命史稿》第4卷，第435页。

② 《各省都督对于军民分治之态度》，《申报》1912年9月6日。

绥靖，军队尚待安置，暂行缓办；边疆省份如东三省和云、贵、桂、新疆等七省，交涉繁重，实行特别制度，虚设民政长，以都督兼任。[①]

李烈钧、胡汉民反对军民分治最坚决，对于反对军民分治的理由阐述最为充分。李烈钧不反对军民分治的原则，只是坚持说中央提出的军民分治方案，“其法有未尽，其时则嫌尚早”。所谓其时尚早，一是民国初建，秩序未复，维持地方，需要地方长官统辖军民，否则军政民政互相掣肘，难以维持地方秩序；二是各省军队庞杂，军饷筹措全赖地方，若军民分治，则军饷筹措无着，易引发军队哗变；三是革命本分军法、约法、宪法三期，今日尚在军法时期进入约法时期之时，应由都督统揽一省之治纲，对于中央政府负全省治安之责任。军民分治应在由约法时期进入宪法时期之时，即秩序大定，军区、政区厘定，官制确立之后才能实行。所谓方法未备，是说行军民分治应先确立省制、划分军区政区，若不顾条件推行军民分治，不过“托分治之名，成牵制之实，小则废事，大则内讧”。[②] 其时一般舆论主张军民分治最重要的理由是，军民合治，以省区之大，易造成都督专横、省区分裂割据的局面。于此，李烈钧说，“共和二字已为国人共有之心理，断无坐拥兵权甘为全国公敌之愚夫。即或稍有侵越，议会据法律强劾，各省从而纠正之，中央得而更换之，何虑有他”。[③] 这种说法，不能说服当时人。毕竟，共和二字还没有成为国民共有之心理。但是，他的说法提供了另一种思路，即反思在当时的条件下，是否具备推行军民分治的成熟条件。如中央政府的组织符合共和原理，中央立法与行政之关系合理，则上有中央议会或中央政府之监督，下有省议会之制约，而多数国民又认同共和原理，则省区大、都督权重，也确实不会造成尾大不掉、分裂割据的局面。胡汉民则坚称，不但革命之后的政治环境、外交环境不容军民分治，而且军民分治不符合中国的传统。“中国历代以来，军民未尝分治，汉代郡守兼掌兵农，魏晋刺史递

---

① 《总统调停军民分治之争端》，《申报》1912 年 8 月 30 日。

② 李烈钧：《致袁世凯等电》（1912 年 4 月 18 日）、《致袁世凯电》（1912 年 5 月 7 日），徐辉琪编《李烈钧文集》，第 20 ~ 21、33 ~ 34 页。

③ 《致袁世凯电》（1912 年 5 月 7 日），徐辉琪编《李烈钧文集》，第 33 ~ 34 页。

加都督，唐代藩镇无论已，自元创行省之制，沿袭至今，其省督皆兼掌军政，满清之末，军政集权，旋召覆亡之祸，殷鉴不远，何堪恭自蹈之。”他主张应遵循中国的历史习惯，反对舍己从人，实行军民分治。他甚至反对军权集中于中央，称省应当有练兵之权。[①] 这在反对者看来，就是试图割据称雄。

而主张军民分治的人士所反复陈述的理由就是，国家必须统一，而都督兼掌军民，势必造成地方割据，引国家入争乱之途；军权不收归中央，则都督有扩张地方军队的冲动，地方租税必十之七八耗费于军饷，财政困难必无从缓解，整顿财赋之计划必无从施行；军队扩张，将士恃功而骄，弁髦法律，骚扰地方，危害地方秩序，挟持地方军政长官，为害不可胜言。《时报》上的一篇社论称，不将军权收归中央，不实行军民分治，而任由都督权重的局面发展，则“数年以往，一国之政权法权尽握于少数武夫悍卒之手，所谓教育、实业以为一群立命之大本者，皆为此辈破坏决裂，而无复一线之留贻，其将何以立国?”[②] 这种看法，并非危言耸听，也很能得到渴望统一，渴望秩序，渴望有强有力的政府领导国家现代化的人们的认同。反对军民分治的人士中，同盟会系的都督有一个深深的忧虑，即担心集权中央，会导致总统专制，甚至出现复辟，故以地方的实力制约中央。军民分治论者曾试图化解此种担忧，称集权并不必然能够专制，“就令今日而实行军民分治，其典军权者，岂不犹是我爱国健儿，脱总统有谋叛之行为，而谓我爱国健儿肯坐视乎？夫前无尺寸之阶，尚足撼数百年你顽强之专制，讵今日虎符在手，反不足制七日於菟之总统乎?”[③] 但这种说辞无法消解李烈钧等人的忧虑。

军民分治是近代政治的基本原则，实行军民分治在原则上无可反对，但在民国初年的政治环境之下，军民分治实际上却无法推行。其原因何在？国民党人张百麟对此有过分析。他认为，军民分治确为政治上之基本原则，从道理上讲，军民分治万无反对之理由，但“军民分治问题，非

① 《军民分治之大争点》，《申报》1912 年 8 月 11 日。

② 惜诵：《论各都督对于军民分治意见之差池》，《时报》1912 年 10 月 9 日。

③ 近碁：《分权集权评议（中）》，《时报》1912 年 8 月 6 日。

恃法理所能解决，必全由事实研究方能解决”。他分析有三个事实使得军民分治难以实行：第一，都督中有怀疑中央专制者，故不能不握军政民政两权，以为各省自谋之根据，若无省作为根据，则不能制约中央之专制而保障共和。第二，省是各党竞争最重要的舞台，政党竞争日趋激烈，掌握各省军政权力的都督，各用亲私，各固势力，无论何党，偶一失计，即受排斥，一旦军民分治，若省长、司长与都督隶属于不同的政党，则都督必受掣肘，故这些政党以及亲近这些政党的都督不愿意军民分治。第三，官制未定，权限不清，即便简任民政长数人以为军民分治之张本，然都督掌握军权，民政长无军权，民政长也只能成为都督之属官，不可能独立行使民政权。不但如此，民政长若不从都督，难安于位，四川、湖北民政长之去任，就是最好的例证。他提出实行军民分治的基本条件：第一，政党内阁成立，国民与各省执政咸知责任之所归，不患总统之专横，对中央有猜忌之心的都督才会接受军民分治的方案，也无理由反对政治上之原则原理。第二，厘定省制，理顺中央与地方、军政与民政关系。关于省制，他认为，首先，军政分区，军区根据军事需要划分，不与省行政区重叠，都督专管军事。其次，划分中央与地方权力，军事、外交、财政权统一于中央，司法独立，司法官直隶中央，不许入党。最后，省民政长负责地方行政事务，其职责为处理地方事业、教育、交通、财政等积极的地方行政；民政长之产生，由民选二人，经中央择委其一，直接受成于各部，且受地方议会之监督。[①] 张百麟的分析颇有道理，也是民初政局中解决军民分治问题比较可行的路线。但是袁世凯却试图在中央政府的合法权威尚未确立，各省尤其是南方的同盟会都督对中央政府心存猜疑，军区、政区尚未划分的情况下，强推军民分治，结果不能真正实现军民分治，不能合理调整中央与地方权力关系，在情理之中。此外，革命以后，各地军队膨胀，欲军民分治，必先裁兵，而裁兵需要大量经费，若无经费安置被裁军人，则极易引发严重的社会问题。然自清末起，财政就十分困难，革命后，财政愈发困难，急欲裁兵的中央政府无力支付裁兵费用。裁兵无法进行，军

① 张百麟：《民国存亡问题之商榷》，《平论报》第 1 卷第 1 号，1913 年 1 月。

民分治实质上也就是一句空话。

2. 省长民选与解散省议会权问题

由于军民分治遭到各省都督的强烈反对，政府不得已采取过渡办法，以都督简省行政长官，实际上是延缓军民分治之实行。而各政党、各省议会对于军民分治之积极性本就不如中央政府，提不出可行的军民分治方案。这样，各方“抛开军民分治，而妄想军民分治后之民政总监选举与简任”。[①] 于是，省长民选与省议会解散权问题乃成为思想界、政治界争论的焦点。其中，同盟会—国民党、各省议会主张省长民选、反对总统有解散省议会之权，而原立宪派以及袁世凯一派则主张省长简任、总统应有解散省议会之权。前者可以称作省自治派，后者可称作中央集权派。

主张省长民选人士的主要理由有以下几个：其一，民国疆域过广，一省之大，往往可抵欧洲两三国，万难集权而图治；同时，辛亥革命以地方革命而成，各省已经独立自治，因此，中国不当采中央集权主义，而当采地方分权主义，以省为自治团体最符合当前情形，也利于图治。省既为自治团体，则省长自宜民选。同时，因为中国的省已经成为“位于中央政府与地方团体之间”的“特具之阶级”，不能将省简单地与各国通行的地方制度进行比较，因此，一方面要给省议会以立法权、弹劾权，另一方面不能规定省议会的解散问题。[②] 其二，从对共和与民权的理解的角度立论，戴季陶对此阐述最为清楚。他说，共和与专制的区别就在于人民是否有“完全之参政权”。所谓完全参政权，即人民有参与立法、司法、行政之权。中国既为共和，则伸民权为其国是，“民权之发展，即民国精神之表现也”，人民应当有完全之参政权，否则就是伪共和。省长民选是共和、民主题中应有之义。戴季陶又说，地方自治是共和的根基，自治之根基不立，专制制度不能

① 善哉：《民国政治之过去未来》，《亚细亚日报》（北京）1912 年 8 月 11 日。

② 北京参议院特派员：《省制省官制案仍难解决》，《申报》1912 年 9 月 20 日；《省制草案理由书》（国务院修改本），《临时大总统为省制、省官制、省议会议员选举法三项草案提请议决咨》（1912 年 7 月 5 日），《中华民国史档案资料》第 3 辑政治 2，第 90 ~ 92 页。

破，自治范围不广，民权不能发达。欲扩大自治范围，则自治不能局限于镇乡，必须确立省为自治层级。欲省自治之精神得到体现，则省长就应当民选。[①] 从国家治理的角度看，国土辽阔，中央不便治理地方，欲实现国家治理，必实行省自治。对于中国省界观念太深，各省交通又不便，若行地方分治，恐国家四分五裂，故宜中央集权；对于存省与省自治会妨碍国家统一的说法，戴季陶指出，“中国所以不发达者，正以中央集权思想过深，地方自治观念甚微。而自古及今，一切法制及习惯，皆为绝对之中央集权。中央之力盛，则各地方皆受制于中央之威权，而不敢略有从违，中央之力微，则各地方皆自行其意，而国法遂失效。何也？地方自治不发达，故中央集权而不能集治，鞭长莫及，尾大不掉，极其弊也，至于亡国。历观数千年兴衰治乱之迹，非地方分治以召乱，实集权而不能集治以取亡”。他指责主张省长简任者，指出其出发点并非为国家谋治，而深惧省长归民选，断绝其升官发财之路，故极力劝说省长简任。[②] 但是，对于取消总统解散省议会之权，相关人士并没有提出有力的说辞，因为取消总统解散省议会之权的主张，不符合政理，不合政制常规，所以他们也说不出个所以然来。当参议院内部就此讨论时，张耀曾强为解释，竟称民主国之宪法无解散议会者，引起议员汪荣宝的嘲讽，说这是张氏独创的宪法。[③]

反对省长民选、反对删除有关解散省议会权规定的人士，其主要理由有：其一，从法理上说，《临时约法》规定任免国务员、外交使节之外的官吏是大总统的特权，若规定省长民选，则违背约法。其二，中国目前需要统一的强有力政府以恢复秩序、发展经济，以图存图强，在此情形下，省不宜作为自治团体，省长不应当是纯粹的自治团体职员，还应是国家行政官吏，不能由省议会选举。若省长民选，省议会可以弹劾省长，而总统或者国会不能解散省议会，则省长之进退完全操于省议会之手，省长就会成为省议会、地方党派乃至地方豪强的傀儡，其执行国家行政事务时，必

---

① 戴季陶：《省长民选问题》，《民权报》1912年11月3～5日；《民国之省制问题——并驳梁启超》，《民权报》1912年12月18～20日。

② 戴季陶：《省长民选问题》，《民权报》1912年11月3～5日；《戴季陶集》，第547～552页。

③ 《参议院对于省制省官制案内幕之一揭》，《申报》1912年9月15日。

偏重地方观念，迎合地方议会、地方选民之要求，而不服从中央之命令，中央不能得如臂使指之效。[①] 这不但不利于强有力政府之建构，而且必然将国家引向联邦制，分裂国家于无形。需要指出的是，在省的性质问题上，立宪派与袁世凯有重大的分歧。立宪派认为，省并非纯粹的自治团体，而兼有国家行政机构与自治团体两重性质，[②] 而袁世凯派势力则试图从根本上否定省具备自治资格。之所以有这种分歧，是因为省议会是立宪派重要的活动空间，否定省的自治资格，有碍于立宪派的政治利益。其三，从实际情形看，自清末以来，省界观念日趋严重，若省长民选，则必定只有本省人才能当选本省省长，这势必使地方思想横行，无助于统一的国家认同的构建，将造成无形之分裂，实为国家统一之障碍。对于省长民选论者所称辛亥革命成于地方革命，各省已经独立自治，不必违逆现在，恢复中央集权的旧制的说法，中央集权派亦颇为反对。他们认为为政设制，当从国家需要出发，不能迁就现实，今都督专权，形同割据，若听其发展，则国家将永无统一之日。[③] 其四，省长民选抑或简任，与民权无关，也与共和无关，共和国家如法国，其地方行政长官由中央任命，无碍于其为共和，无碍于其民权之发达。就中国当前情形看，所谓省长民选，不可能由普通选民直接选举省长，而只能由省议会选举产生。而照各省议会现有组织与相关选举法，则可能出现一省议会议员 40 人，以 3/4 以上之出席投票，过半数者为当选，则候选者得十余人之同意票，即可被选为省长，这不仅是轻率的表现，[④] 而且会造成省级权力落入地方豪强之手。他们说，中国"国民固未尝一日受政治之教育，而具参预国事之常识，讵复知选举之权为斯民不可放弃之天职。吾敢信一般真正之国民，其对于

① 《上海共和建设讨论会等呈大总统暨国务院等电》，《政府公报》第 154 号，1912 年 10 月 1 日；《法制局致各省都督电》，《政府公报》第 106 号，1912 年 8 月 14 日；希夷：《省长选任问题》，《申报》1912 年 9 月 21 日；北京参议院特派员：《省制省官制案仍难解决》，《申报》1912 年 9 月 20 日。

② 吴贯因：《省制与自治团体》，《庸言》第 1 卷第 3 号，1913 年 1 月 1 日。

③ 希夷：《省长选任问题》，《申报》1912 年 9 月 21 日。北京参议院特派员：《省制省官制案仍难解决》，《申报》1912 年 9 月 20 日。

④ 北京参议院特派员：《省制省官制案仍难解决》，《申报》1912 年 9 月 20 日。

委任省长问题，以为必由民间选举者，数十万人虽欲求一人而不可得也。其以民选为是而悉以力争之者，不过少数劣绅刁监，畴昔为民之蠹，今乃假国民之名以自固者耳”。这样，所谓省长民选就不过是“少数民蠹”冒共和高名，矫称民权民意，为其拥戴私人，奉为傀儡，以谋私利之借口而已。这只会为地方豪强、劣绅刁监控制地方开方便之门，而丝毫无助于民权之发展。[①] 其五，省长民选会使行政系统紊乱，使政府内部号令不统一，也会使政府内部充斥非专业的行政人才，造成政府效能低下。梁启超即称，行政“贵有系统，内外相维，指臂相使，然后治理乃有可言也，质言之，则必长官有黜陟赏罚僚属之权，庶可以语吏治”。他又称，欲政府强有力而有效能，行政系统的官员就当由有专业背景、有任职资格的人士担当，他们需要经过严格的考试、选拔，才能获得任职资格，而民选的官员则不一定具备相应的任职资格，不见得有履行其岗位职责的能力。他认为只有在低级自治团体，因为政务简单，居民才可以选举其自治职员，而自治职员也才可以胜任其自治职务，至于高级官吏，则断无民选之必要。[②] 这实际是囿于传统官僚政治的思维，认为只有上级官厅拥有对下级官厅黜陟赏罚之权，行政系统才能上下一致、运转无碍，政府才有效率；似乎只要地方自治就会造成行政系统运转失灵。其理由是不能成立的。而将行政长官民选与行政专才进入行政系统对立起来，其理由也十分牵强，不能成立。此外，对于解散省议会权问题，中央集权论者也提出种种理由，其最重要的理由是，省议会不能解散，会使行政权与立法权失衡，造成“议会专制”，进而造成国家分裂。中央集权论者在讲道理的同时，也不乏论题之外的人身攻击，他们攻击主张省长民选者，实“别有肺腑”，是想谋求个人私利；又指责各省议会主张省长民选，不是出于理性的思考，而纯粹是地方感情作怪，说奉、吉、黑、直、豫等省议会主张省长民选，是想排斥现任非本省之都督，而湘、粤、川、赣等省议会主张省长民选，则是欲保持本省人任本省都督的现状。[③] 这道出了部分实情，但也不

① 《十六省都督主张简任省长电书后》，《申报》1912 年 11 月 4 日。

② 梁启超：《省制问题》，《庸言》第 1 卷第 1 号，1912 年 12 月 1 日。

③ 《参议院对于省制省官制案内幕之一揭（续）》，《申报》1912 年 9 月 16 日。

乏攻其一点，不及其余的意味。各省议会主张省长民选，固然是有地方感情的因素，但更主要的是想扩充本机构职权，同时也是因为对清末的中央集权心有余悸。

中国应当行中央集权之制，还是应当行地方分权之制？强有力政府是否就必须要中央集权，中央集权的政府是不是强有力的政府？省的地位如何，是自治团体，还是国家行政机构，抑或是二者兼而有之？地方行政长官民选与中央集权、地方分权是否有必然的联系？地方议会是否可以解散？这些问题，本身就很复杂，有讨论的空间。关于省长民选以及解散省议会权的问题，当时的争论大都过于偏于党见，双方在言论上不无过火之处，难以心平气和地进行讨论。之所以如此，是因为省长民选问题以及省议会解散权问题，不但是纯粹的政制问题，而且与各方的政治利益有密切的关系。丁佛言即指出，省长民选问题含有激烈的“对人的暗斗”的意味，“若民选通过，则袁总统势力扫地，而国家统一不可期；简任制胜，则国党无以自立”。[①] 省长民选问题与当时主要的政治势力之间缺乏政治互信也有极大的关系，时人即指出，主张省长民选者之第一秘密心理，就是不信任中央政府。[②]

不过，当时舆论界也有一些人能够超脱党派立场的限制，对这些问题进行学理上的探讨，他们的意见颇值得注意，其中章士钊是一个比较典型的代表。对于省长民选与省议会解散权问题，章士钊认为需要首先明确：第一，何谓中央集权，何谓强有力政府；第二，中国之省是联邦国家之邦还是单一国家之地方。他承认，以中国的情势，欲恢复秩序、追求国家富强，确实应当建立中央集权的强有力政府，但这与省长民选问题、解散省议会权问题并无实质的关联。他提出，所谓中央集权，有立法集权与行政集权之别。立法集权与立法分权的区别在于立法是不是一源，中央议会之议案是否效力无限，并不必然要求行政集权，也与省长是否民选无关。行政集权与分权之区别是地方行政长官由中央任命还是民选。他强调，中国

① 丁佛言：《省长民选问题》，《中华杂志》第1卷第4期，1914年6月1日。

② 陈承泽：《论主持省长民选者之心理》，《独立周报》第2年第4号，1913年2月2日。

应当注重的是立法集权，而非行政集权，若不注重立法集权，而徒注重行政集权，以为地方长官由中央任命，即属于集权，实为对于中央集权的误解。清末号称中央集权，地方督抚全由皇帝简任，而军政、财政及民政，实际上都是省自治，根本没有实现真正的中央集权。英国立法一源，巴厘门（议会）权力无限，而其地方长官由民选，亦属于中央集权。[①] 针对省行政长官民选会导致国家分裂的言论，他指出，此种情况下，省并非邦，也不妨碍统一与中央集权。对于中国来说，宜立法中央集权、行政分权，而不宜行政集权。地方民政长官应当由民选产生，理由是：中国地广人众，集权过甚，中央机关将不胜繁重而弊端丛生，不能有效治理；政费繁重而民不堪重负；地方行政长官由任命产生会阻碍人民政治能力之发展，“政治能力发达之处，莫过于人民可以操纵行政长官之进退，否则社会将日见麻木”。[②]

至于解散省议会权问题，他提出，这首先要明确中国的省是邦还是地方。《临时约法》既确定中国为单一制国家，则中国之省是地方而非邦。邦之分权兼乎立法与行政，而单一制国家的地方，其分权不涉及立法，只涉及行政。中国之省既为地方，则省议会自然可以被解散。反对解散省议会的人士，往往将中国之省比较于美国之州，而忽视了美国为联邦制而中国为单一国家的基本事实。美国行联邦制，各州皆有独立之立法部，其州长地位相当于总统，州长不对州议会负责，而直接对选民负责，故州议会可以弹劾州长，而州长无解散州议会之权。同时因为各州自为一部，解散州议会之权亦不宜操于中央政府，故美国没有解散州议会的相关规定。美国无解散州议会之规定，却不会造成州议会专横的局面，因为美国州议会之权力受诸多限制，比如州议会每两年才开会一次，且会期有限；州长对州议会之议决案有否决权，对于州长交令复议的议决案，州议会复议通过的手续非常复杂；州议会行两院制，州长总能操纵一院以抗另一院；州议会之提出议案、议决议案之范围有限，非

---

① 行严：《中央集权之真诠》、《民选各省行政长官之讨论》、《集权与分权之讨论》，《民立报》1912 年 5 月 15 日，8 月 6、12 日。

② 行严：《中央集权之真诠》，《民立报》1912 年 5 月 15 日。

可以随意进行。总之，美国的州政府之行政绝少受议会之干涉。此外，美国州议员知识陋劣者不少，州议会通过的议案为舆论所谴责者不少，故美国社会对于州议会并不信任，“彼中历来舆论莫不以防立法之不智为言”，这对州议会之权力行使构成了外在的制约。而中国之主张省权者，只注意美国无解散州议会制规定，对于美国州议会权力行使的诸多限制则丝毫未加注意，对于地方权力集中于省议会之弊端几乎未加防范。这属于“幼稚叫嚣之民权说”。①

这样的探讨，虽其中的一些说法容有可商榷之处，但说理的论政风格，在当时党派对立，主要政治势力各有盘算的环境下，显得弥足珍贵。

3. 省制存废问题

中央集权论者认为，“最足为中央集权主义之阻碍者为行省与都督”，行省区域过大，尾大不掉，都督权力过大，远过从前之督抚藩镇，俨然德意志之联邦。处理不当，“则都督林立，拥兵以相雄视，而投机之政治家又为谋一身之利益或本党之优胜，争相援引都督为党魁，兵权政权合二为一，而都督之权益重，省界益深，积重难返……政争一变而为兵争，忽笔忽墨，忽铁忽血，纷纷割据，而第二次流血，转瞬即起”。因此，欲中央集权，实现国家统一，必须废省存道，同时实行军民分治。② 行省制度始于元代，到民国建立时已经有600余年的历史，可谓根深蒂固。但行省区域过大，统治上存在困难。康有为在戊戌时期就提出废省的建议，此后他鼓吹废省不遗余力，梁启超亦追随之。受康、梁的影响，一些原立宪派主办的报刊如《时报》、《申报》、《庸言》等亦鼓吹废省。追随梁启超的吴贯因就称，“中国之省欲使之举行普通之自治事业，固有不适，毫不予以自治团体之资格，亦有所妨。……予以半自治团体之资格，亦非制之善者。其根本办法在废去省之一阶级，缩小行政区划而已”。③ 一些原革命派人物如康宝忠等亦鼓吹废省，而宋教仁等国民党领袖也主张缩省，实行

① 秋桐：《解散省议会权之讨论》，《独立周报》第1年第4号，1912年10月13日。

② 空海：《中华民国制定宪法之先决问题》，《民立报》1912年1月25、27日，2月7、8日。

③ 吴贯因：《省制与自治团体》，《庸言》第1卷第3号，1913年1月1日。

省县二级制。总之，在中央集权论思潮的影响下，到民国初年，“废省之议，不期而渐成士论”。[①] 废省之议，既有国家治理技术层面的考虑，也是釜底抽薪，通过废省实现中央集权之方法。民初的废省论，其主要的政治含义属于后者。

主张废省的人士认为，中国地域辽阔，交通不便，省区过大，行政成本较高，地方情形难被及时周察，反应稍迟，小股盗匪甚至可成大患，而缩小省区，则可以减少地方行政、诉讼等事的交通成本，方便地方行政、司法之进行，也可以有效地周察地方，防止盗贼蔓延扩张，有效地维持地方秩序。主张存省的一个重要目的是以省自治的力量防范政府之不法行为。主张废省的人士认为，此种心理很不可取。他们认为：“抵抗政府违法之具在国民学识之势力，在政党组织之纯整，在司法（广义司法）独立之完全，此方为法制国监督政府之正轨，若恃其地方团体之势以为抵抗中央之实权，则双方已立于对待地位，所谓地方者全变为防御中央之性质，非指臂相联之性质也。此而在君主国家尚有可存在之心理，在共和国家，凡政府之机关直接间接皆人民之所举，亦即为人民之代言者，固无用此防御。为立法原，为万世计，不得为防备一二之特别对待者，则因噎而废食也。”[②] 此说有一面之理，但是在民初的政治环境下，在国民学识势力尚未发达、政党还在发育之中，司法远未独立，而省的势力可以利用以制约中央政府的情形下，此说未免过于迂远，不太能为主张存省的人士所接受。

地方分权论者反对废省、缩省，主张维持省制，坚持省应为自治团体。他们认为，帝制时代，省只是一个行政区划，但自清末设立谘议局，省已有部分自治权力，民国成立后，都督与省议会分别为行政、立法机关，省已是事实上之自治团体。都督权力过大，每有拥兵揽权之弊，其权

① 春风：《王君宠惠“宪法刍议”批评》，《宪法新闻》第 13、15 期，1913 年 7 月 27 日、8 月 10 日。民国时期思想界关于省制问题的讨论，可以参见于鸣超《中国省制问题》，《战略与管理》1998 年第 4 期；张学继《民国时期的缩省运动》，《二十一世纪》（香港）总第 25 期，1994 年 10 月；黄雪垠、符建周《民国时期省制改革过程及动因研究》，《学术探索》2012 年第 8 期；等等。

② 《废除省制无反对理由》，《民国汇报》第 1 卷第 4 期，1913 年 4 月。

力确需限制，但限制都督权力并不需要废省，将来正式政府成立，划定军区、政区，实行军民分治，即可限制都督权力，消除都督专横之现象。若因此废省，或者剥夺省之自治资格，将省视为纯粹官治行政区域，则会剥夺国民参与省政之权，妨碍国民参政权之发达，不利共和之巩固与国家之发达。就目前而言，地方秩序不靖，吏治腐败，以全省之力维持地方秩序，尚有不敷，欲肢解省为三四道，更无法平定匪乱，维持秩序；而边疆省份，更面临严重的外患，为维护边疆主权与安宁，不能废省。① 存省论是与省自治论紧密相关的，鼓吹存省与省自治的人士对于中央政府有深度的不信任，其实若是中央政府的合法性建立起来，则鼓吹存省与省自治的人士转向废省与中央集权论，也是很有可能的。

省在中国有悠久的历史，自清末起，省界意识渐浓，民国建立后，省成为政治生活中的重要层级，废省、缩省之议在各省都督那里首先就通不过，而掌握中央政府的袁世凯也无废省之意，其所谓虚省的计划，并非要废省，而是要使省失去自治资格。因此，废省难以施行。

结　语

民初省制、省官制难产，根本原因是各方意见与利益存在严重的对立，主要的政治势力之间缺乏互信。在各方意见、利益严重对立，缺乏政治信任的条件下，各方不可能就中央集权或者联邦制形成共识。在此情形下，合理的中央地方关系的建构，有两个可能的路径：一是通过建立中央政治权力的合法性，来消除各方的猜忌；同时利用合法的中央政府、中央议会以及地方议会的权力，来约束各省地方军政长官的权力，防止割据局面的出现。这需要相当的时间和各方足够的耐心。旧的政治权威崩溃之后，新的政治秩序的建构需要相当的时间，曲折与困难在所难免。但是，在社会条件尚不充分，共和政治的基本理念与游戏规则尚未成为国人尤其是政治人物的共识的情况下，建立中央政治权力合法性的努力就难以在短

① 《省制与自治团体——驳庸言报》，《民权报》1913 年 1 月 19 日。

时间内获得实质的进展。由于没能及时建立中央政权的合法性，中央对于地方的控制或者地方军阀争夺中央政治权力，所凭借的只是兵马之力，而非舆论之力或者选票之力。在军阀割据争雄、城头变幻大王旗常态化的情形下，“枪杆子里出政权”就成为部分政治人物很容易获得的认识。新的中央地方权力关系，需要在一个大武力团体消灭其他小武力团体之后，才有重新建构的希望。二是顺应各省处于独立或者半独立状态，地方军政长官权力庞大的现实，通过省自治或者联邦制的方式，一方面赋予省自治的地位，使各省的军政长官、各省政治精英能够在国宪的范围内处理本省事务，其既有的权力能够有所保障；另一方面通过中央议会、省议会以及各级地方议会，对于各省军政长官构成制约，防止军阀割据局面的出现。然而，在民国初年的中国，国家主义话语盛行，人们普遍地希望尽快实现国家富强，而久受大一统思想与长期的中央集权体制影响的一般国人，颇相信只有中央集权才能统一，才能建构有效能的政府，以为省自治、联邦制会破坏国家统一，不符合中国构建强有力政府以应对内外挑战的需要。主张省自治、主张联邦制的人士反复申说省自治、联邦制并不会妨碍国家统一，甚至在某种情形下还是实现国家真正统一的可行的方案，但这种解说似乎不能打消信奉大一统与集权体制的人士的忧虑。而当集权统一与省自治、联邦制的分歧，在民初的政治环境下被化约为追求国家富强与追求党派利益的对立时，省自治与联邦制的方案就在道德上处于劣势，其失去思想市场也就很自然了。

从民初思想界、政治界围绕省制问题的争议可以看出，无论是立宪派还是同盟会—国民党系的人物，无论是各省都督还是袁世凯，其思想主张之表述都一方面与其所持的基本思想观念有关，另一方面则与其所处地位、所关心的利益有关。人们的思想观念往往受其所处的现实和利益关系限制，高妙的说辞背后，往往隐藏着现实的利益，这在民初省制问题的争议中表现得甚为明显。

清遗民身份认同研究

郭双林[*] 董 习[**]

摘 要 1911年辛亥革命爆发，打破了王朝兴衰的更迭机制，开启了宣扬民主共和的新时代。身当其时的清遗民，承受着来自民族主义、民主主义的多重压力，在中与西、新与旧、进步与落后的激烈对抗中，通过诸如编纂殉节录、遗民录乃至《清史稿》等各种文化实践，努力寻找自我认同与身份自觉。本文通过考察新旧之争下最后一代遗民的身份认同，反映从帝制向民主共和艰难过渡的曲折历程，为展现民国历史更为复杂的面向提供一个视角。

关键词 清遗民 身份认同 《辛亥殉难记》 《清史稿》

1911年，辛亥革命爆发，敲响了清王朝的丧钟。这场翻天覆地的革命，推翻了自秦汉以降延续两千多年的君主专制政治，打破了王朝兴衰的更迭机制，开启了宣扬民主共和的新时代，给近代中国带来了深远影响。谁要是胆敢帝制自为，就将成为人人讨伐的对象；谁要是还拖着辫子，抱着老皇历自居于潮流之外，就会被视为封建余孽。然而，的确就有这样一批人，拖着辫子、抱着老皇历自居于潮流之外，甚至希图趁势而动，掀起复辟逆流，甘为“封建余孽”。在他们看来，这是孤忠劲节、守死善道，是在续写光辉的遗民史。但是，这种遗民梦想的合理性与正当性，随着中国王朝循环理念的瓦解，开始面临重重危机。

* 中国人民大学历史学院教授。

** 中国人民大学历史学院硕士研究生。

在政治革命和欧风美雨的强烈冲击下，传统政治秩序失序，传统文化失坠，身当其时的清遗民，承受着来自民族主义、民主主义的多重压力，在中与西、新与旧、进步与落后的激烈对抗中很难有自己坚实的舆论阵地，他们的个人认同更是与新的政治文化秩序脱节，面临着身份认同危机。巨大的焦虑使他们挣扎着要在文字书写中维系自己的遗民信仰和身份认同。他们寻访辛亥殉难志士事迹，整理历代遗民录，修纂《清史稿》，字里行间充满着黍离之悲的苦楚叙事和对时代问题的回响，其间反映出的清遗民的精神世界和身份认同，有待进一步探究。

一　清遗民与辛亥殉节

（一）生与死：鼎革之际的迥异抉择

中国历史上，朝代鼎革是再平常不过的历史事件，由此衍生的遗民现象则成为中华文化史上的颇为独特的一道风景线。这其中，宋遗民和明遗民群体尤为醒目，因此，无论是古代的遗民史述，还是当代的研究成果，都以宋、明两代遗民为主要对象。相比之下，清遗民形象在历史中所占的分量和地位则要大为逊色了。

其实，特定时期的历史叙述总是离不开其历史语境。清末声势浩大的革命宣传，借助报刊、书籍等初步形成的近代传播网络，以颇具号召力的“驱除鞑虏，恢复中华”、“非我族类，其心必异”等民族主义思想为主旨，鼓吹种族革命，向全国各地灌输，造成革命之舆论，掀起了“排满”革命的大潮。革命派的大致逻辑，正如“苏报案”中章太炎的慷慨陈词：“夫民族主义炽盛于二十世纪，逆胡羶虏，非我族类，不能变法当革，能变法亦当革；不能救民当革，能救民亦当革。”[①] 在着意强调“戎狄之祸，未有酷于建虏”[②] 一类的口号之下，内忧外患的清末中国，满汉之间的矛

① 章太炎：《狱中答新闻报》，《章太炎政论选集》上册，上海人民出版社，1989，第 233 页。

② 转引自秦燕春《清末民初的晚明想象》，北京大学出版社，2008，第 9 页。

盾迅速激化，于是，有关反抗异族统治、强调夷夏之防的历史记忆便被重新拾起并加以解读，扮演重要的角色。宋明遗民形象与宋明历史文献所激起的历史记忆，尤其是明清之际的汉族历史记忆，成为巨大的精神资源，涌动着革命宣传的浪潮。“过去在现实上并不存在，但是在清朝末年关于未来国家建构的论辩，尤其是‘革命’与‘君宪’的论争中，‘过去’扮演一个重要的角色，最后是革命派胜利。这批革命志士已不再像清政权正式取得汉族士大夫的信仰之后的世世代代，把所谓‘国’和满族政权视为一体。‘国’与当今朝廷这个两百多年无人质疑的统一体分裂开来，而在促使二者分裂的过程中，最重要的是现代国家观念使得人们不再认为国就是朝廷。”①

与此相对应，易代之际遗民所面临的首要问题——生与死的抉择，在有关明遗民与清遗民的历史记忆中，也呈现出迥异的面貌。明清之际，明遗民“主辱臣死”、“大节所在，惟有一死”、“恨其不能死”乃至“以死为道”② 的价值取向充满了悲壮色彩，巨大的道义力量被贯注到士大夫们的生死抉择中。“节义”概念在近代能够深入人心，不能不说与明亡之际的道德实践有密切关系。

反观辛亥鼎革之际，整体而言，殉节死义的人明显减少。于式枚在与梁启超讨论《清史稿》修史体例时，曾论及死节之事：“辛亥之事，略同于汉唐，迥异于宋明。时局既殊，学说又变。死者人之至难，亦最不祥之事。既无必死之路，本无求死之方，古人于此，原有裁酌。”他认为清末民初的遗民们，难以再将死节作为忠义的标准，因此，“古之忠臣，本不必人人强死也”。③ 这样的结论，与宋末、明末士人壮烈的自杀性“赴义”、“祈死”④ 似有天壤之别，颇令清遗民心寒。不知他们将如何面对此种现象。

---

① 王汎森：《中国近代思想与学术的系谱》，河北教育出版社，2001，第 71 ~ 72 页。

② 参见赵园《明清之际士大夫研究》，北京大学出版社，1999，第 23 ~ 49 页。

③ 于式枚：《修史商例按语》，朱师辙：《清史述闻》，三联书店，1957，第 144 ~ 145 页。

④ 赵园：《明清之际士大夫研究》，第 31 页。

（二）忠义不可没：保存历史记忆的努力

实际上，对于辛亥鼎革之际殉难文臣武将乃至普通士人、官兵的事迹，许多清遗民在国变后已经多有访求，希望“留数卷之忠经，即一朝之史录”,[①] 借以追思故国、传承认同。我们仅以目前所见《辛亥殉难记》、《辛亥殉节录》以及后来编纂的《清史稿》中的相关记载，说明清代士人在此存亡之际的生死抉择以及清遗民在寻访这段历史、构建集体记忆时书写的政治认同。

《辛亥殉难记》，作者吴庆坻（1848～1924），字子修，又字敬疆，浙江钱塘人。光绪十二年进士，先后担任会典馆总纂、四川学政、湖南提学使等职。辛亥后，他迁往上海，与沈曾植、冯煦、陈夔龙、梁鼎芬、杨钟羲、吴士鉴等结超社、逸社，为文字之聚，“复与沪上诸名流结淞社[②]。越二年，遂归里，凡征辟皆不至”，其态度可谓坚决。生前曾将辛亥以后所作诗歌结集，名曰《悔余生诗》。吴庆坻死后，逊帝溥仪特赐予他“志洁行芳”的匾额，“以彰笃棐”。[③] 这部《辛亥殉难记》是其居沪期间，“以殉国诸贤忠义不可没，寻访事实，芟订再三”的成果。原书五卷，后清遗老金梁（1878～1962）以“遗漏尚多”，又增补一卷。今日所见刊本中，前有金梁的《重印〈辛亥殉难记〉跋》[④] 和王先谦所作的序，卷首恭录宣统皇帝颁给殉难文武官员的上谕。全书共记载殉难文职官员 72 人、武职官员 35 人，各省驻防死难官兵 86 人，烈女 18 人，另附《各省驻防死难官兵表及列女表》。

---

① 张其淦：《〈辛亥殉难记〉跋后》，《松柏山房骈体文钞》卷 4，台北，文昕阁图书有限公司，2008 年影印本，第 44 页 b。

② 这是仿照宋遗民谢翱建立汐社的故事，清遗民所欲表达的意涵可以想见。关于汐社的研究，参见欧阳光《宋元诗社研究丛稿》，广东高等教育出版社，1996。

③ 姚诒庆：《清故湖南提学使吴府君墓志铭》，闵尔昌编《碑传集补》卷 20，台北，文海出版社，1973，第 20 页 a、21 页 b。

④ 金梁在《重印〈辛亥殉难记〉跋》中写道：“子修提学表章忠烈，海内同钦。所望修改之稿，迅赐缮定，使梁得早日重刊，流传中外，使阅者有所观感，斯文未丧，兴顽立懦，庶于人心世道，或有补欤！”（吴庆坻：《辛亥殉难记》，台北，明文书局，1985 年影印本，“序跋”，第 1 页）

《辛亥殉节录》，作者罗正钧（1855～1919），字顺循，号劬盦，湖南湘潭人。1885 年举人，曾任天津知府、山东提学使。全书六卷，共记载殉节守令 30 人、武臣 62 人、普通士人 8 人，以及各地驻防将士等，共计 236 人。

我们根据《辛亥殉难记》、《辛亥殉节录》以及《清史稿》中所见辛亥鼎革之际的殉难文武官员事迹，对其民族、官职以及殉难原因做了统计，详见表 1。

表 1　《清史稿》、《辛亥殉难记》、《辛亥殉节录》所见殉难文武官员统计

<table>
<tr><th>民族</th><th>总人数</th><th>官职类别</th><th>人数</th><th>官职</th><th>人数</th><th>说明</th></tr>
<tr><td rowspan="8">满族</td><td rowspan="8">213</td><td rowspan="5">文职</td><td rowspan="5">18</td><td>总督</td><td>2</td><td rowspan="5">自杀 9 人
不降被杀 7 人
战死 2 人</td></tr>
<tr><td>知府</td><td>6</td></tr>
<tr><td>知州</td><td>1</td></tr>
<tr><td>知县</td><td>2</td></tr>
<tr><td>其他</td><td>7</td></tr>
<tr><td rowspan="3">武职</td><td rowspan="3">195</td><td>将军</td><td>5</td><td rowspan="3">自杀 73 人
不降被杀 12 人
战死 110 人</td></tr>
<tr><td>都统</td><td>2</td></tr>
<tr><td>其他</td><td>188</td></tr>
<tr><td rowspan="8">汉族</td><td rowspan="8">90</td><td rowspan="5">文职</td><td rowspan="5">37</td><td>巡抚</td><td>2</td><td rowspan="5">自杀 16 人
不降被杀 18 人
战死 3 人</td></tr>
<tr><td>知府</td><td>5</td></tr>
<tr><td>知州</td><td>3</td></tr>
<tr><td>知县</td><td>14</td></tr>
<tr><td>其他</td><td>13</td></tr>
<tr><td rowspan="3">武职</td><td rowspan="3">53</td><td>提督</td><td>1</td><td rowspan="3">自杀 7 人
不降被杀 22 人
战死 24 人</td></tr>
<tr><td>总兵</td><td>5</td></tr>
<tr><td>其他</td><td>47</td></tr>
<tr><td rowspan="3">蒙古族</td><td rowspan="3">16</td><td rowspan="2">文职</td><td rowspan="2">4</td><td>知县</td><td>3</td><td rowspan="2">自杀 2 人
不降被杀 1 人
战死 1 人</td></tr>
<tr><td>其他</td><td>1</td></tr>
<tr><td>武职</td><td>12</td><td>其他</td><td>12</td><td>自杀 5 人
不降被杀 2 人
战死 5 人</td></tr>
<tr><td rowspan="5">汉军旗人</td><td rowspan="5">9</td><td rowspan="3">文职</td><td rowspan="3">5</td><td>总督</td><td>1</td><td rowspan="3">自杀 1 人
不降被杀 4 人</td></tr>
<tr><td>布政使</td><td>1</td></tr>
<tr><td>知县</td><td>3</td></tr>
<tr><td rowspan="2">武职</td><td rowspan="2">4</td><td>将军</td><td>1</td><td rowspan="2">不降被杀 2 人
战死 2 人</td></tr>
<tr><td>其他</td><td>3</td></tr>
</table>

续表

类别	人数	官职类别	人数	官职	人数	说明
总计	328	文职		64		自杀 28 人 不降被杀 30 人 战死 6 人
		武职		264		自杀 85 人 不降被杀 38 人 战死 141 人

注：表中文职的“其他”类包括州判、教授、候补知府、候补知州、候补知县等；武职的“其他”类包括都统、副都统、参将、游击、参谋官、驻防、协领、佐领、防御、守备、骁骑校、千总、骑都尉、排长、教习等。

这些记录殉节士民言行的文字中，作者用以激发遗民情感、引起世人关注的重点，就是他们面对国变时慷慨赴死、从容就义的内容。这些文字的背后，是一套延续了数百年的忠义之士的叙事模式。试举几例：浙江兰溪县知县黄为雄听到省城兵变的消息后，痛哭流涕，“欲自裁。明日又得伪电，谓京师陷，大恸，曰：‘主忧臣辱，主辱臣死。今何颜见地方人民耶！’……俄而乱民麇集，将夺县印。君谕之曰：‘毋害我人民。此印受之于君，吾当完全还之，不能付若辈也。’抱印阖户自经，僚友趋救解缳，气已绝，面如生”。[①] 湖北天门县知县荣濬听到武昌起义的消息后表示：“‘吾曹食国家饷二百余年，当有以报。矧吾有守土责，能守守之，不能则以身殉，成仁取义，在此时矣。’……城陷誓死不屈，遂被戕。”[②] 云南江川县知县胡国瑞，“会闻变，遣家属行，寓书其子庶华曰：‘吾闻省垣不守，方伯被戕，余无殉节者。臣子之义，万古为昭。余虽无守土责，然实官也。俟北信，当死以明吾志，汝勿来。’发书后旬日，讹传京师破，戒从者趣治装。明日，见井上双履，奔告从者。往视之，则屹立井中，死矣”。[③] 凡此表达方式，几乎可见诸大多数忠义之士的故事中。看到这里，我们不难回想起悲烈的晚明遗民事迹。清遗民这种

① 吴庆坻：《辛亥殉难记》卷 2《黄知县传》，第 4 页。
② 吴庆坻：《辛亥殉难记》卷 2《荣知县传》，第 5 页 a。
③ 吴庆坻：《辛亥殉难记》卷 2《胡知县传》，第 8 页 a。

跨越时代的姿态模仿，自然是为了守护遗民的荣光，确保他们身为遗民的合法性。

（三）“忠义寥寥”的尴尬与清遗民的倘然

然而，从另外一个角度观察表1的统计数据，会发现清遗民赖以承载记忆和认同的“殉节录”，其中记载的人物，多是在鼎革之际情势紧急下死于战乱，或者不得已自尽的文武官员、驻防将士，战死者和战败不降被杀者占了大多数，且以军人为多。他们能否被列入忠义之士的行列？毕竟，“殉难者”未必都是“忠义之士”，要严格按史书体例来衡量，能被写进《忠义传》的终究很少。明遗民黄宗羲曾说：“《纲目》书死之例有三：曰死之，曰战死，曰败没。死之者，节之也；战死者，功罪半也；败没，则直败之耳。”“虽为军事言也，而以概天下之死，何独不然？其死操之己者，是志在于死者也，方可曰死之；其死操之人者，原无欲死之心，亦曰遇难而已。”[①] 若按照黄宗羲的观点，恐怕那些殉难录中的大多数官民，都难称得上是真正的忠义之士。不可混淆的历史书写法则，铸成了士人在生死抉择之际的行为范式和价值准则。后来参与清史编纂的夏孙桐曾提出修撰《忠义传》的体例要求，坦言：“武官死绥，乃其职分，临阵捐躯，勇怯共之。国史可从浑同，正史必应区别，非有勇烈实迹，未可滥收。文官守土殉难，差可从宽，亦宜酌核情节。盖其中尽有当时无下落者，一概请恤，其后隐名不出，而见于他书记载，倘仍入传，大书特书，何以传信于后世？”[②]

对此，清遗民早已心有不安。王树枏（1851～1936）就曾感慨：“吾尝读宋、明诸史，见其末造鼎革之际，忠臣志士往往以一死殉君父之难；甚至瓮牖绳枢之子，足不出一乡，名不挂尺籍，而抗节不屈，或不惜捐糜踵顶，杀身以成其仁，或结身长往，以履土食粟米为耻。若此者，比比皆是也。独我朝养士二百余年，深仁厚泽，实远轶宋、明两朝，而国变而

① 黄宗羲：《赠刑部侍郎振华郑公神道碑》，沈善洪主编《黄宗羲全集》第10册，浙江古籍出版社，1993，第250页。

② 夏孙桐：《拟清史〈忠义传〉办法说帖》，朱师辙：《清史述闻》，第72页。

后，士大夫之从容就义与国同尽者，寥寥无复几人；其有不降志辱身，高栖远遯，以老死于山陬海澨之间者，亦可偻而数也。”[①] 由于义士寥寥可数，王树枏对重庆云阳的遗民郭策勋就不免要浓墨重彩地刻画一番，称此人坚贞于大清，国变之后，“素服北向哭，毁旧所用名柬，自署‘未亡生’，绝世来往，并召其子自京师，曰：‘吾家世忠孝，不宜溷利禄以厚自污也。’”“斯真古之所谓遗民者欤！”可是，王树枏最后还是情不自禁地感叹：“明之亡也，高人义士不可偻以指，我朝养士二百余祀，胡遗民之无几耶！”[②]

对于这一点，王先谦在《辛亥殉难记》中曾委婉地表达了自己的心路。他先回顾了清朝曾有的辉煌：“我朝教忠之典备矣，又恩泽素厚，天下臣庶，皆有忠义激发之思，而临时董戒之方，尤列朝所夙讲。所谓董戒者何？曰赏罚是已。”紧接着他便痛心疾首地对辛亥之际摄政王载沣没有严惩临阵逃脱的湖广总督瑞澂表示严正抗议：“洵一己之私心，废祖宗之成法，与自弃其国何异？”在此，愤懑的背后更多的则是无奈。朝廷养士数百年，辉煌过后，何以酿成督抚临阵逃脱、士人失节的局面？但也正因如此，那些舍生取义者，才更“足光史册”。[③] 这一点，正与果涣在该书《后语》中所谓，死者可以不死矣。后之览者，勿谓本朝无死事之臣，而见讥于教忠之典不备，则国史光矣”[④] 的慨叹前后呼应。一本书竟被赋予了如此重大的使命，清遗民心中的不安可以想见。

相比之下，《辛亥殉节录》的作者罗正钧则对辛亥鼎革之际士人的表现有着更为强烈的愤慨和怒其不争。

> 呜呼，利之祸人家国列矣哉！左蘿石之言曰：兴废者国运之盛衰，廉耻者人臣之大节。虽偏安割据之国，尚不无一二效忠之臣，为

① 王树枏：《味檗斋遗稿序》，李于锴：《李于锴遗稿辑存》，李鼎文校点，兰州大学出版社，1987，“附录”，第 113～114 页。

② 王树枏：《云阳郭遗民墓志铭》，《陶庐文集》卷 13《陶庐丛刻第十六》，乙卯年（1915）冬月刊本，第 25 页 a、27 页 a。

③ 吴庆坻：《辛亥殉难记》，“王先谦序”，第 1 页。

④ 果涣：《重印〈辛亥殉难记〉后语》，吴庆坻：《辛亥殉难记》，第 1 页。

之守死而不去。乃以数百年戴天履地养育之人才，一旦国亡主辱，举朝晏然；而各行省大吏，无有一人亢扞国难者，相率逃亡而不以为耻。当世之人，亦不闻议其非，斯古今未有之变也。辛亥逊位诏下，朝士无死节者，督抚二十有三人，惟闽浙总督松寿、山西巡抚陆锺琦、江西巡抚冯汝骙三人以变起被难（端方奉署川督之命，未履任，兵变被戕，川督赵尔丰交政权后见害，已膺袁氏恤典）；陆锺琦临变不挠，其死为烈；监司则云南布政使世增于难作以种族之嫌遇害；外此无闻焉（甘凉道张毅陛、安徽提法使行至陕西，为乱兵所羁自尽。又报载潼商道瑞清以请援见杀于秦军，非事实）。……悲夫！[①]

其间各行省大吏“不以为耻”、当世之人“不闻议其非”、“朝士无死节者”举朝晏然，这些与明末“以死为道”的激烈，恰成鲜明对比，也难怪罗正钧称之为“斯古今未有之变”。悲哀之后，痛定思痛，为了使那些殉清志士的历史记忆不致湮没，罗正钧竭尽心力，悉心咨访相关事迹。据其好友赵启霖（同是清遗民）回忆，罗正钧“晚年痛宗社倾覆，以义烈报国者无几人，著《辛亥殉节录》六卷，书甫就而君卒，年六十有五。……《殉节录》尤其精心缀撰，予亦颇助君搜访，君弥留时尚据病榻援笔有所点窜，盖孤愤所寄，若是其惓惓也，伤哉！”[②] 该书可以说承载着其对故国的追思和对士风的沉痛思考。

力图在身份认同中复制晚明忠烈故事的清遗老，在前代光辉崇高的遗民形象面前，自不免心虚、焦虑、坐立不安，他们在这段殉难忠义的历史叙述中是如何调和这种冲突和紧张的呢？

早在清初，全祖望就曾冷静地反思过明遗民激烈赴死的现象：“夫天既厌明，人力莫可如何，评事[③]以朝不坐燕不与之身，洁已不出，其亦足以报国矣；冠裳不改，终身缟素，其亦足以见先人矣，而充其意，似乎必欲挥鲁阳之戈，返西崦之日，如醉如梦，以相从于危机，其所望于故家子

---

① 罗正钧辑《辛亥殉节录》卷1，台北，明文书局，1985年影印本，第1页。.

② 赵启霖：《山东提学使罗君墓表》，《赵瀞园集》卷4，湖南出版社，1992，第132页。

③ 即明大理寺左评事林时跃，字遐举，别号荔堂，浙江鄞县人。

弟，必尽褰足不仕而后可，是不亦愚乎?"[①]"虽然，当日之抢攘，人力莫施，豪杰之士，不过存一穴胸断脰之念，以求不愧于君臣大义而已。不然，远扬而去，又何不可，而必以身殉之乎?"[②] 全祖望对于士大夫于存亡之际生死抉择的思考，实在是道出了数百年后清遗民的真实心声。忠义之士，归根结底不过是求心中不愧于君臣大义罢了，既然如此，归隐山林、循迹远去即可，何须定要杀身成仁、舍生取义？颇为有趣的是，对于全祖望本人究竟站在什么立场、是否素负民族气节、具备民族意识，一直是近代以来全祖望研究的争议点。但可以肯定的是，正是在明清易代的动荡尘埃落定后，全祖望可以相对超然于明遗民背负的沉重道德压力，专心于负起网罗天下放佚旧闻、存亡继绝的史家责任，亦能摆脱明末清初那种严苛和刻薄，故而才会提出"若概以《忠义》之例言之，则凡不仕二姓者，皆其人也"[③] 这样相对温和的标准。

全祖望身份的特殊和思想的多面性，为我们提供了线索，以追寻清遗民在生死抉择问题上的心路轨迹。我们回过头来看前述梁启超与于式枚关于"死节"问题的讨论。梁启超指出："有清诸帝，宏奖节义，而死事之臣，实希于前代。惟其希也，仿欧《五代史》例，特著斯篇。"[④] 辛亥鼎革之际死事之臣确实不多，欧阳修提出的"五代之际，不可以为无人，吾得全节之士三人焉，作《死节传》"[⑤]，在某种程度上，的确恰如其分。

但是，清遗民似乎还难以正视死事之臣寥寥可数的尴尬，于式枚竭力辩驳，其内涵颇值得玩味。

> 近代死事之臣，按籍数之，多于历代。即云略远详近，虽不敢云过，实不得谓希。梁君此言，殆为辛亥之变而发。辛亥之事，略同于汉唐，迥异于宋明，时局既殊，学说又变。死者人之至难，亦最不祥

① 全祖望：《朋鹤草堂集序》，朱铸禹：《全祖望集汇校集注》（中），上海古籍出版社，2000，第 1218 页。
② 全祖望：《明晦溪汪参军墓碣》，朱铸禹：《全祖望集汇校集注》（上），第 844 页。
③ 全祖望：《移明史馆帖子五》，朱铸禹：《全祖望集汇校集注》（中），第 1651 页。
④ 梁启超：《清史商例第一书》，朱师辙：《清史述闻》，第 141 页。
⑤ 欧阳修等撰《新五代史》卷 32《死节传第二十》，中华书局，1974，第 347 页。

之事。既无必死之路，本无求死之方，古人于此，原有裁酌。即如唐之张巡、卢奕，岂不赫然烈丈夫哉？而当时之议奕者，则曰“委身寇仇，以死谁怼”。议巡者则曰：“与其食人，曷若全人”。古之忠臣，本不必人人强死也。然辛亥一役，晋蜀江闽，远至新疆，近而湘汴，大臣列将，蹈义相望（诸人皆应入列传），以及地方各官死节者，尚不可偻数。革党方横，邪说正肆，力为讳诋，无与表扬。迩来公论渐明，浙中吴提学庆坻，方纂《碧血录》，采访甚富。将来《忠义传》内，辛亥不为无人，奖忠之报，无愧于前朝，守死之经，未沦于末世。自有历史《忠义传》之例在，不必特仿欧史，示微意发孤愤矣。①

于式枚首先对“死事之臣，实希于前代”的说法表示强烈反对，紧接着他主动论及辛亥之际的殉节死义话题，认为辛亥鼎革“略同于汉唐，迥异于宋明”。为什么略同于汉唐呢？于式枚的论据来自唐史中被列入《忠义传》的两个人物：张巡和卢奕。安史之乱暴发后，张巡（708～757）于唐肃宗至德二年率众坚守睢阳。因叛军攻围既久，“城中粮尽，易子而食，析骸而爨”。张巡担心有变，“乃出其妾，对三军杀之，以飨军士……将士皆泣下，不忍食，巡强令食之。乃括城中妇人，既尽，以男夫老小继之，所食人口二三万”②，最后城破被害。张巡的这种做法，在当时及后世引起了极大争议。王夫之就认为：“守孤城，绝外援，粮尽而馁，君子于此，唯一死而志事毕矣。臣之于君，子之于父，所自致者，至于死而蔑以加矣。过此者，则愆尤之府矣，适以贼仁戕义而已矣。……若张巡者，唐室之所可褒，而君子之所不忍言也。”③ 另一位人物卢奕（？～755），在安禄山攻陷洛阳之时，“独正身守位义不去，以死全节誓

① 于式枚：《修史商例按语》，朱师辙：《清史述闻》，第144～145页。

② 刘昫等撰《旧唐书》卷187下《忠义下》，中华书局，1975年标点本，第4901页。张巡史事，亦见欧阳修等撰《新唐书》卷192《忠义中》，中华书局，1975年标点本，第5539页。

③ 王夫之：《读通鉴论》（下），中华书局，1975，第687页。

不辱”。但当时就有人指出卢奕本不必死，对其死颇有微词：“洛阳之存亡，操兵者实任其咎，非执法吏所能抗。师败将奔，去之可也。委身寇仇，以死谁怼?”① 所以于式枚提出了“古之忠臣，本不必人人强死”的观点。

不但如此，清遗民还对一些质疑之声加以辩驳，极力挽回“本朝”的颜面。张其淦在为吴庆坻的《辛亥殉难记》撰写的跋后语中，就大发议论。

> 或者谓明社之屋，忠臣最多，拼九死而不辞，每屈指而难尽，所以一门殉义，歌袁粲之石头，五百从死，有田横之海岛。兹之所纪，多封疆守土之臣，将帅偏裨之士，雉经止水，京华寂然。余曰：否否。辛亥鼎革，与甲申异。前明大盗摧城，烈皇殉国，攀髯者、思及蓐蚁者遂多。兹则效唐虞之揖让，假优待而为名，内则以臣欺君，外则以和化战，国体遂变于一旦，故君仍居乎九重，故不可同年而语也。或又谓宏光立国南京则梅岭招魂，邵武承桴北郭，则君臣名冢成旅，本期复夏，嫠纬亦且恤周，烈士何多，忠贞足慕。兹之所录，虽曰捐躯就义，喋血成仁，然变皆发于仓促，人或死于逃亡，既封疆之无裨，孰泰山而等重？而且下吏有荩臣，宗室少义士，似晨星之寥落，非麻直之蓬生，炳诸丹青，不无减色。不知情有万变，事难一律。在昔道济长城，与国同坏，文山开阃，于宋何功？意但取乎褒忠，臣何愧乎守土?②

张其淦反复要论证的观点，就是清帝的和平退位与明朝的激烈鼎革大不相同，所谓“情有万变，事难一律”，自然不能以相同标准看待辛亥之际的殉节问题，虽然义士有如寥落晨星，但他们的志节已经“足愧贰臣反复之心”。何况当日辛亥鼎革之突然，恐怕早已遗漏了诸多忠义事迹，

① 刘昫等撰《旧唐书》卷 187 下《忠义下》，第 4894 页。

② 张其淦：《〈辛亥殉难记〉跋后》，《松柏山房骈体文钞》卷 4，第 43 页 a。

所谓“窥豹只凭乎寸管，续貂有俟于他时”，又如何能够断言“丛兰之不芳，仗节之人少”呢？[①]

完成了对殉难先烈的纪念，清遗民自我认同的世界依然不平静。留待清遗民去面对的，是艰难维持抱残守缺之生存状态的努力。这种艰难努力的重要一步，便是在满汉矛盾尚未平息、“非我族类，其心必异”的逻辑深入人心的民初社会中，缓解内心的冲突与紧张，坚持自己对清王朝的立场。

二　清遗民与遗民史

（一）遗民史：当代史的隐喻

在中国历史治乱循环的改朝换代中，无数士人怀抱故国之思，自认为前朝遗逸。然而，清亡之后的士大夫却发现做遗老并不容易：前有夷夏之大防、“非我族类，其心必异”的传统观念，后有激昂高亢的“排满”革命宣传。但他们仍要为自己的存在和认同讨一个说法。在回溯历史、寻访遗民的过程中，他们找到了一个常用而常新的方式：遗民史的整理和叙述。

根据谢正光和何冠彪的研究，中国遗民录的整理大概始于元末或明初。《四库全书总目提要》中录有《宋遗民录》三种，其中可考作者的，是明代程敏政（1445～1533）在明成化十五年（1479）完成的《宋遗民录》15卷。[②] 明清易代之际，士风高扬，明遗民开始广泛整理历代遗民事迹，遗民录开始大量出现，成为一种重要的史学著作。“出诸明遗民之手的‘宋遗民史’，不消说是其‘当代史’的一种隐喻形

---

① 张其淦：《〈辛亥殉难记〉跋后》，《松柏山房骈体文钞》卷4，第44页b。

② 谢正光：《清初所见〈遗民录〉之编撰与流传（代自序）》，《明遗民传记索引》，上海古籍出版社，1992，第1页；何冠彪：《明末清初学术思想研究》，台北，台湾学生书局，1991，第104页。

式。”①

借由辑纂历代遗民录的文化实践，清遗民们追往知远，通达古今，他们不仅仅是在复制前代遗民的行为，即所谓“缵业篁墩之录，征言汐社之朋”，② 他们更希望在文化历史记忆中感同身受，在复杂时势中寻求身份人格的认同。与以往遗民史述的不同之处在于，清遗民笔下的遗民录时刻纠缠在种族之争与故国之思、夷夏之防与君臣大义之间，这是无法逃避的核心论题。

其实早在清朝建国之初，作为“异族”入主中原的王朝，要建立一个多民族的、多文化的帝国，不得不面对根深蒂固的夷夏之辨。因此，如何建立清朝的正统性，便成为清帝王殚精竭虑的重大课题。“康熙以降，清王朝确立了儒学的正统地位，承续前朝制度和法律，在建立完备的法律系统（其内容含括刑事、民事、诉讼和狱政等）的同时，以礼理合一、治道合一相标榜，把儒学奉为正统。”③ 但是，传统儒学，尤其是宋明理学中强调的夷夏之辨，实际上是对清代统治合法性地位的有力否定。清统治者如何能够把自己放入中原王朝更迭的正统体系中？它需要扬弃宋儒明儒中传统的民族种族意识，重新阐释“内外”、“中国”、“夷狄”的含义。为此，“今文经学以内外关系为中心，以重新阐释《春秋》包含的微言大义为方法，在礼仪和法的双重关系中重构多民族王朝的合法性”。庄存与、刘逢禄等清代今文经学的开创者，“通过各种论述取消了内外的严格分野，以‘夷狄入中国则中国之’为基本的价值取向，以礼仪而非种族作为王朝认同的前提”。④ 当“中国”不再是有着明确种族疆界的概念，而成为“文化中国”之时，就意味着只要接受了儒家文化，夷狄也应被作为“中国”接受。这样，占据了政治优势的少数民族与拥有文化心理优势的多数民族至少能在共同的基础上认同一个“文化中国”的政权了。

---

① 赵园：《明清之际士大夫研究》，第 274 页。

② 汪兆镛：《元广东遗民录》北京燕山出版社，2008，“丁仁长序”，第 3 页 b。按，“篁墩”是明代程敏政的别号，而汐社则由宋遗民谢翱成立，后世遗民多有仿效。

③ 汪晖：《现代中国思想的兴起》上卷第 2 部，三联书店，2004，第 538 页。

④ 汪晖：《现代中国思想的兴起》上卷第 2 部，第 551、553 页。

可以说，清王朝较成功地建立起自己的政治文化，并顺利接入了历史正统论的谱系，被许多汉族学者所接受，无怪乎钱穆会对清代学者凌廷堪的史论颇有微词，直斥之为“反民族观念之历史论”。①

深受清代政治文化影响的清遗民，对于历史上少数民族统治王朝的人物，无形中也能感同身受的。叶德辉在《观古堂藏书目序》中，曾提到自己家族的十七世祖伯昂公，“以元故臣，明祖屡征不起，子孙承其家教，不以入仕为荣”，故终明之世，坚定地做了数代的遗民。② 叶氏并不讳言祖先做“异族”之臣，其深层含义，乃是借此得以表达出自己当下的心境，强调自己始终坚持君臣伦理，甘为忠清遗民，因为忠君与种族问题无关。

世变则事变。随着清王朝走向衰落，清王朝在外敌入侵下的屡屡惨败让国人无法不将民族灾难的祸根推向“满清统治”，原有的文化民族主义话语在革命派鼓吹的“排满”之说面前，显得十分脆弱。

清遗民面对“排满”之说，无法逃避，只能迎击。政治上处于下风的他们，选择了通过遗民录编纂这样的文化活动来表达心志，我们得以从中管窥一二。③ 章梫在辛亥鼎革后，“转徙津沪，辟地劳山，琐尾，流离，傭书自给，艰苦万状，处之夷然，纂《明遗民传》数十卷以见志”。④ 清遗民孙德谦（1869～1935）在辛亥后也曾编有《金遗民录》，藏于家中，“殆亦将如渊明之忘怀得失，以此自终矣”。⑤

（二）夷夏之防与君臣大义

在清遗民的遗民史叙述中，我们会发现，他们反复阐述的核心观点就

① 钱穆：《中国近三百年学术史》，商务印书馆，1997，第563页。

② 叶德辉编《观古堂藏书目序》，中国书店出版社，2008，第1页a。

③ 只有赵彝鼎选择以殉清的激烈方式来表达强烈的愤慨，并表示：“人固有一死，但求死于义耳。……况我亦欲正人心，息邪说，使人不得以汉外视我君为满也，则我一死所争大矣。”参见刘声木著、刘笃龄点校《赵彝鼎殉难大节》，《苌楚斋随笔、续笔、三笔、四笔、五笔》，中华书局，1998，第573页。

④ 章梫：《一山文存》卷首，台北，文海出版社，1969年影印本，“王舟瑶序”，第1页。

⑤ 缪荃孙、吴昌绶、董康等撰，吴格整理点校《嘉业堂藏书志》，复旦大学出版社，1997，第1324页。

是，与其区分种族，不如强调君臣之义。比如，张其淦的《元八百遗民诗咏》一书，张学华、孙雄、高振宵、刘承干等四人分别为之作序。稍加注意便可发现，同为清遗民的他们，表达出的心声何其相似。张学华写道：

> 尝考有元一代，以蒙古人入主中国。中叶而后，权倖用事，盗贼蜂起，蹂躏遍于各行省。然皆饥民穷困，铤而走险，志在剽掠攫利而已。未闻士夫有倡为犯上作乱之谋，败坏伦纪，弁髦彝典，悍然而不顾者。顺帝大去，仍主故土，一时耆献，如铁厓、清闷、九灵、席帽诸君子，皆能贞介自守。虽以明主之雄猜，亦不为屈。夫纲常之义，自古为昭，既已委质为臣，在三之节，有死无二。若其腼然异代，从复巧词文饰，甚且反颜丑诋，岂唯史笔所必诛，抑亦名教所不容也。世之论者，或持种族之说，以曲为解，如元季诸贤，独非中原之志士耶！豫泉自辛亥后，屏迹沪上，日唯以著述为事。思古伤今，感怀身世，此二十年中祸乱侵寻，元黄混色，茫茫天壤，以迄于今。欲求如蔡子英之追随故主，而不可得，何其悲也！于是阐发幽潜，表章忠义，积其牢落不平之气，托为诗歌，将质诸百世，以俟公论大明之日，此其作诗之微意也。嗟乎，逸民首夷齐，而申之曰不降不辱，以周武之仁，商纣之暴，犹凛然于君臣之不可易。《采薇》之歌，千古称之。盖遗民也者，必惓惓君国之思，具富贵不能淫、贫贱不能移、威武不能屈之操，非易代之际，浮湛闾里者，皆可进于逸民之列也。①

孙雄则以今文经学所谓“诸侯用夷礼则夷之，夷而进于中国而中国之”、“夷狄之有君，不如诸夏之亡”的春秋大义，来论证元朝、清朝的统治合于正统。他甚至直接对当时的种族观念发起挑战，将民初动荡不安和纷乱局面归咎于所谓种族谬论：“盖君臣之分已定，绝无可以变更

① 张其淦：《元八百遗民诗咏》，台北：明文书局，1985年影印本，“张学华序”，第1页。

之余地，苟或变更，即自丧其人格。纵使援种族统系之说以饰非而炫众，徒见其甘陷于乱贼而已。……处今日大同之世，犹有持种族之见，谓有元有清两代，虽能混一区宇，而终属非我族类。凡在孑遗之民，不应效文山、稼轩、所难、而农之所谓者，抑何所见之不广欤？又何怪四维不张，九州分裂，极古今未有之奇变乎？”① 完全相同的论调也出现在刘承干论证元代正统地位的叙述中：“元承宋代理学昌明之后，用夏变夷。……故虽末世政令中弛，盗贼蜂起，有乱民而无乱臣，士君子益以节概彪炳史册，岂非学术之足系人心，而收效久且益著邪？……自后世种族之说兴，腼颜两姓者，得以自遂其趋避之私，学术不昌，四维灭亡，抑岂知君臣之分，无所逃逸于天地。”② 其以之暗喻清室正统性地位的动机不言而喻。

在此书的22则《绪言》之中，张其淦详细地梳理了元明更替之际的正统谱系。他历数明太祖朱元璋善待元遗民的政策，认为朱元璋称帝时，元大都尚未失守，“正统犹在元也”，那些所谓的“元非正统之论”，“何其谬也”。③ 既然元代仍是正统，元遗民的孤忠劲节为何不能列入中国遗民史的正统谱系中呢？

此外，在《元八百遗民诗咏》正文前，还有诸多清遗民留下的题词，参与者有陈夔龙、章梫、桂坫、溥儒、黄诰、商衍鎏、汪兆镛、刘承干、张之纲、张其润等。他们纷纷借此机会，抒发自己的心境。比如，刘承干以天命正统之说为忠清遗民正名，“黍离麦秀悲歌起，一代名流嗟已矣。天教蒙满主中原，先圣后圣同一揆”，接着又道出了张其淦著述的心绪，正是书为心声，用书以达意：“圣清养士二百载，起而反噬何披猖。桀犬狺狺吹尧影，种族之说殊荒唐。惟公借此扶纲常，遗民之咏实自伤。”④ 由历史反观现实，让历史记忆在当下处境中重新复活，不断被述说的遗民史，不知带给清遗民多少精神寄托。

---

① 张其淦：《元八百遗民诗咏》卷首《孙雄序》，第2页a~3页b。

② 张其淦：《元八百遗民诗咏》卷首《刘承干序》，第4页a。

③ 张其淦：《元八百遗民诗咏》，绪言，第1页b。

④ 张其淦：《元八百遗民诗咏》“刘承干题词”，第2页b。

（三）不断被改写的遗民形象

清遗民的书写作品中所表现出的遗民史述是一个整体，“元遗民”的话题无法被孤立对待，它始终要与“宋遗民”、“明遗民”这两个话题缠绕在一起，无法割离。正如赵园指出的：“遗民是因有宋遗、明遗，才成其为‘史’、足以构成某种史的规模的”。①

在前述张其淦《元八百遗民诗咏》的序文中，孙雄不仅颇为愤慨地对种族观念进行了反驳，还对被革命派冠以种族革命前辈的宋遗民形象进行了改造。比如文天祥、瞿式耜、郑思肖、王夫之等人，在“排满”宣传中本是华夏裔胄、炎黄子孙，身膺激发民族气节、宣传反清思想的大任，在孙雄的笔下，却被赋予了另外一种身份——忠君爱国的遗民。在孙雄看来，他们“非有种族统系之见也，亦以君臣之分已定，不容出尔反尔，坐视人纲人纪之坠地也。是故有元之逊荒，有清之禅让，遗民亦复接踵而起，其用心亦与宋遗民明遗民相同”。② 不得不承认，遗民形象在各派人物的建构下，不仅大放异彩，更是变化多端，但是其本身亦如多棱镜一般，折射出民初社会复杂的政治与文化面向。

在张其淦的另一本书《明代千遗民诗咏》中，陈夔龙、陈三立、朱孝臧、吴道镕、张学华、叶尔恺、章梫、桂坫等 30 多位清遗民参与了题词。他们在回顾清遗民历史之时，无一不对明遗民高风亮节大加褒扬，同时强烈批判明朝摧残士人之烈，屡屡强调自己与明遗民是“异代知音”③，颇有借明遗民之名以抬身价的嫌疑。汪兆镛在自己的著作《元广东遗民录》中，不仅对元遗民大加褒扬，并特意强调他们“固不必尽效宋明人所为”。④

清遗民对明遗民形象的述说和改造不止于此。于式枚在参与讨论《清史稿》体例时，更以清遗民的节义观重新塑造了清初顾炎武、黄宗羲

---

① 赵园：《明清之际士大夫研究》，第 273 页。

② 张其淦：《元八百遗民诗咏》卷首《孙雄序》，第 2 页 a。

③ 张其淦：《明代千遗民诗咏》“题词”，台北，明文书局，1985，第 6 页 a。

④ 汪兆镛：《元广东遗民录》“自序”，第 5 页 a。

等人固志守节的行为："亭林、梨洲，久与世接，梨洲文字，于新朝全作内词，自为圹柱，犹述圣祖恩遇。诸人入新朝，多者三四十年，身际康熙太平，仁皇圣主，犹欲借名谋乱，不遂所愿，辄肆谤词，此岂中正之道？梨洲之称颂，实天理人情之公。但能不官不禄，即是不忘故国。"[①] 一句"不官不禄，即是不忘故国"，不知化解了多少清遗民心中的认同焦虑。

概而言之，清遗民经由文化实践，借助历史资源来诠释当下情势，并对种族观念予以强烈否定。由"过去"投射到"现在"，反证出他们自身艰难的生存状态，从而更加有力地将自己的认同体现在被合理化的遗民史述中，这是清遗民的叙事策略。所以当刘承干反思身为清遗民的立场时，他表示"今时之遗民节士为尤难而尤可贵"，[②] 原因在于面对种族异说援以民主学说的巨大冲击，还得"不为所惑而能自持"，清遗民的处境无疑是更加严峻。[③] 所以，清遗民的表达方式，看似是对明遗民套路的模仿，背后则有其难以言明的苦衷。

三　清遗民与《清史稿》

（一）构筑群体记忆：存史即是存故国

对于清遗民而言，故国已去，存史即是存故国，存史即是存清，这乃是清遗民之为"遗"的根本依据，其中价值，无法估量。在纷繁复杂的民国局势中，新旧之争日益激烈，"抱残守缺"的清遗民该如何书写自己的历史？

1914 年 3 月 9 日，袁世凯正式颁发了设置清史馆的大总统令。对很多清遗民来说，参与编纂《清史稿》不啻一个报效王朝、恪守遗臣之责的好机会，他们自然义无反顾。比如，金兆丰在民国后，曾"不再出任

---

① 于式枚：《修史商例按语》，朱师辙：《清史述闻》，第 143 ~ 144 页。

② 缪荃孙、吴昌绶、董康合撰，吴格整理点校《嘉业堂藏书志》，第 1398 页。

③ 《清遗民诗咏序》，缪荃孙、吴昌绶、董康等撰，吴格整理《嘉业堂藏书志》，第 1398 页。

事，惟以著述自娱”，当赵尔巽拟聘其协修清史时，“君乃奉母命而就道”。[1] 但清遗民内部未必没有分歧。“初，清史馆之开，与纂修者，皆前朝旧人，或觊复辟，谓清未亡，不当修清史。”但张尔田不这么认为，说：“《东观汉记》即当世所修，何嫌何疑耶?”[2] 故而就聘。章梫则坚决拒绝就聘，其理由有二，一是反对清史馆由民国总统提供经费，“皇室虽窘，所争不在区区”,[3] 二是“亭林、梨洲皆史才，谙习明事而皆不受明史馆之聘，今愿法顾、黄”。[4] 章梫表达出的想法，不得不令人感叹明遗民影响之深，明遗民的行为处事甚至已成为他在“出处”问题上得以凭借的依据。所以，章梫的好友王舟瑶赞叹其直追明代方孝孺。

> 昔元裕之欲修金史以报故国，而委蛇于异代之朝贵，君子惜其近于降志辱身。若危太朴之蒙面异姓，借国史以自脱，尤无耻不足道。一山以实录之命出自朝廷，必终其事，国史之聘出于异代，坚不与闻。其辨义之精，自守之固，非有得于乡先正方逊志诸贤之学者，而能如是乎?[5]

除了该不该就聘清史馆这一“出处”问题，对于《清史稿》的编纂体例，清遗民们也有不同意见。叶德辉就明确对缪荃孙说：

> 此次修史，柯凤翁曾以赵公明意张罗，辉随却之。一则此公在湘养成革命，一则不知文学何能屈宋衙官。即以史例论，辉以为清朝有儒学无儒林，儒林绝于南北史，唐以下不能有此名。阮文达以理学为上卷，经学为下卷，辉殊不谓然。今修史因之。辉如在局，必力争改变，是又一刘知几也。道学亦党锢之别名，今成理学一派，辉亦别有

① 王树枏：《清封二品衔记名提学使翰林院编修金雪荪行状》，卞孝萱、唐文权编《民国人物碑传集》卷 7，团结出版社，1995，第 474 页。

② 邓之诚：《张君孟劬别传》，卞孝萱、唐文权编《民国人物碑传集》卷 6，第 451 页。

③ 章梫：《上陆太保》，章梫：《一山文存》卷 9，第 17 页。

④ 章梫：《明史义例汇编叙》，章梫：《一山文存》卷 10，第 18 页。

⑤ 章梫：《一山文存》，“王舟瑶序”，第 1 页 a ~ 第 2 页 b。

论说。以为汤、陆尚在大列传，张杨园、陆桴亭尚入隐逸，顾亭林、李二曲同为前明遗民，而亦不能混入一传。李二曲受圣祖褒嘉，于隐逸则宜，于逸民则有愧。亭林开有清二百余年之经学，然不以为逸民，而以为儒林，不足以遂其初志也。辉往时劝公不应聘，劝凤翁勿帮忙，亦重二公之意，今书成尚无期，又不必论矣。[①]

叶德辉拒绝清史馆的聘请，其重要原因之一就是他对《清史稿》中的“隐逸”和“逸民”分类不认同。李二曲曾受康熙褒嘉，若从遗民的立场观之，则他已然有负前朝，自然不能被视为“遗民”了；而将顾炎武放入《儒林传》而不是《逸民传》，则有违顾炎武始终坚守的遗民立场。这是原则问题，不可不慎重。

叶德辉提出了忠清遗老甚为关切的焦点问题：究竟如何看待明遗民与清王朝的关系？曾任清史馆协修的朱师辙（1878～1969）撰成《清史述闻》，将编修清史时各种文件及议论编于一书，令我们得以考察这段纠缠于明遗民与清遗民之间、清遗民与民国之间的修史之史。

当时梁启超曾上专书讨论清史体例，其中建议仿照“欧史著唐六臣传例”，于清史中列《明遗臣传》和《明遗民传》，谓“遗臣如郑成功、李定国等，遗民如王夫之、顾炎武、黄宗羲等，凡明史无传者入焉，从其所安也”。[②] 这里，梁启超所说的体例，乃指欧阳修《新五代史》中《唐六臣传》的史例。有趣的是，欧阳修专立此传，是为了以春秋笔法，讥讽身为唐臣却于唐朝灭亡后改仕后梁的张文蔚、杨涉、张策、赵光逢、苏循等人；《宋史》的《周三臣传》开篇就言明：“《五代史记》有《唐六臣传》，示讥也。《宋史》传周三臣，其名似之，其义异焉，求所以同，则归于正名义、扶纲常而已。”[③] 如此明显的常识，难道说梁启超竟然不知道？

于式枚对梁启超专列《明遗臣传》和《明遗民传》的建议不以为然。

---

① 顾廷龙校阅《艺风堂友朋书札》，上海古籍出版社，1981，第558～559页。

② 梁启超：《清史商例第一书》，朱师辙：《清史述闻》，第138页。

③ 《宋史》卷484《周三臣传》，中华书局，1977年点校本，第13967页。

他首先指出梁启超犯了常识性错误，即“误记《宋史》周三臣传（韩通、李筠、李重进）为欧史唐六臣传”，[①] 继而又指出，郑成功、李定国等人，“自应用《明史》扩廓帖木儿、陈友定、把匝剌瓦尔密传例，列于诸臣传之前”；至于殉明诸臣，他认为“《明史》无传，应汇为一卷（卷重则分上、下卷或上、中、下卷），而录乾隆四十一年谕旨于卷端序内，申明《明史》某某有传外，叙列为明臣传（传以《敕撰胜朝殉节诸臣录》为本，而附以他书），则正合《宋史》周三臣传例矣”。在修史体例上，于式枚坚持的是历来官修国史之例；而在修史立场上，则自始至终坚持着清遗民认同。所以，即使是对当时在革命派宣传下早已成为民族气节之代表的顾炎武、黄宗羲等人，他依旧认为应将之列入《儒林传》，而不是专立《明遗民传》。

> 至所云王、顾、黄三人，仍应入“儒林传”，不必强分，此三人与郑、李，同为唐、鲁、桂王之臣，皆非民也。《国史儒林传》前列，大抵遗民。夏峰、二曲、桴亭、杨园、蒿庵、潜斋，可胜数耶？船山犹遁迹，亭林、梨洲久与世接……管幼安入《魏志》，陶元亮入《宋书》，何尝必须题为汉晋遗民遗臣乃足重耶，乃为安耶？[②]

其言下之意，乃是认定顾炎武、黄宗羲固然常怀故国之思，但是并未完全与新朝不相往来，面对康熙太平之世，他们态度公允，且不忘陈述圣祖恩遇，与那些享受太平之世却还要诽谤当朝、私下谋乱的人相比，黄宗羲的态度客观公允，可谓合于天理人情。若比照东汉管宁至死不仕于曹魏却入《魏志》，东晋陶渊明隐退却入《宋书》，以及范祖干、叶景翰、何寿朋、杨维桢等元遗民却入《明史·儒林传》等前代史书的情形，恐怕就更没有必要刻意去强调顾、黄等人的遗民心态了。于式枚十分敏感地觉察到梁启超此建议背后似乎暗藏着当时甚嚣尘上的“种族之见”，于是就评论

---

① 于式枚：《修史商例按语》，朱师辙：《清史述闻》，第 143 页。

② 于式枚：《修史商例按语》，朱师辙：《清史述闻》，第 144 页。

道："明末，江浙殉节之家最多，故种族之见析易侵入。果欲复九世之仇，翻一朝之史，自可别为编撰，重订明书，将此文学诸巨公，全数收归，有何不可？……修史与专家著述不同，专家著述，可据一人之私，修史必合一代之公评，未可用意见也。"①

于式枚此番说辞，核心的观点就是坚持异代修史当从本朝立场出发，本朝史书，自有体例，不容造次。极力维护清室名声，并借此表达个人认同，当是多数参与《清史稿》编纂的清遗民的出发点。同样是出于维护清室的目的，吴庆坻极力反对《清史稿》另立《兴学志》："兴学专志万不可，此痛心事也。"为什么呢？"兴学，练兵，亡国之媒。"②

然而，《清史稿》最受人诟病之处，正是这忠贞于前朝的立场。原来触及了清遗老的亡国之痛。

（二）惨遭禁锢的《清史稿》

自1914年北洋政府批准设立清史馆至1928年《清史稿》基本成书，历经15年，其间的各种曲折复杂，我们可从当事人的叙述中得见。

> 清史初开馆，经费尚充，故自三年夏至五年春，纂稿尚多。然自张勋复辟，清史馆闭门数月，稿亦停顿。后虽恢复，经费已削减，始有减薪之举，撰人渐散。以连年直皖、直奉之战，东华门时启时闭，馆员不能调书考证，停顿亦多。加以薪水减而又减，已不足以养人，复益以欠薪，其极少时仅得十分之二三。故在馆之员，等于半尽义务，皆为赞成清史必成之人。中间有时馆长向军阀募化，稍得助款，乃议淘汰素餐，加以整理。故人虽少，然颇努力，渐能统一办法，始有第三期修正结束之举。故《清史稿》虽曰经十五年，其实不足十年，因其间事故中辍，所耗时间亦不少。此又外人所未能明了者也。③

① 于式枚：《修史商例按语》，朱师辙：《清史述闻》，第145页。

② 顾廷龙校阅《艺风堂友朋书札》，第224页。

③ 朱师辙：《清史述闻》，第75页。

尽管清史馆在成立之初，对开馆组织办法和修史体例的商议比较认真，亦延揽了不少才学出众的学者，如柯劭忞、缪荃孙、夏孙桐、吴廷燮、王树枏等人；但在实际修史过程中，出现了“体裁不能画一”、“犹建巨室，百工呈材而无大匠先画图案，指授工师从事。仅令匠人支节建筑，纵有精雅局部，终不能成完整之室”的局面。

到第三阶段的修正、刊行之时，因赵尔巽病故、北伐情势紧急，修史工作最为仓促、薄弱：“至十六年，尔巽乞款于张作霖、吴俊陞，而袁金铠为之介，果得款。于是重加整顿，预定三年告成。甫逾半载，而尔巽以齿迈，全史删定成书，恐不及待，遽纳金铠刊稿待正之议，再求款于作霖，即命金铠总理发刻，而以金梁任校勘，期一年竣事。未几，尔巽卒，柯劭忞代之，与袁、金意又不合，不阅史稿，即付金手。金几执全权，随校随刊。十七年夏，南军北进，监闭禁城，史馆在东华门内，校刻未竣者尚十之一二。金乃移归私寓续成之，不免多所改窜，而运至奉天者，又由金加入张勋一传，遂有关内外本之别。”[①] 对于《清史稿》的匆匆付刊，一些遗老担心“难逃天下后世之责备”，力加劝阻，但终无结果。[②] 草草完工的《清史稿》，谬误可谓极多，遂遭世人讥评。

不料来自外界的争议，不单单是清遗民担心的“体裁不能画一”、“去取未允，详略未当”的问题，其最引人争议之处，则是《清史稿》“反革命”、“反民国”的罪名。

1928 年国民革命军占领北京，故宫博物院接收清史馆后，对《清史稿》进行了审查，结果引发了一场《清史稿》是不是信史的激烈讨论。

时任故宫博物院院长的易培基在给国民政府行政院的呈文中指出“修史者悉用亡清遗老主持其事，已开修史之特例”，但是参与编修的清遗老“自诩忠于前朝，乃以诽谤民国为能事，并不顾其既食周粟之嫌，遂至乖谬百出，开千古未有之奇”。呈文详细地罗列了《清史稿》的“十九大罪状”，并将此次事件上升到了关乎民国形象的高度，声称“其体

① 张尔田：《〈清史稿〉纂修之经过》，朱师辙：《清史述闻》，第 283 页。
② 夏孙桐：《上清史馆长论〈清史稿〉现尚不宜付刊书》，朱师辙：《清史述闻》，第 184 页。

例、文字之错谬百出，尤属指不胜屈。此书若任其发行，实为民国之奇耻大辱”。[①] 所列 19 条“罪状”，前 8 条乃纯从政治立场对《清史稿》进行批判（分别是反革命、藐视先烈、不奉民国正朔、例书伪谥、称扬诸遗老、鼓励复辟、反对汉族、为“满清”朝讳、体例不合），而且举例翔实，篇幅尤多，颇令人感到此书之罪实多。

在审查者看来，纂修清史的清遗民，贵为民国史官，民国待之不浅，他们竟坚持以反革命、反民国的用词和笔调来撰述清朝历史，如何不令人愤慨？故审查者直接将清遗老视作民国叛徒：“满清既亡，以前诸臣，竟以遗老自居，殊不知在清为遗老，在民国则为叛徒”，[②] 同时更从道德的高度，批判清遗民忘恩负义：“以民国之史官，而有反革命、反民国、藐视先烈诸罪状，若在前代，其身受大辟，其书当然焚毁，现今我国民政府不罪其人，已属宽仁之至。”[③]

《清史稿》问世以后，时人的负面评价较多。如傅振伦于 1931 年发表的《〈清史稿〉评论》、陈登原 1937 年发表的《读〈清史稿〉偶记》、1948 年金毓黻的《读〈清史稿〉札记》，他们对《清史稿》在政治立场方面的评价基调大致相同。20 世纪 60 年代，台北“中国史学会”在为修订《清史稿》所上的呈文中，首先明确的便是《清史稿》如何处理民国与清朝关系的问题。

> 细检《清史稿》之失，举其荦荦大者，盖有两端：一曰缪妄，二曰阙略。往代修史之例，皆以昭代为内，胜朝为外，以明主客之分，其于易代之际，称昭代开创之君，必曰我太祖，新朝之军，必曰大军。《清史稿》不然，其于总理孙先生，则直斥其名，其于革命军之起义，则书曰党人谋乱，其以举义不成被戕者，则书曰伏诛，是以革命先烈为叛徒，民军起义为谋逆。求诸前史，绝无此例。抑清末诸氏如康有为、王闿运、严复皆卒于民国纪元以后，亦一一收入，似失

① 《故宫博物院呈请严禁〈清史稿〉发行文》，朱师辙：《清史述闻》，第 418～419 页。

② 《故宫博物院呈请严禁〈清史稿〉发行文》，朱师辙：《清史述闻》，第 420 页。

③ 《故宫博物院呈请严禁〈清史稿〉发行文》，朱师辙：《清史述闻》，第 418 页。

于断限。王国维卒于民国十六年，更无收入之理。至列国维于“忠义传”，以明其忠于清室，尤为可笑，此则谬妄之宜纠者一也。①

但对于《清史稿》的评价并非只有这一种声音。孟森对故宫博物院的审查报告持保留意见：“《清史稿》之成也，持论者以赵尔巽非作家，意已轻之。不知官修之书，总其成者，例不以学识先人也。又在馆秉笔诸人，当时采清代旧望，来者多以元遗山自况，用修史以报故君，故疑其内清而外民国，此诚有之。但意主表扬清室，与敢于触犯民国，并非一事，其可疑与否，当据书中内容而言，不当以揣测之故，湮没甚富之史料，此审查之不可少也。”孟森通阅全书，主张以史学家治史的角度来评价《清史稿》，其态度可谓客观：“史文有详略，不副人意之处，及‘纪’‘表’‘志’‘传’，间有自相抵牾，此皆史学家研究之范围。虽马、班之书，亦可条举得失，且非有得失可指即无史学，故可资研究，不得即谓可予禁锢也。”② 继而他对故宫博物院罗列的《清史稿》的政治立场“罪状”逐条进行了讨论，比如，对于《清史稿》中记载辛亥史事时的“谋乱”、“匪党”、“逆党”、“革命军”、“民军”“剿抚”“新军变”等，孟森屡屡强调，这些乃“原来史料”，“史料固以多存真相为贵”，“是本书书法，不为不尊重民国”。③ 而其最后的一番议论，则表达出一位历史学家对于史料保存和史学研究的严谨和审慎：“《清史稿》为大宗之史料，故为治清代掌故者所甚重，即将来有纠正重作之清史，于此不满人意之旧稿仍为史学家所必保存，供百世之尚论。明修《元史》，误称太祖之兵为贼军，后人笑作史者之荒唐，而明祖不因此贬损，明代亦不因此而有瑕疵，夫何庸以悻悻之态处其间也？撰史稿诸人，流品自有一定，欲其激昂于种族、崇拜于革命先烈，此本非所望，然其不敢得罪于民国，则就所审察可见。”而最后，孟森也依循故宫博物院审查报告的政治逻辑，批评了当局严禁

① 《中国史学会为修订〈清史稿〉呈教育部文》，许师慎辑《有关清史稿编印经过及各方意见汇编》下册，台北，“中华民国”史料研究中心，1979，第 725 ~ 727 页。

② 孟森：《〈清史稿〉应否禁锢之商榷》，朱师辙：《清史述闻》，第 397 页。

③ 孟森：《〈清史稿〉应否禁锢之商榷》，朱师辙：《清史述闻》，第 398 ~ 399 页。

《清史稿》，只能暴露自己的“掩耳盗钟”的心态：“民元以来，中山先生承认逊位条件，岂得为忘情种族、蔑视先烈，何必于今日转效前代之褊隘，而自损其取代时之贤明乎？”①

相比孟森的委婉批评，容庚的措辞则更为激烈，他于1924年和1925年先后发表两篇文章，揭发故宫博物院推出这一审查报告的内情：“议者谓其时故宫博物院，欲以修史为己任，不无故甚其辞。而呈文中亦谓‘现在职院，已聘请专家，就所藏各种清代史料，分年别月，编辑《清代通鉴长编》，一俟编成，再行呈请国民政府，就其稿本，再开史馆，重修清史。’政府不察，据此呈文，遽将《清史稿》禁锢。”② 对所谓《清史稿》“触犯民国”的罪名，他很不以为然，更以中国历代修史传统为据，指出，欧阳修不满于《旧唐书》而修《新唐书》，但“属笔之前，未闻修等假政府之威令，收刘昫等之旧书，锢于秘阁也”。③ 后来吴缜的《新唐书纠谬》摘发《新唐书》舛误者二十门，凡四百余事，但是也未曾听闻后代史学专家因此而请求政府将《新唐书》废置。④《清史稿》却因一个殊难成立的审查报告而遭禁，“以专制朝廷与国民政府较，何度量相去之远耶？”⑤

围绕着《清史稿》的激烈讨论，充满着政治立场、学术观点的纠缠和冲突。但本应为主角的忠清遗民，却鲜有人主动站出来公开发出自己的声音，唯见在《清史稿》刊行后期发挥重要作用的金梁，在1936年7

① 孟森：《〈清史稿〉应否禁锢之商榷》，朱师辙：《清史述闻》，第418页。

② 《容庚〈清史稿〉解禁议》，朱师辙：《清史述闻》，第424页。

③ 孟森：《〈清史稿〉应否禁锢之商榷》，朱师辙：《清史述闻》，第417～418页。

④ 容庚特意以《〈新唐书〉纠谬》为例，乃是针对傅振伦而发，因为傅振伦自陈“仿吴缜《〈新唐书〉纠谬》之体，撰《〈清史稿〉评论》”，可见容庚是以彼之矛攻彼之盾。在之后的《容庚为检校〈清史稿〉者进一解》中，容庚专门评价了傅振伦的纠谬文章，以提醒当局负责检校之人要谨慎仔细：“近人评此书之失者，莫详于傅振伦君之《〈清史稿〉评论》。”然傅氏喜毛举细故，且时杂情感之语，如云：“此书不绝，是无天理。”又云：“窃尝考《清史稿》之论优点颇多，其间有述新意外事者、有辨释疑惑者、有记传闻异辞者，对于史事之真伪裨益不少，他若立论公正、阐明因果、论事利弊犹其余事焉。……皆轻于立言，自相矛盾者也。……傅君以区区二十叶之书评尚且如此，何厚责于百余册、成于众手之《清史稿》耶？愿检校诸君对于批评此书者之言论，慎于去取可也。”参见朱师辙《清史述闻》，第427页。

⑤ 容庚：《〈清史稿〉解禁议》，朱师辙：《清史述闻》，第425～426页。

月刊出《〈清史稿〉回忆录》一文，道出了《清史稿》纂修、刊刻的苦衷："史而曰稿，原已明其非定本，然诗文撰稿，作者可从容审定，始发全篇，而校刻清史，勒限一年，随时购稿，排日付印，如编新闻者。主笔督催，手民立待，无复有片刻之暇，岂容详核，此当名曰清史报耳，稿云乎哉？且日报犹得观大样也，史稿则随印随发，前后竟不遑兼顾，实并报而不如也。此欲责其无漏误，难乎难矣。"① 因此，他对于孟森、容庚等人的持论公道，深表感激，因为二人提出了深得清遗民认同的观点。

由此不难想见，清遗老在私人文本中能够自由表达的故国之思和个人认同，一旦以官修正史的面目，公开于民国政治的聚光灯之下，就惨遭查禁，清遗民对此怎能不耿耿于怀？时过境迁，1955 年前后，朱师辙在编撰《清史述闻》时，依然不忘声讨民国政府禁锢《清史稿》的错谬："夫《清史稿》纂修十五年，仓卒刊行，未能满意，馆中人多知之，奚待外论，是吾人所望于贤达学者为之纠正者也。至故宫博物院呈请禁锢举十九项，以为《清史稿》罪状，则未免周内近诬。"② 而对于禁锢《清史稿》所带来的影响，朱师辙又由衷地感到高兴，认为民国政府此举恰恰事与愿违，反而帮了清遗民的大忙："然以此惹起海内学者之注意，而心史一文，采取本书，比较详明，尤使诬者无可置喙，复得各家之批评，而使《清史稿》之得失愈明。则故宫博物院呈文，非但未能禁锢，实乃为之张目，虽相反而实相成，吾方感之不遑。……今得故宫博物院呈请一禁而风行于海内外，使学者毕其力以穷其书，深研究其得失而得其真相，岂非《清史稿》之大幸欤？"③

清遗民与民国学人之间的根本分歧，在于双方对于清朝历史的不同定位及其背后反映出的不同历史观。随着王朝历史走向终结，传统的官方史学失去了赖以依附的制度支撑和思想资源。在 20 世纪初"新史学"思潮

① 金梁：《〈清史稿〉回忆录》，许师慎辑《有关清史稿编印经过及各方意见汇编》下册，第 639 页。

② 朱师辙：《清史述闻》，第 430 页。

③ 朱师辙：《清史述闻》，第 430 页。

的涌动中，梁启超相继发表《中国史叙论》、《新史学》等文，指出此后的中国历史的书写，将不再是“一人一家之谱牒”，而是要“探察人间全体之运动进步”，亦即“国民全部之经历，及其相互之关系”；[①] 在历史观的改革上，梁启超批判了旧史学的种处弊端，提出了新史学的界说：“历史者，叙述进化之现象也”；“历史者，叙述人群进化之现象也”；“历史者，叙述人群进化之现象，而求得其公理公例者也。”[②] 梁启超以历史进化论的观点一扫王朝更替的正统观。因此，在《清史稿》问世以前，许多学人对之寄予了崭新的期待。

> 清代二百六十八年之局，实国史中最大之转机，而又错变丰伟，至有研究之价值也。盖以政体言，清代终君主专制之局；以国境言，清代肇五族共和之端。以文化言，则朴学发前儒之潜光，实学开现今之新机；而中西交通之进步，使学术骤呈变化，又文化沟通罕有之盛会。更自外交国际以观，则数千年自尊怀柔诸观念，至十九世纪初叶始不能不破除。自后失败相仍，威权凌夷，浸成今日国际集矢委靡苟全之局。此尤吾国莫大之变化，且亦世界之大问题。然则清虽异族为治，其传世又不及三代汉唐宋明，而清史之重要，实可谓出诸史而上也。[③]

新派学人对编修清史抱如此之高的期望，也就不难理解人们对《清史稿》“亡清遗忠，尤令人有纲常大义，古色斑驳之感”[④] 的评价了。

在这场围绕《清史稿》的争论中，政治上的当权者、文化上的新派学人以权力来左右对过去的历史记忆，力图形成一套由清代至民国进化的

---

① 任公（梁启超）：《中国史叙论》，《清议报》第90册，1901年9月3日，第1页。

② 中国之新民（梁启超）：《新史学》，《新民丛报》第3号，1902年3月10日，第59～63页。

③ 陈训慈：《清史感言》，许师慎辑《有关清史稿编印经过及各方意见汇编》下册，第513～514页。

④ 陈登原：《读〈清史稿〉偶记》，许师慎辑《有关清史稿编印经过及各方意见汇编》下册，第657页。

历史叙述；而早已失势的忠清遗民则试图以过去的历史记忆来支撑自己的身份认同。但是，历史记忆争夺战的结果，从一开始就被权力之争的胜负所决定。

四　结语：沉默的独白

辛亥革命，王朝覆灭，民国肇建，政治转型，文化嬗变，20世纪中国的这场巨变，使中国人民实现了从臣民到国民的转变。清遗民坚守的政治与文化价值在时势变化中渐渐崩坏，他们关于遗民的自我身份认同也将消失殆尽。因此，他们努力通过种种保存和呈现历史记忆的文化实践，如与历史对话、对当下评论，怀抱黍离之悲等等，来坚定他们作为遗民的心志，巩固这个旧士人集体的身份认同和归属感。

但他们固守的遗民认同并没有被时人理解。在一些新进文人笔下，忠清遗民鲜有死节之举被认为是民主共和时代理所应当之事。

> 今民国之于让清，犹明代之于有元，不闻有死节之臣者，何也？国为中国之国，人皆中国之人，譬诸房屋土田，祖宗失之于前，子孙赎之于后，方庆幸之不遑，哓哓胡为者？况续轩辕五千年之世系，光华夏数万里之版图，天与人归，正也。揆诸明末清初之世代，不可以一概论之。①

这种观点还算是比较宽容的了。比之更激烈的，则有陈子范（号勒生）和柳亚子对清遗民苟活偷生的诟病：

> 亡友陈勒生烈士曾经说过，满清的亡国大夫，严格讲起来，没有一个是好的。因为他们倘然有才具，有学问，那末，满清也不至于亡国了。满清既亡，讲旧道德的话，他们便应该殉国；不然，便应该洗

① 《西泠剧》，《小说月报》第6卷第11号，1915年11月，第11页下。

心革面，做一个中华民国的公民。而他们却不然，既不能从黄忠浩、陆锺琦于地下，又偏要以遗老孤忠自命，这就觉得是进退失据了。勒生烈士对于他们，是深恶痛绝的，而我便很同情于勒生。[①]

这是直接以明遗民的标准来嘲笑清遗民的生死抉择。指出清遗民既然没有做到“死节”，就要好好做一个“公民”，而不是继续活在自己的圈子里当“臣民”。

陈子范、柳亚子对清遗民告别臣民、转变为国民尚存一丝期望，周作人却完全将他们排斥在民国国民之外：

夫遗老者前清之遗老，而非民国之人民也……虽寄居中国，当然无国民之权利与义务，中国当以亡国民或“无领事管束西人”之礼待之，除以中国现行的法律管理外，并没有别的关系。这回善后会议纯系我国内政，决不容外国的参加。……至于遗老则不但非是中国人，而且与民国还立在敌对的地位，苟非他们悔过自新，决无可使参与民国事务之理。[②]

抱持不同政治立场的忠清遗民，直接被视为“外国人”，无权参与民国事务，甚至被视为民国敌人，也无怪乎王闿运自嘲穿着的清朝衣冠是“外国式”，张其淦则更对这种“开函睥睨，掩口胡虏”的论调表示强烈不满：民国既然声称“五族共和”，为何还要以满汉之见对忠清遗民的认同横加讥讽甚至指责。但是，他又能如何呢？唯有“哽咽增深”[③] 而已。

晚清以来，中国的传统政治和文化面临前所未有的范式转变，辛亥革命带来的直接冲击尤为深刻。在民主共和高歌猛进的时代，清遗民仍然以拥戴帝王、呼唤纲常节义为荣，被称为“亡清遗孽”、“秽虏遗臣”，自然不足为怪。但平心论之，清遗民宁可固守自己的认同也不愿

① 杨天石、王学庄编著《南社史长编》，中国人民大学出版社，1995，第634页。

② 开明（周作人）：《善后会议里的遗老》，《京报副刊》第23期，1924年，第178页。

③ 张其淦：《〈辛亥殉难记〉跋后》，《松柏山房骈体文钞》卷4，第44页。

趋新，实际上更多反映出在近代中国从帝国向现代国家转变的道路上，传统延续、稳定的一面，这是近代中国整体变迁中不可缺少的一部分。但在民国社会唯新是求的大势所趋之下，老旧即是腐朽，清遗民的形象早已失去遗民本有的光辉，尽管他们仍以遗民自居，但在他人眼里却如另一个国度的人一般。

日益激烈的新旧之争中，被视作社会保守势力代表的亡清遗老几乎失去了作为“遗民”存在的基础和价值，他们的自我认同终究成了梦呓般的独白。正如马克思在《路易·波拿巴的雾月十八日》中论述 19 世纪的法国小农阶级时所说的那样，“他们不能代表自己，一定要别人来代表他们”。[①] 清遗民的不合时宜、“抱残守缺”，显得与其时代如此格格不入，在某种程度上，他们的身份、言谈、行为成了旧时代的遗留和象征，他们是新时代的一个“他者”，遗老的被述说，仅仅是因为需要被作为保守落后的典型、民国的敌人和革命进步的反面教材，作为这个时代借以证明自身进步的言说对象。沈曾植的“蓦地黑风吹海去，世间原未有斯人”，[②] 可说是对他自己的真实写照，又何尝不是清遗民的写照？清遗民的自我期许与认同，连同他们坚守的传统价值，早已被湮没，即使今人努力“进入”他们的世界，也很难感同身受。今天人们所能见到的历史，承载着记忆，也消磨着记忆，不断被复述，被涂抹，不断被贴上新的标签，新的、旧的层层叠叠，回忆与被回忆互相缠绕，而不是可以一眼看穿的平铺直叙；它在传递记忆的同时，早已被多次重构，更掺杂了过于简单的进化论，看似连续的历史叙述背后压抑了异类的身份和记忆。[③] 这才是历史，需要被时刻反省的历史。

---

① 马克思：《路易·波拿巴的雾月十八日》，《马克思恩格斯全集》第 11 卷，人民出版社，1995，第 217 页。

② 钱仲联校注《沈曾植集校注》（下），中华书局，2001，第 1140 页。

③ 杜赞奇对此有精彩论述，并提出了“复线历史”的概念。参见杜赞奇《从民族国家拯救历史》，王宪民译，社会科学文献出版社，2003，第一、二章。

从评议政治转向思想启蒙：民国初期张东荪的心路历程

左玉河[*]

摘　要　民国初期，张东荪发表大量政论文章，对当时重大的政治问题，如国会性质、宪法性质、总统制与内阁制、总统权限、行政裁判制度、预算制度、联邦制度、地方自治制度均提出了自己的独立见解，在当时思想界产生了较大影响，但并没有对现实的政治产生应有的效力。民国初期几年的政论生涯，使张东荪极感失望，他认为中国之所以不能如西方那样建立共和政体，主要是因为中国缺乏必要的社会基础，即政治革命太速，而社会革命太迟，于是逐渐将兴趣和精力转向思想文化方面。1917年接办《时事新报》后，张东荪积极创办《学灯》，发起成立新学会并创办《解放与改造》，成为五四新文化运动的重要代表人物之一，逐步完成了从"评议政治"向"思想启蒙"的转变。

关键词　张东荪　民国初期　评议政治　思想启蒙

从辛亥革命到五四前夕，张东荪（1886～1973）积极活跃于民国政治舞台，"动了几年救国念头，从事研究政治"，成为民国初期著名的政论家。在此时期，张东荪在《庸言》、《中华杂志》、《新中华》和《甲寅》等刊物上发表大量政论文章，对当时重大的政治问题，如国会性质、宪法性质、总统制与内阁制、总统权限、行政裁判制度、预算制度、联邦

* 中国社会科学院近代史研究所研究员。

制度、地方自治制度均提出了自己的独立见解，在当时思想界产生了较大影响。但为什么从 1917 年起，张东荪突然脱离现实政治而转向思想文化领域？目前学术界对张东荪在民国初期的政治活动、政治思想虽做了相关研究，但对其从“评议政治”转向“思想启蒙”的思想演变轨迹却缺乏必要的理解。本文在掌握大量第一手文献资料的基础上，通过逐段考察张氏在民国初期的政治活动及分析张东荪在民初的有关言论，力图勾画出张氏思想演进的内在理路，揭示他从“评议政治”转向“思想启蒙”的政治及思想原因，从一个侧面说明五四新文化运动兴起的必然性。

一

中华民国成立后，张东荪加入了南京临时政府，担任内务部秘书。南京临时政府北迁后，张氏离职，没有在北洋政府任职。他之所以不再在政府任职，而选择办报，是因为在临时政府的三个月的从政经历，使他认为此时国家所急需的是在政治理论方面的指导；他自己的兴趣和才能也不在具体行政工作方面，而是在对政府、对民众进行指导上，即评议政治、启发人们的政治觉悟、对当政者施以监督和影响上。同时，张东荪对辛亥革命后政治改革所抱的期望很高，而现实状况却使他感到有点失望，对同盟会在临时政府中的所作所为也有些不满，在政见上与之出现不少分歧。这些便是导致张氏不再“干政治”，而选择“评政治”的原因。对此，他在 1948 年说：“当时我感到命是革了，这个国家从别人的手里拿到了我们的手里，但是不知怎么办好，就好象突然将清华大学校长让给我当而我当不了一样。我看了一下周围的人都不象在做事情的，于是没有几个月我就走了，我认为自己贡献的道路不在这里，还有其他的地方。南京临时政府解散后，大总统让给了袁世凯，临时政府的人每人拿着一张证明书就到北京去了。”①

孙中山邀他加入国民党，张东荪没有同意；梁启超组织统一党，后来改为进步党，他也没有参加。但他的许多老朋友，如蓝公武、张君劢等都

① 张东荪：《论真革命与假革命》，《展望》第 2 卷第 24 期，1948 年 10 月。

是进步党骨干，他的政治态度实际上与进步党相近。对此经历，他后来解释说："我本身虽始终是一个独立思想者，但却有一点特别的地方，就是从来不愿在行为方面无故与人立异。所以在辛亥革命的那一年曾参加孙中山先生所组织的南京政府。后来政府解散，大部分人都到北京参加袁世凯先生所组织的政府，我则不愿意参加。彼时孙中山先生组织国民党，把凡在南京任过事的人一律作为党员，我的名字亦在其列，但我亦未加承认。后来我的朋友以进步党人为多，且较密切，我却从未正式加入该党，亦向不与闻他们的党的活动。外间对我的这种不明白是我所知道的，但我亦并不希望人知。我以为一个人只要行心之所安就够了。"①

民国初年的张东荪是以评议政治的方式参与政治活动的，并没有直接"干政治"。后来，他对"干政治"与"评政治"做过区别。他认为："干政治"与"评政治"是不同的："前者作政论是为了政治的；后者却只是对于政治发言而并不去干。"他又说："殊不知民主国家所需要的不尽是干政治的人才，即坐而论道的批评家在其本身上亦未尝不是国家一种需要。正好象评戏与评画一样。评剧的人可以不会唱。评画的人可以不会画。为什么评政治的人必定自己会干呢？倘使不会干，便失了批评的资格呢？并且为什么对于不干政治的人就不许他批评？可见有些人责备评政治者，以为是说风凉话，自己上台亦未必干得好，这些都是最不通的议论。即在外国，如萧伯纳何尝不作政论，但人民并不要求他去干；到过中国来的罗素亦喜欢谈政治改革问题，但亦没有人责备他为何不参加实际上政党活动。可见政论作者与政治家原有分别。"②

张东荪认为，"评政治"就是要言自己所信仰的，说自己独立的真诚的话，即做到"心安理得"。他说："因为若只限于评政治而不去干，则当然应该言其所信；（不赞成暴政就反对；不赞成流血，就批评；用不着取巧）有无左右夹攻，在所不计；即被夹攻，亦当甘之如饴。否则便不是由衷之言了。"③ 这样便失去了作为政治评议者的起码资格。可以说，

① 张东荪：《理性与民主》，商务印书馆，1946，序论，第4页。

② 张东荪：《我也谈梁任公辛亥以前的政论》，《自由评论》第19期，1936年4月。

③ 张东荪：《我也谈梁任公辛亥以前的政论》，《自由评论》第19期，1936年4月。

民国初年的张东荪，就是靠着“心安理得”的政治良心，以“评政治”的方式活跃在政治舞台上。

1912 年 11 月，梁启超在天津创办《庸言》杂志，其刊名蕴含“公正、信实”之意，它表面上站在中间立场，既批评袁世凯，又批评国民党，实际上主要反映进步党人的意见。张东荪是《庸言》杂志的主要撰稿者之一。[①] 在该杂志上，张东荪发表了大量政论文章，对当时重要的政治问题，如国会性质、主权性质、总统的连任、宪法的性质与制定、行政权与行政裁判，以及道德的堕落与补救、教育与财政等问题，都进行了讨论。“行心之所安”的独立性格，使他力图站在较客观的立场上，阐述自己较独立的见解，俾对于国家政治有所增益。张氏标榜自己“始终是一个独立思想者”，但实际上，他的基本立场和许多观点往往与梁启超领导的进步党人相似，尽管他力图保持自己较独立的立场，并对进步党的主张也曾表示过不满。

1912 年 4 月颁布的《临时约法》规定，由参议院制定《国会组织法》。张东荪对此表示怀疑，“以为法治国不当无造法与立法之区别”。到《国会组织法》颁布后，他更加疑惑。1913 年 2 月，他发表《国会性质之疑问》，对国会性质做了考察，提出了自己的意见。接着，他又发表《国会选举法之商榷》，对当时国民党人在国会性质问题上的见解提出了批评。

张东荪首先对国会为“统治主体说”和国会为“人民代表说”进行了批评，认为国会既非“统治主体”，又非“人民代表”，“不过国家之一机关耳”。张东荪认为，国会仅是立法机关，造法“不当附属于国会权限之内”。但《临时约法》及《国会组织法》中却规定国会有制定宪法的权限，他认为这是“荒谬”的：“国会之职务，仅在制定宪法。果仅在宪法，吾人更复何疑？惜乎造是法者，以临时立法及监督事业界之，使之等于现在之参议院也。于此则为疑问之丛矣。”[②] 这与进步党人的立场和观

① 撰述者有：张东荪、吴贯因、周宏业、梁启勋、蓝公武、黄远庸、林长民、林纾、张君劢、麦鼎华、周善培、陈衍等人。

② 此处引文均出自张东荪《国会性质之疑问》，《庸言》第 1 卷第 6 号，1913 年 2 月 16 日。

点相似。他认为，国会的权限应包括三方面：一是固有权限，即受理吁请事件、立法事件、建议事件、议定预算事件和外交咨询事件；二是附属权限，即监督行政事件（如质问、弹劾等）和选举事务（如选举总统等）；三是特别权限，即司法事项（如受人民控诉）和造法事项（如造宪法及修正等）。

1913 年 4 月 8 日，国会成立，其最基本的使命就是制定《中华民国宪法》。对于宪法的性质与宪法的具体内容，时人进行了激烈讨论。当时争论主要围绕着宪法性质、总统连任与其职权、行政裁判与普通裁判以及《中华民国宪法草案》等问题展开。张东荪撰写《论宪法的性质及其形式》、《余之民权观》、《论统治权总揽之有无》、《内阁制之精神》、《行政裁判论》等文章，重点对总统权限和地位、行政裁判等问题提出了自己的看法。

关于总统权限与任期的问题，是当时争论的重点之一。张东荪比较了内阁制与总统制下“总统之地位”的区别，认为内阁制下的总统不是行政首长，行政首长为内阁总理，对于行政负完全责任，而总统则不负责。总统的权限为“宪法的补充行为”，即不属于行政、立法、司法三者之内的权限，例如召集国会，宣布选举，及总统之就职，等等。[①] 既然内阁制的总统，其权限在宪法的补充行为，则总统之权，便在于协调行政、立法、司法三者关系，与总统制下的总统是根本不同的。张氏坚决主张实行内阁制，反对赋予总统实权；主张将行政权从总统转移至内阁，而“欲行政权转移至内阁，则不可不借力于立法部”。[②] 他更不主张授予总统制下总统的权限。

行政裁判制度采用与否，是宪法上的重要问题。早在清末，章士钊曾在北京《帝国日报》及上海《民立报》上发表文章，加以论述，认为行政裁判背乎法律平等之义，无采用的必要。张东荪对于章氏之论表示反对，“余视章氏之说出世之初，即思以此一得之愚，与章氏商榷，且以乞

① 张东荪：《内阁制之精神》，《庸言》第 1 卷第 19 号，1913 年 9 月 1 日。

② 张东荪：《行政权消灭与行政权转移》，《庸言》第 1 卷第 21 号，1913 年 10 月 1 日。

教于海内明哲。徒以他种问题缠不去心，因迟迟至今”。张氏于 1913 年 7 月发表《论普通裁判制度与行政裁判制度》，主要介绍了西方大陆法系与欧美法系的区别，主张采取大陆法系的行政裁判制度。不久，他通过对此问题进行研究，“稍有所得”，便又发表了《行政权消灭与行政权转移》和《行政裁判论》两文，“以为行政法不可废而平政院（即行政裁判所）不宜设”。他自认为《行政裁判论》一文颇有新意，“为海内谈法律之士所未曾言者也”。1914 年 6 月，他又在《中华杂志》上发表《行政法与平政院之讨论》，进一步阐述了这个主张。[①] 国会开始草制宪法后，吴贯因、梁启超和王宠惠等人分别草拟了自己的宪法草案，供人们讨论，也供国会宪法起草委员会参考。张东荪先后发表了《王氏宪法刍议之商榷》和《王氏宪法刍议之商榷补论》，提出了自己的看法：反对分权主义，主张国家主义。1913 年 9 月，《中华民国宪法草案》公布，立即引起人们的关注和激烈争论。这个《宪法草案》，确立了内阁制，较全面地反映了当时资产阶级的民主共和思想，是对袁世凯欲实行独裁专制统治的一大打击。所以，《宪法草案》披露后，大总统袁世凯首先表示不满，于是怂恿各级行政官吏驳议，对立双方互不相让，从而演为宪法问题上激烈的争论。

1913 年 9 月 16 日，张东荪在《庸言》上发表《国民之声》，站在较公正的立场上对非难宪法草案者给予批评。认为在立法部与行政部因为宪法问题出现纷争时，必须设法解决，但不能用立法或行政部的某一机关来做调停，因为“是非之间决不容有调停者，且宪法者，国家之宪法也，非立法部行政部各得而专者也”，所以，“必有一机关立于两者之背后，主持正义，以为公判，则始可免纷争之弊也”。而能担当此任者，唯有国民。“最后之裁判机关自当属之国民，此法理上至公至允之主张也。”他主张：“解决今日宪法上之纷争者，舍国民末由。”其具体的办法“唯有借用议院选举法选举国民议会，由大总统颁布日期，同时命令停止国会，

① 张东荪：《行政法与平政院之讨论》，《中华杂志》第 1 卷第 4、5 号，1914 年 6 月 1、16 日。

静待国民议会之批认及修正可也”。[①] 同时，他又发表《中华民国宪法草案略评》，对宪法草案全文逐条评述，以为“统观全文，尚为周密，要之与约法不啻天壤之判也”[②]，表示赞同该宪法草案。

自幼受到正统儒家思想熏陶的张东荪，对道德问题格外关注。早在1911年5月，张东荪在他的第一篇政论性文章——《论现今国民道德堕落之原因及时救治法》中，就曾对道德堕落原因及其救治方法提出过自己的见解，认为救治的关键在于政治革新。1913年5月16日，张东荪在《庸言》上发表《道德堕落之原因》，发展了前文中的观点，认为道德是对人的行为进行规范的；社会的规范有两种，一是自律的，即道德，二是他律的，即法律。道德堕落除了因为自律的规范失调外，还由于法律不全。所以“修正法律及整理执法机关，实今日振兴民德之要图”。张东荪开始从法治的角度讨论道德问题。此后，他又发表了《财政与道德》、《言论之道德》、《今后之政运观——守法与让德》等文章，继续讨论道德问题，呼吁为政者注重道德修养。

1912年10月，康有为、陈焕章等人在上海成立孔教会，次年2月在上海创办《孔教会杂志》，以宣传孔教为宗旨。进步党人如梁启超、蓝公武等是发起人，张东荪的兄长张尔田也是撰稿人之一。张尔田“晚尤笃信孔、孟，有犯之者，大声急呼以斥，虽亲旧，无稍假借。谓人心败坏至此，必有沧海横流之祸，屡有论述，归本礼教，欲为匡救”。[③] 张尔田在《与人论昌明孔教以强固道德书》中认为，孔教可以改善人们的道德，“立国之本，基乎法律与道德。法律所不能治，道德能治之。故道德之领域，较法律为尤广。其巩固国础也，较法律为尤要”。“而欲强固其信仰与敬畏，舍我孔教诚莫属矣。”在该杂志第8号上，张尔田又发表《论孔教与东南兵祸之关系及一年来对于孔教诋毁者之心理》，认为“国教定，吾人身家性命财产始有安定之一日，国教不定则争杀劫夺，大盗横行，小

---

① 张东荪：《国民之声》，《庸言》第1卷第20号，1913年9月16日。

② 张东荪：《中华民国宪法草案略评》，《庸言》第1卷第20号，1913年9月16日。

③ 邓之诚：《张君孟劬别传》，卞孝萱、唐文权编《民国人物碑传集》卷6，团结出版社，1995，第451～452页。

则乱于野，大则乱于朝。吾人之身家性命财产，将永远为彼毁教者殉葬品矣”，赞同定孔教为国教。张东荪显然受其兄影响，对孔教抱有极大同情，“此所以有人提倡孔教，而荪即踊跃三百者也”。

然而，张东荪毕竟已经接受了近代西方资产阶级的民主思想，他虽然对道德问题非常重视，主张设法挽救道德堕落的状况，并对孔教抱有十分同情的态度，但与那些主张恢复固有道德者的论调不同，这种不同差别，集中体现在是否定孔教为“国教”的问题上。

1913年7月，张东荪在《庸言》上发表《余之孔教观》，从理论上对陈焕章等人定孔教为“国教”的主张进行批评。张东荪从宗教和哲学两方面对孔教进行了系统考察，他认为，孔教哲学是包含二元论的、人本主义的、实用主义的、进化论的和社会本位思想的哲学，“此则与近世西洋哲学倾向相同耳”，对其在哲学上的价值给予很高的评价，并且认为孔教为中国固有文明之结晶，若将之继承并发展，将来“东西思想相融合，世界又必放一异彩矣”。从宗教上观察，“孔子毕生所述，皆为道德之教训，其言实为数千年中国立国道德之大原”，虽然他承认“孔教所诠乃中国独有之文明，数千年之结晶，已自然的为国教矣”，但他反对定孔教为国教和祭孔等做法，认为这“无足为孔子增光，殆亦画蛇添足之类，无足取也”。他指出提倡孔教是挽回今日道德堕落的一种方法，“但非谓今日道德之救济，仅恃孔教，不过言于生计政治教育之外，而孔教亦为不可轻忽者也”。① 这显然与孔教会的复古主张是迥然不同的。

在清末之时，张东荪赞同蓝公武提出的通过办“公学校”、设立图书馆、提倡公众演剧和办日报等方式，实施“社会教育”的主张。② 1913年7月，张东荪在《庸言》上发表《中国之社会问题》；11月又发表《司法问题与教育问题》，对教育腐败的原因及救治方法进行了分析，提出要重视国民教育和人才教育，主张采用“硬教育”。他认为，国民性是

① 此处张东荪关于孔教的讨论，均可参见张东荪《余之孔教观》，《庸言》第1卷第15号，1913年7月1日。

② 1906年11月发行的《教育》杂志第2号上，蓝公武撰写了《社会教育论》，体现了张东荪等人的思想。

“一国民特有之精神。其精神存，其国始存；其精神亡，国未有不亡者也”。所以，国民教育的目的，“自积极方面，则养成国民性，巩固民族之精神”；自消极方面，“则宜排除恶根性”，即匪徒性和奢侈性。[①] 他所谓的匪徒性，实际上就是清末“革命教育”下所养成的国民性。他说，“革命教育者，以养成不安分及破坏精神为宗旨”，自清末以来，革命教育遍及全国。他认为“匪的根性最有害于共和政体”，所以，此后教育应该以排除此种特性为宗旨。至于奢侈性，就是指“消费教育”。他认为中国教育所培养的学生，“无一知生计，仅知消费”，所以，必须对“消费教育”加以排除。在人才教育方面，他主张“宜采社会教育法，以精密之统计而分配人才，以供社会之需用”。而统计、分配之责“必由中央政府以司其事”。[②]

如何“养成国民性”并实行社会教育？张东荪主张采用自己早已在1911年便提出的“硬教育”。硬教育是相对于软教育而言的。所谓软教育，就是无论何事，都必择学生易悟易读者以教授之。张东荪认为，此教育法的弊病在于“凡事皆易演为习惯。苟一旦遇难者，必瞠目而不得其解矣”。软教育之害在于，不仅所授知识为不足，且忽视德育。他认为，“人格之锻炼，意志之修养，品格之养成，气节之高尚，皆硬教育是赖焉”。硬教育能使“所授知识与道德同时融化，打成一片”，[③] 造成理想人格。所以，他主张改革中国目前的教授法，重新编定教科书，实施硬教育。

民国初年，政党政治甚嚣尘上，各种政党纷纷建立。据统计，仅民国初年成立的政党就达200多个。但这些政党的人员良莠不齐，很多腐败官僚也被拉入其中，许多政党有其名而无其实，成为官僚政客的聚集地，徒然增加无谓的政争。对此，张东荪极为反感。他赞成章士钊的“毁党造党”论，主张只有对当时的政党进行一番彻底的改造，才能使其适应共和制度下对政党政治的要求。1913年8月，在《乱后之经营》中，他对

---

① 张东荪：《中国之社会问题》，《庸言》第1卷第16号，1913年7月16日。

② 张东荪：《中国之社会问题》，《庸言》第1卷第16号，1913年7月16日。

③ 张东荪：《中国之社会问题》，《庸言》第1卷第16号，1913年7月16日。

当时国内的政党进行了激烈批评，认为同盟会以外的政党，“大多数为官僚所利用，而为小人之薮巢，心术行为皆与人以可攻击之资”。[①] 他批评说：结党营私为中国人种之天性，民初所建之政党，“其本视政党为进身之阶，利用之资，护身之符。政党之腐败，与其发生俱始”。他认为，今日各党的重要主持者，多为俭壬宵小、卑鄙龌龊之徒，“此辈只知手段，不知目的；只知个人，不知国家；动则借稳健之名称以排异己，实则把握私利。祸一党不足，犹思祸全国”。所以，今日无一政党合乎近代政党的标准，只是中国传统的朋党而已。治疗之法，“则宜从事于改良政党”。[②] 而改良的目的，是使“党”与“私”断绝关系；改良的方法，则是章士钊提出的“毁党造党”说，[③] 即“以今日所有之党，尽数而毁之，别组织新党”。他提出五条具体的实施办法：一是党员之集合，以政见为标准，不以感情为去就；二是视政党为利用品之党员，拒而不纳；三是注重党德，不事无味之争执；四是组织党内监督机关，不使个人因党而逞其私欲；五是坚持在野主义。[④]

总之，张东荪在初涉政论之时，主要是对当时人们关注和讨论的问题进行评议，在批评中力图阐述自己独立的见解。此时，张氏发表了大量政论文章，初步确立了自己改良与共和的政治立场；他所提出的许多观点，为其日后所坚持并发展；许多见解不乏精辟和深刻之处。但是，他的这些评议基本上是就事论事，其政治思想远未成熟，更谈不上系统，对当时国家政治制度缺乏全盘与一贯的构想。

二

1913 年 11 月，国会被袁世凯解散，制宪工作也停止，这对于试图在中国建立西方民主政体的人们是一个重大挫折。他们对袁世凯政府的态度

① 张东荪：《乱后之经营》，《庸言》第 1 卷第 17 号，1913 年 8 月 1 日。
② 张东荪：《乱后之经营》，《庸言》第 1 卷第 17 号，1913 年 8 月 1 日。
③ 张东荪在《乱后之经营》上说：“数月以前，有创毁党造党之说者，吾颇韪之。”
④ 张东荪：《乱后之经营》，《庸言》第 1 卷第 17 号，1913 年 8 月 1 日。

亦随之有了较大改变。国民党中的温和派与进步党人中的激进派人士开始联合起来，共同反对袁世凯。1914 年 1 月 15 日，张东荪与谷钟秀等人在上海创办《正谊》杂志，共出 9 号，到 1915 年 6 月 15 日停刊。它分论说、译述、纪载、艺文等栏目。张东荪、杨永泰、丁佛言、沈钧儒等为主要撰稿人。

谷钟秀在《发刊词》中解释该杂志宗旨时说："本杂志以促进政治之改良，培育社会之道德为宗旨"，"对于政府，希望其开诚心，布公道，刷新政治，纳入共和立宪之轨道；对于人民，希望其发展政治上之知识，并培育道德，渐移易今日之不良社会。"[①] 张东荪在《正谊解》中提出，"今日欲振兴社会，刷新政治，舍正谊莫由。"他把"正谊"诠释为："正谊者，阴谋之降符也"；"阴谋之为物，唯正谊足以制之，此人心之理性的趋势，事实之自然的结果"；"正谊者，法律之保障也"；"正谊者，社会所由而立也，法律、政治皆须得社会之保障，故舍正谊莫由"；"正谊者，政治之救济也"；"正谊者，道德之源渊也"。其含义相当于通常的"正义"。因而他主张："一、集合一部分清流人士，以为正谊之保持者。此部分人士坚持正谊，百折不挠，发为舆论以为社会之中坚；二、提倡正谊之言论，使正谊之观念深入人心，普及全国。"[②] 可见，张东荪创办《正谊》杂志的目的，在于提倡正义，借社会正义的力量来改良政治、改造社会。

1914 年 4 月 16 日，张东荪与丁佛言与在北京又创办《中华杂志》。它是进步党中期的机关刊物，其编辑有李素、凌文渊、张东荪、汪馥言、杜师业、孙宸、胡家鑫、王常翰等。到 1915 年 1 月，共出版 13 号。有论说、评论、中外大事、杂载等栏。其评论文章和报道涉及中外的政治、经济、军事、外交、思想、文化的许多方面，反映了当时进步党对于国内外政局的立场和态度。

张东荪在《正谊》和《中华杂志》上发表了大量政论文章，一方面

① 谷钟秀：《发刊词》，《正谊》第 1 卷第 1 号，1914 年 1 月 15 日。

② 张东荪：《正谊解》，《正谊》第 1 卷第 1 号，1914 年 1 月 15 日。

继续对当时政治上的许多问题进行讨论和评议，另一方面对袁世凯专制统治进行揭露和批驳。在评议政治时局、抨击袁氏专制统治、不断总结政治经验和失败教训的过程中，张东荪逐步形成了较为系统和一贯的政治主张。在《正谊》创刊号上，他发表了《内阁论》，发展了其在《内阁制之精神》上的观点，积极鼓吹内阁制；1914 年 4 月在《正谊》杂志上发表了《读章秋桐“政本”论》，进一步发展了“对抗论”主张；在《中华杂志》上发表《行政法与平政院之讨论》，继续主张采用行政裁判制度；在《中华杂志》上发表《国民性与立法》、《用人与守法》、《美国宪法会议之大教训》、《公法私法之区别与行政法》等文章，鼓吹法治国论；在《正谊》杂志上发表《政治革命与社会革命》、《根本救国论》、《中国之将来与近世文明国立国之原则》，主张“社会与政治分离”，提出了“多数政治”、“以议为政”的主张；1914 年 5 月，在《中华杂志》上发表《地方制之终极观》，率先提出了地方实行联邦制的主张。此外，当他意识到进步党人与国民党人的互相攻击为袁世凯所利用时，他便在《中华杂志》上发表了《泣血之言》、《自忏》、《匿敌与第三者之责任》等文，对自己民国以来的政治言论进行反思和检讨，促使两党消除隔阂，共同对付像袁世凯这样的野心家和官僚。1915 年 4 月 15 日，张东荪在《正谊》上发表了《吾人之统一的主张》，总结了民国成立以来政治经验和教训，对民国以来自己的政治主张也做了一番梳理，系统阐述了自己对于中国政治、经济、社会和教育等方面问题的主张。此后，他又为章士钊主办的《甲寅》撰稿，进一步发挥自己的政治主张。可以说，到 1915 年初，张东荪的政治主张开始趋于系统化，基本形成了以防止、铲除野心家和官僚政治为目的，以法治国论、对抗论、政治与社会分离论为基本原则，以中央采用内阁制、地方采用联邦制为主要框架，包括对军政、财政、教育等重大问题的看法的政治思想。

在民国初年，张东荪与进步党人一样，主张法治，反对人治。起初他是针对国民党的，对民初国民党人在临时政府时期实行总统制，而为了限制袁世凯却在《中华民国临时约法》中规定实行内阁制、扩大国会权力的行为表示不满，认为这种因人制法、因人变法的行为，足以损及法之尊严。他希望袁世凯政府按照“以法治国”的原则处理政务。在“二次革命”后，他便劝告袁世凯政府不要徒恃武力，而要以法治国。他说：“此次内乱，全恃武力以镇压之，非根本之计也。吾所希望者，并以法律之力（Richtskraft）治之，始可期长治久安耳。”[①]《中华民国宪法草案》公布后，袁世凯极力反对，藐视法律，引起了张东荪等人的警惕和批评。1913年11月，他发表《法治国论》，提出要防止野心家利用法治不严，恢复帝制；强调国家各机关行动必须以法律为准绳，绝不允许“人民守法于下，而政府违法于上”的现象出现；认为“吾人欲进中国为法治国，不当仅求人民之守法，亦应求政府之守法矣”。为此，中国必须首先有宪法，因为宪法是“法治国”最重要的标志。

张东荪分析了民国成立以来的政治状况，认为中国宜为法治国，其理由为：一是中国国体已经由君主改民主，政体也应由专制改为立宪，有宪法之国当为法治国；二是立宪为人类进化的趋向，世界各国均由专制国进入立宪国，进而为法治国，中国也应如此；三是行人治而不行法治，外不足以图存，内不足以自立，因为无法律规定各机关的权限，则难免争执隔阂之弊，轻者消耗国家元气，重者“或有野心之枭雄，窥窬其间，以逞其私，则帝制之恢复必在立谈倾耳”。他认为，今日中国不仅各种法律不完备，而且连最基本的宪法尚未颁定，“政府与人民，均未循乎法律之轨道，其去法治国不知几千里也”。他警告国人说，全恃人治不恃法治，将会使枭雄“得借共和之美名，以实行专制之私图”。中国历史上专制统治下之所以会出现那么多内乱，就是因为法治不严，这样的教训值得汲取，否则，“此后十年，仍必有乱事”。[②]

张东荪在《内阁论》中集中对法治国的优点做了阐述。他认为，法治国是实行内阁制的前提，它的精神在于：“行政必纳乎法律之中，其多受法律拘束一分，即法治之精神多表现一分也”，“行政行为必等于司法上判决，不问自身有益无益，必毅然行之”。现在中国仍非法治国，必须

---

① 张东荪：《乱后之经营》，《庸言》第1卷第17号，1913年8月1日。

② 此处引文均出自张东荪《法治国论》，《庸言》第1卷第24号，1913年11月16日。

努力成为法治国。中国应当厉行法治的原因有六：一是可以使社会安定，即“国家行动循乎法律之规则，则无政治上之激变。人民服从法律而非屈服于强权，则其心帖然无反抗之思，则国可以常［长］治久安”。二是可以使国家发达，即“举国而托命于法律之下，法律永存，则其国常治。法律可改进而不可全弃，则国家能逐渐发达而不生急变”。三是可以防止野心家专制，即“国家与人民之交涉，皆得其道，既以保障权利，复以防枭雄之自逞”。四是可以防止国家各机关滥用职权，即“国家内所以代表国权之机关，皆严分其权限，使不相越，然后居于各机关之自然人，始不能借端以恣所欲为也”。五是可以制限人民的不法行为，即“无法之自由为法治所不许”。六是可以使国家各机关权力分配合理，防止专权，即“必以法律严密分配其权限者，所以使权力不趋于一点也”。[①] 所以，张东荪主张实行行政裁判制，将政府的活动纳入法律的监督和惩治之下。只有厉行法治，中国才能成为真正的立宪共和国。

在 1915 年发表的《行政与政治》上，张东荪又强调，近世政治的核心是反对专制主义，其办法就是厉行法治、以法治国，“非谓其国有法律，有宪法，亦非谓国家之立法，多多益善，盍言国家自身等于人民，同受一法之制裁耳”。即以法律限制政府行为，规定其活动之趋向。1916 年 4 月初，在袁世凯复辟帝制败亡之际，张东荪总结教训，认为过去那种轻视法律、利用法律的观念必须铲除；在处理善后问题上，仍然坚决主张依法律程序来制裁袁世凯及其罪行，即组织特别法庭，公开审判袁世凯，重树法律的尊严，借此机遇使国家走上法治轨道。他说：“吾以为勿论届时袁逆或已逃遁海外，或已为乱兵所杀，或暴病而死，或遭暗杀，要当于国会开会之第一日，由两院各依《临时约法》第 19 条第 21 款，提出弹劾，过通后更依同法第 41 条组织特别法庭以审判之。”[②] 这段文字，表达了张东荪对中国走上法治轨道的渴望。随后，张东荪对制宪表现了较强的兴趣，先后发表《修改国会组织法及选举法私议》、《地方制草案的商榷

① 张东荪：《内阁论》，《正谊》第 1 卷第 1、2 号，1914 年 1 月 15 日、2 月 15 日。

② 圣心：《善后建设论》，《新中华》第 1 卷第 5 号，1916 年 4 月。

书》、《宪法草案修正案商榷书》等文章，讨论并修正《宪法草案》，力促该草案通过，使国家真正走上法治的轨道。结果却是制宪功亏一篑，出现了张勋复辟，国会再度解散。

1913年底，梁启超首先提出了政治上的“对抗论”，张东荪对此非常关注，并大加赞赏。11月16日，他在《庸言》上发表《对抗论之价值》，进一步阐述了“对抗论”的意义。他认为，政治上的对抗现象有两种，一是无形的对抗，也称自然的对抗，即“国家社会内各分子互相对峙，而使各不相犯”，主要通过一部分人士依靠其所代表的社会各要素，“以谋调和各要素之利益，不使政象趋于专制”的方式展现；“可使国家内社会上各要素之分配利益，恒得平均，而免偏颇专制之弊”。二是有形的对抗，也称“容许的对抗”，即“政见必有真负二面，遂生相反对之政党，此相反之政党，各标反对之政策以运行，彼此虽为政敌，而必互相尊重”。[①] 何以使中国在政治上也形成对抗现象？张东荪提出了三项原则：一是相反二势力不可使其中之一居于国家最高机关；二是对抗二势力和平竞争，不得动用武力；三是二势力之竞争应限制在宪法之下。否则，对抗之势便会打破。

1914年春，章士钊有见于民初党争，乃提出了“政本”论，指出：“为政有本，本何在？曰：在有容。何为有容？曰：不好同恶异。”[②] 即在政治上必须容许对立两方同时存在，这样才能互相监督，取长补短，促进政治进步。这与张东荪“对抗论”不谋而合，而论述更加透彻，故张东荪对此十分赞赏，立即发表《读章秋桐“政本”论》，发挥了“对抗论”的主张。他认为，章氏的主张与自己的主张相同，“章君之所谓‘不好同恶异’与‘有容’正吾之所谓保持对抗也”。他认为章氏的主张“偏于内而忽于外”，因为“好同恶异之为恶德而摒禁之，此内的也，自律的也，必有外的，他律的同时并臻，然后始得以巩固所谓外的与他律的，即前言之对抗”。所以，好同恶异的恶德必须靠“对抗”来实现，“吾以为与其

① 张东荪：《对抗论之价值》，《庸言》第1卷第24号，1913年11月16日。

② 秋桐：《政本》，《甲寅》第1卷第1号，1914年5月10日。

劝告欲人之同于己者，自敛其心，则毋宁劝告被人强迫而同于人者自振其气以为抵抗”，即“与其希望强有力者无好同恶异之念，则不如期望社会上各分子各要素各固守其政党之部分，保存固有之势力，维持平均之利益而不受外力之压迫为愈也”。他强调，“国家社会之进步，在调剂，不在统一；在竞争，不在专制；在活动，不在一定而不变也”;[①] 极力主张本“对抗之原理”，促进中国政治进步。

对于“对抗论”，张东荪自视甚高，认为颇得近世西方先进国家政治进步的真谛。若照此进行，民国成立后的政治会慢慢走上正轨。1915 年初，张东荪痛定思痛地追忆说：“捉摸近世文明国之根本意味者，有章秋桐之调和论及不佞之对抗论。不佞非敢自慢，实以为苟不及第二次革命以前，即保持对抗之局，维系至今，断无今日之黑暗可断言也。”对抗论并未能付诸实施的现实，使张东荪意识到，无论是政本论，还是对抗论，都是“社会上政治作用之理法，而非国家机关上政治作用之规律”，所以，“不佞今颇省悟，知泛言对抗与调和，而不从社会活气着想，终为无济耳”。[②] 它们真正目的都在于增进社会活力。这样，对抗论实际上又与政治与社会分离论相联系，成为阻遏政府干涉、培养社会活气的一种手段。

张东荪通过民国建立后的情况认识到政治革命必须与社会革命同步，政治革命必须以社会革命为基础，方才会成功。他说：“吾思之重思之，知非政治改革不可行也，社会未经改良以相适应耳。夫政治与社会相表里，社会程度未齐，乃欲施以理想之政治，鲜有不败者。”他又说：“政治与社会互相因果，固吾人所熟知，然社会必持多数人以为进退，而政治则不必持多数人焉。是故政治之改革也易，而社会之改革者难。特改革易者，其恢复也亦易，故必待改革难者以继其后。夫如是，然后事倍而功半。是以于后进国，以国力发展社会，理之顺也。”[③] 他开始萌生将社会与政治分开、以“国力发展社会”的思想。

---

① 张东荪：《读章秋桐“政本”论》，《正谊》第 1 卷第 4 号，1914 年 4 月 15 日。

② 张东荪：《中国之将来与近世文明国立国之原则》，《正谊》第 1 卷第 7 号，1915 年 2 月 15 日。

③ 张东荪：《中国之社会问题》，《庸言》第 1 卷第 16 号，1913 年 7 月 16 日。

经过民国初年的政治风云，1915 年初，张东荪对当时的政治状况有了更深刻的了解，“自政变以来，国会省会相继消灭，司法政党同趋末运，于此之际，固悲惨莫甚”。[①] 经过这些政治上的浩劫，许多人对于政治前途表示悲观，对在中国建立共和制度失去信心，而张东荪却认为在此悲观中犹有一线生机。他以为民国以来共和制度屡遭失败，“皆可归于吾人认理不真，将事不慎，无备于先，未谋于始，而非真事实上有绝对不可能也”。他认为只要认理真切，“即国家真回生之日也”。同时，他认为失败愈多，所得教训愈密，“教训周密之时，即转败为成之日也”。[②] 所以，他没有对中国共和前途失去信心。1915 年初，张东荪在《正谊》杂志上接连发表了《根本救国论》、《中国之将来与近世文明国立国之原则》、《政治革命与社会革命》、《吾人之统一的主张》等文，以及在《甲寅》杂志上发表《制治根本论》，均主张“多数政治”、“以议为政”，并对“社会与政治分离”主张进行了系统阐述。

张东荪认为，近世文明国立国的原则，在于使政治与社会分离；发达社会，减少政府对社会的干预。他指出，“国之支柱也，恃国民之人格”，中国国民人格未发达，其原因在于“政治之摧残”，所以，“必政治与社会分离，使政治之干涉范围愈小，则社会之活动范围愈大，于是社会以自由竞争而得自然发展也”。他指出，近世文明国振兴之故，在于减少干涉之范围，而听人民之自由竞争，以得自然发展；政府干涉范围之减少，“乃政治改良之初步也，而优良之对抗现象，即自此而出”。张东荪主张政府减少干涉，“非鉴于今日之政府不能积极为善”，“乃求其消极之不作恶耳”。他的结论是：“中国国运之兴也，不在有万能之政府，而在有健全自由之社会；而健全自由之社会，惟由人民之人格优秀以成之；此优秀之人格，苟政府去其压制，使社会得以自由竞争，因而自然淘汰则可养成之也。易言之，中国之存亡，唯在人民人格之充实与健全。而此人格则由撤去干涉而自由竞争，即得之矣。于诸自由之中，尤以思想自由及思想竞

① 张东荪：《吾人之统一的主张》，《正谊》第 1 卷第 8、9 号，1915 年 4 月 15 日、6 月 15 日。

② 张东荪：《根本救国论》，《正谊》第 1 卷第 7 号，1915 年 2 月 15 日。

争为最也。”①

张东荪在《根本救国论》中对“多数政治”做了解释。他说：“所谓多数政治者，其标准乃不在是非谓多数人入乎政治之机关，实乃谓居政治机关之人，其执政必依于政治机关背后多数人之意思也。”多数政治的特征是：“一、国家之权力有制限，使国家与社会判而为二。凡人民有三大自由之保障，于社会上得以自由活动，相异之党派，互反之意见皆借此而生，且得互相竞争于正当之轨道，不能以一而压服其他。其结果由调和而臻完善焉。二、多数人之意见于当局者之背后占有势力，得驱迫其入正当之途径，而不敢自逞与专擅也。三、以议为政，则与政出即奉行无阻，不必强力。盖被治者之心中，早已确认此政之必要与有益矣。且以议为政，则全国各派、各部分、各个人皆得差足自安而不致破裂也。”所谓“多数政治”，实际上是让多数资产阶级参与政治。稍后，张东荪在《吾人之统一的主张》中，又强调了扩大“民治”的主张：“务使官治之范围愈小，民治之范围愈张。民有督视官僚之道。”②

政治与社会分离的界限何在？换言之，哪些属于政府职责范围，哪些属于人民所办范围？张东荪认为，标准在于是否增进“社会活气”。他认为，“凡经济、教化、道德、地方事务、学术、技艺、信仰等，均划出政府管辖之外，政府绝对不与闻，不干涉，而听人民自由处理之是也”。③在《制治根本论》中，他对政治与社会分离的观点又做了进一步阐述。他认为，制治的根本，从消极方面说，就是“国家与国民有严格之分界也”，即“国家与社会判而为二”。④

张东荪将议会视为制限政府和监督行政的机关。按照他的设想，“议会足以制限政府，则人民于政府制限之下，得以自由活动，自然发展，徐

---

① 此处引文均出自张东荪《中国之将来与近世文明国立国之原则》，《正谊》第 1 卷第 7 号，1915 年 2 月 15 日。

② 张东荪：《吾人之统一的主张》，《正谊》第 1 卷第 8、9 号，1915 年 4 月 15 日、6 月 15 日。

③ 张东荪：《中国之将来与近世文明国立国之原则》，《正谊》第 1 卷第 7 号，1915 年 2 月 15 日。

④ 东荪：《制治根本论》，《甲寅》第 1 卷第 5 号，1915 年 5 月 10 日。

徐引扬，一旦能力充足，则何种政治不可运用而致善哉！”他通过对西方，特别是英国议会的考察，得出“吾人确见议会为社会之缩型”的结论。议会是张东荪提倡的“以议为政”的执行者。他分析说：“议会者自形式之法律而观，为国家之机关，自活动之政治而观，则为社会之缩型。”在议会中，汇集着国中各意见、各党派、各职业、各势力、各阶级，得“多数之人众”，“凡社会上各党派、各意见、各阶级、各职业，咸得其代表于此，以调和之德，为讨论之举；以议之结果，为政之实施”。[①] 这样，既能实现“多数政治”，又能得“以议为政”之实，国民得以自由活动，社会得以自然发展，政府得到有效的制限和监督，政治得以“流通日新”，中国便可以渐次步入近世文明国家的行列。

以法治国论、对抗论和政治与社会分离论为指导原则，张东荪逐步形成了中央采用内阁制、地方采用联邦制的思想框架。民国初年，各派政治势力和代表人物为在中国推行近代西方的资产阶级政治制度而努力，但在确立具体的政体时产生了较大的分歧。采用内阁制还是采取总统制？采取中央集权还是实行地方分权？各派人物当时曾进行过激烈的争论。在南京临时政府时期，孙中山领导的民国实行总统制，而孙辞职后，《中华民国临时约法》，改总统制为责任内阁制，旨在防止袁世凯专权。此后，宋教仁领导的国民党便极力主张实行责任内阁制。以梁启超为首的进步党人，虽对国民党人不满，并曾一度拥护袁世凯政府，但也基本上主张实行内阁制。实行内阁制与总统制，本来是纯粹政治制度的问题，但由于其中包含总统权限受限制与否的问题，所以显得非常复杂。

早在1913年9月，张东荪在《庸言》上发表《内阁制之精神》，重点讨论了内阁制的性质，认为在组织方面，“内阁必由国会中有势力之政党组织之”，“内阁各员必由国会选出，总统任命不过表面形式而已”。在权力方面，“内阁为行政权之渊源，而实握此权，更无高权足以支配之”。在权限方面，内阁总理必由国会选出，总统始得任命；内阁阁员非辞职或违法不得自由罢免；内阁有拒绝副署之权；内阁会议，总统不得列席；用

① 东荪：《制治根本论》，《甲寅》第1卷第5号，1915年5月10日。

人行政，其实权必在内阁；内阁为行政部主体，总统为执行宪法的补充行为之机关。他强调："一、内阁总理由下院选出。二、内阁颁布阁令。三、用人权操诸内阁。"这样，方能使内阁操得实权，符合内阁制之精神，中国政制不再是"非内阁制、非总统制之非牛非马政制"。[①]

1914 年初，张东荪又在《正谊》杂志上发表《内阁论》，对内阁制做了进一步阐述，公开主张实行内阁制。他对那种"谓国会专事捣乱，罢除之而可"的献媚政府者，给予迎头痛击，指出这样一来，"立宪政体永无成立之望，必复归于专制而已"。他坚信：中国实行内阁制后出现的行政部与立法部的冲突，是由"本为专制国无三权分立之现象"而造成的，是"本为帝政之国其行政部于数千百年以养成大权独揽、专制自为之习惯"所使然。所以，革除此弊唯有厉行内阁制，"内阁之利在使内阁与国会融成一片，则无冲突之事，且复使内阁为行政部之主体，不致有独裁政治之出现。既足促政治之进行，更可消内乱于无形"。[②]

在后来发表的《吾人之统一的主张》中，张东荪对内阁制也做了发挥，把实行内阁制与防止像袁世凯那样的野心家专权联系起来。他公开申明："吾人主张于中央制度采用内阁制"，认为在中国实行内阁制有两个原因：一是迫使野心家入正轨，即"吾国于最近期间必不能消灭所有之多数野心家而归之无有，必不得已，其惟迫之使入正轨而让出一大部分政权与吾民"。所以，中国最宜采取内阁制。二是民力不足以骤然建立善良政制，即"欲于此幼稚之民力上建设完美之政制，必不可能，必不得已，其惟建筑基础以徐图发展民力"。这两点决定了中国"非行内阁制不可也"。[③] 如何在中央实行内阁制？张东荪提出了具体方案：一是内阁总理由下院票选；二是内阁各员由总理选任；三是不信任之决议，必两院各为多数；四是谴责之议决，两院各别行之；五是中央大理院及各省高等厅法官之任命，必须得上院之同意。

---

① 此处引文出自张东荪《内阁制之精神》，《庸言》第 1 卷第 19 号，1913 年 9 月 1 日。

② 张东荪：《内阁论》，《正谊》第 1 卷第 1、2 号，1914 年 1 月 15 日、2 月 15 日。

③ 张东荪：《吾人之统一的主张》，《正谊》第 1 卷第 8、9 号，1915 年 4 月 15 日、6 月 15 日。

早在清末，便有人主张中国应实行地方自治，采用联邦制。民国成立后，地方自治论调一度消沉。1914 年 5 月，张东荪入京，与丁佛言等人交换了对政局的意见后，感到为了制限袁世凯的权限，除了中央实行内阁制外，地方上必须实行自治制度，以避免专制。于是，7 月，他率先在《中华杂志》上发表《地方制之终极观》，主张地方应采取发展自治精神的制度，“事无巨细由省自办”，同时亦管中央委任之事务，国家之立法不得违抗，并称：“吾以为中国欲图存且强，非采用英美派自治不为功也。”[①] 他实际上认为，国家动乱和贫困的原因就在于中央集权过多，因此，应当实行地方自治，加强地方实权，削弱中央权力，使它不能任意作恶。是文刊出后，丁佛言也发表《民国国是论》表示支持，宣称中国之国情，在地方而已，不改进省的制度，国家无从发展。他说：“除了今日各省之官僚政治，而地方得有自由发展也。”[②] 主张采用美国联邦制。虽然他们实际上都主张联邦制，但并未用联邦制之名。章士钊在《甲寅》第 4 号上发表的《学理上之联邦论》，推动了对该问题的讨论，并认为张东荪之所以不敢公开用联邦制之名的名义，是因为慑于舆论和政局的压迫。对此，后来，张东荪作了《联邦论辩》，反驳章士钊的观点，解释了其中的原因。

此文发表后，引起较大反响。1914 年 9 月 15 日，张东荪在《正谊》第 1 卷第 5 号上发表《予之联邦组织论》，次年 1 月，他在《中华杂志》第 2 卷第 1 号上发表《就纯理论上讨论邦先存于国之理——答〈甲寅〉杂志秋桐君》；2 月，他在《正谊》上发表《根本救国论》，继续阐述地方制度。他认为要真正实行多数政治，就必须“取地方分权之地方制”，即“利用省界之观念，使一省之利害得失，由一省之人以相召相感之精神，以处理之，于省建立多数政治。各省如此，全国始得多数政治也。”此外，4 月 15 日，他在《正谊》上发表《吾人之统一的主张》，更公开声明在地方宜采取联邦制。10 月 10 日，他在《甲寅》第 1 卷第 10 号上

---

① 张东荪：《地方制之终极观》，《中华杂志》第 1 卷第 7 号，1914 年 7 月 16 日。

② 丁佛言：《民国国是论》，《中华杂志》第 1 卷第 8 号，1914 年 8 月 1 日。

发表《吾人理想之制度与联邦》。

1915 年 10 月 1 日，张东荪与汪馥炎、李剑农、杨端六等人在上海创办《新中华》。张东荪集中精力对联邦制又进行了一番系统研究，以“圣心”为笔名，一口气在该刊上发表了《联邦立国论》、《联邦之性质及其精神》、《联邦制度与宪法制定》、《具体之省制论》等文，并翻译了《耶律芮克联邦之公权论》、《美利坚各邦之宪法及精神》等文，积极介绍联邦制，充分讨论了中国实行联邦制的诸多问题。

张东荪认为，联邦制的精神，第一是“自治”，“自治者，国之命也，近世国家所以异于中古者，皆在自治，一切优美之代议制度皆由自治而出”。第二是“分权”，国权与邦权互相制衡，“邦若为恶，国足以干涉之，国若为恶，邦足以抵制之，二权调剂，政治得以发达焉”。[①] 中国为什么要采用地方分权的联邦制？张东荪解释说，中国采用联邦制之原因（1）“在合乎历史上之趋势”；（2）“在明乎政力向背之理而为之分配”；（3）“在能得真正之统一”；（4）“在能启发人民之自治能力”；（5）“在能建设一刚性宪法，且能维系此宪法，使其有效于实际”；（6）“可得控制与平衡之道”；（7）“在能矫正民主政治之流弊”。[②] 张东荪主张地方制度用联邦制，其用意首先在于分散中央权力，防遏野心家专权并排斥官僚政治。他认为，采用地方分权的联邦制，其结果为：第一，中央之权不能压制地方，而地方得以自由发展；第二，地方之权得徐徐逼迫中央，使入正当之轨道；第三，地方自治，由于区域狭小、利害杂陈，不致为野心家一人欺骗；第四，便于议政，开发民智，以民执政；第五，地方有充足基础，不致因政变动摇国本；第六，地方真能忠顺中央，则能得真正统一；第七，地方人民不致受中央之摧残。而其中最主要的是“各地方独立，使野心家失其利用；一地方之区域狭小，民得自政，足以排斥官僚而已”。[③]

---

① 张东荪：《予之联邦组织论》，《正谊》第 1 卷第 5 号，1914 年 9 月 15 日。

② 圣心：《联邦立国论》，《新中华》第 1 卷第 1、2 号，1915 年 10、11 月。

③ 张东荪：《吾人之统一的主张》，《正谊》第 1 卷第 8、9 号，1915 年 4 月 15 日、6 月 15 日。

中央与地方分权的界限何在？张东荪考察了加拿大、德意志等国的联邦制后，认为中国采用联邦制，不能采取美国、德国之制，宜采用加拿大之制。“窃以为中国果为联邦也，不宜师美，更不宜师德，尤不宜师瑞士，惟取加拿大之制而变通之可也。”[①] 他对各省与中央的权限做了规定：第一，各省权限规定于国家之宪法，宪法之改正必得各省之同意；第二，各省所立之法律，中央行政部有拒否权，但得国会之同意仍成法律；第三，省长由各省自选，但不称职时，中央有撤任之权；第四，以参事会为省之行政主部，省长为之主席，其任期与省议会相同，省长撤任时，参事会必同时更选；第五，中央依国会之同意得解散省议会；第六，地方厅高等厅由省自行酌办，但法官由中央委任，中央仅设大理院，全国用一统之法律；第七，省议会有弹劾省长之权，其审查权属于国会，省长去职，参事会亦同时更选；第八，省长及参事员皆由省议会选任。[②]

按照张东荪的计划，他将会对联邦制的若干问题进行系统的讨论：一是联邦为何物，即联邦的性质如何，他作有《联邦之性质及其精神》；二是中国采用联邦制的利若何，即中国是否宜采用联邦制，他作有《联邦立国论》；三是中国采用联邦后各省的组织情况，他拟作《具体之省制论》；四是采取联邦制后中央政府的组织，他拟作《中央政制论》；五是中央与各省权限分配问题，他拟作《中央与各省之权限分配》。[③] 但是，1915 年 12 月，他的《具体之省制论》发表一部分后，护国战争爆发，他积极投入反袁政治运动，这些研究计划暂时搁置。当倒袁战争即将结束时，张东荪又敏感地意识到：鼓吹联邦制是为了对付中央的野心家和地方的官僚政治，而今袁世凯败亡，中央的野心家既倒，却在地方上又出现了拥军割据的趋势，再鼓吹地方分权的联邦制，可能会被地方军阀利用。故此，他的思想又发生了重大变化。

他于 1916 年 6 月在《新中华》上发表《今后之政运观——守法与让

---

① 张东荪：《予之联邦组织论》，《正谊》第 1 卷第 5 号，1914 年 9 月 15 日。

② 张东荪：《吾人之统一的主张》，《正谊》第 1 卷第 8、9 号，1915 年 4 月 15 日、6 月 15 日。

③ 圣心：《联邦之性质及其精神》，《新中华》第 1 卷第 1 号，1915 年 10 月。

德》，虽未放弃联邦制，但显然对继续鼓吹联邦制产生了极大顾虑。他通过对当时政局的观察和分析，认为："此后之政治，必呈一群龙无首之象，演一地方割据之局，一切大权将丛集于多数之各省都督，此各省都督又将分派别，特为数党，一方自握兵符，号召本土，他方联络邻省，外树声援，国家庶政之兴废，恒视各都督之意向，以为依违之准绳。"① 在这种状态下，言论根本不足以对其产生影响，反而会为其利用。再倡导地方分权，实行地方制，正可以为其所用。正因如此，他对国家的前途感到十分忧虑。他描述自己此时的心情说："吾言至此，吾心滋惧。吾侪书生，徒发空言，固不足济事于万一，而师我者，方据为口实，又宁能无怖于心？"这或许是此后张东荪没有继续进行联邦制的讨论，不再极力鼓吹联邦制的重要原因。这样的政局，不能不使素来对中国共和前途抱有极大希望的张东荪对于中国政治的前途感到悲观。所以他说："今日之中国，除此多数势力者自身顿觉，推诚相让，守法入轨之外，实无救亡之法。"② 这也是张东荪后来决意舍弃政论的原因，尽管对他来说这是多么的无可奈何，多么的不情愿，也是多么的悲伤。

三

在民国初年，梁启超领导的进步党人的基本立场是拥护袁世凯统治，他们希望通过袁世凯来实现共和制度，将国家引入现代民主的轨道，梁启超后来回忆说："当时很有点痴心妄想，想带着袁世凯上政治轨道，为国家做些建设事业。"③ 梁启超拥袁是为了实现其政治理想和政治目的，与其同流而不合污。在民国初年，张东荪如梁启超等人一样，对袁世凯也曾抱有极大希望。即使到了 1915 年袁世凯复辟帝制的企图已昭然若揭时，张东荪仍有"迫之使入正轨"的想法。只是由于张氏没有直接"干政

① 圣心：《今后之政运观——守法与让德》，《新中华》第 1 卷第 6 号，1916 年 6 月。
② 圣心：《今后之政运观——守法与让德》，《新中华》第 1 卷第 6 号，1916 年 6 月。
③ 梁启超：《护国之役回顾谈》，《饮冰室合集 · 文集之三十九》，中华书局，1989，第 88 页。

治”，所以，并没有像梁启超等人那样走得那么远。同时，他虽然对革命党人采取排斥态度，但始终保持一个近代中国知识分子的爱国与报国之心。

1913 年春，张东荪之兄张孟劬作《春感》，其中有云：“眼昏四海仍兵气，心似孤云为底忙……看花已恨春无主，止酒宁闻醉有乡；如此沧江坚一卧，何须季主卜行藏。”态度消极，对袁世凯的统治十分悲观。而张东荪在《和孟劬兄春感》中，挥笔对曰：“栏前烟树孤鸿远，门外花枝乳燕忙……朔方云气方成阵，人世羁愁漫有乡；但问遗编今在否，休怜吾道已深藏。”[①] 这表明张东荪对袁世凯的统治却抱有极大的希望。

尽管张东荪对袁世凯抱有极大的希望，但他也并没有因此停止对袁世凯的批评和抨击，这较典型地反映在对待“二次革命”的态度上。对国民党发动的“二次革命”，张东荪持反对态度，指责“乱党之罪，擢发难数”，并谩骂国民党人有“狼子野心”。但他作《乱后之经营》一文，主要是对袁世凯的统治表示强烈不满，并提出了严厉的批评和忠告。

张东荪认为造成“二次革命”的最重要原因，在于政府方面“用人不当，致受人以攻击之资”，“用金钱政策买收伟人，孰知狼子野心，反为其利用”；在于政党方面“大多数为官僚所利用，”“时发其作官热，引起一班激烈者之恶感”；在于军队方面，上自政府，下至军官，“均提倡金钱主义，一般军人只知金钱，不知纪律，不知服从”。所以，他认为治疗之法，最重要者在于“政府当反躬自责，一改其金钱万能之迷信。亲君子远小人，以避物议”，[②] 否则，难保不再发生革命。同时，必须对全国军队进行整编和详细调查，以定存留；然后，划定全国军事区域、军队数目及分配。

1913 年秋，《中华民国宪法草案》公布后，袁世凯极力反对，藐视法律，他所怂恿的一批官僚政客也群起反对，甚至出现了变更国体的言论。这种现象引起了张东荪等人的警惕和批评。他在《法治国论》中提出，

---

① 孟劬：《春感》、东荪：《和孟劬兄春感》，《民权素》第 1 集，1914 年 4 月 25 日。

② 张东荪：《乱后之经营》，《庸言》第 1 卷第 17 号，1913 年 8 月 1 日。

要防止野心家利用法治不严，恢复帝制。他认为国家各机关的行动必须以法律为准绳，如果法治不严，全恃人治，“或有野心之枭雄，窥窬其间，以逞其私，则帝制之恢复必在立谈倾耳”。他警告人们说：“国体一度既立，则断不宜仍使之漂摇不定。”“国体非可轻易变更，变更则小之国家损失元气，大之顷刻亡国。”“今日之中国决不得再有变更国体之举。”[①]对那些复活君主专制的主张者给予迎头痛击。

1914 年 1 月，袁世凯解散国会，成立所谓“约法会议”、“政治会议”，制定宪法。随后，熊希龄、梁启超等人组织的“第一流人才”内阁也在袁世凯压迫下倒台。这些对张东荪的思想产生了较大刺激。他经过短暂的思考，便敏感地察觉到袁世凯有破坏共和、实行专制的野心，于是，他发表《约法会议之商榷》，对政治会议、约法会议进行批评，对袁世凯违反法制，破坏共和的行为进行激烈的抨击。1914 年 5 月，他专门从上海到北京，会晤丁佛言等人，除了商讨创办《中华杂志》事宜外，他们重点交换了对政局的意见。这次赴京，对张东荪思想的影响很大，他对袁世凯政府政治腐败、官僚平庸的状况有了体会，更重要的是他真正看到了袁世凯专制的野心，基本打消了对袁世凯所抱的幻想，开始为中国共和的前途担忧。应该说，与大多数进步党人相比，张东荪认清袁世凯本质的时间还是比较早的。在京时，他发出了“西山怪底多峥嵘，看尽人间更不平”的感叹；[②] 也出现了“我欲渔樵相伴老，人间无复重贻忧”的消极情绪。[③] 但抱定“百年兴废属吾曹”的张东荪，[④] 并没有真正的悲观与消沉，而是积极努力，加以预防和抵制。所以，此后，张东荪更多考虑的是如何对付像袁世凯这样的野心家专权，以及如何铲除腐败的官僚政治两大问题。他所提出的“法治国论”、“对抗论”，主张实行“内阁制”、“地方制”、“多数政治”、“社会与政治分离”等，其出发点均在于此。

1914 年 3 月，张东荪在《正谊》上发表《中国共和制度之最后裁

① 张东荪：《法治国论》，《庸言》第 1 卷第 24 号，1913 年 11 月 16 日。
② 东荪：《游陶然亭》，《民权素》第 4 集，1915 年 1 月 10 日。
③ 东荪：《和张友栋题清凉山扫叶楼诗》，《民权素》第 4 集，1915 年 1 月 10 日。
④ 东荪：《送孙君之金陵》，《民权素》第 5 集，1915 年 3 月 22 日。

判》，对袁世凯假共和之名、行专制之实的做法进行了揭露和批评。他认为，共和实为良善之政体，其良善之处在于：国民之文化进步而有自觉心，国民之能力得以自然发展，国民之各种利益得以调和。他尖锐地指出："共和之弊不在共和而在共和有真伪之判耳。真共和则绝无弊之可言，伪共和其弊固有胜于专制者也。"① 中国共和的前途，取决于是搞真共和还是搞假共和。民智较低，固然易于导致伪共和，但依人类进化的原理，应是提倡教育、开发民智，消除伪共和而进于真共和，绝不能由伪共和倒退到专制。

1914 年 5 月，张东荪以《中华杂志》为阵地对袁世凯政府进行了猛烈抨击。与丁佛言不同，此次张东荪对袁世凯较少称颂，其批评言论之激烈，在当时是很突出的。有人说："深度要算丁佛言，激烈当数张东荪。"② 这是合乎历史事实的。张东荪着力于缩小与限制袁世凯的权力。他认为在中央应采用内阁制，缩小和剥夺总统实权；在地方应实行合乎联邦精神的地方制。为此，他于 6 月便发表了《地方制之终极观》，率先主张用联邦制精神，实行地方自治制度。面对袁世凯利用国民党与进步党的矛盾破坏共和、加强专制统治的企图，张东荪呼吁人们消除政争，停止攻讦，进行自忏，相互宽容，免被野心家利用，并与破坏共和的野心家和官僚进行斗争。为此，他先后发表了《泣血之言》、《自忏》和《匿敌与第三者之责任》，呼吁从自己做起，以期消除政争。

1915 年初，张东荪通过总结民国建立以来政治上的经验和教训，对于中国的政情有了新的认识，他认识到野心家及其官僚是危害民国政治进步的最大障碍。他抨击野心家袁世凯及其官僚、政客的反动统治，指出"野心家之存在，决非国家社会之福。国有一人，其国必无幸，其民必多灾。何以言之？野心家与专制不能须臾离者也。国有野心家，必恢复专制。专制之祸，甚于洪水猛兽"。他认为官僚政治是"万恶之源"，是"野心家发生之基础"，也是"制造专制之根由也"。野心家正是利用官僚

① 张东荪：《中国共和制度之最后裁判》，《正谊》第 1 卷第 3 号，1914 年 3 月 15 日。

② 丁守和主编《辛亥革命时期期刊介绍》第 4 集，人民出版社，1986，第 523 页。

政治而推行专制统治的。"于官僚政治之上，无不产野心家者，既有野心家以利用其间，无不立变为专制者。"野心家一人"其所以能压民害国者，半由其下官僚之力。而官僚又非求有如是之一人，不足达其素愿。于是敛财虐民，作威作福"。"官僚与所谓野心家及专制者，实有不可须臾离之势也。"所以，野心家与官僚，"殆如食血之虫，身有此虫，必瘠瘦以死，国家有之，未获不亡"。[①] 由此，张东荪主张："一、中国安身立命之道，在尽力充量以防遏野心家，苟不能使之皆归消灭，亦必削其大权，迫入正轨。二、中国安身立命之道，同时亦在尽力充量排斥官僚而不用，务使官治之范围愈小，民治之范围愈张，民有督视官僚之道。"[②]

袁世凯在解散国会，颁布《中华民国约法》，破坏了民主共和后，走得更远，开始了复辟帝制活动。至此，袁世凯假共和、真帝制的反动面目暴露无遗，因此也激起了包括张东荪在内一度拥袁的进步党人的强烈反对。

1914 年 12 月 15 日，张东荪在《正谊》上发表《复辟论之评判》。他公开声明："不佞反对复辟之一人，夫不佞反对复辟固也，特不佞之确信大异于一班之反对复辟论者。"他认为，"主张复辟者，其心不可问，吾民当相率以排斥之"；若主张共和是由于"苟安往却"，对于腐败现状"不求改良之策"而维持现状者，"吾爱国之同胞亦必起而诛之"。国体与政体不同，国体指君主国与民主国，政体为立宪与专制，"存亡强弱之机，不在君主民主，而在立宪专制"。"政府与人民隔绝则国必弱，政府与人民亲接则国始强，特此接近与隔绝不在国体而在政体。"即"立宪与人民接近，专制与人民隔绝。与民亲，则以民意为政，而民无怨焉；与民远，则以独裁为政，而众心叛矣"。他认为"民主万能"者与"复辟帝制"者都应被各打五十大板，"主张民主为盲目之动作，而主张君主尤为盲人骑瞎马夜半临深池也"。他指出，"专制者，私有国家之谓也，立宪者，公有国家之谓也"。由此，他说："吾故敢大言曰：主张复辟者，即

---

① 张东荪：《吾人之统一的主张》，《正谊》第 1 卷第 8、9 号，1915 年 4 月 15 日、6 月 15 日。

② 张东荪：《吾人之统一的主张》，《正谊》第 1 卷第 8、9 号，1915 年 4 月 15 日、6 月 15 日。

主张灭亡中国也；而维持现状的拥护共和者，亦主张灭亡中国者也。”他认为，“无论任何善良之法制，苟无洁白无私之人以运用之，其效必终不可睹也”。虽有良法而人恶，良法也无效，“今日政治腐败之原因，未尝不在法，而在人尤居大部分”。他驳斥了那种认为恶政来源于法制不善的论调，得出了这样的结论：“不佞极端反对复辟者也，然对于今之维持现状的共和论者，亦不敢自堕人格，以为附和。”①

1915 年夏，《时事新报》载袁世凯致冯国璋专电；“外间遂疑我欲回复帝制，究之，总统制实行又与帝制何异?”张东荪看后颇受刺激，认为袁世凯假共和之名而行帝制之实，是对真正拥护共和者的莫大侮辱，乃作《名实与帝制》，对袁世凯假共和、真帝制的实质进行了无情揭露。他自白道：“吾平生所最深恶而痛绝者，莫过于恶质而居美名，则其恶为名所掩，而常人不之见，乃为其所欺矣。”今日中国的共和，也是如此。他说：“自改变以来，共和之实质久已亡去，所存者‘共和’二字之空名耳。夫吾人何为辛亥之革命乎，必将曰反对帝制而已，顾今日乃竟行帝制之实，又曷为不反对乎。吾知必曰因共和二字未去耳，此朝三暮四之术也。朝三暮四众狙皆怒，朝四暮三众狙皆喜，名实未戏而喜怒为用，夫外揭共和之空名，而阴行帝政之实际，则又何异居帝王之名，以行独裁政治也。故吾以为质恶者宜用恶名，然后其恶始彰，不致为美名所遮巧避人之耳目，彼若以帝制揭出，不啻告人以前所行全为阴险与专制。三年以来，久为帝政天下之人，遂得而共见浅识之士，亦有所悟，吾又安得不用其赞成耶。”②

1915 年 8 月，袁世凯授意其美国顾问古德诺发表《共和与君主论》，诬称中国民智低下，不适宜实行共和国体，为袁世凯复辟帝制大造舆论。8 月 14 日，杨度等人在袁世凯授意下组织筹安会，公开为帝制鼓吹，梁启超、谷钟秀、张东荪等人立即进行了反击。8 月 21 日，梁启超写成《异哉所谓国体问题》，于 8 月底在《京报》发表，31 日各报竞相转载，

① 张东荪：《复辟论之评判》，《正谊》第 1 卷第 6 号，1914 年 12 月 15 日。

② 张东荪：《名实与帝制》，《正谊》第 1 卷第 9 号，1915 年 6 月 15 日。

打出反对帝制的旗号。张东荪写了《对于古博士国体论之质疑》，对古德诺的谬论进行驳斥。谷钟秀、徐傅霖、杨永泰、欧阳振声发表《维持国体之宣言》和《对于筹安会之外论》，对杨度等人进行驳斥。

张东荪认为，今日之共和，乃假共和，“今真正之共和，为吾民自解散国会以来所未梦见”，古德诺变更共和为帝制之论，“是以今日非牛非马之共和，一变而为即牛即马之帝制”，“此诚直截痛快之事”。[①] 张东荪以进化论为思想武器，批驳了古德诺所谓从历史习惯、社会经济状况看中国“以君主行之为易”的谬论。针对古德诺所谓“教育未遍，民智卑下”的谬论，他诘难说：“一旦改君主，其国是否即得永宁？其民是否即得发展？内乱是否即可消灭？”他认为，“夫未厉行教育者，惟有厉行教育而已；禁压人民不许参政者，亦唯有复其自由，使其参政而已。若变本加厉，改为专制，适以促成内乱”。所以，他尖锐地指出：“以君主而救济军政府，正如饮鸩自毒。”他痛斥古德诺“立宪以君主行之为易，以共和行之则较难”之语，“直不学无术者之言”；作为美国的博士，竟说华盛顿有帝制自为之心，更是“去事实尤远”，“直是谰言，殆欺吾国人耳”。所以，古德诺的论调“节节自相冲突，语语自相攻击”，若不是“迷于一向，因而发言谬误”，必是别有用心。[②]

1915 年 12 月 18 日，梁启超到了上海，住在上海静安寺，与在上海的蓝公武、黄溯初、吴贯因、黄炎培、张东荪等人积极策划倒袁活动。12 月 25 日，蔡锷等人在云南率先起义，发动了护国战争。1916 年 3 月 4 日，梁启超带蓝公武、黄溯初、吴贯因等人离沪赴广西，策动陆荣廷倒袁，张东荪继续留在上海进行舆论倒袁的工作，并一度为袁世凯政府通缉，避居租界。对于自己在反袁活动中的行为，张东荪后来回忆说：“到后来袁世凯要做皇帝推翻共和，反对的我也是一个，不能说有功，但可以说在反袁一幕中对得起自己的良心。”[③]

---

① 张东荪：《对于古博士国体论之质疑》，原载《神州日报》，后为美国传教士李佳白所办的《尚贤堂纪事》（第 6 期第 9 册，1915 年 9 月）转载。

② 张东荪：《对于古博士国体论之质疑》，《尚贤堂纪事》第 6 期第 9 册，1915 年 9 月。

③ 张东荪：《论真革命与假革命》，《展望》第 2 卷第 24 期，1948 年 10 月。

四

袁世凯败亡，破坏立宪共和的最大障碍消除了，中国政治上的各种力量应该团结起来，为尽快制定和通过宪法、建立共和政体而努力。1916年8月后，北京政府面临的主要问题是制定宪法和对德宣战。这些问题又和段祺瑞与黎元洪的矛盾、国民党与皖系军阀矛盾、研究系与国民党的矛盾交织在一起，从而形成了错综复杂的局面。掌握北京政府实权的段祺瑞与大总统黎元洪为争夺权力，围绕"参战"问题展开斗争。

在刚恢复的国会中，当时两个最大的政党是孙中山领导的国民党和梁启超领导的研究系（进步党演化而成）。由于国民党与进步党在民国初年政见不同，政治立场和态度也有差异，因而两党相互攻击，存在不少矛盾。张东荪认为，袁世凯败亡后，是制定和通过宪法的绝好机会，也是使中国尽快走上民主轨道的大好时机，所以，他极力主张孙中山领导的国民党与以梁启超为首的研究系顾全大局，消除争端，进行合作，为在中国建立立宪共和的民主政体而共同努力。对此，他在晚年作诗说："我谓机莫失，政野宜重分。孙梁应携手，舆论可一新。彻底商国事，列为若干门。首要为选举，迄来皆非真。倘能易其辙，民治始立根。勿急入枢要，理力俱在群。蓝君（蓝公武）韪此议，游说共朝昏。"①

然而，张东荪的主张并不被两党要员重视。在国会中，国民党与研究系议员在制定和通过宪法讨论时又进行无谓的争论，错失了许多良机。随着国会卷入"府院之争"，国会再次被解散，并引发了张勋复辟，致使宪法制定功亏一篑。张东荪痛心疾首，引之为毕生可叹之事。他说："倒袁的时候，我以为这是化除政争的好机会。因为到了那时，无论急进缓进，无论集权分权，无论总统制内阁制，而共同的敌人只是帝制。既有共同的敌人便须有联合的战线。联合战线一经组成，则党争便可化除。久而久

① 张东荪：《三叹事》，见《草间人语》（未刊）。张东荪嫡孙张怡慈藏有原件，笔者藏有复印件。

之，养成一种联合的习惯或同盟的习惯。不料倒袁以后，各方面所得的教训却正是一个反面。他们不但不认与人合作为必要，却反而以为以前的排斥人家没有彻底。于是大家都想来一个彻底的排斥。”①

张勋复辟失败后，段祺瑞掌握北京政府实权，决定对德宣战，编练“参战军”。但以段为首的皖系军阀只是旨在借此扩大自己的军事势力，实际上“宣而不战”，并未派兵赴欧参战。对此，张东荪进行了批评。他坚决主张应该派兵赴欧参战，认为这一方面可以提高中国的国际地位，增强中国军队的战斗力，另一方面可以将北洋军阀的武装力量移向国外，避免内战。对此，他后来追忆说：“我曾持异议，力主是兵援。长函致宗兄（张国淦），力陈诸要端。诚以拥兵者，专为自相残。何以绝固势，驱之国际前。战术与战略，观摩得其全。器械与士气，旧习不再沿。归来成劲旅，非复私人专。军队无分裂，立国乃可言。”② 张东荪的这个主张并没有为北京政府采纳。

袁世凯帝制败亡后的混乱政局，对张东荪刺激很大。他痛感北京政府政治的腐败和行政管理上的无能，对现实政治产生了悲观情绪。此时，张东荪虽对政治产生了厌倦情绪，并开始逐渐将注意力转向文化运动方面，但还是力图对腐败无能的北洋政治加以补救。这样，张东荪经过认真的思考，公开怀疑与批评民初的议会制度，提出了“贤人政治”的主张。

“贤人政治”思想，张东荪早在民国初年便已经萌生，但当时并没有公之于众。“吾人蓄此思想于心者有年”，直到 1916 年初，他才在《国本》一文中正式提出该主张。张东荪认为，中国纯粹采取民主政治是行不通的，因为人民的智力和道德不能有实质性增加，“吾民无立宪之道德”，在这种情况下，将国家托命于“此辈无立宪道德之庸众之手，则政治前途必不能有进步”。但如果纯粹实行议会政治，也是不行的，因为人民的知识和道德程度仍然不够。议会政治所需要三要素，如选举人互相信任、有冷静头脑、有理性判断等，中国一般民众并不具备。那么，适合中

① 张东荪：《党的问题》，《再生》第 1 卷第 3 期，1932 年 7 月 20 日。

② 张东荪：《三叹事》，见《草间人语》（未刊）。

国国情的政治便是“贤人政治”，“吾中华民国之国本当在贤人政治”。所谓“贤人”，就是社会上的“贤俊”之士，有知识有能力同时又很有道德修养的人士，与它相对的是“庸众”。所谓贤人政治，就是使这些贤俊之士执掌政治，即“所有之贤者悉集于上，而不肖者安于下，且此贤者起而为国家之重心，社会之斗南，国家之大命即托于此一部分人士之手”。他认为政治的大忌，一是世袭的专制，二是无知的庸众同预政事；前者流为少数人专制，后者成为庸众政治。“贤人政治”与两者都不同，是介乎两者间而又吸收两者优点的政治运作方式。对于这种政治，张东荪说：“贤人政治者，由积极言，以国内一部分贤俊出而支掌政局；由消极言，一班人民对于贤俊，非惟不阻挠其活动，抑且敬服之，常能认识贤者，举以任事；由法度言，权力分立之形式具，凡立宪政治与民权制度无一不备，使所有之人于法制前，皆有发展其个性之平等机会；由社会言，则一班通常之人，必具有崇贤任能之德，虚衷顺从之性，一方面又常能辨别贤愚，凡贤者所为皆盾乎其后，俾其力厚而功伟；他方面则不为非分之争以停滞政治之进行，而召内部之分裂，此贤人政治之大概也。”他强调，贤人政治不是一种政体，而是一种政治的运作方式，“即以贤者运用政治也”。①

可见，张东荪最初提出“贤人政治”，其动机是解决如何使政治运作更合理、如何提高行政效率的问题。在当时民众知识水平普遍不高的情况下，他反对实行彻底的民主政治，认为那样只会导致一批庸众执政，降低行政效率，带来政治的腐败和政府的无能。所以，只有将政治托付给那些“贤俊”之士，由他们来执掌政治，才会避免像袁世凯统治时期那样的腐败与无能。从表面上看，张东荪反对实行民主政治，似乎是一种思想上的退步，实际上并非如此。他并没有否定人民的各项权利，他主张“贤人政治”，是在坚持法律面前人人平等的前提下提出的，承认人人都有发展个性的平等机会，国家的主权仍然属于人民，只不过将政治的具体操作权交给少数“贤人”而已。

---

① 本段引文均出自圣心《国本》，《新中华》第1卷第4号，1916年1月。

1917年11月，经过反复的思索，张东荪将民国初年形成的“贤人政治”思想逐步系统化，在《东方杂志》上发表了长达3万多字的《贤人政治》一文，进一步阐述了“贤人政治”的政治主张，使这一主张更具理论色彩。他在解释写作该文的动机时说：“此篇乃著者十年来思想上之产物也。辛亥之岁，曾函告友人，与相辩难。其后以民权论之狂澜日高，不愿以此挑战。迨丙辰，审国人已饱受苦痛之教训，破迷知返，遂稍稍揭橥其旨于杂志日报。虽多反响，而颇见赞成。以为此乃适当机会，可以讨论矣。”①

张东荪通过对近代所实行的“有限的庸众主义”的分析，对民国以来中国所实行的西方式议会政治进行了质疑和批评。他断定：“以近代采取平民政治之诸国之历史为证，则但见其弊，不见其利。”他指出，由于“庸众主义”存在种种弊端，19世纪末到20世纪初，世界政治思潮发生了重大变化，庸众主义和平民政治遭到思想家的批评，出现了一个“平民政治之反动时代”，“贤能主义”成为新的世界性政治思潮。他认为，贤能主义即“柏拉图主义”，其基本思想体现在柏拉图的《理想国》中，就是“以具有特别高深教育之一阶级为中坚，常使其勿堕；严立登庸制度，以继其后。同时使此具有特别教育之中坚阶级，与军队合为一体，则有精干忠勇者，以捍卫邦国”。所以，国家之成立，“必赖有一专以政治为职业之阶级，具特别教育，致有特出之才能，与独厚之操守，专以发扬国力为天职，百计以强其国，不暇他顾。盍国家之强，与其自身有密切之关系也”。实际上就是主张“专家政治”。

张东荪认为，“一国政事之进行，恃贤能主义；而群众之安宁，则恃庸众主义”。所以，必须将两者调和好，用贤能主义提高政治效率，以庸众主义宣泄民意。中国的当务之急，一是如何“焕发其贤能”，二是如何“宁息其庸众”，处理好了两者的关系，便会达到“夫贤能导斬于上，群

① 本节下文的叙述和引文均参见张东荪《贤人政治》，《东方杂志》第14卷第11号，1917年11月15日。

生安息于下”的理想政治。正是在这样的思路指导下，张东荪调和“庸众主义”与“贤能主义”，提出了“贤人政治”的具体政治主张：“以专职政治与议会政治并行是已。”

张东荪指出，专职政治有两个要素：一是官吏，二是军人。“苟全国之人才皆入此二途，政治未有不修明者也。”他认为，虽然官僚政治带来了许多腐败和弊端，但不能说官僚政治就完全不足取。随着庸众主义的破产，西方各国开始走上“官僚政治”之路：德国之所以强大，是因为“第一等人才咸入官署，或为军人也”；“英之所以强，乃正赖专职政治也”；“美之所以有今日者，纯恃此专职之政客，以政治为阶级，得展特长耳”。“专职政治”的长处在于，“一方既有才能，足以发展，他方付以权限，无所阻挠”，使国家政事托命于“专职之一阶级”，此阶级“隐然为国家之柱石”。

如何实行“专职政治”？张东荪提出，“专职政治之养成，第一在有一定阶级之官僚，第二在造精练之军队”。而这两件事，“又必恃国内本有之特别势力，本此固有势力加以改善，足以造成善良之兵队，亦足以陶育专职之社会”。这就是说，必须依靠国内已经形成的“本有之特别势力”，国家的兴亡，就寄托于此势力身上。“兴亡之机，唯在固有势力之自觉与否而已”。张东荪此处所谓的“固有势力”，显然是指当时执掌北京政权的北洋军阀势力。他认为，此“固有势力”应为“政治的中心”，“贤人”应该聚集在它的周围。张东荪不主张推翻“固有势力”，认为“推倒固有势力，乃谬计之尤者也”，故只主张用改良的方式对于固有势力加以警告，促其醒悟，使之“力自振作，趋于日新”。

张东荪认为，议会在法律上是国家的一个机关，但在政治上，应该成为宣达社会上各种意见、沟通民众与政府的不可缺少的机关，起“宣泄社会上各种意见之作用”。所以，他主张“议会之职守，在为社会陈情，使在上者与在下者常得沟通，而无隔阂”。议会当成为“社会之缩型”的民意机关，而不能成为政治的中心，因为政治的中心在于固有势力，“即务使一等人物由固有势力继承而出。凡优秀之最者，悉入固有势力之系统下，为政治之中心”。议会的作用只是“为社会陈情”，最多也只能“以政治之镜鉴，补政治中心之不足”。正是由于议会变成了“为社会陈情”的民意机关，所以，议员成为民众宣达意见的“委托者”，而不是政治上的“代表者”。这样，自然消除了过去“议会政治”的种种弊端。

张东荪对议会政治的批评是相当激烈的，他的确发现了议会政治的种种弊端。从民国初年主张立宪共和，赞同议会制度，到对议会制度有所怀疑和批判，这是张东荪政治思想的一个重大变化。民国初期西方民主制度在中国尝试过程中出现种种问题，民主制在西方国家的破产，对北洋军阀势力的幻想，建立资产阶级民主共和国理想一次次破灭的现实的刺激，降低目标、委曲求全的资产阶级软弱性，成为张东荪提出“贤人政治”的主要原因。从总体上看，“贤人政治”的主张，是张东荪政治思想的退步，在建立民主共和政体异常困难的情况下，降低自己的政治要求，企图通过对固有势力的某些让步和妥协，换取一些资产阶级“贤人俊士”参与政治。也正是由于抱着对固有势力的妥协态度，他才会主张“贤人俊士”集合在固有势力的系统下，通过对他们的“改善”来缓解政治腐败和行政上无能的状态，才会不赞同打击固有势力的企图。

当然，应该看到，张东荪的妥协是有限度的，并没有超过其原则。尽管他对近代民主政治和民主主义进行了批评，主张将政治托付给少数“贤人”，但他并非要牺牲人民的各种权利，相反，是以承认和保障人民的基本民主权利为前提的。他曾说：“政治上有格言曰：人民之政府；即为人民而设之政府，亦即人民而成之政府；此庸众主义之所诠也。而柏哲士易之，曰：人民之政府，即为人民而设之政府，亦即由人民之秀者而成之政府；此贤能主义之所诠也。二者之不同，仅限于此。”由此可知，庸众主义与贤能主义并没有实质性的差异，贤人政治与民主政治，其精神也是一致的，只是在政治机构的具体运作上不同而已。实际上，张东荪并没有放弃资产阶级民主主义的基本原则，只是感到要对近代的议会政治进行修改而已。张东荪对议会政治的修正和补救，到 1930 年代发展为所谓“修正的民主政治”。

五

张东荪是民国初期有独立个性的著名政论家。他所提出的许多政治主张在当时思想界、舆论界产生了巨大影响，但并没有对现实的政治产生应有的效力。他所提出的“贤人政治”，也同样不会被固有势力——北洋军阀政府所采纳。民国初期几年的政论生涯，使张东荪极感失望。1917 年后混乱的政局，更使他感到资产阶级共和国的理想难以实现。政治革命为什么屡遭失败？痛定思痛，张东荪意识到，中国之所以不能如西方那样建立共和政体，主要是因为中国缺乏必要的社会基础，即政治革命太速，而社会革命太迟。早在 1914 年，他便在《政治革命与社会革命》一文中指出，“政治革命若离社会革命而独立，则为全无意味。故政治革命已告成而社会革命方在进行中者，其功用隐微而不易见”，主张“政治革命必与社会革命同时而存在”，“社会革命者，政治革命之根本也，政治革命之后盾也”。中国政治革命所以未获成功，实在是由于“政治革命太速，社会革命太迟耳”。[①] 所以，张东荪产生了分社会与政治为二、努力发达社会组织的思想。他后来的政治与社会分离论，就是有见于此而提出的。但在较长时间内，张东荪对于政治抱有极大的期望，对政论有着极大兴趣，所以，他并没有将精力集中于社会革命方面。

1916 年以后，政治方面的一系列失败，使张东荪对北洋政治日益失望；同时，也使他感到在军阀统治的局面下，很难再通过评议政治、以言语文字对政治产生影响。这样，他便开始将主要精力放在文化运动方面。对此，他在 1916 年 6 月发表的《今后之政运观——守法与让德》中说：“国家庶政之兴废，恒视各都督之意向，以为依违之准绳。于此状态之下，倡分权，不能更益之也；倡集权，不能以削之也；倡联邦，不能为联邦也；倡统一，不能为统一也；倡法治，不能遽行也；倡议会大权，亦不能遽行也；倡军民分治，更不能遽行也。于是吾人于此必大大醒觉者，即

① 张东荪：《政治革命与社会革命》，《正谊》第 1 卷第 4 号，1914 年 4 月 15 日。

须知中国此数年来之政变，皆未尝以言论为因果，实以历史上之因果为因果也。”①

言论还能对政治起多大的作用？张东荪对政治失去信心和希望，是顺理成章的。1918 年 12 月 26 日，梁启超游欧前在上海与张东荪等研究系骨干会晤。他后来回忆说：“是晚我们和张东荪、黄溯初谈了一个通宵，着实将从前迷梦的政治活动忏悔一番，相约以后决然舍弃，要从思想界尽些微力，这一席话要算我们朋辈中换了一个新生命了。”② 从此，梁启超、张东荪等研究系便彻底告别了政治活动，开始致力于文化事业和文化运动。

对于将注意力由政治转移到思想文化方面而不再关注政治、评议政治的原因，张东荪在 1925 年所写的《联邦论辩》中解释说：“我近来久不作讨论政治的文字，因为精神集中于他方面，所以无暇及此。”即注意力转移到哲学和文化方面。他又说：“我也不愿再讨论此类政治问题，因为政治究竟是一件实施的问题，若所谈与所主张均不能见诸实行，而实际反相距渐远，则谈时安能有兴味呢？我所以不愿论到政治，纯因现实状态不成样子，完全离了轨道。若所言不求切于实际，便是在脑中自造一乌托邦，当然不算讨论政治。可见现在中国的政治真是无法讨论了。”③ 这既是张东荪不愿再“评议政治”的原因，同时也是他转向“思想启蒙”的主要原因。

张东荪的所见，几乎是当时思想界有识者之共见；张东荪思想的转变与中国知识界的思想转向是一致的。在此之前，陈独秀创办《青年杂志》，发动新文化运动，开始将注意点由政治方面转移到思想文化方面。客观地说，张东荪虽较早意识到该问题，但转移得较晚，直到 1917 年接办《时事新报》时才开始将兴趣和精力转移到思想文化方面。

1917 年初，张东荪接替张君劢任《时事新报》主笔之后，积极改善

---

① 圣心：《今后之政运观——守法与让德》，《新中华》第 1 卷第 6 号，1916 年 6 月。

② 梁启超：《欧游心影录》，《饮冰室合集 · 专集之二十三》，第 39 页。

③ 张东荪：《联邦论辩》，《东方杂志》第 22 卷第 6 号，1925 年 3 月 25 日。

版面，亲自主持“社说”栏和“时评”栏，对国内外重大事件进行评述，发表研究系对当时政治、经济和社会问题的见解。经过艰辛努力，张东荪将《时事新报》办成了“议论最真实，消息最灵通，材料最丰富，为人人必读之唯一大日报”,[①] 并与北京的《国民公报》、《晨报》相呼应，成为以梁启超为代表的研究系在上海的主要喉舌，在国内舆论界享有盛誉。除了评议政治的社说和时评栏外，《时事新报》还注意介绍西方各种新学说。从1918年1月1日起，张东荪翻译的柏格森《创化论》在《时事新报》上连载三个月之久，在思想文化界产生重大影响。

1918年3月4日，为了更广泛地介绍新学说以指导和反映文化教育界情况，张东荪创办了五四时期影响深远的《时事新报》副刊《学灯》，致力于宣传西方新思潮。他在《学灯》创刊号上发表《学灯宣言》，阐述创办《学灯》的缘由。其云：“方今社会为嫖赌之风所掩，政治为私欲之毒所中，吾侪几无一席之地可以容身。与其与人角逐，毋宁自辟天地，此学灯一栏之由立也。”这是他创办《学灯》的主要原因。他接着说明了《学灯》的宗旨：“一曰借以促进教育，灌输文化；二曰屏门户之见，广商权之资；三曰非为本报同人撰论之用，乃为社会学子立说之地。”[②] 实际上，《学灯》创刊时，主要内容是评论学校教育和青年修养。在这三项创刊宗旨中，“屏门户之见”、“为社会学子立说之地”只是表示对待思想自由的态度，只有第一项“促进教育，灌输文化”才是真正的宗旨。

《学灯》用白话文发刊，风格与北京《晨报》副刊很相似。《学灯》创刊时每周一次，5月间每周二次，12月起每周三次，1919年1月起改为日刊，星期日休刊。从1921年5月10日起，《时事新报》增辟《文学》旬刊；1921年9月16日，又增辟《社会主义研究》旬刊。《学灯》的版式也几度改变，最初每期只占大半版，1919年2月起扩充为两版。1922年后改为4开4版的附张。从1924年10月开始，《文学》和《艺

---

① 《解放与改造》第2卷第14号，1920年7月15日。

② 东荪：《学灯宣言》，《时事新报》副刊《学灯》1918年3月4日。

术》等副刊的第 4 版辟为《教育界》副刊，《学灯》的篇幅只占 3 版；1925 年 7 月后缩小为两版，同年 11 月 11 日起与《教育界》合为 4 版。经过张东荪等人的努力，《时事新报》副刊《学灯》成为五四时期非常有影响的介绍新思潮之刊物，它与《民国日报》副刊《觉悟》及《晨报》副刊并称为五四时期三大副刊。

1918 年秋，张东荪与梁启超、蒋百里、张君劢等人发起成立学术团体——新学会，其宗旨是从学术思想上谋根本的改造，以为新中国之基础。最初的参加者有梁启超、张东荪、张君劢、蒋方震、郭虞裳、余颂华等 20 人。张东荪在《新学会宣言书》中对该会情况及《解放与改造》的性质和内容做了说明："我们现在创办这个'新学会'，就是抱定上文所说的两层意思。第一，我们现在承认国家的革新是没有取巧的捷径的，是必须经过那条思想革新的大路的。第二，我们承认学术思想的革新有一条捷径，那条捷径就是研究欧美先进国几百年来积聚所得的最后的结果，就是本会简章所说的'研究世界新思潮新学说'。我们的希望是研究世界最新的思潮，最新的学说，用来作为我们研究中国种种问题的参考材料，再尽我们的能力把这种学说传播出去，使全国的人都添无数参考印证的材料，使中华民国的思想有一些革新的动机，使中华民国的新生命有一个坚固的基础。"①

新学会成立后，按照梁启超的意思，应该努力筹备发行新的定期期刊。但很快梁启超、蒋百里等人欧游，新学会主要由留在上海的张东荪主持，筹办新刊物的工作自然由张东荪负责。1919 年 9 月 1 日，张东荪创办《解放与改造》，发表《第三种文明》、《为什么要讲社会主义》等文，本着顺应世界思想发展趋势的要求，积极介绍社会主义学说；本着"过激主义之稳健化"的目的，将致力于介绍的社会主义定位为"稳健"的社会主义。他在其主办的《时事新报》及其副刊《学灯》和《解放与改造》上，积极传播新思潮和新文化，探索中国社会的解放与改造之路，与北京的《新青年》同人遥相呼应，将五四新文化运动推向深入发

① 张东荪：《新学会宣言书》，《解放与改造》第 1 卷第 1 号，1919 年 9 月 1 日。

展。

这样，张东荪顺应时代发展的潮流，从 1917 年后逐步完成了从“评议政治”向“思想启蒙”的转变，并成为五四新文化运动中不可忽视的重要代表人物之一。

传媒视域下“问题与主义”论争及《星期评论》、《每周评论》的南北呼应*

王天根**

摘　要　近代西学东渐，思想与潮流交融的思潮风起云涌，其呈现的脉络无疑与展示的载体或平台有密切的关联。近代国家、社会的话语乃至意识形态重构处变动不居。其中，“问题与主义”的论争，涉及政治上胡适对安福系民生主义的清理并关联孙中山三民主义中的民生主义。“问题与主义”的论争涉及学理与政治。作为重要的舆论平台，北京《每周评论》及上海《星期评论》在探析问题与主义的论争中遥相呼应，对其探索旨在思考舆论空间的分析框架及其与政治议程的互动关系。

关键词　问题与主义　《每周评论》　《星期评论》

作为思想乃至思潮的载体，近代意义的报刊有别于传统的京报、邸报，出现时间很短，是新生事物，广播出来之前属新媒体应毫无疑义。此外，以往对陈独秀、胡适等报刊传播思想史研究重在经典文本、精英思想的内在发展逻辑及学术传承的理路，较少关注近代“问题与主义”论争中社会思潮的形成、自由主义与社会主义分歧下精英人物的时评价值取向。笔者将社会思潮史与报刊史结合起来，进行交叉研究，并试图在这方

* 该文系王天根主持的国家社会科学基金重点项目（13AZD168）、教育部新世纪人才支持项目（NCET－13－0642）的部分研究成果。

** 安徽大学新闻传播学院教授。

面进行有益的探索，将救亡图存下中国现代报刊探索视作过程，进行分析，而不仅仅是作为历史事件来分析。

一 传媒视域在政论研究中的重要性

近代报刊与近代政治、文化思想等密不可分。而以往探究作为政治史、思想史重镇的五四前后的新文化运动时，多从思想与启蒙或救亡与启蒙的层面去揭示。这是思想史、文化史探讨问题的路径；甚少有人从传媒的角度去探讨思想史。近代思潮的分析显然离不开其载体报刊媒介的分析，正如河水离不开河床，河床甚至影响河水的冲击力度乃至水流的走向。五四前后的思想乃至文化有趋新的走向，作为思想载体的报刊也不例外，从《新青年》、《新潮》到《新教育》等皆可窥见一斑。1919年4月23日，汪孟邹致胡适的信也称：“近来《新潮》、《新青年》、《新教育》、《每周评论》销路均渐兴旺，可见社会心理已转移向上，亦可喜之事也，各种混帐杂乱小说销路已不如往年多矣。”类似的话亦见于是年5月23日张黄致胡适的信：“《新青年》、《新潮》听说在内地各省奏效很大。”其时，以新的时代潮流、新的青年、新的教育等为标识的新思潮，无疑已经占据社会的舆论平台，形成新的时代趋向。趋新的报刊抨击保守思想并塑造新思潮毫无疑问。从新文化到新文化运动的流变，离不开时代的弄潮儿——思想家、舆论精英的分析，也离不开对报刊及其文本内容的解读。两者结合，有利于重构历史，还原历史真相。由此而言，从报刊这一媒介来看其时的文化趋向乃至政治事件，显然是学术传播史学题中应有之义。

《新青年》早年在上海即以《青年杂志》冠名并取得很大的社会影响。陈独秀将杂志盘活主要是利用安徽籍贯的作者作为撰稿力量。《新青年》从上海移到北京后，由以安徽籍贯作者为主体的刊物演变为以胡适、李大钊、吴虞、钱玄同、陶孟和、刘半农、沈尹默等北大师生为主体的同人刊物。这一同人刊物在稿源上开始收缩战线，《新青年》在1918年1月第4卷上即称：“所有撰译，悉由编辑部同人公同担任，不另购稿。”

是期鲁迅参与撰稿，给《新青年》带来批判性的锋芒。1918 年 5 月 15 日《新青年》第4 卷第 5 号有“独秀”的《答汤尔和（学术思想）》，称：“来书虽系弟私人请益，以关系学术，故揭告读者，谅不以为忤也。以后倘有大著赐登本志，指导青年逃出迷途，则幸甚。”① 可见该刊此时仍以向导青年为旨趣。这些亦表明《新青年》迁到北京后仍注意培养青年受众，保持相当的亲和力。

陈独秀与胡适等是新文化运动的核心人物，就《新青年》办刊方针而言，他们内部有分歧，胡适主张刊物应立足于思想启蒙。胡适回忆称：“一九一七年七月我回国时，船到横滨，便听见张勋复辟的消息；到了上海，看了出版界的孤陋，教育界的沉寂，我方才知道张勋的复辟乃是极自然的现象，我方才打定二十年不谈政治的决心，要想在思想文艺上替中国政治建筑一个革新的基础。我这四年多以来，写了八九十万字的文章，内中只有一篇曾琦《国体与青年》的短序是谈政治的，其余的文字都是关于思想与文艺的。”② 相比之下，面对国内外政治局面的变迁及救亡图存的压力，陈独秀已转向讨论政治。陈独秀在《答顾克刚（政治思想）》③ 中称：“本志主旨，固不在批评时政，青年修养，亦不在讨论政治，然有关国命存亡之大政，安忍默不一言？政治思想学说，亦重要思想学说之一，又何故必如尊函限制之严，无一语拦入政治时事范围而后可也？”④ 由此可见，陈独秀是代表刊物的立场作表态，《新青年》早期不谈政治而以思想启蒙为己任，但时局变迁促使《新青年》发表时评。在主持人陈独秀看来，治学经世致用，“若夫博学而不能致用，漠视实际上生活之凉血动物，乃中国旧式之书生，非二十世纪之新青年也”。⑤ 但总体上，他还是主张政治与学术分开，“教诲青年，当以纯正之

---

① 《陈独秀著作选》第 1 卷，上海人民出版社，1993，第 379 页。
② 曾琦的《国体与青年》后刊发在《晨报》上。又见中国社会科学院近代史研究所编《五四运动回忆录》，中国社会科学出版社，1979，第 163 页。
③ 《新青年》第 3 卷第 5 号，1917 年 7 月 1 日。
④ 《陈独秀著作选》第 1 卷，第 331 页。
⑤ 《陈独秀著作选》第 1 卷，第 331 ~ 332 页。

学说巩固其基础，不当参以时政，乱其思想也”。[①] 1918 年 7 月 15 日，陈独秀在《新青年》第 5 卷第 1 号刊发《今日中国之政治问题》，称：“本志（《新青年》）同人及读者，往往不以我谈政治为然。有人说：我辈青年，重在修养学识，从根本上改造社会，何必谈什么政治呢？有人说：本志曾宣言志在辅导青年，不议时政，现在何必谈什么政治惹出事来呢？呀呀！这些话却都说错了。……至于政治问题，往往关于国家民族根本的存亡，怎应该装聋推哑呢？”[②] 在陈独秀看来，“我现在所谈的政治，不是普通政治问题，更不是行政问题，乃是关系国家民族根本存亡的政治根本问题。此种根本问题，国人倘无彻底的觉悟，急谋改革，则其他政治问题，必至永远纷扰，国亡种灭而后已！国人其速醒！”[③] 可见，与陈独秀创办《青年杂志》主张思想启蒙而非讨论政治的初衷相比，此时面对新旧思潮的分野，他办刊理念有较大转变，即认为《新青年》该讨论政治了。

面对一战，陈独秀等创办《每周评论》议论政治，“政治问题往往关于国家民族根本的存亡，怎应该装聋作哑呢？”[④] 1918 年 12 月 22 日，《每周评论》第 1 号在北京发刊，以议论时局政治为主，兼涉思想文艺，早期四版，陈独秀任主编。《每周评论》与《新青年》相呼应。《新青年》第 5 卷第 6 号刊载了《每周评论》的刊行广告：“《新青年》是重在阐明学理；《每周评论》是重在批评事实。”[⑤] 这说明《每周评论》作为媒介设置政治议题的倾向。

提倡民主与科学是陈独秀主持的《新青年》等要致力的舆论方向。正是坚持制度、学理意义上的民主，《新青年》致力于论证共和政体的合法性。1919 年 2 月 15 日，陈独秀在《新青年》第 6 卷第 2 号上发表《再质问〈东方杂志〉记者》，称：“记者信仰共和政体之人也，见人有鼓吹

① 《顾克刚原信》，《陈独秀著作选》第 1 卷，第 332 页。

② 《陈独秀著作选》第 1 卷，第 384 页。

③ 《陈独秀著作选》第 1 卷，第 384 页。

④ 陈独秀：《今日中国之政治问题》，《独秀文存》，安徽人民出版社，1987，第 150 页。

⑤ 《新青年》第 5 卷第 6 号，1918 年 12 月 15 日。

君政时代不合共和之旧思想，若康有为、辜鸿铭等，尝辞而辟之；虑其谬说流行于社会，使我呱呱堕地之共和，根本摇动也。”[①]《新青年》除了对政体尤其关注外，还对持社会改良倾向的《东方杂志》颇在意。旧派林纾等对《新青年》的诬陷之言，亦在《新青年》内部引发反响，是年 3 月 3 日张奚若致胡适的信称：“《新青年》中除足下外，陶履恭似乎还属学有根底，其余强半皆蒋梦麟所谓‘无源之水’。李大钊好象是个新上台的，所作《Bolshevism 的胜利》及《联治主义与世界组织》，虽前者空空洞洞，并未言及 Bolsheviki［布尔塞维克，下同——引者注］的实在政策，后者结论四条思律，不无 mechanical［机械的］，而通体观之，尚不大谬，可谓新潮。Bolsheviki，中国报纸向称为过激党，不通已极。‘联治’二字比‘联邦’较佳万倍，可免许多无谓争执。”[②] 这些论点后在胡适的文章中也略有体现。1919 年 4 月，李大钊一度以“弟大钊”的口吻致信胡适，称：“我的意思，你与《新青年》有不可分的关系，以后我们决心把《新青年》、《新潮》、《每周评论》的人结合起来，为文学革新而奋斗。在这团体中，固然也有许多主张不尽相同，可是要再想找一个团结象这样颜色相同的，恐怕不大容易了。从这回谣言看起来，《新青年》在社会上实在是占了胜利。不然，何以大家都为我们来抱不平呢？平素尽可不赞成《新青年》，而听说他那里面的人被了摧残，就大为愤慨，这真是公理的援助。”可见，李大钊希望《新青年》朝先进的方向走，也希望胡适等同人继续团结一致，“我们愈该结合起来向前猛进。我们大可以仿照日本‘黎明会’，他们会里的人，主张不必相同，可是都要向光明一方面走是相同的”。[③] 在舆论压力面前，李大钊怕新思潮的代表们内部分裂，故先给胡适等打预防针。实际上此时李大钊、陈独秀等中国早期的社会主义者与以胡适为代表的欧美派的自由主义者之间在政治舆论上已有分歧的苗头，后胡适发表《问题与主义》之类的文章，李大钊予以回应，显然已初显分歧，只不过他们在报刊上面对读者将政治舆

① 《陈独秀著作选》第 1 卷，第 478 页。
② 《胡适来往书信选》（上），中华书局，1979，第 31 页。
③ 《李大钊文集》（下），人民出版社，1984，第 936 页。

论放大而已。

北大处理了旧思潮学生代表张厚载造谣生事的同时，3 月底以嫖娼名义处理了陈独秀。1919 年 6 月 11 日陈独秀因在北京新世界百货散发《北京市民宣言》而被俘。陈独秀散发传单、散发《宣言》无疑是媒介事件，但其由此而被捕无疑是政治事件。陈独秀被捕这一政治事件引起北京乃至上海舆论界的高度重视，是月 12 日孙伏园告知周作人，两日后，周作人、李辛白、王星拱等以北京大学的名义到警察厅探访陈独秀遭拒。陈独秀被逮捕后，《每周评论》由胡适负责，李大钊也在编辑人员中扮演了重要角色。第 26 期（1919 年 6 月 15 日）后的《每周评论》，将“国内大事述评”、“国外大事述评”、“社论”等专栏取消，而用黑体大字号《杜威讲演录》为标题，并刊载“杜威博士同他夫人的相片”，宣传杜威以解决问题为趋向的实验主义。胡适主持《每周评论》注重同人办刊。是年 6 月 23 日晚，周作人等应胡适之邀往六味斋，共 12 人，参与讨论《每周评论》善后问题。实际上，自陈独秀被捕之后，《每周评论》受胡适、李大钊影响尤多，胡、李在政治偏向上颇有分歧。“问题与主义”等议题的讨论由二人主持，背反严重。①

二　“问题与主义”论争的语境：从媒介事件到政治事件的转向

五四之后的“问题与主义”的论争，无疑是旧民主主义向新民主主义政治转向中最为重要的政治议题。“问题与主义”的论争有个过程，首先是由政治引发。安福系王揖唐发表讲演，分析现实政治，谈到主义。1919 年 7 月 20 日，胡适在《每周评论》第 31 号上发表《多研究些问题　少谈些主义》，称：“前几天北京《公言报》、《新民国报》、《新民报》（皆安福系的报——引者注）和日本文的《新支那报》，都极力恭维

① 这实际上导致《每周评论》已呈强弩之末之态势。参见张菊香、张铁荣编著《周作人年谱（1885～1967）》，天津人民出版社，2000，第 146 页。

安福部首领王揖唐主张民生主义的演说，并且恭维安福部设立‘民生主义的研究会’的办法。有许多人自然嘲笑这种假充时髦的行为。但是我看了这种消息，发生一种感想。这种感想是：‘安福部也来高谈民生主义了，这不够给我们这班新舆论家一个教训吗？’”无论从话语表述还是修辞来看，这是媒介议题。而在近代中国，所谓民生主义显然带有旧民主主义革命代表性人物孙中山以“民族主义、民权主义、民生主义”为核心的三民主义之政治语境。孙中山的民生主义显然受到英国等老牌资本主义国家的经济学家思想的影响，而其时英国的经济学家民生方面的思想与其国内社会层面的改良思潮密切相关。通过胡适与孙中山及其笔杆子廖仲恺等社会关系网的互动可见，胡适此处有捍卫孙中山三民主义中的民生主义的意思。其时安福系正是以北大陈独秀、胡适、李大钊等为代表的新思潮作为抨击的对象。胡适对自己的此类政论很是看重。他曾给孙中山在政治舆论宣传上的重要助手廖仲恺致信，推荐孙中山看这篇文章。是年 7 月 19 日，廖仲恺回信称：“尊函得读，即以呈之孙先生……《每周评论》31 号出版，当敬读尊论。”[①] 1919 年 7 月 26 日，少年中国学会的重要骨干曾琦致信胡适，称：“《每周评论》卅一号所登的大作，对于现在空发议论而不切实的言论家，痛下砭鞭，我是万分佩服。我常说：‘提倡社会主义，不如研究社会问题，较为有益’，也和先生的意思差不多。”[②] 事实上，曾琦提倡国家主义，与胡适等往来密切，思想亦近。可见，面对安福系政客高调谈论主义，胡适在《每周评论》上刊文，多从学理层面借助孙中山三民主义之民生主义的学理来讨论现实政治。这无疑是将政治发言引到报刊，并就“问题与主义”再三在报刊进行舆论议程设置，无疑使之变成媒介事件。

而胡适的“主义”讨论虽然有孙中山民生主义之政治语境，但在文章中胡适将其与现实政治寡头及其背后的军阀相联系。胡适在“主义”学理上的阐述尚有过多的舆论空间，至少在中国早期的马克思主义者看

---

① 《胡适来往书信选》（上），第 64 页。

② 《胡适来往书信选》（上），第 66 页。

来，“主义”还涉及集体主义的学理及其阐述。由此引发对“主义”的讨论，这已经远远超越了胡适评判安福系之民生主义的初衷。而胡适阐述学理中呈现的改良主义之政治倾向也与主张政治革命的中国早期马克思主义学理不相融。

针对胡适倡导的渐进的改良社会这一实验主义倾向及其评判“主义”的立场，李大钊在8月17日的《每周评论》第35号上刊文提出商榷。李大钊在讨论了“问题与主义”之后，也谈到了“所谓过激主义（即社会主义)”。他称：“《新青年》和《每周评论》的同人，谈俄国的布尔扎维主义的议论很少。仲甫先生和先生等的思想运动、文学运动，据日本《日日新闻》的批评，且说是支那民主主义的正统思想。一方要与旧式的顽迷思想奋战，一方要防遏俄国布尔扎维主义的潮流。”其时中国的社会主义思想多受日本报刊的影响，尤其是曾就读日本早稻田大学的李大钊，“我可以自白，我是喜欢谈谈布尔扎维主义的。当那举世若狂庆祝协约国战胜的时候，我就作了一篇《Bolshevism的胜利》的论文，登在《新青年》上。当时听说孟和先生因为对于布尔扎维克不满意，对于我的对于布尔扎维克的态度也很不满意（孟和先生欧游归来，思想有无变动，此时不敢断定)。或者因为我这篇论文，给《新青年》的同人惹出了麻烦，仲甫先生今犹幽闭狱中，而先生又横被过激党的诬名，这真是我的罪过了。不过我总觉得布尔扎维主义的流行，实在是世界文化上的一大变动。我们应该研究他，介绍他，把他的实象昭布在人类社会，不可一味听信人家为他们造的谣言，就拿凶暴残忍的话抹煞他们的一切。”[①] 文中提及的陶孟和。1918年底至1919年初，作为北大政治学系主任被派往欧洲，考察战后的教育重建。后陶孟和经过日本并会见正在日本讲演的胡适的老师杜威。3月17日，他离开日本往美国，再从美国到英、法游历考察，同时撰写欧游通讯。李大钊文中所谓过激主义，主要指政治激进。李大钊将陈独秀被捕与自己刊发的《Bolshevism的胜利》关联，亦与“过激党”相联系。但李大钊称“日本《日日新闻》的批评，且说是支那民主主义的

① 《李大钊文集》（下），第35、36页。

正统思想”等，与胡适所涉及的孙中山等民生主义政治主张有相当距离，民生主义与民主主义虽然皆属于学理意义上的“主义”，但民生与民主旨趣相去甚远。“问题与主义”的讨论涉及知识分子政见上的阵营划分，大体可认为近代自由主义与社会主义在此分野。这涉及学理讨论转向政治运动，无疑是其时学理政治化的重要体现。而胡适、李大钊这样对社会有巨大影响力的舆论精英将分歧公之于众，“问题”与“主义”的分离，自然是不可弥合。道统意义上“问题”与“主义”论争决定了两者在政见上的不同；主持人胡适与李大钊的政见歧异决定了《每周评论》对受众的影响分为两个方向。

三 “问题与主义”论辩与《星期评论》、《每周评论》南北舆论之呼应

正是李大钊《Bolshevism 的胜利》等文章将胡适讨论“主义”时所涉及的民生主义牵引至红色中国意义上的布尔什维主义之名实之辩。换句话说，中国的民生主义乃至民主主义的讨论随之与布尔什维主义学理论辩相关联。政治意义上陈独秀入狱，由此而付出学理探究意义上的代价。自陈独秀入狱后，北京的《每周评论》的主持人胡适、李大钊等与上海《星期评论》在整合南北舆论方面做了相当的工作。

首先，李大钊宣传共产主义，歌颂苏俄政治革命。他与陈独秀在筹建早期的共产主义小组，以及为中国共产党创立所做的贡献，从“北李南陈”的说法中即可窥见一斑。而其时胡适与孙中山及国民党的关系，目前尚无多少说法。实际上孙中山自失败后，开始从学理上进行反思。他称中国革命失败教训“实多以思想错误而懈志也”。[①] 1918～1919 年，孙中山先后完成的《孙文学说》和《实业计划》，以及他 1917 年撰著的《民权初步》，构成了其哲学、经济乃至民主层面的较为系统的《建国方略》。与此同时，孙中山命胡汉民、朱执信、廖仲恺等筹办《星期评论》、《建

① 陈锡祺主编《孙中山年谱长编》上册，中华书局，1991，第 1139 页。

设》，宣传他的政治主张。胡适在 1919 年 6 月 29 日第 28 号的《每周评论》上刊发《欢迎我们的兄弟——星期评论》，提及“上海现在新出了一种周报，名叫《星期评论》。因为他的体裁格式和我们的《每周评论》很相像，所以我们认他是我们的兄弟。我们欢天喜地的欢迎我们的兄弟出世，更祝他长大，祝他长寿！”“《星期评论》的第一期出世时，我们看了虽然喜欢，但觉得这不过是《每周评论》第二罢了。到了《星期评论》第二期出版，我们方才觉得我们这个兄弟是要另眼看待的了！”与此同时，胡适声称：“现在舆论界大危险，就是偏向纸上的学说，不去实地考察中国今日的社会需要究竟是什么东西。那些提倡尊孔祭天的人，固然是不懂得现时社会的需要。那些迷信军国民主义或无政府主义的人，就可算是懂得现时社会的需要么?”“要知道舆论家的第一天职，就是细心考察社会的实在情形。一切学理，一切‘主义’，都是这种考察的工具。有了学理作参考材料，便可使我们容易懂得所考察的情形，容易明白某种情形有什么意义，应该用什么救济的方法。”这些话为胡适提出的“多研究些问题，少谈些主义”埋下伏笔，他后来讨论“问题与主义”，首先征引这些话。

其次，上海《星期评论》在南方的舆论整合上做了相当的工作。与北京的《星期评论》相呼应的是，无论是刊物的名称还是办刊风格都与之大体一致的上海的《星期评论》。沈玄庐、戴季陶、孙棣三人主编的《星期评论》为周刊，1919 年 6 月 8 日在上海刊行。上海的《星期评论》与北京的《每周评论》的编辑及主持人员多遥相呼应，《星期评论》的三个发起人致信《每周评论》的主持人胡适称：“《星期评论》第一号到第四号各寄十份去，以后出版当照数寄。中间的缺点很多，请你随时指教。我们比欢迎你的欢迎文字还要欢迎。”他们还一度指望胡适帮忙在北京推销《星期评论》，“北京如果找得到代派所，请你知会我们。大约要多少份数，也请你说个数目。至于报费，尽他销行过十期二十期再说，我们苦凑了这个宣传事业，暂时不能够在营业上着想的”。此时《星期评论》还处在初创阶段，定位为政治宣传，营业上的推广还有个过程。戴季陶与《每周评论》的主持人之一胡适多有往来。戴季陶、孙棣三、沈玄庐在

1919 年 7 月 2 日曾致信胡适，称："适之先生：接到你二十九号的信并 28 号《星期评论》，很感激你的用意。同时看到《每周评论》上没有独秀先生的著作，又觉得非常遗憾。唉！监狱是进去了，几时回到研究室呢?"可见，他们对陈独秀鼓吹并散发《北京市民宣言》而被捕是持同情之态度。对当局的舆论压制政策，他们很是反感，"上海工部局取缔出版的提议，此间出版界打算联合提出抗议。我们这小小出版也同样处这矮檐底下，前天送了请求书去，仅仅得了个出版后给他一张看看的允诺。如果不能把英租界的提议打消了，恐怕舆论中心的上海，要化成文字狱的监牢啊!"1919 年 9 月 22 日，戴季陶、沈定一致信胡适，称："我们替你和北大捏了一把汗过日子，这一两天才从各方面来的消息中间，总算把胸中这块大石头放下！……我们双十节的纪念号，已经说过要出，现在只得孙逸仙做了两篇，徐季龙、胡汉民、朱执信、叶楚伧各做了一点，总计要出七万字来，还差得很多，请你无论如何，给我们《星期评论》纪念号做一万字来。"[①] 胡适也果然有一些稿件投给《星期评论》。

上海的所谓《星期评论》语义上实同于北京的《每周评论》。《每周评论》虽偏左，与《新青年》相呼应，但政治上仍大体上属同人办刊，有自由主义精神。《星期评论》虽为国民党党刊，毕竟有上海租界等治外法权遮风避雨。相对比之下，地处京师的《每周评论》则暴露在行政压力之下，亦因言论几遭厄运。1919 年 9 月 7 日，《星期评论》第 14 号评论专栏刊发戴季陶的《可怜的"他"》，称："上月二十一二日，看见报上说北京的《每周评论》被封了。我心里又气又恨又好笑，便做了一篇文章。一半是拿来做吊《每周评论》的文，一半拿来警告那些可怜的'官鬼'。文稿刚发到排字房，《民国日报》接到北京电报，说《每周评论》还没有封，就高高兴兴的把这篇文章撤回了。谁想不到十天，《每周评论》被封的事，依然成了事实。我只得没精打采的，重把那一篇已经作好的'旧祭文'，略为修改、修改，重行登载出来。"[②]《星期评论》主笔

---

① 本段的引文出自《胡适来往书信选》(上)，第 62、71 页。

② 《星期评论》第 14 号，1919 年 8 月 10 日。

戴季陶感叹：“《每周评论》为什么事被封？这是不问可知的。中美通信社的‘北京通信’说：此地的《每周评论》，前天忽然被政府封禁。可见政府厉行‘压制政策’，摧残民意。五月封《益世报》、八月二十三日封《京报》，不过是一个发端。将来凡不是安福系和亲日派机关的报纸，都要到不能存在为止。”所谓“安福系和亲日派的机关报”多指与段祺瑞政府有裙带关系的报纸。戴季陶言下之意，凡反对行政当局者的报刊皆难以生存，此大有顺我者昌，逆我者亡之意。“从前《益世报》和《京报》的被封，为的是攻击官僚。这次《每周评论》被封，就是为了‘主义’不合。据警察厅说，政府得到江西督军的电报，‘请政府把北京的《每周评论》、上海的《星期评论》，一并封禁，因为这两报都含得有过激派臭味。政府因此命《每周评论》停止出版，警察还要逮捕《每周》的发行人与印刷人，但是到底寻获不着。……其他的投稿人京中的住宅，都被查抄。想要把这些人都牵进案里，竟自一个人也捉不住。《每周》在京里面销到五万份，大家都认他是一个最好的周刊。现在全国各埠，大约有五种报纸，仿《每周》的体裁，言论都是关系政治哲理，鼓吹进化主义，所以政府恨他们’。”在戴季陶看来，“《每周评论》的罪案就是这样了”。戴季陶所谓“这次《每周评论》被封，就是为了‘主义’不合”，这里的“主义”既涉及胡适的民生主义之论，也涉及李大钊的民主主义及社会主义，当然也涉及陈独秀因“主义”而被捕。戴氏这些触犯时忌的话引起政府的高度注意。一北一南的北京行政当局及上海的工部局，皆是导致《每周评论》、《星期评论》此类宗旨一致的刊物在舆论上受到压抑，始终受到打击的重要罪魁。《星期评论》、《每周评论》一南一北，在舆论上相互奥援。由此而论，报纸杂志因其话语表述触及社会乃至国家意义上的意识形态的痛处而遭查禁亦在情理之中。

四 结论

社会主义思潮是伴随着欧战中德国、俄国的社会主义运动而起的。而中国五四前后舆论精英面对的不仅仅是欧战后世界地图的重绘，还涉及袁世凯病逝后社会秩序的重建乃至民族精神重构的种种设想。近代知识分子改造社会过程中对西方的审视及对近代民族精神的重构，与西方政治语境对中国的影响密切相关。就知识分子而言，自由主义者的代表胡适等与社会主义者的代表陈独秀、李大钊等，在由思想启蒙转向谈论政治后有诸多分歧，1919 年下半年胡适与李大钊等展开了“问题与主义”的论争，胡适倡导改变中国社会乱局的出路在于从“问题”出发，其学理依据是杜威哲学。在胡适看来，“学理是我们研究问题的一种工具”，他“希望中国的舆论家，把一切‘主义’都放在脑后，做参考资料；不要挂在嘴上做招牌，不要叫一知半解的人拾了这些半生不熟的主义去做口头禅”。① 李大钊等予以反驳，诸多报刊投入论战。就近代中国而言，马克思主义是时代潮流、世界潮流。马克思主义思潮在近代中国的形成显然与媒介系统的舆论动员密切相关，而报刊无疑是鼓吹马克思主义的重要平台。五四前后的报刊有上百种，组成了媒介系统，鼓吹马克思主义是整个媒介系统的反应。关注中国早期马克思主义源流中的共产国际、日本社会思潮中的共产主义因素，无疑显示了报刊之守望精神，也展示了近代报刊的世界目光。

与封建的结构论及资本主义的功能论相比，倾向于“主义”的社会主义者多强调民众思想启蒙要从社会底层做起，中国社会变革要从下至上。与资产阶级同人办报的学理相比，社会主义者多强调舆论宣传的高度一致，其党报则强调阶级性、组织性与战斗性。当然事情有另外一面，正如杜威在北大演讲时所称：“激烈思想传播所以如此迅速，其原因不在思想本身，而在思想以外的情景。例如最近俄国过激派传播这样迅速，我们可以断定，许多小百姓绝不见得了解他们领袖人物列宁的主义原理；其原因不在他的思想本身，而在俄国人的没有饭吃，没有衣穿，没有屋住。”② “许多小百姓”当然关心的是衣食住行等民生主义问题，而“他们领袖人物列宁的主义原理”当然指代布尔什维主义，杜威的话论及俄国革命中的领袖与群众中的布尔什维主义与民生主义的糅合。杜威在北京的演说当

① 《胡适口述自传》，唐德刚整理、翻译，安徽教育出版社，2005，第 206 ~ 207 页。

② 〔美〕杜威：《杜威五大讲演》，胡适口译，安徽教育出版社，2005，第 82 页。

然有针对中国所谓过激派政治传播之用意。但李大钊、陈独秀等在半殖民地半封建社会中强调推翻封建主义、帝国主义的统治，以重建的精神进行革命。对待报刊舆论，他们强调要以民众为中心，且认为党报是党的喉舌。相比较而言，胡适等知识分子显然掌握了话语权，而近代早些时候无产者无疑处在文化资源与社会资源的下游，他们作为民众群体的代表，无疑与社会草根阶层有更多的联系，这从报刊筹办上也可窥见一斑，他们的论著更多地反映了社会底层的风貌。

简言之，探析“问题与主义”的论争及南北舆论《每周评论》、《星期评论》的遥相呼应，可为笔者新闻自身发展的职业精神与宣传策略之间对峙、融通这一纠葛找到分析的切入点。报刊史探索涉及舆论空间的分析框架，南北舆论呼应中媒介议程与政治议程的互动关系密切，学界应当注意。

张东荪与社会主义论战中的“英国道路”问题

高　波[*]

摘　要　社会主义论战的一大主题是辩论俄国道路与英国道路的优劣问题。张东荪认为俄式布尔什维主义是以政治压制社会，不符合五四时期“德先生”与社会改造的精神；他倾向于以社会自治为基础的英式基尔特社会主义，但同时认为，中国社会、政治情势与英国差别巨大，基本不具备实行基尔特社会主义的条件。因此，他主张基尔特社会主义，更多是为了应对五四时期新派必须有“主义”的压力，以及避免被认为主张资本主义。这提示了当时中间派知识分子的思想与政治困境。20世纪20年代后国家社会主义思潮的得势，也与此有关。而历史记忆中张东荪基尔特社会主义者的形象，则有相当的迷思成分。

关键词　社会主义论战　张东荪　俄国道路　英国道路　基尔特社会主义

社会主义论战是五四后的一次重要思想与政治事件，论战持续数年，深刻影响了五四后新势力的分野以及中国早期社会主义运动的走向。基于其重要性，该主题的研究一直较多。[①] 从研究方法看，自20世纪50年代

* 中国人民大学历史学院讲师。

① 主要的研究有：丁守和、殷叙彝：《从五四启蒙运动到马克思主义的传播》（三联书店，1979），第4章第2节；李新、陈铁健主编《中国新民主革命通史》（上海人民出版社，2001）第1卷，第1章第8节；彭明：《五四运动史》（人民出版社，1998），第18章“社会主义辩论”；陈旭麓编《五四以来政派及其思想》（上海人民出版社，1987），第2

以来，有两个主要趋向，一为强调对这一论战进行定性与评价（不同历史时期结论不同），探讨其与“后五四时期”社会、政治形势的关系。另一为探讨社会主义论战发生的长程因素，将论战的主题与观点追溯到晚清以及新文化运动早期，分析该论战发生的内外理路。就内容而论，20世纪80年代以前的研究多探讨论战中马克思主义者如何在思想层面战胜非马克思主义者；其后则逐渐开始肯定张东荪、梁启超等人观点的合理性，并强调其思想对大革命时期国共两党纲领与策略的影响。①

不过，社会主义论战是在20世纪30年代初的中国这一特定时空下爆发的，当时西方与中国的思想与政治情势都颇为复杂：俄国革命的爆发与第三国际的建立，引起社会民主主义与布尔什维主义争夺马克思主义正统的激烈斗争，欧陆社会主义运动出现巨大分裂；“后五四时期”中国的社会改造运动，亦面临多重困境。社会主义论战参与者多为关心世界局势与中国命运的精英知识分子，因此他们在论战中的言论与主张，是对这一复杂情势的能动回应，需要更为语境化的分析。另外，与陈独秀等马克思主义者相比，对张东荪、梁启超一方的既存研究相对不足，这也不利于我们更全面地把握这一论战的特征与意义。本文即试图针对以上两方面，做一点补足工作。

章第3节；“从五四运动到人民共和国成立”课题组：《胡绳论“从五四运动到人民共和国成立”》（社会科学文献出版社，2001），第1章前胡绳的谈话，以及第2章下半部分；杨国强：《历史的矛盾与“社会主义的讨论”》，氏著《晚清的士人与世相》（三联书店，2008）；杨奎松：《马克思主义中国化的历史进程》（河南人民出版社，1994），第1、2章这两章也部分地涉及这一问题。台湾方面有蔡国裕以社会主义论战为主题的著作，《1920年代初期中国社会主义论战》（台北，台湾商务印书馆，1988）。海外涉及这一问题的重要研究则有周策纵《五四运动史》（岳麓书社，1999），第9章“‘五四运动’的发展：观念上和政治上的分裂”中的部分内容；Arif Dirlik, *The Origins of Chinese Communism*（Oxford University Press，1989）；后藤延子：《马克思主义在中国的传播——以社会主义论战为中心》，《李大钊研究论文选集》（云南教育出版社，2009）。关于张东荪在社会主义论战中的情况，除上述研究外，亦见左玉河《张东荪传》（红旗出版社，2009），第4章。

① 以胡绳在20世纪90年代的观点最为典型，他将张东荪与梁启超归入中间势力，认为“在半殖民地半封建的中国，发展资本主义是进步的事情”，他们的看法“应当说是触及到了要害问题，在方法上还有点唯物主义的味道”（《胡绳论“从五四运动到人民共和国成立”》，第4~5页）。

张东荪为崛起于民初的政论家与政治思想家，主掌《时事新报》近10 年（1917～1925），创办五四时期影响颇大的《学灯》副刊，对新文化运动有深入参与。他在五四运动后对社会改造与社会主义问题颇为关心，社会主义论战即肇始于他发表于《时事新报》上的一则时评，内容是强调中国目前只能发展实业，无资格谈包括社会主义在内的各种主义。[①] 在论战中，他对中国的处境与未来道路多有论述，略可窥见非马克思主义知识分子对当时文化与政治情势的看法，以及对中国未来道路的选择。本文立足于张东荪在社会主义论战中的言行，探讨他对俄式社会主义与英式社会主义的比较性思考，以及他与基尔特社会主义的关系，希望能略微增进我们对五四后新文化运动的走向与限度以及中国早期社会主义运动的特征与意义的理解。

一　张东荪对俄国道路的看法

首先需要强调的是，社会主义论战的参与者有一共同看法——必须在世界社会主义运动的视野下考虑中国的社会主义问题。用张东荪的话说："资本主义正和社会主义相同，也不是一国要实行就能单独实行的；设使世界全球的资本主义皆倒了，中国虽是工业幼稚，然而也不能单独维持资本主义。"[②] 中国能否实行社会主义的问题，被等同于世界社会主义的前景问题。因此，只有联系此时西方的整体思想与政治语境，才能理解该论战的主题、方式与强度，也才能理解张东荪的思考与选择。

在一战之前，欧洲社会主义运动的主流在德国（该国社会主义者主导着第二国际），另一较为重要的支流则在英国。1917 年 11 月，布尔什维克在俄国发动革命，随后于 1919 年 3 月成立第三国际，改变了整个世界社会主义运动的版图。此时，欧洲几乎所有国家的社会党都面对着俄国新道路的挑战，内部斗争剧烈（如法国社会党便因此发生大分裂）。

---

① 张东荪：《由内地旅行而得之又一教训》，《时事新报》1920 年 11 月 6 日，第 2 张第 1 版。

② 张东荪：《一个申说》，《改造》第 3 卷第 6 号，1921 年 2 月 15 日，第 54 页。

面对这一政治与思想形势，张东荪首先承认，中国社会主义的前途，由世界（尤其是欧洲列强）社会主义的命运所决定。“中国的问题虽即是世界的问题，然不能即以中国为匙而解决世界问题之钥。必定世界有变化，中国方能同时变化。”① 简言之，中国的未来，将在莫斯科、柏林或伦敦中决定。

这提示了五四运动后部分中国知识分子接受马克思主义的思想与心态语境。如学者罗志田所说，马克思主义在西学中地位特殊——它一方面是西学的一部分（由此分有其思想权势）；另一方面，它对西方当下政治与社会持否定态度，相当符合中国人不得不学西方却对其深怀不满的心态。② 而余英时先生则指明了另一关键点——俄国位于西方边缘，其马克思主义本就扮演着“反西方的西学”的角色。③ 这种相似性无疑加强了俄式马克思主义对中国的吸引力。

张东荪虽然对马克思主义颇有好感，但明确拒绝接受俄式社会主义。理由是在产业不发达、阶级对立未形成的中国，俄式革命不可能带来任何意义上的社会与政治建设。用他的话说，“‘布尔雪维克’的金字招牌”④ 只会变得如同民初“共和的招牌”，任冒牌者横行，结果将只是一场“伪劳农革命”，而他“不愿负引诱伪劳农革命的责任”。⑤

比起他对俄国道路的反对态度，更值得注意的是他反对的理由。在论战中，他从未因俄国革命有暴力色彩而否定其正当性；⑥ 也从未质疑俄国革命合乎马克思主义。正统社会民主主义者认为，在落后资本主义国家发

---

① 张东荪：《一个申说》，《改造》第 3 卷第 6 号，1921 年 2 月 15 日，第 57 页。

② 罗志田：《西方的分裂——国际风云与五四前后中国思想的演变》，《二十世纪的中国思想与学术掠影》，广东教育出版社，2001，第 143 页。

③ 余英时：《中国现代的文化危机与民族认同》，氏著《现代危机与思想人物》，三联书店，2005，第 47 ~ 54 页。

④ 张东荪：《再答一苇君》，《时事新报》1920 年 4 月 16 日，第 2 张第 1 版。

⑤ 张东荪：《答复兼反问》，《时事新报》1920 年 12 月 8 日，第 4 张第 1 版。

⑥ 通过对比可以看出这一沉默的含义。毕竟，连激进的李大钊之前都在赞叹英国式的“无血的社会革命”，认为这种“由上起的革命”、“沉默的革命”、“调和的革命”，表明了“世界上有政治天才的国民，真算英人为第一”。参见李大钊《战后之世界潮流——有血的社会革命与无血的社会革命》（1919 年 2 月 7 ~ 9 日），《李大钊全集》第 2 卷，人民出版社，2006，第 289 ~ 290 页。毛泽东在 1920 年之前也倡导“无血的社会革命”。

动社会主义革命，是对马克思经典理论的背离，而张东荪则以沉默表达了对这种正统主张的保留态度。在他看来，俄国革命无疑是“真的”，它以流血的方式证明了这一点。

他怀疑的是俄国革命在中国成功的可能性。不同于共产党人视俄国道路为真理，他认为：“共产主义在世界并没有完全试验过，即偶有实验而成绩却不甚好。例如苏维埃俄罗斯，与其说他实行成功，不如说他试验失败。所以有学问上良心的人对于全世界上尚没有成功榜样的东西，苟不去充分的试验，决不敢贸然主张与率然轻信。”①

而他最“不敢贸然主张与率然轻信”的，则是无产阶级专政。针对陈独秀质疑他主张资本主义，他反问道：“难道先生主张自己努力造成狄克推多么?”并说：“若因公开讨论有所未便，则不妨通中讨论。”② 虽然陈独秀未必会认为公开讨论“有所未便”，但张东荪的这种说法，仍显示了当时公开主张无产阶级专政的敏感性——毕竟，专政令人联想起专制，与五四青年信奉的“德先生”似乎截然对立。

不过，张东荪批评无产阶级专政的要害尚不在这里。③ 更实质的问题在于，在他看来，“一切社会思想无论是保守的，抑或革命的，都不能不以社会一体之原则为其背景”，④ 否则就无所谓政治可言。而以单一阶级（即使是在社会中居于多数的阶级）专政，明显违反了“社会一体”原则。

另外，在张东荪看来，无产阶级专政问题无关乎马克思主义正统——对于该问题，马克思本人阐述不多，为激进与温和的解释都留下了足够的空间。他真正不相信的，是该专政能如马克思所暗示、列宁所保证的那样“暂时”，因为“在历史上从没有看见有一个专政者而自甘于放弃其专政的。……一旦专政而成，势必久假而不归”。⑤

---

① 张东荪：《对于中国共产派及其反对者的忠告》，《时事新报》1922 年 4 月 10 日，第 1 张第 1 版。

② 张东荪：《答复兼反问》，《时事新报》1920 年 12 月 8 日，第 4 张第 1 版。

③ 他在 1917 年已主张政治必然是少数人的统治（参见张东荪《贤人政治》，《东方杂志》第 14 卷第 11 号，1917 年 11 月 15 日，第 1 ~ 44 页）。

④ 张东荪：《思想与社会》，辽宁教育出版社，1998，第 177 页。

⑤ 张东荪：《思想自由与立国常轨》，《再生》第 4 卷第 1 期，1937 年 3 月 1 日，第 14 页。

张东荪虽反对阶级专政，但对俄式专政的态度，则要复杂得多。就表面来看，他似乎对国家社会主义持完全否定态度，认为“政治与经济未十分合一以前（如现状），吾人既已深恶政治之黑暗；若国有论实行，则黑暗必更加千倍”，并颇有些夸张地说自己“对于国有论虽举国皆曰杀而犹必公然反对也”。[①] 他部分承认共产主义者的指责——西方国家不过是资产阶级的工具，但同时认为，由于自由市场与普选制的存在，政治权力与经济权力并不总是一致，为自由主义与社会主义都留下了空间。而俄式国家社会主义则不同——一切经济活动被置于国家之下，经济权力与政治权力合二为一。在这种一元统制下，不仅自由主义，而且社会主义也将失去存在的空间。

但是，张东荪并非国家主义的绝对反对者。虽然一战确乎在某种程度上削弱了私人资本主义（战时各国已开始加强对经济生活的控制，战后国有化与劳工运动的双重夹击，更使得私人资本主义被显著削弱）。反过来，这也大大扩大了国家的活动范围，增强了其力量。如此来看，国家主义似乎代表着世界的新潮流。张东荪认为中国此时必须追随世界新潮而动，因此，他并不否定国家主义在中国的前景。

基于以上考虑，张东荪虽强调当时中国必须发展实业，而非空谈主义，但对该主张并无太大信心。论战前一年，他尚在反对“提倡实业是正路，社会主义是空谈”，认为“从个人的立脚地来讲振兴实业，我可以赞成。若是说振兴实业是救济中华民族全体的一个彻底办法，我便不相信了”，理由是西方“拿政治方面的国家主义与经济方面的资本主义合并来征服我们”，且“振兴实业的前提有两个：一个是没有内乱，一个关税保护。关税的保护既然绝对没有希望了，那没有内乱一层也是无把握的”。[②] 言之，在他看来，发展实业首先不是经济问题，而是政治问题，必须要有相对强大、能保护自身经济的国家政权。因此，在论战中，他一面反对俄国道路；一面却说：“欧美之资本主义不倒，则中国永无法

① 张东荪：《社会主义与中国》，《时事新报》1921年1月20日，第1张第1版。

② 张东荪：《我们为什么要讲社会主义》，《解放与改造》第1卷第7号，1919年12月1日，第8~9页。

翻身之日”。[1] 前途只有两种，“就是‘共管’与‘赤化’。……所谓绅商阶级之勃兴乃是共管之一方面——或可说有密切关系。……至于赤化则无论总是假的。能否把赤化弄假成真，能否使绅商阶级成立，这个关键与其说在中国自身，不如说在国际变化。苟英美的资本主义尚有四十年之命寿，同时俄国因通商而反失其向外发展的力量，则赤化必不成而共管必实现。”[2] 他对“赤化”可能造成游民革命感到恐惧，但显然更不愿意支持“共管”——即使这会带来自己所在的绅商阶级的勃兴。他处在矛盾之中，要么是丧失主权的自由资本主义，要么是统制一切的国家社会主义——两者他都不能接受。这个两难选择，也体现了社会主义论战的政治性。

二 张东荪与基尔特社会主义

部分为摆脱这个由俄国道路引发的两难选择，张东荪在论战后期放弃了不谈主义的立场，明确主张英式基尔特社会主义，[3] 正式提出了英国道路的问题。既存研究相当重视十月革命对中国社会主义运动的影响，却相对忽视德国社会民主党与英国工党一战后在德、英两大强国先后执政（分别为 1919 年与 1923 年）对国人的冲击——这提供了除布尔什维主义之外的新选择。[4]

基尔特社会主义对张东荪有着颇大的正面吸引力。首先，以时间而

① 张东荪：《答高践四先生书》，《时事新报》1920 年 11 月 13 日，第 1 张第 1 版。

② 张东荪：《一个申说》，《改造》第 3 卷第 6 号，1921 年 2 月 15 日，第 56 ~ 57 页。

③ 1921 年 9 月，张东荪与徐六几、郭梦良等人组织今人会，发刊《社会主义研究》（《时事新报》副刊），正式亮出基尔特社会主义的主张。

④ 德、英两国不仅实现社会主义的路径与俄国不同，而且它们正是马克思预言的将首先爆发革命的“发达资本主义国家”，因此看起来更合乎马克思主义原理。相较 20 世纪 30 年代后因为纳粹兴起而衰落的德国社会民主党，英国工党稳定成为两大党之一，并多次和平获得政权。在当时多数中间派知识分子看来，这显示了自由主义与社会主义携手是现实可能的。也因此，在很长一段时间内，中国的费边社会主义都与布尔什维主义存在竞争关系——拉斯基 20 世纪 30 年代后对中国思想界的巨大影响力即是证据之一。不过，在社会主义论战爆发时，工党尚未获得英国政权。这对张东荪多少不利，他只能反面驳论，无法正面立论。

论，1910年代才兴起的该主义比产生于19世纪中叶的马克思主义更“新”，而根据线性进化论，“大凡最晚出的比较上必是最圆满的——如基尔特社会主义最晚出的，所以他在比较上是最圆满的”。[①] 就作为西方“最新最好”代表而言，基尔特社会主义似乎比马克思主义更有资格。

其次，该主义强调远离政治与党派，是英国式调和精神的产物，又是“哲学家气味的”，[②] 与张东荪自身的思想和政治倾向颇为相合。更重要的是，比起由精英革命家组成的布尔什维主义政党，以产业与行业自治为基础的工人运动更符合五四民主原则。因此，张东荪认为，是基尔特社会主义而非布尔什维主义更有资格被当作“德先生”的代表者。

这代表着英国道路与俄国道路思想竞争的焦点是政治与社会的关系问题。张东荪将争议表达得很清楚，他说：“基尔特派的论据有两点：第一点是经济的革命若不从经济自身而专从政治来‘外打进’总是不行的；第二点是专政家所梦想的好政府事实上是不会完全实现的”，更简单说来，便是“基尔特派不认政权为解决一切的总枢纽，不像多数派与修正派把政权认为‘魔术棍’，以为一旦这根棍子拿到手便能使男变女”。[③]

张东荪的反对者则强调，英国政治与中国差别太大，基尔特社会主义式的“从经济势力到政治势力”不具有现实可能性。许新凯就认为“中国的病是布遍全身的。中国的急待解决的问题不只是劳动者得管理权的问题，一切政治、经济、内部、外部、上层、下层、生产、分配……无一不需改革”。因此，“需要政治为势力的改造”，必须先创造“政治势力”，

① 张东荪：《一个申说》，《改造》第3卷第6号，1921年2月15日，第55页。

② 梁漱溟认为，圣西门的空想社会主义是“宗教气味的”，马克思的科学社会主义则是“科学气味的”（氏著《东西文化及其哲学》，商务印书馆，1999，第168页）。

③ 张东荪：《社会改造与政治的势力》，《时事新报·社会主义研究》1922年1月6日，第1、2版。这是基尔特社会主义对费边社会主义的批评——英国议会有“解决一切的总枢纽”与“魔术棍”的意味（“使男变女”的典故也出于此）。基尔特社会主义则强调，“‘经济权力先于政治权力’。它的意思是：工人们只有获得经济上的自治权，才能得到真正的自由和民主”［柯尔：《社会主义思想史》第4卷（上），宋宁、周叶谦译，商务印书馆，1990，第434页］。陈独秀主张“狄克推多”，胡适主张“好人政府”，观点虽异，但大致都承认“政权为解决一切的总枢纽”。

“有了政治势力再创造经济的势力”。[①] 因此，在政治败坏的中国，主张基尔特社会主义不啻“以为现在督军、巡阅使的政府可以为实现社会主义的援助者”。[②]

这一批评直指张东荪主张的内在弱点。他早在民初就认为英国制度是“法律与惯例之巧合，形式与精神之奇遇”，[③] 甚至不可被其他西方列强所模仿，显然更难应用于中国。在五四运动时期，他大量阅读英国基尔特社会主义者（柯尔、潘蒂等人）的著作，并翻译了柯尔的《社会论》（1922年作为“今人会丛书”的一种由商务印书馆出版），对该主义有较为深入的了解，知道其前提是发达的工业、强大的产业工人阶级以及相对完善的教育（尤其是工人教育），而以上条件中国全部不具备。他之前主张社会主义是西方最新的“精神文明”，尚可对基尔特社会主义抱持信心；此时争论已集中于社会主义的政治与经济层面，从“精神”下落到具体实践，引起其对基尔特社会主义在中国推行的可能性产生疑虑。但吊诡的是，也是到了这个时候，他开始不得不主张该主义，因为此时的思想语境是，面对社会主义的问题，“每一个人都应明白表示态度”，[④] 否则就有主张资本主义之嫌。

因此，他对基尔特社会主义的辩护显得较为消极。当时有人认为基尔特社会主义更难推行（且“远水不救近火”），布尔什维主义则更易实现。张东荪的反驳不过是“布尔雪维克似易而实难，基尔特似难而实易。……若说目前中国不能实行，则所有各种社会主义都是如此，正不止这一个”。当有人指责他不提该主义只有发达国家才能实行是“欺世盗名”时，他分辩说：“那么我就要问究竟有何种社会主义在今天中国能实行呢？恐怕稍有知识而无强词夺理的脾气的人没有一个能举出来罢。”[⑤] 他主张所有社会主义在中国都没

---

① 新凯：《再论共产主义与基尔特社会主义》，《新青年》第9卷第6号，1922年7月1日，第39、41页。

② 新凯：《再论共产主义与基尔特社会主义》，《新青年》第9卷第6号，1922年7月1日，第40页。

③ 张东荪：《政制论》（下），《甲寅》第1卷第8号，1915年8月10日，第10页。

④ 赵世枢：《回忆留法勤工俭学中的赵世炎》，中国社会科学院近代史研究所编《五四运动回忆录（续）》，中国社会科学出版社，1979，第508～509页。

⑤ 本段引文参见张东荪《我们所能做的》，《时事新报·社会主义研究》1921年9月16日，第4版。

有现实可能性，恰表明他对基尔特社会主义也有所保留。

这提醒我们，张东荪作为基尔特社会主义者的历史形象，有着相当的迷思成分。他虽对基尔特社会主义有亲近感，却深知其与中国情况差距巨大，但此时情势已是“没主义的人，不配发议论”，“不能做事”，“任凭他是什么主义，只要有主义，就比没主义好。就是他的主义是辜汤生、梁巨川、张勋……都可以，总比见风倒的好”。[①] 张东荪必须面对表明“主义”的巨大压力。为了证明自己并非主张资本主义，也为了避免选择布尔什维主义，他勉强选择了基尔特社会主义。简言之，社会主义论战的思想与政治情势改变了他——他随论战对手的言说位置逐渐移动自己的立脚点，开始捍卫一个他并不认同的阵地。

这显示了张东荪主张的困境所在。他在论战开始后几天便说基尔特社会主义“在中国则不知须俟何年何月始能实行”,[②] 却又主张这种“不知须俟何年何月始能实行”的主义。英国与中国在各方面的巨大差距，使得该主义显得既缺乏实现可能性，又缺乏现实吸引力。随着国民革命的兴起，俄国道路成为越来越多的激进知识分子的选择，张东荪等人在中国社会主义运动中的边缘化，也与此有关。

余　论

从社会主义论战后的发展来看，主张俄国道路的一派逐渐成为中国社会主义运动的主流，新文化运动也开始迅速政治化。胡适明确看到，中国“侧重个人的解放”的“维多利亚思想时代”已于1923年结束，此时则是“集团主义（Collectivism）时代，1923年以后，无论为民族主义运动，或共产革命运动，皆属于这个反个人主义的倾向”。[③]

---

① 傅斯年：《心气薄弱之中国人》（1919年2月1日），欧阳哲生编《傅斯年全集》第1卷，湖南教育出版社，2003，第146页。

② 张东荪：《答高践四先生书》，《时事新报》1920年11月13日，第1张第1版。

③ 《胡适日记全编》第6卷，“1933年12月22日”，曹伯言整理，安徽教育出版社，2001，第257页。

这体现了合群原则在近代中国历史中的长程作用。强调政治解决的俄式国家社会主义压倒了强调社会自主性的英式基尔特社会主义，便是这个大趋势的一部分。虽然在 20 世纪 30 年代后，英式费边社会主义在知识分子中一度流行，并在 1946 年国共和谈前后成为“中间道路”的代表性主张，但是，从整个思想与政治潮流来看，俄式而非英式的政治解决方案，经过复杂的思想与政治竞争，最后主导了的历史进程。

而张东荪个人，虽然行为谈吐“给人的印象是老牌的英国式的自由主义者”,[①] 在社会主义论战后的思想历程中，也延续了他对英国道路的保留态度。直到 1948 年，他仍一面主张“就人类而泛言之，英国的办法当然是最好的”；另一面则强调“因英国人有其特殊的民族性，而这个民族的性格却和中国比较上相远一些”[②]，明确地将个人的理想认同与国家的政治选择区分开。

这不仅是张东荪个人的选择，也是后来大部分中间知识分子的集体选择。因此，20 世纪 20 年代的社会主义论战，作为俄国道路与英国道路在中国的第一次竞争，在展示了双方（特别是非马克思主义一方）的论辩主题、立场与认同的同时，也具有更长程的提示意义。中国与西方的复杂关系，以及“中国反应”的能动性，也体现了出来。

---

① 张中行：《负暄续话》，黑龙江人民出版社，1990，第 25 页。

② 张东荪：《〈民主主义与社会主义〉补义》（下），《观察》第 5 卷第 3 期，1948 年 9 月 11 日，第 10 页。

· 学术笔谈 ·

北洋政治史研究中的三对关键词

李细珠*

几年前，我在拙著《地方督抚与清末新政——晚清权力格局再研究》的“后记”中随性写了一段“越界”的话：“北洋是中国由专制王朝转向共和民国的过渡时期，历史传统在此有断裂，有延续，有转化，可谓新旧杂糅，危机与生机共存，军阀混战的乱象中充满着文化复兴的希望，同时在多种政治势力竞争的过程中，孕育着新的政治生命与多元政治取向。只是由于学科壁垒，而成为晚清史与民国史两不顾地带，因而是近代史研究最为薄弱的环节。现在的民国史研究，几乎是国民党与国民政府史研究，很有必要回到北洋。从晚清史研究进入北洋，更是顺理成章。”当时只是模糊地有感于北洋史研究的学术魅力，我呼吁民国史研究“回到北洋”，也期待自己从晚清史研究“进入北洋”，但我自知人微言轻，当然无法撼动民国史研究的大趋向，而自己更未身体力行，也不能引领晚清史研究的新潮流，故而此呼吁仅如一丝微风吹过，便了无痕迹。

近日郭双林教授邀约写点民国政治史研究笔谈。我不是没有自知之明，怎敢妄谈“民国史研究”，但犹豫再三，还是勉强应承下来。之所以最终应承，一来曾经对民国初年的历史稍有涉猎，虽说是“外行”，但也曾有过一些思考；二来就算是“外行”，但也许旁观者清，希望这些粗浅的思考能稍补“内行”们百密之疏，哪怕是被当作批判的靶子也不无裨益；三来仅谈与晚清有着千丝万缕关系的北洋，或许不至于太离谱。

说及北洋史研究，一般想到的关键词无非是“军阀”、“革命”、“帝

* 中国社会科学院近代史研究所研究员。

国主义”等。这些当然绕不过，但从政治结构及制度史的角度来看，更重要的三对关键词是：断裂与延续、移植与异化、过渡与转型。需要说明的一点是，从更长的时段来看，这三对关键词用到整个近代史研究也合适。北洋史是近代史的一部分，当然不能等同于近代史，因而尽管可以同样使用这三对关键词，但用于近代史和用于北洋史，其内涵有交叉之处，而并不完全相同。我这里要谈的是北洋政治史研究，主要涉及三方面问题。

（一）传统政治的断裂与延续

研究北洋政治史，首先需要处理的一个重要问题就是革命之后传统政治的遗存状况。辛亥革命彪炳史册的功绩是推翻帝制，开创共和——结束了自秦汉以来两千多年的君主专制制度，建立了中国也是亚洲第一个民主共和国中华民国。中国历史的航程在此发生根本性的转向，历史的断裂处清晰可见。1912 年 1 月 1 日孙中山宣告中华民国成立，2 月 12 日宣统皇帝宣布退位，无疑是两个标志性的事件。但是，帝制的终结与民国的新生，作为制度上的革命性变革，绝非一日可以完功。事实上，在新生的民国里，传统政治的遗存几乎无处不在，从而使民国的成色锐减，时人痛切地指出：“无量头颅无量血，可怜购得假共和。”正如毛泽东所说，辛亥革命赶跑了皇帝，但只赶跑了一个皇帝。在革命之后的民国初年，由于政权很快转移到袁世凯北洋势力手中，结果便只剩下一块共和国的招牌，孙中山领导的革命党人不得不在护国、护法的旗帜下继续革命。如果说帝制的终结就是中国传统政治制度的断裂，那么这个被时人喻为“假共和”的新生民国就难免与传统政治藕断丝连了。最显著的例子，就是帝制在终结之后仍不断地借尸还魂。尽管孙中山等革命领袖在制定《中国同盟会革命方略》时曾经坚定地宣告“敢有帝制自为者，天下共击之”，但革命之后不但保存了逊清小朝廷，还出现洪宪帝制与张勋复辟的闹剧。至于北洋政府的统治，就人脉关系而言，从历任总统、国务总理、内阁阁员到各省军政、民政长官，几乎都是前清官僚政客或新旧军人出身；就统治方式与观念而言，从中央到地方形成的不同层次占山为王的军阀政治，正是传统君主专制制度在新形势下的变相翻版。进入民国之后的北洋政治与传统政治的相关度问题，有待于进一步深入研究。

（二）西方政制的移植与异化

研究北洋政治史，需要处理的另一个重要问题是西方政制被引进来之后的生存状况。西方政制的引进始于晚清，但在晚清君主专制的政治结构中步履维艰，难以立足生根。预备立宪是清末新政发展到政治体制变革阶段的必然结果。在借鉴与移植西方宪政制度的过程中，中国传统君主专制体制逐渐向近代君主立宪体制艰难行进，制度创新业已初露端倪，但因种种因素制约，尤其是各派政治势力之间错综复杂的权力纠葛的影响，以至于实在难免橘枳效应而多有异化之处。开国会、制宪法、设责任内阁，是预备立宪的题中应有之义。关于国会，虽然清政府设立了谘议局与资政院，但真正的国会则千呼万唤不出来；关于宪法，虽然清政府颁布了《钦定宪法大纲》和《宪法重大信条十九条》，但完整的宪法迄清亡而未见。与国会和宪法的命运基本相似，责任内阁制也曾一度在官制改革时难产，结果虽被国会请愿运动催生出来，却是以备受非议的“皇族内阁”形式尴尬地出台，并最终成为断送清王朝的催命符。辛亥鼎革之后，在新生的民国政权里，总统、内阁、国会、宪法等近代西方宪政制度的要件再次悉数登场，与清末预备立宪时期的试验相比，其异化程度有过之而无不及。比如总统，袁世凯从孙中山手中攫取临时大总统职位以后，又以军警迫使国会选举其为正式大总统，直至弃总统如敝屣，而帝制自为；段祺瑞皖系“安福国会”操纵选举徐世昌总统控制北京政府；曹锟公然以贿选方式攫取总统宝座；张作霖挟第二次直奉战争得胜之势，推段祺瑞为临时总执政，并自任陆海军大元帅，以武力控制北京政权。再如内阁，只不过是总统或某种强权势力操纵政治的工具，民国政坛明争暗斗，政潮迭起，内阁更迭频繁，北洋政府 16 年间，内阁更易 46 次，内阁总理达 29 人之多，平均每年内阁更换近 3 次，内阁总理平均每人任期仅半年，政策的稳定性大打折扣。又如国会，袁世凯为了实现独裁统治，在镇压二次革命后下令开除国民党议员，解散国会；无独有偶，1917 年段祺瑞内阁在与黎元洪总统府院之争中，也曾挟督军团之力，胁迫黎元洪总统再次解散国会，又操弄皖系政客选举“安福国会”（所谓“新国会”），直到 1922 年黎元洪复任总统而恢复旧国会；后来国会又成为曹锟贿选总统的工具。又如宪法，孙中山辞去临时大总统时颁布南京临时参议院通过之《中华民国临时约法》，改总统制为内阁制，本有限制袁世凯权力之目的，但是，袁世凯 1914 年颁布《中华民国约法》（又名《袁记约法》），并颁布《修正大总统选举法》，从而使袁世凯成为独裁总统和终身总统。贿选总统曹锟 1923 年公布《中华民国宪法》，基本上未及实施，就在次年被段祺瑞临时执政府颁布的《中华民国临时政府制》所取代，临时执政制度规定一切大权集中于临时执政，是一种非典型独裁制度。可见在北洋时期，无论是总统、内阁、国会还是宪法，几乎都是各种强权势力借以操纵政治的工具与遮羞布。可以说，从清末预备立宪到北洋政府政治实践过程中的制度移植与异化现象，是西方宪政制度的要件，如总统、责任内阁、国会、宪法等引进近代中国时共有的历史命运。关于北洋时期西方政制的移植与异化问题，也即北洋政治的现代性及其限度问题，正是亟待深入探究的课题。

（三）北洋政治的定位：过渡与转型

研究北洋政治史，无论如何都不能回避的一个重要问题是北洋政治在中国近代政治史上究竟应如何定位。我在研究清末新政与晚清政治结构的论著中曾经提出“内外皆轻”说，认为在辛亥鼎革之际，中央与地方权力关系实际上已演变为“内外皆轻”的权力格局：一方面，清廷既没有建立强有力的中央政府，也未能真正控制全国的军权与财权，中央集权有名无实；另一方面，各省督抚并不能有效地控制地方军权与财权，在地方已没有强势督抚，更没有形成强大的地方势力。清末新政从制度上使权力交接失控。武昌起义前夕，正是地方督抚权力被明显削弱，而清廷中央集权尚未强固之时，在此权力转换临界的关键时刻，革命爆发，清廷中央不能控制地方，地方无力效忠清廷，清王朝最终覆亡。清末“内外皆轻”权力格局对民初政治走向的重要影响是，辛亥革命在清廷中央与地方督抚权威一并衰落之际爆发，掌握军队尤其是新军的军人势力崛起，袁世凯在北洋军人的支持下顺利地接掌了新生的民国政权，以袁世凯为首的北洋政府实际上是一个军人集团——北洋集团操控的中央政府。为了加强北洋政府的统治权威，袁世凯不断地采取措施笼络立宪派、旧官僚，打击革命党人，企图建立一个强有力的政府，结果却走了一条从临时大总统到正式大总统、独裁大总统、终身大总统乃至于洪宪皇帝的不归路。袁世凯在民国初年重建统治权威的企图落空，致使政局分崩离析，最终导致北洋时期的军阀政治。如果说北洋时期是清王朝到南京国民政府的过渡时期，那么北洋军阀政治就是清王朝家国体制向南京国民政府党国体制转型过程中的产物。为什么从传统王朝的家国体制到党国体制的转型需要经历一个军阀政治形态，这是北洋政治史研究中引人深思的课题。

剥离军阀割据混战的乱象，探究北洋时期政治结构与制度史变迁的基本态势，或许可使北洋政治史研究更进一境。北洋政治纷繁复杂，需要研究的问题很多。历史学的魅力可能就在于历史本身的错综复杂，横看成岭侧成峰，多种视角的观察可以将历史的多面性呈现出来。北洋政治史的研究也是如此。

民国学术史研究的一点思考

李　帆*

近年来，学术史研究成了学界的一个热点，相关著述一再问世，讨论的问题也越发宽泛，触角深入不少领域，甚至大有取代传统思想史研究之势。中国近现代学术史的研究，表面上也是如此。

关于学术史何以会在近些年勃兴，一些学者曾做过探讨。有学者从20世纪80年代的文化史热入手，认为从关注文化史到关注学术史，“有其逻辑的必然性”，“当年人们关注文化问题，是多年激烈的政治动荡之后的反省有以促成之；而今日之关注学术史，则又是多年的文化热之后的反思有以促成之”。[①] 也有学者引入晚清时人对学术史的关注为参照系，认为当时学者之所以热衷梳理学术史，“大概是意识到学术嬗变的契机，希望借‘辨章学术，考镜源流’来获得方向感。同样道理，20世纪末的中国学界，重提‘学术史研究’，很大程度也是为了解决自身的困惑。因此，首先进入视野的，必然是与其息息相关的‘二十世纪中国学术’”。[②] 这样的结论，大体是考量学术发展的内在理路与外在环境而得出的。的确，从文化史到学术史，是学术逻辑演化的必然；而20世纪末的时代情境，跨世纪的特殊氛围，恰好强化了这一逻辑，当时各类学术刊物（如《历史研究》）连篇回顾和总结20世纪学术历程的情形，即可证明此点。也就是说，世纪之交，借学术史的研究，“辨章学术，考镜源流”，反思

* 北京师范大学历史学院教授。

① 左玉河：《从四部之学到七科之学——学术分科与近代中国知识系统之创建》，上海书店出版社，2004，耿云志序，第1页。

② 陈平原：《中国现代学术之建立——以章太炎、胡适之为中心》，北京大学出版社，1998，第1~2页。

和检讨走过的路，以使中国学术在新的历史条件下更成熟地走向未来，不失为一种非常好的思路和做法。这与百年前章太炎、刘师培、梁启超等人关注于自身学术所由出的有清三百年学术史的总结，颇有异曲同工之妙。当然，正由于今日学者更多关注的是近百年来的学术史，所以中国近现代学术史的研究在整个学术史研究中相对显眼一些。

谈到近百年来的中国学术史，自然要将民国学术史作为主要对象来看待。众所周知，近现代的中国学术实际是中西交融的产物，一方面承继中国古典学术传统，另一方面接受欧风美雨的冲击，中、西学术相激相荡，相融相合，铸就当今的学术风貌。在这一过程中，民国时期起了关键作用，特别是1928年前的北京政府时期。谈及西学进入，不能不强调1894年甲午战争这个重要时间节点。在近代中国历史上，对于鸦片战争，我们看重它的主要是政治意义，其在思想学术上的意义远不及甲午战争。因为鸦片战争并没有使中国的思想和学术产生根本变化，并没有使中国的读书人真正觉醒，所谓“开眼看世界”的是极少数人，中国的知识界并没有因此产生根本性的变化。甲午战争才真正使中国读书人觉醒。对当时读书人来说，甲午战争中老大帝国败于蕞尔小国的命运，是对他们心灵和精神的极大冲击。《马关条约》签订后，亡国灭种的危机感和再难立足于世界的耻辱感，笼罩在他们的心头。有识之士已经认识到甲午战争是中国历史的一个重大转折点，“吾国四千余年大梦之唤醒，实自甲午战败割台湾、偿二百兆以后始也”。[①] 这样的认识，表明中国人的民族意识被迅速唤醒。民族意识的觉醒，必然带来民族主义的勃兴。知识界中的先进分子在强敌树立的成功样板前，开始反思自己的思想、学术立场。于是，他们变被动为主动，以敌为师，敞开胸襟，积极吸纳促使日本成功的西方思想、学术精髓，自觉地以西学来改造中学。这样，道光、咸丰之后在中国传播开来的西学发生突变，不再是缺乏章法地缓慢进入，而是有章法地大量拥入，成建制，成体系，并以人文社会科学著述为主，谈西方的思想、学术、政治制度，谈民主、自由理念等。读书人中的多数已经意识到我们固有的学

① 梁启超：《戊戌政变记》，《饮冰室合集·专集之一》，中华书局，1989，第1页。

术是存在问题的，必须加以改进，建立起“近代”的学术，而改进的样板自然是西学。此后，一系列因素促成中国思想学术系统的改变。在这方面，制度建设起了很大作用，因为光靠一两个人呼吁而没有制度建设是无法奏效的。京师大学堂的设立、新学制的颁布和实施、科举的废除等，都是学术系统改变的重要推手。这样的改变，即中国古典学术向现代的转型，一般认为是经过了从“戊戌”到“五四”的两代人才得以完成，差不多前后 30 年。可以说，“戊戌”前后学术主体形态开始变为中西交汇的学术，民国初年变为西方形态，五四时期基本固定下来，直至今日。

由此可知，民国时期是中国学术发展的重要时期，是中国固有的以“经、史、子、集”为代表的“四部之学”，最终转向包括“文、理、法、商、农、工、医”在内的“七科之学”的时期。从此，中国学术按照这一分科体系走上新的发展道路，进而形成延续至今的新传统。这里尤为关键的是，五四新文化运动前后，以北京大学为代表的现代大学体制建立、各类西式分科基本固化以及用“整理国故”方式研究传统学问成为共识，中国现代学术才算真正建立起来。当时的北京政府，尽管有一些文化专制主义举措，但还是给予学者较大的自由活动空间，允许各种学术观念、主张并存并且彼此展开争论。而且当时社会空间的相对扩大，如大学、研究院等学术机构的建立与迅速发展，报刊、图书出版业的极大发达，社会舆论的相对自由，等等，为学界精英结合成志趣相投的群体、自由地表达自己的学术主张提供了社会条件和现实可能性。故而一旦学术转型成功，学术界很快出现了欣欣向荣的景象，并为此后国民政府时期的学术发展和繁荣奠定了良好基础，使得民国学术成为中国学术史上的一座高峰。

民国学术的成就可谓有目共睹，近年来也引起很大的关注甚至争议，但众声喧哗之下，非常严谨的、学术史层面的学理研究并不充分，较之民国史其他领域的研究，还远远处在落后境地，仅是表面热闹而已。这缘于多种因素，其中如何定位学术史、如何分梳学术与思想、如何以广阔的文化史视野看待学术史等，都是关键所在，若要使民国学术史的研究能够顺利开展并取得较大突破，这些当是首先要思考的问题。

笼统来说，民国学术史是民国文化史的重要组成部分，具有文化史研究的共有特征。但学术之为学术，自有其不同于文化、思想的独立特征，所以民国学术史的研究对象就应与民国文化、思想史有所区别。追根溯源，“学术”一词中国古已有之，一般泛指学问、道术（据《辞源》），但“学”与“术”不同。《说文》释“学”曰“觉悟也”，释“术”曰“邑中道也”。“觉悟也”更多的是在“发蒙”或“学习”的意义上释“学”，故言“古教、学原为一字，后分为二”；“邑中道也”讲的是“路径”或“手段”。前者渐渐引申为学说、学问，后者渐渐引申为技能、技艺（段玉裁《说文解字注》中“引申为技术”），而且有了形上、形下之分。形上之“学”备受士人重视，甚至皓首以穷之；形下之“术”则被看作雕虫小技，向遭冷遇。这种状况持续千年以上，直到西学进入中国。对西学，人们先以形下之“术”来格义，认为“西艺”（工艺技术）能包孕西学的全部内容。到清末，随着认识的深化，有识之士已知道西学亦有其根本，遂以中国之“学术”来格义它，如严复所说，“学者，即物而穷理……术者，设事而知方”；[①] 刘师培也说：“学指理言，术指用言”，[②]“学为术之体，术为学之用”。[③] 学与术不可分，共同构成科学系统，促进西方的进步。反观中国，学与术分离，言学不言术（日常所说“学术”仅指“学”）。以此，学术无由进步，国家亦无法振兴。以西学为坐标对中国学术所做的反思与批判，必然使得一些有识之士对中国学术进行追根溯源的探讨，力求从其发展脉络中找寻失误之源。这正是当年学术史走上学术前台并成为显学的现实依据。相较而论，今日中国学术史研究的时代环境与当年有很大不同，但所面对的研究对象却无根本差别，同样需要以西学为参照系，探讨有“学”有“术”、有“体”有“用”的中国学术发展历程，民国学术也应在这样的定位下研讨。当然，学术与思想紧密相关，二者常常合而为一，所以直到今天，学术与思想或学术史与思想史的界限问题，仍是尚未厘清的问题，有思想的学术与有学术的思想咸为学者

---

① 严复：《政治讲义》，《严复集》第5册，中华书局，1986，第1248页。

② 刘师培：《左盦外集》卷8《古学出于史官论》，《刘申叔遗书》，江苏古籍出版社，1997，第1478页。

③ 刘师培：《国学发微》，《刘申叔遗书》，第480页。

所追求的目标。也许不必刻意区分学术史与思想史的领地，同一研究对象，切入的角度不同，便会显示出学术史与思想史的差异，如康有为的《新学伪经考》，思想史的研究会赞赏它对维新运动的巨大推动作用，学术史的研究则会孜孜于该书内容的学理探讨，从而不会对它做出很高评价。一个是强调作用于人的精神，震撼人的心灵，引发人的思考；一个则强调是否合于学理，论据是否充分，论证是否严密。理路的不同，带来结论的差异。如果不强分畛域，面对思想史或学术史的不同课题时，则依据课题具体情况，或侧重思想史视角，或侧重学术史视角，采两者之长灵活运用之，也许研究成效会更理想。

在学术史的研究中，思想史的视角固然非常重要，文化史的视野也必不可少。思想二字从“心”，集中在人的心灵、精神层面，较为空灵；学术虽也有精神层面的东西，但更重求真求实，强调脚踏实地；文化则具有包容性，精神、物质两个层面都在其中。较之思想的超越古今、天马行空，学术的步伐相对笃实，而且对外在环境依赖较大，民国学术尤其如此。近代中国，社会空间扩大，学术也愈来愈脱离国家、政府的控制而走向独立，不过这种独立是需要条件保障的，如软环境方面的观念形态，硬环境方面的制度建设、物质保障等。要研究民国学术史，学科、学人、学术著述等自然是主要对象，但对保障学科发展、学人能够独立从事研究的观念形态、制度建设、物质条件等因素也不能弃之不顾，这些甚至是民国学术得以成立的前提。广义而言，这几方面都在文化史视野之内，无论是属于精神上的，还是属于物质上的，都是文化史研究题中必有之义。所以，学术史的研究离不开文化史的视野，民国学术史应以民国文化史作为基本的依托。

拓展视野：抗日战争史研究从何处突破？[*]

李金铮[**]

抗日战争史既是中国近代史的一个组成部分，也是中国史学的一个独立的研究领域，有着基本稳定、成群的研究队伍和讨论平台。还可以肯定的是，由于抗日战争是近代以来中华民族对外战争的首场胜利，对中华民族以后的发展也将有着举足轻重的影响，所以无论是过去、现在乃至将来，抗日战争史也许比中国近代史其他任何一个领域都会受到国家、社会各界的更大关注。进一步说，抗日战争史研究没有冷寂的理由，关键是如何不断地推动和发展，拿出与其历史与现实地位相匹配的成果。应该承认，改革开放以来，抗日战争史的研究论著、资料可用汗牛充栋、成就卓著来形容。仅从“中国知网”所收录的文章来看，即便以较为宏观的“抗日战争”主题词进行统计，1979～2016年38年间，期刊文章有44888篇，平均每年1181篇，每天发表3.2篇；1993～2016年23年间，博硕论文有4156篇，平均每年181篇，每两天就产生一篇博硕论文。如果再以较为具体的主题词进行统计和补充，恐将为令人惊愕的海量数字了。① 当然，这里面会有一些价值不高乃至毫无新意的伪劣之作，但即便予以剔除，其成就也颇为可观了。不过，列举以上数据并不是为了高唱赞歌，而

* 此文曾提交2015年4月中国人民大学中国共产党历史与理论研究院主办的“中国抗日战争史研究的回顾与前瞻”研讨会、6月《抗日战争研究》编辑部与河北大学历史学院合办的“华北与抗日战争”国际学术研讨会，得到王奇生、高士华、徐勇、黄道炫、臧运祜、胡永恒等学者的指教，谨此致谢。

** 南开大学历史学院教授。

① 所列数字，为笔者根据“中国知网”所做的统计。

是考虑如何在继承的基础上进行拓展和提高。我主要是从学术视野拓宽的角度，谈一点想法。

所谓学术视野，就是学术研究的境界，它是通过一定的理论、方法和概念来实现的。历史是一种不以人的意志为转移的客观存在，但如何进入历史、看待历史和解释历史则取决于学术视野、取决于史观，以及取决于时代的变化和需求。史学史证明，历史研究的突破主要取决于两点：一是新资料和新对象的发现；二是理论、方法，也就是学术视野的拓宽和革新。二者相辅相成，不可偏废。相比之下，我以为更重要的是后者，它对历史研究往往具有革命性的意义。即便是新资料、新对象的发现，除了偶然因素之外，也经常与新的理论方法、新的视野的启发有关，否则，价值再高的资料，也可能视而不见，甚至被看作一堆没有任何用处的垃圾。[①]具体到抗日战争史研究而言，也同样如此。近些年这一领域取得了众人瞩目的成就，一定程度上就与新的理论方法的运用有关。一些学者曾发表过与此相关的带有方法论价值的著述，促进了抗战史的研究。譬如高士华在《抗日战争研究》2013 年第 1 期、2014 年第 1 期连续发表的卷首语《坚持做“大抗战史”研究》、《拓宽视野，开掘纵深》，就具有扩大学术视野的意义，特别值得关注。

抗日战争史研究的时间、空间和内容，一直是一个有争议的问题。高士华的前一篇卷首语提出，不仅要研究日本全面侵华以来的抗日战争，还要研究此前日本如何一步步发展到全面侵华战争的，包括 1874 年出兵台湾、甲午战争、日俄战争、九一八事变等；不仅要研究中国抗日战争，还要研究近代以来日本的内部变动，即日本是怎样策划、准备、发动侵华战争的；不仅要研究战时的抗日战争，还要研究后抗战时代的中日关系。这就是该文作者所倡导的“大抗战史”的主要意涵，或者进一步说，凡与抗日战争有关的，不管是直接的还是间接的，都属于抗战史研究的范畴。这一呼吁，将抗战史研究的时空和内容大大拓宽了。[②] 在此基础上，后一

---

① 参见拙作《小历史与大历史的对话：王笛〈茶馆〉之方法论》，《近代史研究》2015 年第 3 期。

② 高士华：《坚持做“大抗战史”研究》，《抗日战争研究》2013 年第 1 期。

篇卷首语又指出，抗日战争不仅在一定程度上决定了后来国共决战的走向，还对新中国成立以后的国家建设有重要影响，因此要从历史的连续性角度进行考察；中国抗战不仅是“国史”的抗战，还是东亚乃至世界历史下的抗战，因此要从更广阔的历史背景来探讨抗日战争；抗日战争研究还需要加强国际视野和中外交流，突破本土学者的局限。这一呼吁，进一步丰富了抗战史研究的时空内涵。[①] 应该说，以往研究中已有与此相关的议论和实践，但我认为，这两篇文章明确地提出上述“宣言”式的看法，必将大大推动抗日战争史的研究。

但既然是“宣言”式的文章，就不可能详细地展开讨论所有的问题。我这里想进一步提出的是，应自觉地从具体的理论与方法上继续拓展新的研究视野，或许，只有如此才能更加深层次地提高抗日战争史研究的水平。

与历史研究有关的理论方法，主要有两类：一类是历史学自身的理论方法，也即史观。譬如，中国史学经历了传统史学、新史学、马克思主义史学和多元化史学的时代。另一类是与历史学相关的学科理论与方法，譬如政治学、经济学、社会学、人类学等，近些年哈贝马斯、福柯、吉尔兹等学者的著作对中国学界包括史学都产生了很大影响。回顾近代以来的中国史学发展史，以清末民国和改革开放以来的两个时期最为活跃，上述所谓新史学马克思主义史学和多元化史学，就是其典型表征。还要说明的是，这些历史学的理论与方法，多与新兴的相关学科、社会变动有极其密切的关系，因为历史学本身很难产生理论和方法，新的史学理论与方法，多是与其他学科、社会变动相互作用的结果。

可以肯定地说，几乎历史上产生的所有史学理论方法以及相关学科的理论方法，都有其解释力，它们之间应该是“各美其美，美美与共”，[②] 而不是互斥和替代的关系。我们最为熟悉的马克思主义史学，由 20 世纪上半期的“革命”史学变成现今传统史学的一部分，往往因其存在一些

① 高士华：《拓宽视野，开掘纵深》，《抗日战争研究》2014 年第 1 期。

② 费孝通：《人的研究在中国》（1990 年），《学术自述与反思：费孝通学术文集》，三联书店，1996，第 142 页。

问题或由于误解而产生一些问题受到诟病。但无论如何，不能否认传统革命史观在中国史学史上的地位，也不能否认它在一定程度上仍有其适应性和有效性。不过，学术研究总是随着理论和方法的不断更新和运用而获得进步的，近几十年来，多元化史观以及相关学科理论方法，不仅对传统史学是一个有益的补充，更对历史研究具有革命性的推动作用。譬如，新社会史、新文化史、新政治史是国际史学界非常有影响的流派，其理论方法及研究成果，在传统视野的政治、经济、军事、外交史领域不太被关注，其实很值得中国史研究包括抗日战争史研究借鉴。

新社会史、新文化史、新政治史既是历史学与相关学科相交叉的产物，也是它们之间相互影响、互为解释的产物。几个史学领域及其理论方法虽有区别，但也有共性，共性之一就是突破领袖、精英视角，反抗宏大主流叙事，强调从宏观历史转向地方性的微观历史，将普通民众作为重要的研究对象之一，强调普通民众的主体性，站在普通民众的角度解释历史，[①] 从而在一定程度上改变了原来由精英强加给民众的历史书写，也可以说是马克思主义史学的回归。共性之二是开拓新的研究视点，如话语、符号、象征、形象、想象、认同、身份、记忆、心态、时间、空间、仪式、生态、日常生活、惯习、节日、身体、服饰、影像、阅读等。这些其实是社会最基本的问题，但能够极大丰富历史的认识。共性之三是使用新的研究方法，如表达与现实、政府与社会、道德与理性以及博弈论、认知冲突论、个人主体性等，为深入分析历史现象包括一些我们已经非常熟悉的老问题，提供了有效的工具。迄今，已有不少成功的代表作，如美国学者亨特的《法国大革命中的政治、文化和阶级》[②] 和《法国大革命时期的家庭罗曼史》[③]、法国勒华拉杜里的《蒙塔尤：1294～1324 年奥克西坦尼

---

① 美国新文化史家罗伯特·达恩顿说：“平民百姓可以创造历史，而不是消极被动地受历史支配。”（〔美〕罗伯特·达恩顿：《拉莫莱特之吻：有关文化史的思考》，萧知纬译，华东师范大学出版社，2011，第 15 页）

② 〔美〕林·亨特：《法国大革命中的政治、文化和阶级》，汪珍珠译，华东师范大学出版社，2011。

③ 〔美〕林·亨特：《法国大革命时期的家庭罗曼史》，郑明萱、陈瑛译，商务印书馆，2008。

的一个山村》[①]、奥祖夫的《革命节日》[②]、梅耶的《第一次世界大战时期士兵的日常生活》[③]，以及留美华裔学者王笛的《街头文化：成都公共空间、下层民众与地方政治，1870～1930》[④] 和《茶馆：成都的公共生活和微观世界，1900～1950》[⑤]、卢汉超的《霓虹灯外——20世纪初日常生活中的上海》[⑥]、董玥的《民国北京城：历史与怀旧》[⑦] 等。中国台湾学者黄金麟的《政体与身体——苏维埃的革命与身体，1928～1937》[⑧] 以及大陆学者黄兴涛的《"她"字的文化史——女性新代词的发明与认同研究》[⑨]、陈蕴茜的《崇拜与记忆——孙中山符号的建构与传播》[⑩]、李恭忠的《中山陵：一个现代政治符号的诞生》[⑪]，也是运用新理论方法的力作。在抗日战争史领域，也有论著利用新理论方法进行了研究，如何高潮的《地主、农民、共产党：社会博弈论的分析》[⑫]、丸田孝志的《革命的仪礼——中国共产党根据地的政治动员与民俗》[⑬] 等，但也不能不说，我们还很少看到与上述作品类似的著作。

新的理论和方法虽然主要来自于西方，但理论和方法与具体的问题不

① 〔法〕勒华拉杜里：《蒙塔尤：1294～1324年奥克西坦尼的一个山村》，许明龙、马胜利译，商务印书馆，1997。

② 〔法〕莫娜·奥祖夫：《革命节日》，刘北成译，商务印书馆，2012。

③ 〔法〕雅克·梅耶：《第一次世界大战时期士兵的日常生活》，项颐倩译，上海人民出版社，2007。

④ 王笛：《街头文化：成都公共空间、下层民众与地方政治，1870～1930》，李德英译，中国人民大学出版社，2006。

⑤ 王笛著译《茶馆：成都的公共生活和微观世界，1900～1950》，社会科学文献出版社，2010。

⑥ 卢汉超：《霓虹灯外——20世纪初日常生活中的上海》，段炼等译，上海古籍出版社，2004。

⑦ 董玥：《民国北京城：历史与怀旧》，三联书店，2014。

⑧ 黄金麟：《政体与身体——苏维埃的革命与身体，1928～1937》，台北，联经出版事业股份有限公司，2005。

⑨ 黄兴涛：《"她"字的文化史——女性新代词的发明与认同研究》，福建教育出版社，2009。

⑩ 陈蕴茜：《崇拜与记忆——孙中山符号的建构与传播》，南京大学出版社，2009。

⑪ 李恭忠：《中山陵：一个现代政治符号的诞生》，社会科学文献出版社，2009。

⑫ 何高潮：《地主、农民、共产党：社会博弈论的分析》，香港，牛津大学出版社，1997。

⑬ 〔日〕丸田孝志：《革命の仪礼——中国共产党根据地の政治动员と民俗》，东京，汲古书院，2013。

同，与对问题的分析结论更有差异，它往往具有超越地域、超越学科和方向的应用价值。受以上新的理论方法及其研究成果的启发，我们可以尝试对抗日战争史的研究提出一些新的问题。仅举几例如下：

在想象、形象方面，抗战期间的各种力量，国民党、共产党、日军、伪政权以及美国、苏联等强国之间是如何相互认识、形塑乃至想象的？国民党、共产党的领袖形象，在社会各个阶层、各种力量中是怎样形成和演变的？这些认识和想象如何影响了他们的行为，进而如何影响了领袖？除了领袖人物，普通民众如农民、工人、女性以及地主的形象又是如何变化的，相互之间的关系如何？

在话语、概念方面，抗战时期的国统区、中共抗日根据地，各种话语如中华、民族、国家、政治、经济、社会、人民、民众、自由、民主、平等、富强、革命、解放、共和、封建、帝国主义、殖民地、阶级、汉奸等是如何演变的？话语与概念的演变与这一时期的政治、社会关系如何？对国共两党所辖区域的民族认同和政治认同产生了哪些影响？

在新名词方面，国统区、大后方、沦陷区、八路军、新四军、日本鬼子、两面政权、堡垒户、地道战、地雷战、敌后武工队、铁道游击队、边币、精兵简政、大生产运动等是如何产生和发展的？其所反映的抗战时期政治、社会等方面的含义如何？

在心态史方面，面对日本侵略，普通民众以及国共两党著名将领或政治精英有何反应？他们参加抗战的初衷是什么，这些初衷与两党及其政府的宣传是什么关系？有一些人沦为屈服于日寇和日伪政权的汉奸、伪军，其初始动机又是什么？在不同政权实施的策略和措施之中，不同社会阶层和群体是如何反应的，这种反应反过来又产生了哪些影响？

在生态方面，自然生态环境与政权、策略等是一种怎样的互动关系，具体来说，就是自然生态环境对不同政权、不同区域的策略、手段和行为有何制约？反过来，不同政权、不同区域的策略、手段和行为对当地的自然生态环境又产生了哪些影响？以抗日根据地为例，中共持久战、游击战术和根据地的形成与自然生态环境是何关系？

在日常生活方面，抗战时期不同政权、不同人群的日常生活是怎样的，日常生活与政治、经济、军事的关系如何？国民党、共产党、日军和伪军士兵的日常生活，尤其值得关注。士兵并不总是处于打仗状态，也有自己的日常生活，包括婚姻、疾病、衣食住行、闲暇娱乐等。

在身体史方面，抗战时期不同政权是如何渗透、发动和利用民众的身体的？无论男性还是女性，他们的身体包括物质的身体和精神的身体，在抗日战争时期的遭遇、反应、行动是怎样的？身体的变化隐含了怎样的权力关系、社会观念和历史特性，这种变化对抗战的影响如何？

在历史记忆方面，国共两党是如何将中华民族历史、民族英雄史等经过加工运用于抗日战争的宣传和动员之中的？历史记忆与民族抗战的需求有无冲突，如何解决的？民众的传统历史记忆和党派、政府的记忆宣传是怎样一种关系？新的民族集体记忆对抗战产生了什么影响？还有，沦陷区日伪政权是如何割断中华民族的历史记忆的，对民众集体记忆产生了哪些影响？

在象征物方面，服饰、旗帜、徽章、图像、标语、纪念碑等象征物是如何被抗日战争不同政权、不同党派、不同群体作为一种力量运用的，对这一时期的民族认同和政权认同产生了哪些影响？这些象征物如何体现了抗战时期的政治与社会关系，如何体现了政治与社会的新旧交替？

在阅读方面，无论是党派和政府的政策文件，还是报刊、文学作品等，都是如何形成、生产和发行的，有哪些传播渠道和网络？哪些人群（性别、年龄、文化程度、社会成分等）在阅读，尤其是普通民众是如何阅读、接受或抵制的，反过来，这些阅读对党派、政府、作者、报刊等又有哪些影响？

在抗战结束后的历史演进中，以上各个方面又经历了怎样的变化？党派斗争、权力控制、民族主义、国际关系等对各个方面的影响如何？

应该说，各个方面并非完全独立，而是互有交叉。这些问题本是历史研究的应有之义，但由于受以往史观或方法的局限，多被抗战史学界忽视了。我曾在《抗日战争研究》1996 年第 1 期发表《抗日根据地社会史研究的构想》，产生过一定的反响。该文认为，抗日根据地社会史至少应该研究以下几个内容，即社会构成、社会生活、社会关系、社会意识、社会问题，其中有的也涉及本文所提到的问题。[①] 但本文所谈的视角和视点，更为具体，更有针对性。除此以外，我对以往学界对抗日战争史研究的综述性、回顾与瞻望性文章也做过检索和阅览，还很少发现有成果从以上视角和方面做阐述，由此大概可以证明抗战史学者相关意识的不足。

也许有人会说，以上问题都是史学碎片，这种研究将导致碎片化的结果。笔者以为，历史本来就是由碎片构成的，无碎片何来整体？但碎片研究并不必然导致碎片化，只要具备整体史意识，只要将之置于宏大的历史背景之中，只要遵循以小见大的方法，就可丰富和提高整体史的认识，再小的题目也不能说是碎片。何况，碎片与整体、微观与宏观本身就是相对概念，不可绝对化。[②] 如果说本文所涉问题为碎片，那么放宽历史的视界，抗日战争是否为中国历史的碎片，乃至人类历史长河的碎片？按此逻辑，抗日战争史还有进行研究的必要吗？所以，碎片与历史研究之间并不是反向和排斥的关系。抗日战争史就其本身而言仍可以说是一个整体，其研究的最终目的是围绕整体史做出清晰的说明和总结。正如我们在城市串街走巷，游逛景点、商场、古建筑，但要想胸有全局，仍需要一张指引方向的微缩地图。

笔者还要强调的是，列举以上问题，并不是说以往传统视野下抗战时期的政治、经济、军事、外交研究不重要了，相反，我仍然认为，这些领域绝对是抗战史舞台的中心角色，其实即便在传统视野下，许多问题仍没有深入挖掘，相关研究更未还原历史真相，也就是说还有大量的工作要做，它依然是不断实现抗日战争史研究有所突破的门径。只是相较而言，我们对传统视野的理论方法以及问题较为熟悉，而对以上所列举的问题比较陌生，之所以陌生，恰恰是因为过去太熟悉的东西遮蔽了一些原本丰富的历史面相。问题是，这些面相并非可有可无，如果不对它们进行考察，所谓抗战史的中心角色也就失去了赖以生长的舞台，悬于半空之中，从而难以理解。著名历史学家、美国史教授方纳讲："政治史的研究者并不需

① 李金铮：《抗日根据地社会史研究的构想》，《抗日战争研究》1996 年第 1 期。
② 李金铮：《整体史观：历史研究的三位一体》，《近代史研究》2012 年第 5 期。

要抛弃自己的研究计划，但必须吸收和囊括新的研究方法和成果。无论怎么说，历史学家总不能对近年来史学界的变化视若无睹，而一味埋头按照原来的路子进行研究和写作。”① 方纳所言虽然是针对美国政治史的研究而谈的，但对我们研究抗战史也富有启示。相信对前述新问题的研究，可以扩大和丰富抗日战争史研究的面相，同时也可回应国际史学潮流，并在此基础上努力建立中国学者自己的话语体系。换句话说，对于国外的先进理论方法及成果，最终目的不在于了解、学习和汲取，而是之后的摆脱、超越和创新，反过来，再影响国际史学的前途，显然这是一个极其艰难的过程。② 可以说，近些年来的抗战史研究，有的论著对上述新问题已有所涉猎，只是以自觉的理论和方法意识进行研究者仍属较少，因此我在这里专门提出应该是有意义的。③

至此，笔者还想重申“一切历史都是当代史”的经典论述，“历史是持续的，过去既是过去的也是现在的”。④ 在历史上曾呈现为主角的，在后来的历史研究中，既可能依然是主角，也可能随着时代的变化和需要而被其他学术热潮所代替。反过来讲，在历史上曾是配角的，也可能变为历史研究的主角。回溯中外史学史之历程，“三十年河东、三十年河西”，历史研究中心与边缘的变换是常有的事。正因为此，无论从事哪个领域的

① 王希：《美国史学三十年：变革与挑战——埃里克·方纳访谈录》，王希等主编《开拓者：著名历史学家访谈录》，北京大学出版社，2015，第7页。

② 在国际学术格局之中，20世纪二三十年代傅斯年、陈垣、陈寅恪等曾提出要将中国史学的学术中心从国外拉回中国北京。历经七八十年后的今天，中国学者所取得的成就与过去相比已不可同日而语，但也不能不承认，在许多领域和问题上，仍未改变学术弱国的地位。也正因如此，我们才提出要努力建立中国特色、中国风格和体现中国气派的学术，实现中国学术的大国、强国目标。但其前提之一，仍是要在学习外国先进成果的基础上，才能达到学术观点的创新。

③ 笔者在《中共党史研究》2010年第1期发表的《向“新革命史”转型：中共革命史研究方法的反思与突破》，试图借中共历史来表明中国近代革命史研究的一种理念。针对以往革命史研究中的问题，我提出要改变传统的党史观念，运用新的理论和方法进行研究，譬如国家与社会的理论和方法、革命史与大乡村史的连接等。本文试图借鉴新社会史、新文化史、新政治史等新兴的史学理论方法及成果，来拓展抗战史研究的学术视野，这一看法也可以作为“新革命史”理念的补充。

④ 〔法〕雅克·勒高夫：《历史与记忆》，方仁杰、倪复生译，中国人民大学出版社，2010，第147页。

研究，均既无须担忧从中心滑向边缘，也无须为由边缘升入殿堂而忘忧。总之，历史存在的主次与历史研究的主次并不完全是一回事，这恰恰证明了历史研究的步伐处于变化和前进之中，历史研究不正是因此而更有无限的魅力吗?

·前沿动态·

西方学界蒋介石研究的范式转移与取向变迁*

——以英文论著为中心的探讨

魏兵兵**

摘　要　西方学界蒋介石研究的学术衍变主要受到时代环境、研究资料和学术潮流三方面因素的影响。民国时期，西方学者的论著侧重追溯蒋的政坛崛起之路。国民党政权败退台湾后，在全球冷战大背景下，相关研究大多旨在探寻蒋大陆统治失败的原因。从1980年代开始，西方学界对蒋介石思想和活动的考察日益全面和多元，开始肯定蒋的历史贡献；同时，交叉学科研究的流行催生了新的视角和方法。20世纪末以来，随着蒋介石档案和日记等重要史料的开放，有的学者深化了对蒋政治外交活动的研讨；有的学者则受新政治史和新外交史等学术潮流的启引，从文化史的视角考察蒋的政治理念、统治方式和公众形象，并借此对近代中国的政治文化和国际关系等问题提出新的阐释。其中，陶涵新著《委员长：蒋介石与现代中国的奋斗》是迄今学术性最强的一部英文蒋传记。

关键词　西方学界　蒋介石研究　范式　取向

---

* 本文为国家社科重大招标项目"蒋介石资料数据库建设"（项目编号15ZDB048）的阶段性成果。本文的撰写工作得到笔者博士后合作导师陈红民教授的悉心指导；资料搜集过程中，加拿大女王大学邱燕凌（Emily Hill）教授和美国内布拉斯加大学柯博文（Parks M. Coble）教授慨然予以惠助；初稿曾报告于《史学月刊》杂志与南开大学历史学院联合主办的"新史学青年论坛：大数据时代的史料与史学"（天津，2016年11月4～6日），承蒙贺江枫、翁有为、姜萌、杨双利等学者专家惠赐宝贵修改意见和建议，在此一并致谢！

** 浙江大学人文学院历史系博士后。

1986 年 10 月底，“蒋中正先生与现代中国学术研讨会”在台北召开，200 多位中外学者与会。[①] 其间，芝加哥大学历史系副教授艾恺（Guy S. Alitto）报告的《西方史学论著中的蒋介石》一文颇受关注。该文首次对欧美人士所撰有关蒋介石的英文著述进行了较为全面的回顾和评述，讨论对象虽涵盖通俗读物和文学作品，但足见当时西方相关学术研究已规模初备。[②] 此后 30 年间，蒋介石始终是最为西方学界所瞩目的近代中国历史人物之一，新的论著不断问世，研究的视角和取径也经历了重要变化。近年来，间有学者在检讨蒋介石研究现状时，对西方学界的相关成果有所介绍和评析，但评介对象的选择似乏明晰标准，且通常围绕热点问题展开，侧重论析各家观点之得失，对于不同时期研究状况的整体性探讨则较为薄弱。[③] 有鉴于此，笔者不揣浅陋，尝试在前人基础上，对西方蒋介石研究的学术史重新进行一番梳理，以期增进国内学者对相关成果和动态的了解，推动中外学界的交流与对话。

本文将迄今为止西方学界的蒋介石研究大致划分为四个阶段，在评介相关论著的同时，探讨各阶段研究的基本范式和大体取向，以呈现其演化

---

① 参会论文以中英两种文字集辑出版（各 5 册），中文版为《蒋中正先生与现代中国学术讨论集》，台北，蒋中正先生与现代中国学术讨论集编辑委员会，1986；英文版为 *Proceedings of Conference on Chiang Kai - shek and Modern China*（以下简称 *Proceedings*），Taipei：Compilation Committee of the Conference，1987。

② Guy S. Alitto，“Chiang Kai - shek in Western Historiography”，*Proceedings*，Vol. 1. 此文不久后在台湾出版了中英对照的单行本，见〔美〕艾恺《西方史学论著中的蒋介石》，淡水，文理书局，1987。

③ 关于台湾学者对西方蒋介石研究的评述，见黄克武《蒋介石相关主题的研究回顾与展望（海外）》，汪朝光主编《蒋介石的人际网络》，社会科学文献出版社，2011，第 263 ~ 281 页；黄克武、林孝庭、王文隆：《西方学术界蒋中正、宋美龄相关研究成果评析》，黄克武主编《海外蒋中正典藏资料研析》，台北，中正纪念堂，2013，第 149 ~ 187 页。上述两文在内容上有较多重叠，前者同时回顾了西方学界和日本学界的蒋介石研究，后者集中于西方学界的成果，对一些论著的评析更为详细。但两文评介的许多西方论著并非以蒋为主要研究对象，而一些以蒋个人为考察中心的成果反未提及。继艾恺的论著之后，西方学者的相关评述仅见于 Jeremy E. Taylor and Grace C. Huang，“‘Deep Changes in Interpretive Currents’? Chiang Kai - shek Studies in the Post - Cold War Era”，*International Journal of Asian Studies*，Vol. 9，No. 1（2012）。但该文主要关注冷战后海峡两岸学界对蒋介石的研究之异同，对西方学界研究成果的评介十分简略。在中国大陆，迄今尚无学者对西方学界的蒋介石研究状况进行较为系统的回顾和讨论。

变迁的学术脉络。评述对象主要为欧美高校及研究机构的学者和研究生（包括华人）撰写的著作、专题论文和学位论文，同时包括一些尚未正式刊发的会议论文。[①] 需要特别说明的是，由于蒋介石的特殊地位和影响，有关民国时期以及国民党政权败退台湾后的政治、军事、外交和经济等方面的研究，大多不同程度地涉及蒋，其数量之巨，非单篇文章所能涵盖。本文仅从人物研究的角度着眼，主要选择以蒋介石个人为主要考察对象的学术论著予以评介；对于只是部分涉及蒋的著述和相关通俗读物，除影响较大者外，皆简述或从略。同时，囿于笔者的外语能力，本文的讨论范围以英文著述为限，暂不包括其他西方语种的相关成果。尽管如此，受笔者眼界、学力和资料来源的局限，文中仍难免挂一漏万，述论失当之处，尚祈方家教正。

一 “中国强人”的早期形象：1930～1940年代

在1920年代国民革命的洪流中，蒋介石迅速崛起为中国政坛最具影响力的人物之一，引起西方朝野的关注。1927年4月4日，时任国民革命军总司令的蒋介石首次登上美国《时代》（*Time*）周刊封面，标志着他已成为国际风云人物。但该封面并非蒋的照片，而是一个神情肃杀甚至眼露凶光的素描头像，一定程度上反映出西方社会对蒋的“第一印象”。其后，蒋发动“清党”，主导成立南京国民政府，并逐步确立了其在党、政、军各方面的领导地位。随着蒋介石权位的上升和与西方人士接触的增多，其对外形象也渐趋好转。1931～1937年，蒋又先后四次成为《时代》周刊的封面人物，所载照片三次为戎装，一次为便服，其军事强人的基本形象虽未改变，但已不再给人明显的负面观感。

随着蒋介石的名字被越来越多的西方人士所知晓，西方学界开始将目光投向这位中国的政治领袖。1937年，哈佛大学的波普尔（William I. Popper）以《蒋介石与中国革命（1921～1928）》为题撰写了学士学位论文。波普尔概略地回顾了蒋介石的政治生涯，认为其与苏联、中共以及国民党左派的决裂违反国民党的纪律，但对蒋的个人能力和政治前景持肯

① 部分会议论文，笔者因无法获读原文，只能列举题名，无法加以评述。

定态度。[①] 该文资料和论述均十分单薄，却很可能是西方最早专门以蒋介石为研究对象的学术论著。值得一提的是，蒋的第一部英文传记《蒋介石：士兵和政治家》于同年在上海出版，作者董显光（Tong Hollington Kong）为浙江宁波人，早年曾是蒋的老师，后赴美留学，民初归国从事新闻工作，先后担任多家在华英文报纸的编辑或经理，1934 年加入国民党，此后长期供职于国民政府。该传记分上、下两册，记述了 1937 年以前蒋介石的生平和言行，将其誉为当时亚洲大陆最伟大的军事家和政治家。[②] 由于作者身份及其与蒋的私人关系，该传“树碑立传”的色彩明显，避讳粉饰之处颇多。但作为蒋介石的首部英文传记，它有助于增进西方学界对蒋的关注和了解，成为此后很多西方学者研究蒋的重要参考资料。

中日战争的全面爆发后，尤其是太平洋战争爆发后，领导中国对日抗战的蒋介石愈发受到西方朝野的关注。不少蒋的言论和著述被译成外文，在西方出版。同时，一些欧美人士撰写的蒋介石传记陆续面世，但多为通俗读物，并非学术论著。[③] 这些传记大多对蒋的统治能力、政治成就和抗战决心持肯定态度，可见其在当时西方社会中的形象大体较为正面。

然而，这一时期西方关于蒋介石的学术研究仍屈指可数。其中最值得注意的是美国著名记者、政治学者伊罗生（Harold R. Isaacs）1938 年出

---

① William I. Popper, “Chiang Kai - shek and the Chinese Revolution, 1921 - 1928”, A. B. (Honors) thesis, Harvard University, 1937.

② Tong Hollington Kong, *Chiang Kai - shek: Soldier and Statesman: Authorized Biography*, Shanghai: The China Publishing Company, 1937. 该书于 1938 年在伦敦出版。

③ 如 Robert Berkov, *Strong Man of China: The Story of Chiang Kai - shek*, Boston: Houghton Mifflin, 1938; Sven Hedin, *Chiang Kai - shek: Marshal of China*, translated from the Swedish by Bernard Norbelie, New York: The John Day Company, 1940; Joyce Reason, *Chiang Kai - shek and the Unity of China*, London: Edinburgh House Press, 1943; Philip Paneth, *Generalissimo Chiang Kai - shek*, London: J. Bale and Staples Limited, 1943; William Frank Burbidge, *Rising China: A Brief History of China and a Biographical Sketch of Generalissimo and Madame Chiang Kai - shek*, Bognor Regis; London: J. Crother Ltd., 1943; Joseph McCabe, *The Picturesque and Adventurous Career of Chiang Kai - shek: A Convincing Portrait of the Man and His Period in Chinese History*, Girard, Kan.: Haldeman - Julius Publications, 1944。此外，二战后期，蒋介石还出现在一些世界政治家的群传之中，如 Ernest Reynolds, *Four Modern Statesmen*, S. L.: Oxford University Press, 1944; Harvey DeWeerd, *Great Soldiers of World War II*, New York: W. W. Norton & Company, Inc., 1944。

版的《中国革命的悲剧》一书。该书主要考察 1925 ~ 1927 年的国民革命史，以蒋介石为叙述的主要人物，因此在某种程度上也是一部蒋的政治发达史。伊罗生早年信奉托洛茨基的思想理论，对国民革命中城市无产阶级的最终失败极表同情。他视蒋介石为资产阶级利益的维护者，并将之描绘成一个狡猾的野心家（喻之为希腊神话中把守冥府的三头犬），认为斯大林和共产国际对中国革命的错误决策和对资产阶级的妥协立场，导致蒋逐步掌权并背叛革命，而无产阶级则因此错失了独立完成革命的良机，且付出了惨重代价。[①]《中国革命的悲剧》是最早较为系统地研究蒋介石的英文学术著作，但由于作者持有先入为主的政治立场，加之原始资料方面受到严重限制，关于蒋的论述多带臆测成分，观点自难全面公允。尽管如此，由于主题的吸引力和伊氏过人的文笔，该书销行甚广，成为西方研究中国革命的经典之作，影响了不少西方学者对蒋介石的认知。[②] 1939 年 7 月，美国外交事务专家马洛里（Walter H. Mallory）著文分析了当时中日战争的形势和蒋介石的抵抗策略，但该文属于时事评论性质，并非规范的学术论文。[③] 1941 年，杜克大学学者林白乐（Paul M. A. Linebarger）出版《蒋介石的中国：一个政治研究》一书。林白乐之父林百克（Paul M. W. Linebarger）曾长期追随孙中山，并担任过南京国民政府的法律顾问。该书虽以《蒋介石的中国一个政治研究》为题，但主要是对战时中国政府结构（包括日本控制的傀儡政府）和政治局势的观察，仅在最后一章中简要评述了蒋的生平、形象和思想，也难以称为真正意义上的蒋介石研究。[④] 随着蒋介石言论和著述的外译，有西方学者开始尝试探讨蒋的思想理念。1947 年，英国学

① Harold R. Isaacs, *The Tragedy of the Chinese Revolution*, London: Geoffrey Cambridge, Oxford University Press, 1938. 斯坦福大学出版社 1951 年出版该书的修订版。中译本《中国革命的悲剧》于 1950 年在香港首次出版（版权页为 1947 年在上海出版，系当时环境下的一种伪装），译者刘海生。

② 关于此书的影响及批评，参见艾恺《西方史学论著中的蒋介石》，第 64 ~ 66 页。

③ Walter H. Mallory, "The Strategy of Chiang Kai - shek", *Foreign Affairs*, Vol. 17, No. 4 (Jul 1939).

④ Paul M. A. Linebarger, *The China of Chiang Kai - shek: A Political Study*, Boston: World Peace Foundation, 1941.

者林迈克（Michael Lindsay）撰文对蒋所著《中国之命运》和《中国经济学说》的英译本进行了分析，指出蒋在政治上不认同西方式自由主义民主，而计划在发展以保甲制度为基础的地方自治的前提下，推动民主进程；在经济方面，蒋强调政府调控的必要性，尤其是对工业和国防的控制。林氏还总结了蒋的思维方式，即蒋认为历史的基本动力是思想和道德准则，而非物质环境。这使蒋成为一个信念坚定的强人，但同时也使他难以适应任何民主政治体制。①

总体而言，1949 年前，西方对于蒋介石的学术研究处于起步阶段，成果寥寥。尽管二战时期蒋在西方的知名度急剧上升，但关于他的著作多为通俗读物，随后的国共内战期间亦是如此。蒋介石早期主要以中国军事强人的形象为西方公众所知，相关研究也侧重追溯其掌权之路，对其统治思想、活动和能力的探讨十分粗浅，这与当时中国纷乱难测、尘埃未定的军政局势不无关系。随着国民党政权在内战中全面失利并退守台湾，西方学界对蒋介石的研究进入一个新阶段。

二　“丢失中国”的阴影：1950 ~ 1970 年代

1949 年 12 月，蒋介石飞抵台湾，标志着其在大陆统治时代的结束。次年 3 月，蒋在台湾宣布复职“总统”，此后四次连任，直至 1975 年逝世。蒋介石统治台湾的 25 年，正是美苏主导的冷战在全球范围内剑拔弩张之时。台湾在亚洲冷战中的战略地位和蒋坚定的反共立场，使他继续吸引着西方社会的注意。1955 年 4 月 18 日，蒋介石第十次成为《时代》周刊的封面人物。而在 1946 ~ 1949 年的国共内战中，国民党政权起初占有绝对优势并获得美国大力援助，最终却全面溃败，大陆政权被中共夺取，作为军政最高领导者的蒋介石难辞其责。在冷战的大背景下，蒋介石被很多西方人士视为“丢失中国的人”。蒋为何以及如何丢掉了中国大陆政

---

① Michael Lindsay, “Chiang Kai - shek's Way of Thought”, *The Virginia Quarterly Review*, Vol. 23, No. 3 (Summer 1947).

权，成为这一时期西方学者探讨的主要问题。

导致中国政权易手的最直接原因是国民党军队的战败，故个别学者首先对蒋介石的军事谋略进行了检讨。1950 年代初，美国政坛“麦卡锡主义”（McCarthyism）盛行，以参议员麦卡锡（Joseph Raymond McCarthy）为首的右翼政治势力指责杜鲁门政府“出卖”了蒋介石政权，导致中共在内战中获胜。美国的中国问题专家柯乐博（O. Edmund Clubb）发表《蒋介石的滑铁卢：淮海战役》一文反驳这种论点，认为美国虽然可以在海外事务中发挥影响，但并不能完全左右他国政局。柯乐博论析了蒋介石在淮海战役中的重大战略失误，并指出蒋无视民心向背，一意孤行，也是其在内战中失败的重要原因，因此蒋应为中国内战的结果负主要责任。① 柯氏曾在美国驻外事务处供职 20 年之久，淮海战役期间任美国驻北平总领事。该文虽非规范的学术论文，但对于研究国共内战时期的蒋介石不无参考价值。1959 年，芝加哥大学政治学者邹谠（Tsou Tang）撰文考察了金门炮战期间蒋介石与美国政府的关系。文章指出，金门等大陆沿海岛屿对于当时台湾的防卫并无特殊意义，但炮战爆发后，蒋介石大举增兵金门，造成金门失守而台湾告急的局面，使美国政府陷入进退两难的境地。邹谠认为，蒋利用美国政府内部各派的意见分歧，使美国一步步卷入金门事件之中；蒋这样做绝非仅仅为了守住金门等台湾地区的沿海岛屿，而是试图借此使整个战事扩大化。②

从 1960 年代起，随着台海局势趋于稳定，国共军事斗争逐渐淡出西方学者的视野，一些学者开始尝试对蒋介石在大陆的政治统治及其生平思想进行较为系统的研究。其中，最具代表性的当属美国厄普萨拉学院陆培涌（Pichon Pei Yung Loh）教授的论著。1966 年，陆培涌发表《蒋介石的政治：再评价》一文，回顾和分析了蒋统治大陆时期的政治生涯和思想理念。文章大致可分为两部分：第一部分主要论述蒋介石政治生涯中具有

① O. Edmund Clubb, “Chiang Kai - shek's Waterloo: The Battle of the Hwai - Hai”, *The Pacific Historical Review*, Vol. 25, No. 4 (Nov. 1956).

② Tsou Tang, “The Quemoy Imbroglio: Chiang Kai - shek and the United States”, *The Western Political Quarterly*, Vol. 12, No. 4 (Dec. 1959).

转折意义的重要事件，认为蒋之所以能在政坛迅速崛起并长期居于中心地位，是因为他善于在各种政治势力之间寻求中立位置；1940 年代后期，蒋已无法维持这种中立姿态，而是被迫走向一种极端的立场，其政治地位也随之下滑，这是蒋最终失去大陆的重要因素之一。第二部分主要探讨蒋介石的思想理念——“改良传统主义”（reform traditionalism）。陆氏认为，蒋登上权力顶峰之后，一方面积极推进中国的现代化，另一方面又力图坚持中华民族的文化本位，这使得其思想介于顽固保守派和激进西化派之间，为他在 1930 年代赢得了广泛的社会支持；蒋介石对儒家人格的推崇深刻影响了他的执政理念和方式，但这并非他最终失败的根本原因；虽然蒋有官僚习气且厌恶民主，但在 20 世纪前半期，或许没有人比他更有力地推进了中国的统一事业。[①] 在《蒋介石的思想信仰》一文中，陆培涌对蒋介石的思想体系和政治理念做了更深入的考察，主要论析儒家、三民主义和基督教三种思想体系对蒋的影响。陆氏认为，蒋的思想植根于儒家哲学，其传统价值观和个人能力都限制了他成为一个“现代”政治领袖的努力。蒋介石开始全面接受孙中山的思想是在广州时期（尤其是孙逝世之后），其间受到胡汉民、廖仲恺和戴季陶等国民党理论家不同程度的影响。戴季陶最终把孙中山塑造为一个秉承儒家传统的现代革命家，蒋则将自己视为孙的继承人。文章还认为，蒋一直是“精神力量”的信仰者，皈依基督教并不意味着其思想的西化，而是因为蒋发现基督教教义和他对儒家精神的理解有相通之处，这使他更坚信“融贯儒家思想的孙文主义”（confucianism - qua - sunyatsenism）的普适性。[②]

在探讨蒋介石政治理念和策略的同时，陆培涌关注蒋的性格对其政治生涯的深刻影响，于 1971 年出版专著《早年蒋介石：性格与政治之研究（1887 ~ 1924）》。该书以毛思诚编撰的《民国十五年以前之蒋介石先生》为主要资料，结合多种中外文献，对蒋早年的生活经历和性格

---

① Pichon P. Y. Loh，“The Politics of Chiang Kai - shek：A Reappraisal”，*The Journal of Asian Studies*，Vol. 25，No. 3（May 1966）.

② Pichon P. Y. Loh，“The Ideological Persuasion of Chiang Kai - shek”，*Modern Asian Studies*，Vol. 4，No. 3（1970）.

形塑进行了较为细致的考论。不同于这一时期多数西方学者的研究旨趣，该书主要探讨早年蒋介石获得“成功”的原因。陆氏认为，蒋从童年时期起就感觉外部世界充满敌意，因此形成了强烈的自我防卫心理，导致他长期存在身份认同危机（identity crisis）；蒋之所以走上革命道路，寻求心理满足的因素不亚于其意识形态的信仰；1921 年，蒋经历心理转向（psychological reorientation），开始自视肩负中国革命的使命，并决定以此为毕生志业，这使他得以摆脱身份认同的危机，重新定义了自己与外部世界的关系，其性情和行为习惯也随之发生变化；在处于政治转型时期的 1920 年代中国，蒋的个性（包括一些通常看来有“缺陷”的方面）和能力契合时代的需要，是他在政坛迅速崛起的重要原因。该书篇幅不长，而且在资料方面受到很大限制，但持论较为公允，分析细腻深入，堪称经典之作，对理解蒋的性格特征和处事方式颇具参考价值。[①] 继陆培涌之后，佐治亚州立大学历史学教授塞伦（Robert W. Sellen）也撰文探讨了蒋介石的“政治性格”（political personality）。文中除引用《早年蒋介石：性格与政治之研究（1887～1924）》一书外，在史事方面较多依赖不可靠的英文蒋传记，少量一手资料也基本来自西方人士的观察（包括对蒋成见甚深的史迪威等）。塞伦将蒋介石描述成一个集思想保守、心胸狭隘、刚愎自用、弄权贪位等诸多恶劣品质于一身的负面人物，以此解释其政治生涯的失败。[②] 该文学术水准较低，但或许代表了这一时期许多西方人士对蒋的看法。

同时期西方蒋介石研究的另一位代表性学者是伊利诺伊大学历史系教授易劳逸（Lloyd E. Eastman）。1972 年，易劳逸发表《中国国民党的法西斯主义：蓝衣社》一文。该文考察蓝衣社的组建、理念和活动，认为蒋介石支持成立这一具有法西斯色彩的组织，以期革新国民党的精神和统治，但

① Pichon P. Y. Loh, *The Early Chiang Kai - shek: A Study of His Personality and Politics, 1887 - 1924*, New York: Columbia University Press, 1971. 该书目前尚无完整中译本，桑镛炳、林放曾将书中第 5 章译成中文，刊于《档案与历史》1986 年第 2、3 期，内容有较多删减。

② Robert W. Sellen, “Chiang Kai - shek: A Study in Political Personality”, *Il Politico*, Vol. 39, No. 3 (Sep. 1974).

同时，蒋不得不平衡党内派系势力以维护自身地位，故未全力支持蓝衣社，致使该社最终解散。[①] 1974 年，易劳逸出版《流产的革命：1927～1937 年国民党统治下的中国》（下文简称《流产的革命》）一书，综合考察了南京国民政府的统治。作为南京政府的核心人物，蒋介石自然是论述的重要对象。易氏对南京政府的十年统治基本持否定态度，认为国民党取得政权后，迅速丧失了革命精神，蜕变为军事独裁政权，政治腐败低效，社会问题丛生。因此，作者对蒋介石的评价也较负面，称其脾气暴烈，独裁专断，政治思想肤浅，统治方式拙劣而紊乱，虽具有坚强的性格和某些特别才干，但仅适合与旧军阀竞逐，无法胜任现代国家元首，对南京政府的失败负有责任。[②] 该书并未对蒋介石进行专门的实证研究，只是在考察南京政府时期政治、经济和社会的基础上，对蒋做了较为概略的评价（见该书第六章）。易劳逸也坦言无法解释如下现象：在南京政府十年的后期，蒋介石已得到大多数中国人的信任和尊重，而且在对日作战期间，蒋是唯一能使四分五裂的政权维持统一的人。《流产的革命》出版后，在西方学界引起强烈反响，成为研究南京国民政府时期中国政治史的典范之作，书中有关蒋介石的论述对此后西方和中国学界的相关研究均具有深远影响。

此外，西方学界也出现了若干关于蒋介石的专题研究。如史蒂文斯（Charles R. Stevens）对抗战后期蒋介石所著《中国之命运》和毛泽东所著《论联合政府》这两部几乎同时出现的政治文献进行了比较解读，认为蒋无法在民族主义之外提出任何有吸引力的政治主张，而毛则描绘了一幅有关战后政治经济的更富灵活性也更有吸引力的蓝图。作者进而断言，国民党政治宣传内容的乏味，使其失去大量民众的支持，这是国民党政权最终垮台的原因之一。[③] 马斯特三世（Herman Mast Ⅲ）和塞维尔

---

① Lloyd E. Eastman, "Fascism in Kuomintang China: The Blue Shirts", *The China Quarterly*, No. 49 (Jan. - Mar. 1972).

② Lloyd E. Eastman, *The Abortive Revolution: China under Nationalist Rule*, 1927 - 1937, Cambridge, Mass.: Harvard University Press, 1974. 中译本《流产的革命：1927～1937 年国民党统治下的中国》于 1992 年由中国青年出版社出版，陈谦平、陈红民等译。

③ Charles R. Stevens, "A Content Analysis of the Wartime Writings of Chiang Kai - Shek and Mao Tse - Tung", *Asian Survey*, Vol. 4, No. 6 (Jun. 1964).

（William C. Saywell）探讨了“戴季陶主义”对蒋介石的影响。他们认为，孙中山去世后，戴季陶认为蒋介石与左派力量日益亲密的关系会使蒋本人和整个国民革命陷入难以摆脱的纠葛之中，遂抛出“戴季陶主义”，力图使蒋相信中共正侵蚀国民党的核心，整个国民革命正走向歧途；“戴季陶主义”在国民党内产生广泛影响，促使蒋着手解决中共问题。[①] 1968 年，吴天威（Wu Tien - Wei）发表《蒋介石的 1926 年三二〇政变》一文。该文主要从政变发生的政治环境、不同当事人对政变的阐释和政变具体过程三个方面展开论述，认为事变之前，在针对西山会议派的政潮中，由中共推动的“反蒋”运动得到一些苏联顾问和汪精卫的支持，已威胁到蒋介石的权力和地位；“中山舰事件”（又称“三二〇政变”）并非由莫斯科或中共中央设计，因为这与克里姆林宫的基本战略相背，但一些中共党员和苏联顾问明显卷入其中，汪精卫极可能事先已知晓并默许，但策划者的目的应该不是致蒋介石于死地，而更可能是将其绑架后送往莫斯科，即政治流放；事件为蒋提供了一个极好的借口，使其得以趁机发动一场可能酝酿已久的政变。[②] 此文是中外史学界较早对“中山舰事件”进行的专题研究，但受资料所限，主要观点只能属于推论性质。西方高校的一些研究生也开始选择与蒋介石有关的课题来撰写学位论文。其中，多数仍关注蒋介石在 1920 年代崛起于政坛的过程，另有个别论文探讨蒋统治大陆时期在推动政治和军事现代化方面的活动。[③]

---

① Herman Mast Ⅲ and William C. Saywell, “The Culturalism of Political Despair: Tai Chi - t' aoism and Chiang Kai - shek”, *Asia Quarterly: A Journal from Europe*, No. 3 (1972).

② Wu Tien - Wei, “Chiang Kai - shek's March Twentieth Coup d' Etat of 1926”, *The Journal of Asian Studies*, Vol. 27, No. 3 (May 1968).

③ Bruce Cunningham, “Chiang Kai - Shek's Rise to Power”, M. A. thesis, Arizona University, 1961; Walter E. Gourlay, “The Kuomintang and the Rise of Chiang Kai - shek, 1920 - 1924”, Ph. D. dissertation, Harvard University, 1967; M. Marcia Mozzochi, “Chiang Kai - shek: A Study of His Rise to Power During the Kuomintang - Chinese Communist Alliance 1923 - 1927”, M. A. thesis, South Connecticut State University, 1976; David S. Gibbons, “Dominant Political Leadership and Political Integration in a Transitional Society: China, Chiang Kai - shek and Mao Tse - Tung, 1935 - 1949”, Ph. D. dissertation, Princeton University, 1968; Jerry B. Seps, “German Military Advisers and Chiang Kai - shek, 1927 - 1938”, Ph. D. dissertation, University of California, Berkeley, 1972.

蒋介石统治台湾时期，又有几部西方人士撰写的蒋传记陆续出版，但大多缺乏系统严谨的研究，史实错误较多，难以得到学界认可，有的还招致严厉的批评。[①] 1975 年 4 月 5 日，蒋介石在台北病逝。次年，由英国记者、历史学者柯如齐（Brian Crozier）主撰、前香港《大公报》记者周榆瑞（Eric Chou）参与写作的《丢失中国的人：第一部蒋介石全传》（下文简称《丢失中国的人》）在美国出版。[②] 这不仅是第一部涵盖蒋一生的完整传记，内容丰富，而且建立在一定的实证研究基础之上，史实考证方面的贡献得到一些学者的肯定。尽管作者未能解释清楚蒋“丢失中国”的原因，该书标题却点出了 1950 ~ 1970 年代西方蒋介石研究的基本范式。艾恺甚至认为，这一时期（以及此后一段时期）西方学界所有对蒋介石的历史诠释与评价都受到失去大陆政权这一问题的支配，相关论述不仅有失“情绪化”，而且存在明显的逻辑矛盾和理论不一致。[③] 这种说法或显绝对，但在全球冷战大背景下，“丢失中国”确实成了大多数西方学者审视蒋介石时挥之不去的阴影，直接或间接影响到他们的问题意识和观点、结论。从国共斗争结果的历史事实出发，检讨大陆时期蒋介石的统治思想和活动，无疑是极有价值的研究。但若局限于这一思考路径，则易于将国民党政权的国家行为和蒋介石的个人行为混为一谈。有学者在批评柯著的标题时即指出，虽然蒋失去了大陆的统治权，但一个辽阔而复杂的中国绝不是任何个人可以掌控的。[④] 同时，若预设性地把蒋介石视为一个“失败者”，研究者往往不自觉地进入“倒放电影式”的线性思维模式，对研讨问题的选择和相关史事的阐述似都旨在论明蒋最后“失败”的必然性。

---

① Emily Hahn, *Chiang Kai - shek: An Unauthorized Biography*, Garden City, N. Y.: Doubleday, 1955; Cornelia Spencer, *Chiang Kai - shek: Generalissimo of Nationalist China*, New York: John Day Co. 1968; Richard Curtis, *Chiang Kai - shek*, New York: Hawthorn Books, 1969; Robert Payne, *Chiang Kai - shek*, New York: Weybright and Talley, 1969.

② Brian Crozier, with the collaboration of Eric Chou, *The Man Who Lost China: The First Full Biography of Chiang Kai - shek*, New York: Scribner, 1976. 中译本《蒋介石传》2010 年由国际文化出版公司出版，作者音译为克罗泽，译者封长虹。

③ 参见艾恺《西方史学论著中的蒋介石》。

④ James P. Harrison, "Review: The Man Who Lost China: The First Full Biography of Chiang Kai - shek", *Political Science Quarterly*, Vol. 92, No. 2 (Summer 1977).

这种带有“目的论”色彩的研究范式，不仅有碍于对具体问题的全面考察和周详讨论，而且不可避免地会筛除或遮蔽蒋介石生平和思想的许多重要面相。

三　走向全面与多元：1980～1990年代

从1980年代开始，西方学界的蒋介石研究渐呈新的气象。虽然“丢失中国”的阴影仍未消散，但蒋介石的离世使学界可以对其生平和思想进行更全面的回顾与探讨，研究课题也日益多元。除政治和军事之外，蒋在外交、经济等领域的思想和活动也成为学者们考察的对象。同时，蒋介石统治台湾时期取得的成就，逐渐改变了他在西方社会中的“失败者”形象，促使一些学者关注其晚年的活动。而且，随着学科间交互影响的深入，西方学界的蒋介石研究还开始出现新的视角和方法。

大陆时期蒋介石统治理念和方式的得失仍是一些学者最感兴趣的问题。加拿大学者贝德斯基（Robert E. Bedeski）通过解读南京国民政府时期蒋介石的演讲词，分析其政治思想。贝氏认为，蒋相信只有彻底改造中国人的行为方式、社会结构和价值观念，才能将中国建设成为现代民族国家，这与后来共产党执政后的政治思想有相通之处；蒋明白实现这一目标的障碍何在，却未能像毛泽东那样找到解决之道。[①] 美国学者柯博文（Parks M. Coble，Jr.）以邹韬奋和“救国会”为中心，考察蒋介石与1930年代中国反日运动之间的关系。他认为，民间反日运动本可成为国民党进行国家整合和政权巩固的有力工具，但保守的蒋介石坚持“攘外必先安内”政策，不愿通过大规模社会动员来建构其政治基础，而是选择了右倾路线来进行社会和政治整合；蒋对民间反日运动的镇压使很多社会人士日益“左”倾，从而削弱了国民

① Robert E. Bedeski，“Pre－Communist State－Building in Modern China：The Political Thought of Chiang Kai－shek”，*Asian Perspective*，Vol. 4，No. 2（Fall－Winter 1980）.

政府的社会基础。[①] 1981 年，易劳逸发表《谁丢失了中国？蒋介石的证言》一文，指出自“麦卡锡主义”兴起以来，台湾内外的许多学者和社会人士都指责美国的“背叛”导致了国民党的战败，但蒋介石在检讨时，并未过多指责美国，而是强调国民党本身的腐朽和低效才是根本的败因。易劳逸认为蒋的看法较为客观公允。[②] 此文后收入易劳逸所著《毁灭的种子：战争与革命中的国民党中国（1937～1949）》一书。该书考察对日抗战和国共内战时期的国民党政权，是《流产的革命》的姊妹篇，仍旨在回答国民党为何最终败于共产党这一问题。易氏基本延续了此前的看法，认为蒋介石的政治观“完全是传统的”，将政治仅仅视为“统治层中的争斗”，不理解通过民众动员巩固政权基础的重要性，压制国民党左派关于群众自治、党内民主以及党对政府和军队控制的建议；蒋支配下的国民政府是一个缺乏社会基础、结构虚弱的军事独裁政权，经过对日战争的严重削弱，已完全腐朽、失去活力，即使没有苏联占领东北和中共力量的壮大，也注定终将瓦解崩溃。[③] 值得注意的是，在 1986 年出版的《剑桥中国史》第 13 卷中，易劳逸对蒋介石的看法有所调整，称蒋是一个“非凡的人”，利用强大的军事和财政资源以及过人的权谋不断击败政敌，登上权力之巅；蒋“深以谋求中华民族的幸福为己任”，力图建立一个由国家权力“彻底管辖起来的社会”，这绝不是一种保守的政治理想。但易氏仍认为蒋使革命运动变成了军事独裁政权，其“现代世界的眼光十分有限”，对自己正直和无私的过度自信使他一方面具有超常的毅力和决心，另一方面则无法容纳反对意见，性格中的这一悲剧因素“不可避免地把他推向了 1949

---

① Parks M. Coble, Jr., “Chiang Kai - shek and the Anti - Japanese Movement in China: Zou Tao - fen and the National Salvation Association, 1931 - 1937”, *The Journal of Asian Studies*, Vol. 44, No. 2 (Feb. 1985).

② Lloyd E. Eastman, “Who Lost China? Chiang Kai - shek Testifies”, *The China Quarterly*, No. 88 (Dec. 1981).

③ Lloyd E. Eastman, *Seeds of Destruction: Nationalist China in War and Revolution, 1937 - 1949*, Stanford, Cal.: Stanford University Press, 1984. 中译本以《蒋介石与蒋经国》为题，由中国青年出版社 1989 年首次出版，王建朗、王贤知译；江苏人民出版社于 2009 年重新出版，恢复原著书名，译者增加贾维。

年的失败”。[①] 易劳逸晚年计划撰写一部专门论述蒋介石的著作，但遗憾的是，直到他 1993 年离世仍未完成。

另一些学者不再将目光局限于蒋介石“失去中国”这一命题，转而考察蒋与近代中国的民族主义运动和现代化进程的关系。如陆培涌通过分析蒋介石 1912 ~ 1913 年发表于《军声》杂志上的六篇文章，指出其早期的民族主义思想主要集中表现为反对列强对中国东北、蒙古、新疆和西藏等地区的领土侵略问题上。但蒋并不主张立即对外宣战，而主张暂时隐忍，以待时机，这一立场与其后来的对日政策一脉相承。[②] 贾奇得（Sechin Jagchid）分析了 1930 年代蒋介石对内蒙古自治运动的态度和举措，认为蒋采取的安抚政策赢得了德王和其他蒙古领袖对他和中央政府的尊重和信任，对抗战时期以及战后内蒙古与中央政府的关系影响深远。[③] 陈庆（King C. Chen）对 1945 年的国共“重庆和谈”进行了粗略考察，认为和谈是蒋为中国和平统一和现代化所做的一次努力，但中共缺乏诚意，只是借机赢得备战时间，故应为内战负全部责任。[④] 这一观点无疑失之主观和片面。一些西方高校研究生的学位论文考察了蒋介石在北伐统一中国、建设现代国防、抗战准备等方面的思想和活动，并在总体上给予了积极评价。[⑤]

① John K. Fairbank and Albert Feuerwerker eds., *The Cambridge History of China* Vol. 13: Republican China 1912 - 1949, Part 2, Cambridge: Cambridge University Press, 1986, Chapter 3. 中译本见费正清、费维恺编《剑桥中华民国史（1912 ~ 1949 年）》下卷，刘敬坤等译，中国社会科学出版社，1993，第 3 章。

② Pichon P. Y. Loh, “Chiang Kai - shek's Early Nationalistic Thought, 1912 - 1913”, *Proceedings*, Vol. 1.

③ Sechin Jagchid, “Inner Mongolia in 1930's—A Mongolian Perception of Chiang Kai - shek's War Decision”, *Proceedings*, Vol. 2.

④ King C. Chen, “The Chungking Negotiations (August - October 1945): Chiang Kai - shek's First Postwar Effort for a Peaceful Unification of China”, *Proceedings*, Vol. 1.

⑤ Michael R. Gibson, “Chiang Kai - shek's Central Army, 1924 - 1938 (China)”, Ph. D. dissertation, The George Washington University, 1985; Chen Tsong - yao, “Chiang Kai - shek and the Northern Expedition”, Ph. D. dissertation, New York University, 1992; Shao - kang Chu, “On Chiang Kai - shek's Position on Resisting Japan: An Analysis of ‘Domestic Stability Takes Precedence over Resisting Foreign Invasion’ Policy, 1928 - 1936”, Ph. D. dissertation, the University of British Columbia, 1999.

蒋介石在外交领域的表现也日益受到关注。吴文津（Eugene W. Wu）对 1923 年蒋介石访苏之行进行了较详细的考察，认为此行暴露了国民党和苏联政府在国民革命战略问题上的严重分歧。① 盖佛（John W. Garver）利用 1970 年代末以来逐步开放的档案文献和《蒋介石秘录》等资料，分析了抗战初期蒋介石与苏联的互动关系，认为抗战初期中苏之间因共同的战略利益而展开合作，且都获得了一定程度的成功；蒋介石虽然没有说服斯大林直接介入中日战争，但争取到后者重要的物质援助和政治支持，并为后来蒋处理与美国的关系积累了经验。② 太平洋战争爆发后，为了防止亚洲战局进一步恶化，蒋介石等国民政府领导人加强了与印度政界的接触，寻求合作抗击日本。意大利学者萨马拉尼（Guido Samarani）著文对这一时期的中印关系进行了探讨，指出虽然由于印度国内和国际局势的变化，蒋介石等国民政府领导人的外交努力未能取得预想的结果，但加强了中印两国的友谊，同时也使西方国家开始关注两国在战后世界秩序中的角色问题。③ 在 1986 年“蒋中正先生与现代中国学术研讨会”上，数位西方学者提交了探讨蒋介石外交思想和活动的论文。如陈裕清（Chen Yu - ching）考察了蒋的外交理念和战略；张德光（Chang Teh - kuang）通过分析蒋的执政方式和外交行为，探讨其对世界和平的贡献；倪美荣（Marie - Luise Näth）论述了蒋对国际关系的看法和相关活动；金德曼（Gottfried - karl Kindermann）尝试在国际视野中对蒋的政治活动进行定位和评价。④ 但这些论文多属“应景之作”，缺乏实证研究的基础，观点也

① Eugene W. Wu, “Divergence in Strategic Planning: Chiang Kai - shek's Mission to Moscow, 1923”, *Proceedings*, Vol. 2. 此文后刊于 *Republican China*, Vol. 16, No. 1 (Jan. 1990)。

② John W. Garver, “Chiang Kai - shek's Quest for Soviet Entry into the Sino - Japanese War”, *Political Science Quarterly*, Vol. 102, No. 2 (Summer 1987).

③ Guido Samarani, *Shaping the Future of Asia: Chiang Kai - shek, Nehru and China - India Relations during the Second World War Period*, Lund, Sweden: Centre for East and South - East Asian Studies, Lund University, 2005.

④ Chen Yu - ching, “Chiang Kai - shek's Ideas of Diplomacy and Strategies”; Chang Teh - kuang, “Chiang Kai - shek and World Peace”; Marie - Luise Näth, “Chiang Kai - shek in International Relations: Basic Attitudes and Approaches”; Gottfried - karl Kindermann, “Aiding the Weak, Containing the Mighty and Reconstructing What Has Fallen Down—Chiang Kai - shek's Role in World History”. 以上论文均见 *Proceedings*, Vol. 4。

不无歌功颂德之嫌，学术价值非常有限。

蒋介石统治台湾长达25年，维持了岛内政治和社会的大体稳定，并且在经济建设方面卓有成就。这与其统治大陆时期的“失败”形象形成强烈的对比，一些西方学者因此开始将台湾时期的蒋介石作为研究对象。夏友平（Hsia Yu - ping）著文对1950年代蒋在台湾的活动进行了简略回顾。[①] 曾锐生（Steve Tsang）分析了1949～1958年蒋介石坚持“反攻大陆”政策的政治考量，指出如果蒋放弃这一政治口号，将被迫面对国民政府在台湾的合法性和“台独”等问题。[②] 狄忠蒲（Bruce J. Dickson）对1950年代初蒋介石改造国民党的思想和举措进行了考察，认为蒋在反省内战失败的原因后，借鉴列宁式政党组织形式改组国民党的努力取得了成效，对国民党在台湾的生存和发展具有极重要的意义。[③] 台湾经济的高速发展引起一些学者对蒋介石经济思想的兴趣。葛雷高（A. James Gregor）和张侠（Maria Hsia Chang）认为，蒋介石基本继承了孙中山的经济建设思想，强调政府在经济建设中的积极作用，而台湾的经济成就证明了这一思想的正确性。[④] 马孟若（Ramon H. Myers）也对蒋的经济思想持肯定态度，称蒋的经济思想与其所持道德准则有密切关系，但他所制定的经济政策颇为灵活。马孟若相信1930年代蒋对中国经济问题的认识和判断是正确的，如果没有抗战的爆发，蒋提出的一些经济战略和政策可能已经成功地推进了中国的现代化；败退台湾之初，蒋的经济思想和政策已不同于1930年代，却符合当时台湾的实情。[⑤] 1986年，台北还专门召开“蒋介石总统与土地改革”国际学术研讨会，讨论了蒋在台湾实行土地改革的

---

① Hsia Yu - ping, “Chiang Kai - shek in the 1950's”, *Proceedings*, Vol. 5.

② Steve Tsang, “Chiang Kai - shek and the Kuomingdang's Policy to Reconquer the Chinese Mainland, 1949 - 1958”, Steve Tsang ed., *In the Shadow of China: Political Developments in Taiwan since 1949*, Honolulu: University of Hawaii Press, 1993.

③ Bruce J. Dickson, “The Lessons of Defeat: the Reorganization of the Kuomintang on Taiwan, 1950 - 52”, *The China Quarterly*, No. 133 (Mar. 1993).

④ A. James Gregor and Maria Hsia Chang, “Chiang Kai - shek, China, and the Concept of Economic Development”, *Proceedings*, Vol. 3.

⑤ Ramon H. Myers, “Economic Policy and Moral Principles: The Case of Chiang Kai - shek”, *Proceedings*, Vol. 3.

相关问题。[①]

这一时期，历史学与其他人文社会科学之间的交互影响日益加深，跨学科研究方法渐趋普遍。有的西方学者开始从新的角度探讨蒋介石这一历史人物，其问题意识和考察路径都与此前的研究大异其趣。例如加州大学教授、著名历史学家魏斐德（Frederic Wakeman，Jr.）对蒋介石和毛泽东的丧葬过程、悼念活动和纪念场所进行了比较，探讨其中的政治含义和对两岸政治文化的影响。[②] 该文对空间、仪式和历史记忆的关注，明显受到人类学的影响。另有新闻学领域的学者撰文对 1949～1976 年美国新闻杂志中关于蒋介石和毛泽东的报道进行了统计分析，认为不同时期对两人的描塑和评价都与美国外交政策的演变基本一致；随着 1970 年代美国和中华人民共和国外交关系的改善，毛的负面形象有所改善，蒋的受关注度则逐渐下降，但新闻媒体对两人的评价却总体上日趋客观中立。[③] 还有一篇新闻传播学的博士学位论文运用修辞学理论和方法，以抗战时期蒋介石的 44 篇演讲稿为文本，分析其中所用修辞的情境、策略和效果。[④] 上述两文的作者均非历史学专业，其研究路径却与西方政治外交史学界的某些新取向有契合之处。不过，1980～1990 年代，类似视角和方法在蒋介石研究中只是初现端倪。近些年来，随着新史料的开放和史学理论的演进，西方学者研究蒋介石的取向更趋多元。

四　新史料与新视角：世纪之交迄今

20 世纪末至 21 世纪初，数种关于蒋介石的最具价值的史料陆续公之

① 此次会议的论文集为 Issac M. Ofori ed.，*President Chiang Kai－shek and Land Reform：Proceedings of an International Seminar Held in Taipei，October 1986*，Taipei，R. O. C.：China Land Reform Association，1986。笔者尚未获读该文集，故无法对其中西方学者的论文进行评介。

② Frederic Wakeman，Jr.，"Revolutionary Rites：The Remains of Chiang Kai－shek and Mao Tse－tung"，*Representations*，No. 10（Spring 1985）.

③ Yang－Chou Yu and Daniel Riffe，"Chiang and Mao in U. S. News Magazines"，*Journalism & Mass Communication Quarterly*，Vol. 66，No. 4（1989）.

④ Chi－Wei David Wu，"A Rhetorical Analysis of Selected Speeches by Generalissimo Chiang Kai－shek during the War of Resistance against Japanese Aggression，1937－1945"，Ph. D. dissertation，Ohio University，1986.

于众。1998 年，台北“国史馆”开放“蒋中正总统档案”。2003 年起，“国史馆”又将蒋介石档案中由陈布雷、许卓修、秦孝仪主持编纂的蒋氏 1927 年至 1949 年之《事略稿本》分批影印出版。2006 年起，美国斯坦福大学胡佛研究所陆续开放典藏的《蒋介石日记》（手稿本复印件）。上述史料内容异常丰富，学术价值极高，中外学界因此掀起一股蒋介石研究热潮，举办了多次相关学术研讨会或工作坊，新成果不断涌现。其中，英文论著的数量虽无法与中文论著相比，但也十分可观。而且，在前沿学术潮流的带动下，西方学界研究蒋介石的视角新意迭出，大大丰富了这一领域的议题和向度。

部分西方学者运用新开放的史料，推进了若干蒋介石政治和外交活动的专题研究。如美籍华裔学者戴洪超（Paul H. Tai）通过解读《蒋介石日记》，对蒋从崛起到掌权的过程进行了反思。[①] 加拿大学者邱燕凌阅读蒋日记后，撰文对 1930 年代中国与意大利的关系进行了再思考，称蒋的统治方式和观念可能受到墨索里尼的启发，但惜未深入论述。[②] 美籍华裔学者翟强（Qiang Zhai）通过研究 1942 年蒋介石对印度政治危机的介入，重新评估了战时蒋的外交思想和活动。翟强认为，蒋介石在印度事务上的表现反映出他对于弱国如何在战时争取民族解放的主张，即国际支持是首要条件；虽然蒋的外交努力并未达到预期目标，但使印度局势受到更多国际关注，为战时的去殖民化进程做出了贡献；蒋的主动姿态标志着他开始成为国际事务的重要人物，从中亦可看出其坚韧、果敢的个性品质。[③] 任格雷（Gary D. Rawnsley）和蔡明烨（Ming - Yeh T. Rawnsley）对蒋介石在 1947 年台湾二二八事变中的角色重新进行了考察和评价。他们主张应在整个国共内战和国民党派系斗争的背景下理解蒋对事变的反应，并称：蒋

---

① Paul H. Tai, “Chiang Kai - shek's Rise to Power: Reflections from His Recently Released Diaries”, *American Journal of Chinese Studies*, Vol. 16, No. 1 (Apr. 2009). 笔者尚未获得此文，无法评述其观点。

② Emily Hill, “Chiang Kai - shek and Italy: China in the International News during the 1930s”, 吕芳上主编《蒋介石日记与民国史研究》上册，台北，世界大同出版有限公司，2011。

③ Qiang Zhai, “A Passage to India: A Reappraisal of Chiang Kai - shek's Wartime Diplomacy”, 吕芳上主编《蒋介石日记与民国史研究》上册。

过于信任陈仪，而不相信来自其他渠道的信息，导致错误判断形势，因此蒋应为事变的结果负部分责任，但尚无证据显示他对事变期间的屠杀行为负有直接责任。[①] 曾锐生利用新开放的蒋档和日记，对西安事变和抗战爆发等问题提出了如下看法：蒋在西安事变中同意与中共组成抗日统一战线，并非是被迫所致，而是因为他从斯大林那里获得了苏联将支持中国对日作战的暗示；正是基于此，蒋在卢沟桥事变后主动扩大战事，而国共统一战线则直到八一三事变后才真正形成。[②] 斯坦福大学研究生翟翔（Xiang Zhai）撰文论述了蒋介石关于琉球群岛的政策，指出蒋虽然出于多种考量未在开罗会议上提出收回琉球群岛的要求，但此后一直致力于解决琉球问题。由于国共内战、冷战安全和个人性格的影响，蒋错过多次机会，最终未能阻止美国将琉球交给日本托管，致使钓鱼岛主权问题迄今仍经常引起中日两国的摩擦。[③] 另有学者对蒋与史迪威事件进行了进一步研讨。[④]

斯坦福大学胡佛研究所研究员林孝庭（Hsiao - ting Lin）充分利用该所典藏的蒋介石日记和其他档案文献开展相关研究，卓有成果。2009 年，林刊文探讨了抗战时期蒋介石对西部边疆的经营：利用政府内迁之机，蒋介石采取灵活而多样的策略，恢复并强化了中央政府对西部各省的控制，首次与中亚地区建立了外交联系，但蒋构想的战后中国边防蓝图因与西方盟国利益相触而受挫。[⑤] 2011 年，林孝庭出版《近代中国的

---

① Gary D. Rawnsley and Ming - Yeh T. Rawnsley, "Chiang Kai - shek and the 28 February 1947 Incident: A Reassessment", *Issues & Studies*, Vol. 37, No. 6 (Nov. 2001).

② Steve Tsang, "Chiang Kai - shek's 'Secret Deal' at Xian and the Start of the Sino - Japanese War", *Palgrave Communications*, published on 20 Jan., 2015.

③ Xiang Zhai, "Rewriting the Legacy of Chiang Kai - shek on the Diaoyu Islands: Chiang's Ryukyu Policies from the 1930s to the 1970s", *Journal of Contemporary China*, Vol. 24, No. 96 (2015).

④ Donald Jordan, "The Stilwell Crisis in Chiang Kai - shek's Leadership Circle From July to October 1944"; Steve Tsang, "War, Co - operation with the United States, and the Future of Post - war China: Re - evaluating Chiang Kai - shek and the Stilwell Affair, 1943 - 1944". 上述论文皆报告于 2009 年 8 月 7 ~ 10 日在加拿大女王大学举办的"重评蒋介石：一次国际对话"（Re - assessing Chiang Kai - shek: An International Dialogue）国际学术讨论会。

⑤ Hsiao - ting Lin, "War, Leadership and Ethnopolitics: Chiang Kai - shek and China's Frontiers, 1941 - 1945", *Journal of Contemporary China* (2009), Vol. 18, No. 59 (Mar. 2009).

族群边疆：西行记》一书，较为系统地考察了民国时期的边疆问题。该著大量引用蒋介石日记，认为蒋和国民政府在处理边疆少数民族问题时并无一套深思熟虑的理念，制定政策的主要考量是汉族核心地区的战略安全，而非国民党的意识形态。① 林孝庭最新的研究成果关注的是迁台初期的蒋介石。2013 年，林撰文对 1954 年的《美台共同防御条约》进行了再研究，指出这一条约的签订不仅是冷战时期美国远东战略的结果，还体现了蒋介石老练的军事外交，其中日本军事顾问组成的“白团”发挥了重要作用。但蒋的初衷并非是签订防御性条约，而是希望美国助其重整军备，发动对大陆的军事“反攻”。② 2016 年，林孝庭的新著《意外的国度：蒋介石、美国与台湾的形塑》由哈佛大学出版社出版。该书主要探讨国民党政权从内战失利到最终“永久而固定地”局促于台湾的过程，尤其侧重美国在其中的角色。蒋介石是贯穿全书的核心人物，对于蒋处理二二八事变的策略、第三次下野后与陈诚的关系、在台复职后的内政外交战略及其打破国民党政权局促台湾一隅的努力等，皆有深入论述，值得关注。③

随着 20 世纪末新文化史逐渐成为西方史学界的主流，政治外交史的研究范式发生深刻转变，对西方蒋介石研究的走向产生了重要影响。在政治史领域，“新政治史”勃然兴起。不同于传统政治史，新政治史不再将目光聚焦于重大事件和精英人物，而是拓宽视野，将空间、仪式、概念、话语乃至历史记忆等均纳入考察范围，解析其中的权力关系，探讨政治文化的形成和演变；同时注重研究一般民众的政治心态和实践，探讨他们在政治变革中的能动角色。④ 尽管新政治史具有明显的反精英主义取向，但也启发

① Hsiao - ting Lin, *Modern China's Ethnic Frontiers: A Journey to the West*, Abingdon, Oxion; New York: Routledge, 2011.

② Hsiao - ting Lin, "U. S. - Taiwan Military Diplomacy Revisited: Chiang Kai - shek, *Baituan*, and the 1954 Mutual Defense Pact", *Diplomatic History*, Vol. 37, No. 5 (2013).

③ Hsiao - ting Lin, *Accidental State: Chiang Kai - shek, the United States, and the Making of Taiwan*, Cambridge; Mass.: Harvard University Press, 2016.

④ 参见李里峰《新政治史的视野与方法》，《福建论坛》（人文社会科学版）2009 年第 6 期。

学界从新的视角研究政治精英人物。有的学者告别以事件为中心的考察方法，另辟蹊径探讨蒋的政治生涯和统治方式与近代中国政治文化的关系。

美国学者格雷西·黄（Grace C. Huang）对蒋氏《事略稿本》的研究即是一例。黄的博士论文考察《事略稿本》的形成过程，并通过对其中关于济南惨案、九一八事变和新生活运动的内容的解读，论析蒋介石为何以及如何利用有关“耻”的历史叙述和哲学阐释来论证其立场与决策，以此塑造现代民族国家领袖的公众形象，维护其统治的合法性。[①] 2010年，黄将博士论文的一章修改后，以《为后世创造公众形象：蒋介石〈事略稿本〉的形成》为题发表。该文将《事略稿本》与中国古代“实录”进行了比较，称其内容反映出中国政治中的统治关系从皇帝—臣民到国家领袖—公民的转变。黄氏认为，蒋在抗战期间下令编纂《事略稿本》，意在不管战争结果如何，都要在后世眼中建立自己的政治合法性，但主持编纂工作的历任侍从秘书的不同取向影响了后世对蒋介石政治遗产的看法。[②] 不久，黄又刊文论述了蒋介石及其侍从秘书如何运用“耻”这一概念阐释南京国民政府时期蒋的思想和决策，使之在后世眼中获得合法性。文章认为，外敌侵略的威胁有利于蒋用“忍耻”、“雪耻”等话语追求其政治目标，但蒋同时面临内部的威胁，这使他对“耻”的运用经常显得自相矛盾。因此，蒋向后人展现的公众形象也侧重于应对主权分裂和外敌入侵的方面，缺乏完整性。[③] 另外，黄还撰文探讨了蒋介石在其日记中的多种“人格面具”（personas）。在肯定日记有助于探索蒋真实想法的同时，黄认为蒋有可能也将日记作为向后世塑造自身形象的工具，故研究者需要谨慎解读。[④] 但黄承认自己尚未阅读日记原文，而是根据《事略稿

---

① Grace C. Huang，“Chiang Kai – shek's Uses of Shame：An Interpretive Study of Agency in Chinese Leadership”，Ph. D. dissertation，University of Chicago，2005.

② Grace C. Huang，“Creating a Public Face for Posterity：The Making of Chiang Kai – shek's *Shilüe* Manuscripts”，*Modern China*，Vol. 36，No. 6（2010）.

③ Grace C. Huang，“Speaking to Posterity：Shame，Humiliation，and the Creation of Chiang Kai – shek's Nanjing Era Legacy”，*Twentieth – Century China*，Vol. 36，No. 2（Jul. 2011）.

④ Grace C. Huang，“Interpreting the Personas of ‘Chiang Kai – shek’ in Diaries”，吕芳上主编《蒋介石日记与民国史研究》上册。

本》所引日记内容立论，这在一定程度上削弱了其观点的说服力。在考察蒋介石对“耻”的运用时，黄分析了蒋经常援引的越王勾践故事，著名学者柯文（Paul A. Cohen）也对此进行了探讨。柯文指出，蒋介石对越王勾践有强烈的共鸣，以蒋为首的国民政府在抗战准备时期的活动和政策在很多重要方面都模仿勾践；国民党败退台湾后，在官方的导引和鼓励下，台湾的出版物经常将国民党政权的处境与古代越国相比，甚至以蒋介石为原型重新建构勾践的形象。在柯文看来，国民党人与勾践故事之间的关联，不仅内在于蒋的个人性格，而且广泛流行于国民党政权和公众的思维之中。①

格雷西·黄和柯文都注意到蒋介石公众形象的建构对其政治统治的重要意义，前者主要探讨蒋本人经营自我形象的努力，后者已涉及朝野多方的相关活动。与此密切相关的另一项研究，是英国学者泰勒（Jeremy E. Taylor）对蒋介石掌权期间（1929～1975）个人崇拜形成和发展过程的考察。泰勒指出，对蒋的个人崇拜肇端于南京国民政府时期，国民党败退台湾后面临的困境催生了一种鼓励个人崇拜的公共政治文化，使之达于极点；虽然国民党政权和蒋本人是这一运动的推动者，但多数相关的文字、图像和纪念碑等却是准官方组织和非政府人士主动“生产”的。② 此外，加拿大学者拉里（Diana Lary）专门讨论了照片在蒋介石领袖形象塑造过程中的作用。③

与上述研究相映成趣的是一些学者对蒋介石在国外形象的考察分析。如前所述，1980 年代末个别新闻学者曾尝试过相关课题。进入 21 世纪，

---

① Paul A. Cohen, “Chiang Kai - shek, Chinese Nationalist Policy, and the Story of King Goujian”, Paul A. Cohen, *History and Popular Memory: The Power of Story in Moments of Crisis*, New York: Columbia University Press, 2014. 此文的主要内容在柯文 2009 年出版的专著 *Speaking to History: The Story of King Goujian in Twentieth - Century China*（Berkeley and Los Angles, Cali.: University of California Press）中已有论述。同年 8 月，柯文在加拿大女王大学举办的“重评蒋介石：一次国际对话”学术讨论会上做了题为“Story and History: Chiang Kai - shek, Nationalist Policy and the Saga of King Goujian”的报告。

② Jeremy E. Taylor, “The Production of the Chiang Kai - shek Personality Cult, 1929 - 1975”, *The China Quarterly*, No. 185 (Mar. 2006).

③ Diana Lary, “The Visual Presentation of Leadership: Photographic Portrayals of Chiang Kai - shek”, 报告于加拿大女王大学举办的“重评蒋介石：一次国际对话”学术讨论会。

这一视角日益引起历史学者的重视。随着西方外交史研究的文化转向，越来越多的学者不再将利益或权力的争夺视为国际关系的唯一决定因素，转而探讨文化、观念、意识形态等对外交政策的深刻影响。[①] 有的学者开始关注蒋介石在外国媒体中的形象演变，以加深对相关国家对华政策形成过程的理解。埃里克森（Brenda A. Ericson）在考察 1936 - 1941 年中美关系的变迁时，论述了全面抗战爆发后，同情中国的美国传教士、慈善家、作家和出版商等群体通过媒体将蒋介石在美国公众心目中的形象逐渐从“独裁者”转变为“民主斗士”的过程，并指出这一转变是促使美国政府最终决定与蒋结盟的重要因素。[②] 吉瓦尼提（Amy Giovanetti）以美国记者卢斯（Henry Luce）发表在《时代》和《生活》（*Life*）两份杂志上的相关文章为中心，探讨了二战及战后初期美国新闻中的蒋介石形象及其对中美关系的影响。1930 年代后期至 1940 年代，卢斯通过把蒋描塑为一位强有力的民族领袖，成功地影响了美国对华政策；1950 年代，卢斯力图建构一个关心民生、崇尚民主的蒋介石形象，但美国学界已不以为然，其对美国外交政策的影响也因政府高层了解到蒋本人和国民党政权的腐朽状况而日益减弱。[③] 另有两位意大利学者分别探讨了 1926 ~ 1928 年日本新闻出版物中的蒋介石形象和二战时期蒋在欧洲的公众形象。[④]

蒋介石的公众形象与其在世时的统治权力关联密切，即便离世之后，蒋依然是一个重要的政治符号，影响着台湾地区的政治生活和社会认同。因此，关于蒋介石的研究不应局限于其生前的思想、活动和形象，前述魏斐德和格雷西 · 黄的著述均已论及“后蒋介石时代”关于蒋的历史记忆

① 参见王立新《试析全球化背景下美国外交史研究的国际化与文化转向》，《美国研究》2008 年第 1 期。

② Brenda A. Ericson, “The Making of an Ally: Chiang Kai - shek and American Foreign Policy, 1936 to 1941”, Ph. D. dissertation, The University of New Mexico, 2004.

③ Amy Giovanetti, “Image - making in United States - China Relations: Images of Chiang Kai - shek in American Newsmagazines”, D. A. dissertation, St. John's University, 2007.

④ Andrea Revelant, “Portrait of a Rising Leader: Chiang Kai - shek in the Japanese Press, 1926 - 1928”; Laura De Giorgi, “A Chinese Dictator? Portraits of Chiang Kai - shek in Wartime Europe”. 两文均报告于 2013 年 10 月 18 日在威尼斯举办的“蒋介石及其时代：新的历史和史学视角”（Chiang Kai - shek and His Time: New Historical and Historiographical Perspectives）国际工作坊。

和书写及其与现实政治之间的关联。近年来，又有学者沿此路径展开了新的研究。继考察蒋介石个人崇拜的形成发展过程后，泰勒撰文探讨了台湾自 1990 年代以来的“去蒋化”运动。泰勒认为，民进党上台后积极施行的“去蒋化”政策常有自相矛盾之处，不仅未能真正淡化关于蒋介石的历史记忆，而且引起岛内各界对蒋及其政治遗产的激烈争议和重新解读，开放士林官邸等举措甚至在一定程度上提升了蒋的公众形象。① 蒋介石去世后兴建的中正纪念堂是台湾地区关于蒋历史记忆和个人崇拜的首要场所，2007 年民进党执政时曾企图将之更名为“台湾民主纪念馆”，但因争议严重而未遂，此事在泰勒文中有所论及。德国学者王马克（Marc Andre Mattern）从记忆与认同的角度，对中正纪念堂进行了专题研究。王氏将该纪念堂视为一个不同历史记忆相互竞争的空间，通过考察纪念堂对蒋介石的再现（representation）和公共话语中关于蒋统治时期的忆述，论析纪念堂在当代台湾身份认同话语和文化记忆中的角色，同时探讨了 1980 年代国民党意识形态垄断结束后台湾人集体认同的演变。②

自 1976 年柯如齐的《丢失中国的人》之后，西方又有几部关于蒋介石的传记面世，但皆属通俗读物。2003 年，英国作家范毕（Jonathan Fenby）出版《委员长：蒋介石和他丢失的中国》一书。③ 作者参考了较多二手文献，并利用了部分报刊和档案等原始史料，使得此书在论述上比一般的英文蒋氏传记更为充实。但其叙述仅到 1949 年为止，并非一部完整的蒋传记。而且从书名不难看出，作者仍未跳出“丢失中国”的定式思维，故对蒋的性格、思想、决策和成就总体上都持负面评价。同时，由于征引不可靠的二手资料和作者文学化的叙述手法，书中还存在一些较明

---

① Jeremy E. Taylor, “*Qujianghua*: Disposing of the Re – appraising the Remnants of Chiang Kai – shek's Reign on Taiwan”, *Journal of Contemporary History*, Vol. 45, No. 1 (Jan. 2010).

② Marc Andre Mattern, “The Chiang Kai – shek Memorial Hall in Taipei: A Contested Place of Memory”, Marc Andre Mattern ed., *Place of Memory in Modern China: History, Politics, and Identity*, Leiden, Boston: Brill, 2012.

③ Jonathan Fenby, *Generalissimo: Chiang Kai – shek and the China he Lost*, London: Free Press, 2003. 美国版题为 *Chiang Kai Shek: China's Generalissimo and the Nation He Lost* (New York: Carroll & Graf Publishers, 2004)。中译本《蒋介石传》于 2011 年由中国青年出版社出版，该书作者音译为乔纳森·芬比，译者陈一鸣。

显的失实和夸张之处。因此，此书出版后虽颇受一般读者的欢迎，但未能获得学术界的认可。

2009 年，美国前外交官、哈佛大学费正清中国研究中心研究员陶涵（Jay Taylor）出版新著《委员长：蒋介石与现代中国的奋斗》。[①] 这部最新的英文蒋介石传记把蒋的一生划分为“革命”、“抗战”、“内战”和“岛屿”四个时期进行叙述。陶涵运用了蒋介石日记、苏联解密档案等较多一手史料，并采访了许多与蒋关系密切的人士，故该书的史料基础大大超越此前同类著作。蒋介石被描塑为一个融合了新儒家人生哲学和基督教救世精神的现代政治领袖。陶氏并不讳言蒋的性格缺陷、人生污点和冷酷无情的政治手段——尽管有时不无曲为辩护之嫌——但高度评价其历史贡献，认为蒋毕生致力于实现中国的主权独立、领土完整和现代化，统治大陆时期即取得相当成就，晚年则奠定了台湾发达经济和民主政治的基础。全书颠覆了长期以来蒋介石在一般西方人士眼中的“失败者”和“独裁者”形象，对许多重要事件和问题也提出了新的阐释。然而，由于陶涵并非专业历史学者，撰述时又未充分吸收中外已有研究成果，导致书中一些叙述与史实存在明显的出入。陶氏不谙中文，须由助手协助处理中文材料，且所用蒋介石日记内容最初均引自秦孝仪编辑之《总统蒋公大事长编初稿》，尽管 2006 年后将转引文字与已开放的日记手稿本进行了核对，但似未更充分地利用日记，难免影响到一些论述的准确性和全面性。[②] 内容结构上，全书对抗战、内战和台湾时期蒋介石活动的叙述详于外交而略于内政（台湾时期尤其如此），两方面比例明显失衡。该书付梓似乎十分

---

① Jay Taylor, *The Generalissimo: Chiang Kai - shek and the Struggle for Modern China*, Cambridge, Mass.: Belknap Press of Harvard University Press, 2009. 台湾地区译本《蒋介石与现代中国的奋斗》2010 年由时报文化出版，译者林添贵；该译本 2012 年由中信出版社在大陆出版，书名改为《蒋介石与现代中国》，内容有删节。陶涵因之前所著的蒋经国的传记 *The Generalissimo's Son: Chiang Ching - kuo and the Revolutions in China and Taiwan*（Cambridge, Mass.: Harvard University Press, 2000）大获成功，应哈佛大学出版社之邀又撰写了此书。

② 陶涵称，将秦孝仪编《总统蒋公大事长编初稿》（台北，中正文教基金会，1987～2005）中转引的蒋日记内容与其手稿对照，“并未发现重要差异”（见该书 Acknowledgement, xi）。但事实上，秦孝仪为维护蒋的形象，引用蒋日记时有谨严的取舍，对不少字句也进行了调整或修改。

匆忙，不仅存在一些人名拼写和年份书写的错误，注释格式也很不规范且有与正文不相对应者，甚至连参考文献列举也付之阙如。尽管如此，由于陶著是迄今学术性最强的一部英文蒋介石传记，出版后立即引起西方学界热议，书评不断，美国的《中国历史评论》杂志还专门为之组织了一次圆桌笔谈。① 学者们对该书评价不一，有的将之誉为一部研究扎实、观点新颖且文笔生动的佳作，有的则认为是一部失败之作，未能完整呈现蒋的复杂性和多面性。陶氏为蒋“翻案”的努力难以令人认同。但大多数学者都肯定该书超越了此前同类著作，是迄今最权威的一部英文蒋介石传记。

结　语

从1930年代迄今，西方学界蒋介石研究的范式和取向屡经变化，影响这些变化的因素主要有三个方面：时代环境、研究资料和学术潮流。民国时期，西方的蒋介石研究缓慢起步，但因中国政局动荡未卜，早期论著侧重追溯蒋的政坛崛起之路。国民党政权败退台湾后，在国际冷战的大背景下，欧美学者长期受到蒋“丢失中国”这一政治现实的影响，相关研究大多旨在探寻蒋在大陆统治失败的原因，对其个人的评价也通常较为负面。1975年蒋介石离世后，西方学界对其思想和活动的考察日益走向全面和多元，许多学者走出“丢失中国”的思维模式，开始探讨蒋对近代中国的历史贡献，蒋的“失败者”形象有所改观。同时，交叉学科研究的日益普遍，推动蒋介石研究萌现新的视角和方法。20世纪末以来，随着蒋介石档案和日记等重要原始史料的开放，西方学界出现蒋介石研究热潮。有的学者利用新史料推进了对蒋政治外交活动的研讨，有的学者则受新政治史和新外交史等学术潮流的影响，从文化史的视角考察蒋的政治理念、统治方式和公众形象，并由此探讨近代中国的政治文化和国际关系等问题。本文将西方学界的蒋介石研究大致分为上述四个阶段进行讨论，这种分期当然只是

---

① “Roundtable”, *The Chinese Historical Review*, Vol. 17, No. 1 (Spring 2010).

为了呈现学术流变基本趋势的一种权宜，对某些重要问题的讨论其实贯穿多个阶段。① 迄今为止，西方已出版多部蒋介石英文传记，但作者均非专业历史学者，通常在史事叙述和阐释立论方面都存在较严重的问题。其中，陶涵新著《委员长：蒋介石与现代中国的奋斗》一书虽仍有许多可指摘之处，但无疑是学术性最强的一部，值得蒋介石研究者关注。

蒋介石研究是一个国际性学术领域，中外学界之间的充分了解、交流和合作，是推动该领域发展的重要途径。诚如有学者所言，当前蒋介石研究要实现新的突破，须以全球为视野，在综合中国大陆、台湾，以及欧美和日本学界已有成果的基础上进行探索。② 受政治环境、文化背景和学术潮流等因素的影响，西方学界研究蒋介石的问题意识、视角和方法与国内学界既有相同或相似之处，也存在明显的差异。他山之石，可以攻玉。中西学界彼此参照借鉴，既可避免重复研究，也能相互补益和启发，在对话中探寻历史真义，在切磋中开拓新的议题。本文若能对增进国内学者对西方蒋介石研究成果和动态的了解略有助益，则笔者幸莫大焉。

---

① 例如柯博文 2009 年报告于“重评蒋介石：一次国际对话”学术讨论会的《蒋介石与近代中国的工商业部门：从 21 世纪的回望》（Chiang Kai - shek and the Business Sector in Modern China：Looking Back from the Twenty - first Century）一文，主旨仍在于检讨蒋在大陆统治失败的原因。

② 台湾学者黄克武的发言，参见汪朝光主编《蒋介石的人际网络》，第 282 页。

民国北京之史的研究：以近十年为中心的检视*

陈　鹏**

自1980年代以来，随着中国城市史研究的兴起，围绕北京①史的探讨也日渐受到学界重视，取得了一系列丰硕成果。其中，民国北京以距今较近、史料丰富和处于新旧转换时期，具独特的历史认知价值之故，更是成为越来越吸引研究者们的历史课题。此一阶段是北京由传统迈向现代的关键期，现代城市建设不断推进，却又处处体现出缓慢、艰难以及与传统的复杂关联，显示出传统政治中心城市实现转型的特有之路。作为北洋时期的国都，很多带有全国性影响的政治活动、社会思潮、文化事件都发端于此，这既与北京独具的政治条件、社会环境、文化土壤密切相关，也反过来深刻影响了北京自身的发展。1928年迁都后，北京丧失数百年的国都地位，1937年后更是成为日据的沦陷区，到1949年新中国成立之前，整个城市的生存环境、发展机制、文化样态不断发生变异，非国都时期的经历曾经为北京市民思考城市功能和发展路径提供了新的契机，复能为今人认知北京史的丰富内涵，提供别样的观察视角。从现实层面来说，作为今天共和国首都的北京早已成为一座国际化大都市，城市面貌正发生日新月异的变化，但与之相伴的则是人口膨胀、交通拥堵、环境污染、房价高

* 本文为北京市优秀人才培养资助项目（青年骨干个人）的阶段性成果（项目编号：2015000020124G128）。文章在写作和修改过程中，得到我的导师中国人民大学清史研究所黄兴涛教授的悉心指导，特此致谢！

** 中央民族大学历史文化学院讲师。

① 本文对于“北京”的称谓，1928～1949年用“北平”，此前或泛指整个民国时期则用“北京”。

昂等各类都市病的加剧，疏散非首都功能、京津冀协同发展甚至被提升到了国家战略的高度。毫无疑问，深入研究民国北京史，将使今人从中得到诸多教益，为现代城市发展的决策提供某些启示和参考。

近十余年来，民国北京研究日趋活跃，学术队伍不仅限于北京大学、中国人民大学、北京师范大学、首都师范大学、中国社科院近代史所、北京市社科院历史所等京内高校或科研机构，京外很多以民国史或城市史研究见长的学术重镇如南开大学、四川大学、华中师范大学、天津市社科院历史所的学者也参与其间。这些单位所培养的很多研究生也以“民国北京”为学位论文选题。众多的科研成果无论是研究内容、理论方法还是史料运用，均能推陈出新，呈现出“民国北京”的独特历史风貌。但相对于古都北京研究和上海史研究，民国北京研究尚处于起步阶段，学术积累有限，仍有较大的开拓空间。故本文拟对近十年来的研究动态做一系统检视，希冀对学界同人的深化研究有所助益。

一　全国性事件的再解读与地方性事件的再发掘

长期以来，民国北京研究存在的一个普遍问题就是学者的目光多汇聚于北京的国都身份，习惯于用中国近代史的宏大叙事来描绘北京的发展历程，无论是政治事件的选择还是历史意义的剖析，都与中国近代通史著述高度契合。即使是非国都时期的北京历史，也难以摆脱“全国视野”的影响，华北危机、学生爱国运动、抗日斗争、反抗美蒋统治构成了历史叙述的基本框架。这不仅使全国性事件的地方元素处于缺场状态，还导致很多地方性的事件、机构和人物未能纳入研究范围。如何处理地方史和全国史之关系，确已成为摆在研究者面前的一个严肃课题。黄兴涛提议对于带有较为明显的全国性意义的事件，应该审慎分析这类史事对于北京城市社会产生的特有影响，将其综合的内涵提炼出来，加以研究，这对于整体的中国史会有所助益。[①] 陈兆肆亦以教育史为例，呼吁

① 程尔奇：《〈北京断代史〉纂修工程启动》，《北京社会科学》2013 年第 1 期。

解放被全国史遮蔽和覆盖的北京地方史，认为“除去历史上中央出台的教育政策不谈，北京地方史意义上的教育实况并未得到澄清和深入研究”。[①] 除了理论方法意义上的思考，更多的个案研究也做出了各自的探索，大体可以概括为“全国性事件的再解读”与“地方性事件的再发掘”两种解读取向。

就前者而言，学界日渐摆脱革命史的叙事框架，转而关注北京地方当局在政治事件中的态度和表现，从而使全国性事件的地方因素凸显出来。其中，有关1946～1948年北平学潮的讨论最具代表性，学者不满于国共两党的对抗、中央政府的应对、学生的组织活动等传统论题，开始着力研讨北平地方当局的应对及其内部纷繁复杂的权力争斗，进而分析国民政府丧失民心、走向失败的内在因缘。如严海建揭示了北平当局与中央、北平当局内部各派系的不同处理态度和权势斗争，素以服从中央及领袖命令为本分的中央系主张严惩，较为重视自身在地方上的影响和前途的非中央系则希望疏导，其最终结果是中央政府承担了严重的政治灾难。[②] 贺江枫也沿此理路探讨了国民党北平地方当局的五二〇学潮对策，认为李宗仁与中央相异的疏导政策受北平各派系势力的施压，难以彻底执行，加上北平基层警察为现实生活所迫，执行力更显弱化，这些均体现出国民政府政权控制力的有限性。[③]

就后者来说，以往的民国北京政治史叙述，本地元素往往附着于宏大叙事之上，例如人们只是在讨论五四运动的时候，顺带提及北京市民参与游行的概况，更多的时候，北京地方因素处于被忽略的状态。近年来，学术界重新选取具有代表性的地方政治事件，详细考订其原委，将不同利益、立场、阶层者区分开来，描绘他们在同一事件中的角色、立场、思想及行为，尤其是通过不同群体间的对立、冲突和妥协来呈现历史的复杂

---

① 陈兆肆：《日伪统治时期北平的中小学教育》，《北京社会科学》2009年第2期。

② 严海建：《1946～1948年北平学潮：国民政府中央与地方处置的歧异》，《民国档案》2008年第1期。

③ 贺江枫：《疏导与制裁的困境——国民党北平当局的五二〇学潮对策研究》，《史林》2010年第3期。

性，同时还采取以小见大的分析手法，发掘其背后隐藏的带有全局性、普遍性意义的问题。如齐春风考察了 1928 年济南惨案后北平党、政、商在反日运动中的种种表现，反日会掀起抵制日货行动，得到市党部支持，但其心有余而力不足，商界见利忘义，希望维持和恢复正常秩序，却也有苦难言，双方产生一系列的争执和对抗，军政当局虽支持运动，却又加以限制，以避免流血冲突，由此可见推动爱国运动与维护自身利益、维持社会秩序之间的矛盾。① 他还以同时期北平商民协会与商界上层的两次争端展现了各政治势力的较量，认为争斗实质是党内的新旧之争、党政之争，党内老派所持的是保守的训政时期建设论，新派所持的是激进的民众运动继续进行论，前者把社会安定放在首位，要“坐天下”，后者要继续改造社会，需“打天下”。② 付海晏也采取类似手法，通过梳理 1929 ~ 1932 年电车工会与僧侣围绕铁山寺的庙产纠纷案，揭示了近代国家、宗教、政党、社会的复杂关系，指出激进的地方党部和稳重、保守的地方政府在处理案件时常常步调混乱、冲突激烈，最终导致国民政府不得不调整寺庙管理法规，改变了过去庙产兴学热潮中政府暴力夺取寺庙的无序状态。③ 他还通过还原 1930 ~ 1940 年代北平著名道观白云观的住持危机案件，揭示了道观在衰败过程中不仅存在内部复杂的矛盾冲突面向，还在建立现代性国家的过程中，被打上国家严格控制与管理不善的政治烙印。④ 这些均为我们考量近代中国各政治力量间的微妙关系提供了有益参考。

此外，北京地区的行政建置也受到学界重视。潘鸣通过对勘中央政府和北平地方政府的文献，纠正了关于 1930 年代北平市隶属变动问题

---

① 齐春风：《北平党政商与济南惨案后的反日运动》，《历史研究》2010 年第 2 期。

② 齐春风：《党政商在民众运动中的博弈——以 1928 ~ 1929 年代的北平为中心》，《近代史研究》2010 年第 4 期。

③ 付海晏：《革命、法律与庙产——民国北平铁山寺案研究》，《历史研究》2009 年第 3 期。

④ 付海晏：《安世霖的悲剧：1946 年北平白云观火烧住持案研究》，台北《中央研究院近代史研究所集刊》第 62 期，2008 年；《1930 年代北平白云观的住持危机》，《近代史研究》2010 年第 2 期。

的诸多错误说法，郑重提示我们在地方史研究中，对中央层面的资料应加以辨析。[①] 张皓、贺江枫分别通过对北平临时分会演变和1933年公安局易长的个案研究，透视了国民党各派在华北的权力角逐。[②] 吕书额、黄利新等还分别探讨了抗战胜利后，国民党当局接收北平敌产及重建行政、警察、党务三套基层系统中的种种矛盾与缺失，并指出失去民心的国民政府在国共争雄中失败有其必然性。[③] 这些成果的问世不仅使地方史的轮廓日渐清晰，还有效地揭示了北京史之于民国史的特殊认知意义。

二　商业消费与城郊经济

借助丰富的经济史文献，学术界已对民国北京的工业、农业、商业、金融、外贸诸方面的发展状况有过扎实考述，厘清了北京经济现代转型的基本线索。其中，围绕都市商业与城郊经济的探讨不仅最为丰富，且更能彰显地域特征。

在都市商业与城市消费方面，大批一手档案资料的发掘和利用，使得很多过去比较模糊的问题得以清楚明白地揭示。在这方面，卢忠民关于民国北京五金商铺的系列研究颇具代表性。他系统整理了北京市档案馆所藏旅京冀州商帮所营之万和成五金商铺及其联号的商业账簿，认为它们是商铺日常经营管理及变迁的微观记载，也较为完整、真实，可以弥补过去民间商业活动资料稀缺、官方文书数据可疑的缺憾。[④] 他通过扎实精确的测算，细化处理了诸多商业史难题，如所得数据显示民国北京五金业虽盈利

① 潘鸣：《1930年北平市隶属变动考》，《民国档案》2011年第3期。

② 张皓：《北平临时分会的设置与撤销：国民党各派对华北的角逐》，《晋阳学刊》2011年第5期；贺江枫：《蒋介石、黄郛与1933年北平市公安局易长风潮》，《抗日战争研究》2015年第2期。

③ 吕书额、吴子明：《试述战后国民党当局对北平敌产的争夺》，《北京社会科学》2006年第5期；黄利新：《抗战后国民政府在北平城区的基层建政》，《辽宁大学学报》2010年第4期。

④ 卢忠民：《也谈商业账簿与经济史研究——以近代旅京冀州商帮所营之万和成及其联号五金商铺账簿为中心》，《中国经济史研究》2011年第4期。

可观，但收入并不比其他行业高，且未见投资于工业生产，反映了传统北京五金商人近代化意识较为落后。[①]

相对于此种以计量史学为基础的实证分析理路，法国学者蓝克利（Chriatian Lamouroux）与董晓萍同样搜罗了北京文具业知名店铺成文厚的档案文献，特别是掌握了其创办者梁国樑的账簿、合同、广告资料，他们没有选择单向度的经济史研究，而是旨在探讨成文厚社会网络的构成、内部行业知识传承和行业文化内涵，体现了社会经济史的考察路径。二人在档案资料的基础上，辅以老职工的口述资料，论述了梁国樑在动荡的社会环境中，通过继承和发展家族企业的传统、吸收现代会计账簿业的核心知识、灵活运用政府规定的股份制和铺保制等手段，获取产业经营之成功的经历，呈现了从一般宏观经济史、社会学史的角度难以察觉的民国北京商业运营之现代性。[②] 定宜庄也将口述史料与其他类型的文献互证互补，对民国时期同仁堂家族的经营管理、生活方式、社会与婚姻网络进行了初步探讨，揭示出药铺背后的“人”所经历的新与旧、西与中的碰撞与交融。[③]台湾学者许慧琦也充分意识到商业与消费不仅是经济问题，更与城市的政治环境、社会条件、文化氛围存在互动关系，需要综合把握和立体分析。其专著《故都新貌——迁都后到抗战前的北平城市消费（1928～1937）》（台北，学生书局，2008）虽以“消费”为关键词，但实非单一经济维度的考察，而是强调经济、政治、社会、文化多因素的彼此互动和影响，共同塑造了故都的城市新貌，带有鲜明的新文化史研究色彩。作者指出北平失去国都地位之后，其消费条件、消费环境、消费主力、消费服务、消费体验及消费规范均发生了显著变化，如政商界的标榜炫耀、奢华的消费转为文教界偏向节制而

① 卢忠民：《近代北京商业店铺中的人力股制度》，《中国经济史研究》2008 年第 3 期；《近代北京五金商铺人力股制度的再认识》，《安徽史学》2011 年第 3 期；《近代旅京冀州商帮的收入问题初探——以五金商铺员工为中心》，《近代史研究》2013 年第 2 期；《近代旅京冀州五金商人的商业利润初探》，《中国经济史研究》2014 年第 1 期。

② 蓝克利、董晓萍：《北京成文厚个案研究——撰写北京商业史的资料、方法与初步结果》，蓝克利主编《中国近现代行业文化研究：技艺和专业知识的传承与功能》，国家图书馆出版社，2010，第 319～347 页。

③ 定宜庄：《民国时期北京同仁堂药铺的经营模式：有关同仁堂的口述历史》，蓝克利主编《中国近现代行业文化研究：技艺和专业知识的传承与功能》，第 294～318 页。

朴实的消费路线，新生的女招待和舞女带给北平竞逐西化摩登与纵情声色的欲念，并由此引发政府颁发规范和禁令。作者特别提示我们，此一时期的北平展现出不同于国都时代的城市形象、社会氛围与市民活力，市民杂糅新旧、兼好中西的消费表现，与现代摩登和西化时髦的上海迥然不同，彰显了另一种城市现代性。此外，学者们还围绕北京地区的商业铺保、印子钱、粮食市场、商会组织、学徒制度、地毯手工业、寺庙经济等展开细致探讨，均重在发掘北京经济发展的独特性，如地毯业对外贸出口的过度依赖、商业铺保和铺底的双面效应、寺僧在寺庙经营管理中的能动性。①

城市发展并非囿于城区的有限空间范围，而是与城市郊区乃至下辖的广大农村地区发生往来互动。早在民国时期，社会学家李景汉的调查报告《北平郊外之乡村家庭》即碰触了该问题。近年来，民国北京城郊及乡村经济这一长期受到忽视的课题正成为新的学术增长点，人们普遍意识到京郊区域并非传统意义上的乡村，其与城市的联系十分密切，有着更为独特的发展路径。邓亦兵揭示了民国京郊农业为城市服务的明显特征，认为京郊农业技术得到改进，开始向现代农业缓慢迈进，但也存在投资少、土地分配不均、租佃制度不合理等制约因素。② 赵丽细致考察了既非城市又非乡村的民国北京西北郊清河村镇的社会经济生活，认为郊区农村的历史没有遵循传统的演变道路，而是打上了城市近代化的烙印。但消费型都市的北京通过掌握土地、资金等资源控制城郊，使得城郊不得不依附于城市，

① 董晓萍：《流动代理人：北京旧城的寺庙与铺保（1917～1956）》，《北京师范大学学报》2006年第6期；佟萌、韩茂莉：《民国时期北平城市粮食市场区位分布及其等级研究》，《中国历史地理论丛》2008年第3期；杨原：《近代北京地毯的对外贸易》，《中国经济史研究》2009年第2期；张静：《卢沟桥事变后北平市商会的社会活动》，《抗日战争研究》2009年第2期；孙向群：《论旅京鲁商在近代北京商会中的地位》，《北京社会科学》2010年第3期；周锦章：《论民国时期的北京商业铺保》，《北京社会科学》2011年第3期；卢忠民：《近代北京商铺的铺底与铺底权》，《中国社会经济史研究》2011年第2期；谢会敏：《近代北京学徒制度研究》，河北大学硕士学位论文，2011；吴丽平：《民国北京铺底研究》，《历史档案》2012年第1期；孙睿：《民间中小金融机构的生存启示——以20世纪30年代北平地区印子钱为例》，《北京社会科学》2014年第10期；郑思亮：《剧变社会中行业组织的演化——北京旅店业同业公会研究（1938～1956）》，华中师范大学硕士学位论文，2014；黄梦婷：《抗战时期的北京银行公会研究》，宁夏大学硕士学位论文，2014。

② 邓亦兵：《民国时期北京农业述略》，《北京社会科学》1993年第2期。

而自身发展水平低，对城市提供的支持十分有限，二者之间缺少经济上的良性互动。① 李二苓的新作《民国时期的“郊区型农业”——以北京西北郊为例》（《北京社会科学》2015 年第 10 期）提炼出“郊区型农业”的概念，认为民国北京的郊区农业在城市辐射之下，具有与其他地区农业不同的特征，其农产品商品化程度较高，属劳动、资本和技术密集型的农业，既满足了北京城的消费需求，也增强了农业的防灾抗灾能力。陈争平与张顺周还对学界少有关注的清河乡村建设实验进行了概述，认为其是北京地区农业现代化的先声。②

三 城市史视域下的国家与社会、传统与现代

自现代化范式引入之后，“现代化”与“反思现代化”构成了中国近代史研究的核心议题，由此引申出的“国家与社会”、“传统与现代”的分析框架也成为学术界探讨中国近代社会变革与转型的良好透视点。民国北京史研究也不例外，从城市史视域去考察和思考“国家与社会”、“传统与现代”之复杂关系，不仅带来了研究选题的极大扩展，还使都市现代化之路的多维风貌和独特样态清晰呈现。

从城市社会的诸面向把握北京近代化历程是学者最为普遍的研究理路，举凡人口、婚姻、家庭、医疗、卫生、宗教、风俗、救济、市政建设和管理等都纳入了研讨范畴。例如德国学者罗梅君关注了工业化进程下民国北京生育、婚丧新解释系统的形成。③ 朱汉国与王煦从市民居住环境改善角度分析了 1928～1937 年北平市政建设的现代转型。④

---

① 赵丽：《城乡之际——民国时期清河镇及其周围村落的经济生活》，中国人民大学硕士学位论文，2004。

② 陈争平、张顺周：《北京农业现代化的先声——民国时期清河经济建设实验概述》，《北京社会科学》2013 年第 3 期。

③ 罗梅君：《北京的生育、婚姻和丧葬：19 世纪至当代的民间文化和上层文化》，王燕生等译，中华书局，2001。

④ 朱汉国、王煦：《1928～1937 年北平市政建设与市民生活环境的改善》，李长莉、左玉河主编《近代中国的城市与乡村》，社会科学文献出版社，2006，第 52～65 页。

王娟揭示了民国北京慈善事业公益化、本土化、民间力量自主化的新动向。① 王琴考察了社会变迁背景下北京女警、女教师、女店员、女工等女性职业的新发展。② 邱志红探析了民国北京律师群体的整体特征、专业养成、职业意识、角色期待等问题。③ 左芙蓉论述了民国北京各宗教团体在培育现代城市社会中的积极作用。④

北京的现代化历程并非一帆风顺，数百年的国都身份既给古都带来荣耀和使之备受优待，也使其积累了发展路径单一、社会心理保守、贫富差距悬殊等弊病，这必然导致现代城市发展充满种种阻力和局限。华人学者史明正分析了民国北京城市社会和基础设施变革的明显局限，如现代化设施能够服务的城市人口比例过小、没有实现城市边缘地区的发展、阶级差异和贫富差别的扩大。⑤ 李志红、李玉梅由公共交通事业的运营发展得出北京公共交通未能满足城市大众交通需求、对北京城市空间结构和居民生活的影响远没有西方城市，甚至没有上海、天津深远的结论。⑥ 杜丽红从近代北京公共卫生制度变迁的角度指出公共卫生不仅是医学上的单向度叙事的历史，还是一个国家与社会渐进变迁的过程，制度建设要想落到实践层面，不能离开已有的组织网络和社会经济条件，将字面的公共卫生变成日常生活需要漫长的历程。⑦ 董丁瑜、唐博、李小尉等学者采行二分法，既看到民国北京在社会救济方面的新动向，如慈善救助活动的正规化、由消极性的“养”过渡到了积极性的“教”、兴建租金低廉的平民住宅等，

---

① 王娟：《近代北京慈善事业研究》，人民出版社，2010。

② 王琴：《女性职业与近代城市社会》，中国社会出版社，2010。

③ 邱志红：《现代律师的生成与境遇：以民国时期北京律师群体为中心的研究》，社会科学文献出版社，2012。

④ 左芙蓉：《社会福音、社会服务与社会改造：北京基督教青年会历史研究（1906～1949）》，宗教文化出版社，2005；《民国北京宗教社团：文献、历史与影响（1912～1949）》，宗教文化出版社，2011。

⑤ 史明正：《走向近代化的北京城——城市建设与社会变革》，王业龙等译，北京大学出版社，1995。

⑥ 李志红：《民国时期北京城市公共汽车事业研究（1935～1948）》，首都师范大学硕士学位论文，2008；李玉梅：《北洋政府时期的北京电车公司》，河北大学硕士学位论文，2009。

⑦ 杜丽红：《近代北京公共卫生制度变迁过程探析（1905～1937）》，《社会学研究》2014年第6期。

也如实指出其存在经费困难、制度不健全等诸多缺陷。[①] 习五一、张宁等还揭示了北京新与旧、传统与现代并存的社会样态，认为古都社会风俗虽走向现代，但变异的动力不够强劲。[②]

更多的学人将目光投向社会底边群体，这批现代都市“小人物”的不良状态和凄惨境遇反映了现代化进程中社会利益的分化和贫富差距的拉大。周锦章通过考察民国时期北京平民的自杀现象，认为北京存在救济体系层次单一、支持网络不稳定的缺陷。[③] 王娟以民初北京罪犯为研讨对象，指出贫穷是犯罪人数激增的最主要诱因，二者形成恶性循环。[④] 邱国盛、王煦不仅揭示了北平人力车夫的恶劣生存状态，还分析指出 1929 年北平人力车夫捣毁电车事件反映了利益多元化、复杂化的时代，传统行业者摆脱危局的抗争恰恰造成对现代化的破坏。[⑤] 岳永逸关注了天桥街头艺人的来源和认同问题，指出来自内城的旗人、京畿乡村的难民以及下海走穴者，经历了各自的空间、心理流动，并与天桥下贱、邪恶、不洁的特征相互影响，最终形成了自己的社会属性和阶级特征。[⑥] 程为坤将目光投向民初北京社会底边女性，对单一女性身份认同提出疑问，认为底层女性进入城市公共空间，并非一定意味着妇女解放的重大进步，她们体验到的生活可能与主流文化和公共话语所认定的女性的意义大相径庭，应注意女性在性别、阶层、民族及其他因素的互相作用下形成的多重

① 董丁瑜：《1928～1937 年北平妇女救济研究》，《北京科技大学学报》2008 年第 2 期；唐博：《民国时期的平民住宅及其制度创建——以北平为中心的研究》，《近代史研究》2010 年第 4 期；李小尉：《1928～1937 年城市贫困救助的探索与发展——以北平市贫民贷款为例》，《河北广播电视大学学报》2012 年第 5 期。

② 习五一：《民国时期北京社会风俗的变迁》，《北京社会科学》1993 年第 1 期；张宁、王印焕：《民国时期北京婚姻家庭中妇女的地位》，《北京社会科学》2008 年第 6 期。

③ 周锦章：《角色危机与社会紧张：民国时期北平平民自杀样本研究》，《北京社会科学》2009 年第 4 期。

④ 王娟：《民国初期北京的犯罪与贫困关系研究》，《北京理工大学学报》2011 年第 6 期。

⑤ 邱国盛：《北京人力车夫研究》，《历史档案》2003 年第 1 期；王煦：《1929 年的北平人力车夫维权活动：兼论人力车夫捣毁电车事件的起因》，王岗主编《北京历史文化研究》，人民出版社，2013，第 72～81 页。

⑥ 岳永逸：《近代都市社会的一个底边阶级——北京天桥艺人的来源、认同与译写》，《民俗研究》2007 年第 1 期。

身份认同。[①] 此外，很多满族史学者还对民初北京旗人社会的衰落、解体和转型等论题给予了充分讨论，显示了学界对于清王朝在民国之遗留问题的特殊关怀。[②]

作为一座历史悠久的古都，北京拥有丰富的历史文化遗存，随着现代市政建设的渐次展开，古都的城墙、牌楼等古代社会之象征物究竟应该保存还是拆除，成为官方与民间知识人难以回避的现实问题。李少兵和姜瑶瑶分别考察了 1912～1927 年有关北京城墙、内城跨街牌楼存废的讨论及拆除或保护的实践，揭示了市政当局和市民在追求现代化过程中面临的现代与传统、眼前与长远、实用价值与文化价值难以兼顾的矛盾。[③] 贾长宝的新论《民国前期北京皇城城墙拆毁研究（1915～1930）》（《近代史研究》2016 年第 1 期）则指出将没有历史价值或者文化价值稍逊的皇墙拆除，既能为改善城市生活的公共工程让出空间、提供资源，又彰显了“市民利益高于一切”的“市政意识形态”，也体现了北京城在追求现代与保护传统之间的尖锐矛盾。当然，也有一些学者注意到当时市政部门在城市建设过程中为努力平衡二者关系而做的积极努力。邱运华与王谦认为最终牌楼与电车并存，实现了传统与现代两种文化表征在北京城市空间中的交叠，表明现代化发展与传统城市空间的保护是可以统一的。[④] 王煦通过讨论 1933 年至 1935 年北平市政建设的设计与实践，认为市政决策者在传统与现代之间找到了一条相对合理的发展道路，既要保持传统

① 程为坤：《劳作的女人：20 世纪初北京的城市空间和底层女性的日常生活》，杨可译，三联书店，2015。

② 能村启司：《辛亥革命后北京旗人的改籍问题研究》，中国人民大学硕士学位论文，2007；刘小萌：《清代北京旗人社会》，中国社会科学出版社，2008；定宜庄：《老北京人的口述历史》，中国社会科学出版社，2009；常书红：《辛亥革命前后的满族研究：以满汉关系为中心》，社会科学文献出版社，2011；部由美子：《从北京白话报看民国初期北京旗人社会》，《满学论丛》2013 年第 3 辑；欧阳琳、宋健：《试析民国前期北京旗人生计的影响因素（1912～1928）》，《北京档案史料》2014 年第 1 辑。

③ 李少兵：《1912～1937 年北京城墙的变迁：城市角色、市民认知与文化存废》，《历史档案》2006 年第 3 期；姜瑶瑶：《1912 年～1937 年北京内城跨街牌楼的变迁》，《北京社会科学》2008 年第 6 期。

④ 邱运华、王谦：《民初北京电车的开行与北京城市空间的变迁》，《北京社会科学》2014 年第 6 期。

格局及其中蕴含的文化特征，也要保证城市的繁荣发展和现代化。①

传统与现代的微妙、复杂关系并非仅仅表现为冲突和对立，更体现为传统在现代化过程中以各种特殊的形式得以保留，或者说，二者的对立共存既是过渡时代社会的鲜明特色，也暗含了传统对于现代化的抗拒。马钊解读了 1940 年代中期发生在北平的一起诱拐女性案件，其目的不在于还原事件真相，而在于阐释当事人男女双方及女方父母控告者对诱拐故事的不同陈述，从而揭示出传统观念之于现代司法审判的深刻影响。② 美国学者戴维·斯特兰德（David Strand）在其专著《人力车的北京：1920 年代的市民与政治》中指出 1920 年代北京有“多种因素共存”的特点，即市政机构、商会、工会、警察等新生事物与旧的行会、水会和慈善组织等并存、相互作用。在市民的日常生活中，集会游行和观看传统京戏、读报和去茶馆喝茶并不冲突。③ 而在某些特定领域如宗教学、民族学的研究者看来，传统力量之延续甚至使“近代化”、“现代化”的字眼都应慎用，现代化对于传统的扫荡也很有可能误入歧途。习五一考订了民国北京寺庙的总量和儒释道的比重，指出传统宗教文化总体上虽呈衰退趋势，但作为民族传统文化的支柱，儒家宗庙文化具有深厚的生存沃土，汉化佛教仍具有顽强的生命力，道教信仰依然在民间社会繁衍流传。④ 张蕾蕾也认为民国北京城市功能的转换虽使寺院不可避免地衰退，但佛教并未呈现出轰轰烈烈的革新景象，基本延续了许多旧有的传统组织制度。⑤ 李俊领、丁芮强调近代北京民间四大门信仰对农民具有不可替代的心理安慰作用，但是在 20 世纪二三十年代破除迷信运动中，知识精英和政府将其当成迷信严厉禁止，其实是崇尚政府万能和科学万能的另一种

---

① 王煦：《在传统与现代之间——1933 至 1935 年的北平市政建设》，《历史教学问题》2005 年第 2 期。

② 马钊：《诱拐的命运：20 世纪 40 年代北京的男女交际、传统礼教和法律原则》，杨念群主编《新史学》第 1 卷，中华书局，2007，第 296 ~ 330 页。

③ David Strand, *Rickshaw Beijing*: *City People and Politics in the 1920s*, Cal. : University of California Press, 1986.

④ 习五一：《近代北京寺庙的类型结构解析》，《世界宗教研究》2006 年第 1 期。

⑤ 张蕾蕾：《近代北京佛教社会生活史研究——以馆藏民国档案为中心的考察（1912 ~ 1949）》，中国人民大学博士学位论文，2009。

“迷信”行为。[①] 更有学者提出现代化并非意味着对于传统的一味打击和毁灭，它本身也在重新激发和塑造着“传统”。韩国学者朴赫淳重申了戴维·斯特兰德悬而未解的疑问——既然1920年代市民自治意识和自治活动表明北京已有较为活跃的市民社会，为何此后未能得以继承？朴先生以为国家专制权力在南京国民政府和日伪统治时期达到巅峰，以地区居民共识为基础的自治领域消失。而在此种情况下，基层人民特别是老北京人的自我意识反而得到强化，表现为对外地人的反感，对自己的地区社会的依恋，这其实是对近代化的一种反抗。[②] 董玥的《民国北京城：历史与怀旧》（三联书店，2014）借助“传统的回收”之概念，尝试打破传统与现代二元对立的分析框架，重新思考现代性。她认为北京社会在经济生活、空间秩序、文化再现方面均通过“回收”来体现对现代化的某种反思和抵抗，如天桥市场对于二手货的再利用，将胡同老地名记录进日常生活的文献，传统手工业置身于全球贸易体系之中，旧京学者的怀旧文字以回收实践的方式，表达了对现代化许诺的未来的疏远乃至疑虑。

现代化推进过程中，国家权力的扩张与民间力量的因应也受到学术界的高度重视，人们从各自的视角揭示出国家权力对于北京基层社会的控制与渗透。杨念群考察了西方制度监控形式对于城区人民的日常生活节奏和秩序的影响，认为1920年代引入的“兰安生模式”（西方卫生实验区）比警察系统更为有效，将北京人的出生与死亡纳入一个非常严密的档案化网络之中，更为彻底地破坏了城区的自治组织状态，实现了国家权力对城市社会生活更为全面的控制。[③] 王日根与张宗魁由民国北京会馆功能的转变分析了国家管理的增强和国家权力的渗透。[④] 李自典、丁芮认为民国北

① 李俊领、丁芮：《近代北京的四大门信仰三题》，《民俗研究》2014年第1期。

② 朴赫淳：《近代北京胡同地方社会的演变》，李长莉、左玉河主编《近代中国的城市与乡村》，第66~85页。

③ 杨念群：《“兰安生模式”与民国初年北京生死控制空间的转换》，《社会学研究》1994年第4期。

④ 王日根、张宗魁：《1915~1956年北京会馆的整顿历程略论》，《中国社会经济史研究》2010年第2期。

京警察承担的城市政治、市政管理、慈善救济等多重城市管理职能，反映了政府社会控制力的不断加强。[①] 更多的学者注意到日益增长的民间力量对于城市建设及管理权的分享和参与，通过分析官方、民间和知识界的互动和博弈，向我们展示了民国北京丰富多彩的社会场景。戴海斌等人注意到民国北京众多公园的开辟，不仅为市民提供了集娱乐、教育、商业、文化和政治于一体的新兴多功能公共空间，还促使市民和国家对公共空间充分利用，前者表现为生活自主化追求和政治抗议行动，后者表现为教化规训、塑造自身权威与合法性。[②] 这一分析理路在公共卫生领域的研究中也很常见。何江丽不仅看到了民众会根据自身利益不断调整应对国家的策略，还指出社会舆论可能和政府持不同意见，如在对待娼妓问题上，舆论从国家、种族的存续和健康角度力主废娼，而政府考虑到财政收入与妓女安置等难题，行动并不积极。[③] 韩国学者辛圭焕检讨了 1930 年代北平污物管理改革中民间社会力量之失误，即粪业方面执着于追求行业私立，没有能够集合对公共利益有利的组织力量，以致市民和舆论倾向支持官办。[④] 王煦考察了 1928 ~ 1934 年北平城市清洁体制演变的曲折过程，指出地方精英所主导的自治运动由于经济衰落、社会萧条、市民理解参与不充分、内部管理不善、自治人员争权夺利等原因，致使清洁卫生等公益事业衰落，自治机关从而丧失了社会公信力，政府以“公益”的名义，逐步剥夺、削弱自治机关的权力。[⑤]

---

① 李自典：《警察与近代北京城市治安管理——以 1901 ~ 1937 年为中心的考察》，《北京社会科学》2010 年第 4 期；丁芮：《管理北京：北洋政府时期京师警察厅研究》，山西人民出版社，2013。

② 戴海斌：《中央公园与民初北京社会》，《北京社会科学》2005 年第 2 期；王琴：《公共空间与社会差异——民国北京公园研究》，《北京档案史料》2005 年第 2 辑；王炜：《近代北京公园开放与公共空间的拓展》，《北京社会科学》2008 年第 2 期；高兴：《北京中央公园与民国文人的文化心态》，《北京社会科学》2012 年第 3 期。

③ 何江丽：《民国前期北京的公共空间与公共卫生》，《中国国家博物馆馆刊》2011 年第 11 期；《论清末民初北京对待妓女身体的舆论话语与政府作为》，《北京社会科学》2014 年第 2 期。

④ 辛圭焕：《20 世纪 30 年代北平市政府的粪业官办构想与环境卫生的改革》，《中国社会历史评论》2007 年第 8 卷。

⑤ 王煦：《官治与自治之间——1928 ~ 1934 年北平城市清洁体制的演变》，《民国研究》2013 年秋季号。

当然，“国家与社会”的分析框架是一个舶来品，它固然有助于拓展我们的研究视野和方法，但具体到民国北京城市自身，学者在充分吸收和利用西方学术方法和理论时，应使其因地制宜、实现本土化，以便彰显中国城市的特性和风格。一些学者在这方面有着较为强烈的学术自觉。徐鹤涛在考察小商贩的日常生活时，同样采用了“国家与社会”的分析模型，他并未着眼于二者的对抗和博弈的单一面向，而是强调国家管制与小贩生存并未造成严重的持续冲突，社会自治并未打破，国家与社会间、社会不同团体间，既有对抗又保持了相对和睦，这既有别于传统城市模样，也与西方城市完全不同。① 刘荣臻也对南京国民政府时期北京的社会救助事业进行过深入考察，认为在国家与民间社会的合作互动中，民间社会组织信守“党国体制”的核心价值，并未产生与现存意识形态相对抗的思想和言论，也未对既存社会秩序及政权提出挑战。故中国社会“公共领域”内国家与社会的关系具有传统政治文化与近代色彩的双重特征，是一种中国本土化的关系，它不具有西方社会中公民社会怀疑国家权威、制衡国家的自由主义模式。②

四　北京的都市文化与文学世界

民国北京文化史的内容十分丰富，一方面，国都时期的北京不仅是中国高等教育的发源地，汇聚了众多名流大师、知识精英，还拥有规模庞大的历史文化遗存。全国乃至世界的学术思想、文化思潮、社会风俗在这里激荡交锋，形成百家争鸣又兼容并包的姿态，具有引领、融合全国文化风气的功能。即使失去首都地位之后，北京的文化教育优势依然明显，甚至因为政治功能之衰退，文化功能反而有相对凸出的趋势。另一方面，文人学者、普通百姓在北京文化土壤的浸润中，逐渐发展出成富有浓郁地方特

① 徐鹤涛：《日常中的国家——晚清民国的北京小贩与城市管理》，台北《中央研究院近代史研究所集刊》第87期，2015年。

② 刘荣臻：《国民政府时期的北京社会救助研究——以1927~1937年为范围》，首都师范大学博士学位论文，2011。

色的京派文化、古都文化，其城市精神和城市形象，与摩登上海形成强烈反差，两座中国核心城市因为定位、功能、发展之差异，形成了颇为复杂的互动关系，构成了民国文化史上值得反复玩味的课题。王建伟的《民国北京城市文化史的基本线索（1912～1949）》（《北京史学论丛》2013年卷）宏观梳理了民国北京文化的演变态势，大致将其区分为民国肇建与文化新气象、地缘环境与新文化运动兴起、国都南迁与文化格局的自我调适、1930年代自由主义与左翼知识分子、京派的文学世界、抗战与国共对峙时期文化发展的断裂与传承六个单元，实际上也体现了作者对于学界相关成果的系统总结。[①] 故本文不打算做重复梳理，仅就其中的某些重要议题略加述评。

解读都市文化离不开“城市精神”与“知识分子”两个关键词，不同的城市拥有各异的政治、经济、社会、文化条件，孕育着各自的城市精神，构成了都市特有的文化符号。而生活在都市空间的知识分子既受所在城市的都市精神、文化氛围的熏陶和感染，也是这座城市的灵魂塑造师，他们经都市体验而产生的一言一行、所思所想也在不断形塑着城市风貌。这方面的研究以杨东平、唐小兵最具代表性。20世纪二三十年代的京派与海派之争早已成为现代文学史上的一段公案，从文学视角透视的成果不计其数。杨先生的专著《城市季风：北京和上海的文化精神》（新星出版社，2006）却另辟蹊径，从城市社会和文化环境角度解读了两个流派的成因，上海的工商业文化促使知识分子文化和市民文化融为一体，知识分子相对缺乏精英意识，而北京文化古都和学术中心的特殊氛围造就的则是与上海文化殊异的精英文化。唐先生遵循社会文化史的分析理路，着重考察了1930年代北平知识分子在都市空间的聚集、交往及影响，认为此一时期北平知识分子较之五四时期，更具备对政治构成导向作用的学统力

---

① 王建伟还有很多精彩的个案研究值得关注，参见《逃离北京：1926年前后知识群体的南下潮》，《广东社会科学》2013年第3期；《一段扰攘不安的岁月：后五四时期北京的学界生态》，《江苏社会科学》2014年第5期；《南京国民政府时期北平的文化格局（1928～1937）》，《安徽史学》2014年第5期；《民国初年北京的文化版图》，《福建论坛》2015年第4期。

量，与同时期山头林立和党派化论争的上海知识界相比，呈现出兼具现代意识和传统情怀的多种面相。①

民国北京娱乐文化的发展演变同样值得探究，相对于精英文化，娱乐文化的民间化、社会化程度更高，政府、知识分子、普通民众均参与其间，共同推动了都市娱乐文化的现代转型。德国学者叶凯蒂对民国初年北京文人在旦角社会地位变迁中的作用给予了精彩分析，认为旦角从社会底层一跃成为大众文化的偶像，以至于体现中华文化精华的象征，得益于北京文人的发掘、艺术创新和公共形象策划。② 李少兵解读了 1927～1937 年北平娱乐文化新时尚形成的动力，强调北平市政当局的鼓励和管理，新派知识分子及民间资本的积极介入，共同造就了北平娱乐文化的更新和发展。而妇女的积极参与、娱乐活动内容的趋新和商业化、民众认识到娱乐文化的正面意义，均反映了市民娱乐观念的开放和北平文化的现代转型。③ 肖红松与陈娜娜则由 20 世纪二三十年代官方、民众、媒体的诸般心态及举措反映了交际舞在北平散播之曲折历程，认为北平的传统保守气质使其社会风尚的嬗变显现出相对迟缓的态势。④ 美国学者林郁沁通过 1930 年代新兴大众媒体因情杀案而引申出的围绕“新女性”的论争，揭示了新媒体的诱导和操控大众之能力，提出将北平界定为“传统”城市的倾向并非完全正确。⑤

文学与史学有密切之联系，文学作品本身也是历史记载、文化记忆的一种形式，而文人团体及其借助新媒体构建的社会舆论更是民国北京历史的直接参与者与书写者。正如这一研究理路的倡导者陈平原所言，“文学

---

① 唐小兵：《十字街头的象牙塔：1930 年代北平知识分子的交往世界》，许纪霖等：《近代中国知识分子的公共交往：1895～1949》，上海人民出版社，2008，第 286～347 页。

② 叶凯蒂：《从护花人到知音——清末民初北京文人的文化活动与旦角的明星化》，陈平原、王德威主编《北京：都市想像与文化记忆》，北京大学出版社，2005，第 121～134 页。

③ 李少兵：《1927～1937 年的北京娱乐文化——官方、民间因素与新时尚的形成》，《历史档案》2005 年第 1 期。

④ 肖红松、陈娜娜：《20 世纪二三十年代北平交际舞的散播与社会风尚嬗变》，《河北大学学报》2015 年第 1 期。

⑤ 林郁沁：《30 年代北平的大众文化与媒体炒作——关于刘景桂情杀案》，陈平原、王德威主编《北京：都市想像与文化记忆》，第 269～284 页。

想像与文化记忆，同样可以帮助我们进入城市”，实际上并不存在一个统一的北京，因阶级、种族、性别、年龄及文化水准的不同，各群体的“北京想象”存在巨大差异，体现了“新旧、贫富、高低、雅俗”的多重变奏。① 他与王德威主编的《北京：都市想像与文化记忆》（北京大学出版社，2005）就汇集了这一思路引领下的学术成果，展现了民国北京的多元形象和魅力。张菊玲的《香山健锐营与京城八大胡同——穆儒丐笔下民国初年北京旗人的悲情》通过剖析北京满族小说家穆儒丐 1920 年代初创作的以北京旗人为主人公和以自身经历为素材的长篇小说《同命鸳鸯》、《北京》等，再现了北京广大旗人在民初的悲惨生活。董玥的《国家视角与本土文化——民国文学中的北京》分别讨论了“新知识分子”笔下的北京，民俗学运动中的北京以及老舍笔下的北京。其中有关来京求学、工作、生活的“新知识分子”之城市书写部分尤为精彩。作者指出在日本入侵之前，北京对于他们的魅力在于自然历史景点和景观化的皇家园林，而非当地人的生活，他们甚至在国家发展需要的预期下对北京本土文化特质展开尖锐批评，这是一种国家而非本地视角下的城市观。直到面对日本入侵的威胁，撤退到南方的知识分子才开始在文章中关注本地人的世界，对北京本土特质有着个人认同，但仍把北京当作一个国家的地理区划和象征，不脱离从外部看城市的视角。这不仅如实指出了外来知识分子的北京认知，为我们思考当代知识界的北京观也提供了新的分析角度，前文提及的当下北京史研究存在的“国家”与“地方”两种视角，回望民国，实不难找到源头。

陈先生主持的“北京记忆与记忆北京”丛书也推出了一批研究成果。杨早的《清末民初北京舆论环境与新文化的登场》（北京大学出版社，2008）探讨了以报刊为代表的北京公众舆论在新文化运动中的突出作用，强调《新青年》、《每周评论》等舆论阵地的建立，将新文化运动延伸至公众舆论层面，提升了运动的关注度；而上海报业则主要服务工商界，对思想文化推进兴趣不大，这决定了新文化运动最终在北京而非上海登场。

① 陈平原：《北京记忆与记忆北京》，《北京社会科学》2005 年第 1 期。

此种研究让我们看到了新文化运动的出现不仅存有内在的思想理路，还有赖于外部舆论环境的推动，这显然丰富了今人对于新文化运动起因的理解。颜浩的《北京的舆论环境与文人团体：1920～1928》（北京大学出版社，2008）则透视了二者的互动关系，认为当时同人杂志取代社团会刊成为出版界的主流，实现了知识分子团体的自动结合，报刊成为自由知识分子表述自我的载体，为他们提供了精神生存的家园。季剑青的《北平的大学教育与文学生产：1928～1937》（北京大学出版社，2011）主要考察了北京高校对新文学产生的促动作用，指出大学通过学术研究和课程设置，生产着有关新文学的各种知识、观念和历史叙述，还为新文学再生产创造了诸如文学社团、刊物、师生关系、人际网络等制度性条件。这就弥补了以往研究过分关注新文化发展的内部理路，而缺少外在制度性条件观照的缺憾。

五　沦陷时期北平历史的多维面相

如前所论，民国在北京发展史上之所以特殊，是因为1928年的政局变动导致其丧失了数百年的国都地位，1937年全面抗战爆发后更成为沦陷区，经历了近21年的“非国都时代”。其中，南京国民政府统治时期（1928～1937年）的城市历史备受关注，除了前引许慧琦、朱汉国等关于都市消费和市政建设的讨论之外，尚有很多学者从城市规划、功能定位、高校发展、文人群体、市民城市意识等多角度，阐明迁都带来的影响绝非“衰落”二字可以囊括，北平在逆境中展现的别样生机与活力，恰恰昭示了传统政治中心城市现代转型的独特之路。[①] 相对而言，日据时期（1937～1945年）的北京史长期以来囿于意识形态成见或是民族主义立

① 参见陈平原《首都的迁徙与大学的命运——民国年间的北京大学与中央大学》，《文史知识》2002年第5期；李蕾：《北平文化生态（1928～1937）与京派作家的归趋》，《中国文学研究》2009年第4期；陈鹏：《试论1928年迁都后北平人城市意识的新自觉》，《福建论坛》2012年第12期；许小青：《二次北伐前后迁都之争与北平文化重建（1928～1931）》，《近代文化研究》2014年第3辑。

场，多局限于日寇的残暴侵略和殖民掠夺的研讨范畴，尽管彰显了反帝爱国的时代主题，却相对忽视了殖民统治的某些复杂面相，失之片面性和简单化。谢荫明在《不可忘却的一页——研究北京沦陷史所得》（《北京党史》2005 年第 3 期）中提出了两个课题，一是如何评价国民党军事和谍报人员在沦陷区的工作，二是如何看待日本在沦陷区做的某些带有建设性的事情，值得我们深思。近年来，有关沦陷时期的北京史研究逐渐受到重视，成为新的学术增长点，学者从不同角度揭示了特殊时期北平城市的发展样态。

文教界的发展是研究较为集中的一个论域，处于殖民统治之下的知识人，其境遇、思想和行为都与先前有较大差别，无论是各政治势力的拉拢和动员，还是文人自身的应对和抉择，抑或是他们的复杂心理和作为，都反映出了沦陷背景下知识分子的特殊生存之道，非常值得探究。桑兵的《抗战时期国民党对北平文教界的组织活动》（《中国文化》2007 年第 24 期）指出国民党和南京国民政府希冀通过争取有影响力的学人巩固其在故都的势力，以实现其战略目标和政治目的，但由于其坚持中央统一和本党主义，内部派系众多，影响决策和执行，以致收效甚微。该文还展现了北平学人在国家民族大义、党派政见分歧与学术自由独立之间平衡取舍的态度倾向。袁一丹的《易代同时与遗民拟态——北平沦陷时期知识人的伦理境遇（1937～1945）》（《文学评论》2015 年第 3 期）则从“遗民传统”的再诠释角度透视了沦陷区复杂时空环境下北平知识分子的复杂心理，强调“遗民传统”为他们的政治选择、道义坚持提供了一整套话语资源及可效法的行为模式，如由朝代间的类比表达“易代同时”的主观感受，利用难以挣脱现代民族国家观念的“伪遗民”姿态来缓和遗民传统与现代中国的紧张关系。谢荫明与周进还剖析了此一时期北平民众存在的抗争、隐忍、奴化三种典型心态。[①] 这为我们进一步探讨沦陷区作家、民众、伪政府官员的特殊心态和复杂行为打开了思路。就北平文教事业发展而言，学者既详细梳理了日伪统治时期北平中小学遭受奴化教育的情

① 谢荫明、周进：《沦陷时期北平社会心态研究》，《抗战史料研究》2014 年第 1 辑。

况，如爱国和抗日内容的删除、日语课程比重的上升，以及“复古”、“反共”思想的灌输等，[①] 也注意到文化事业在逆境中的艰难推进。如郑善庆考察了长期不受关注的由寓居北平的老派学人创办的北京古学院，认为虽然其成员政治立场暧昧，但在提倡古学、潜研旧籍方面的贡献不可抹杀。[②] 孙邦华在抗战期间北平高校多数内迁的背景下，介绍了留平的私立北平辅仁大学的发展状况。[③] 黄金论述了沦陷时期北平故宫博物院的勉力维持。[④] 张泉一改之前的一味贬低和曲解，对沦陷区的文学给予新评价，认为北京的言说环境优于其他沦陷区，有相对自由的言论空间，在此期间文学仍得到迂回发展并蔚为大观。[⑤]

其他领域的探讨亦有新的突破。在城市规划与建设方面，王亚男的《1900～1949年北京的城市规划与建设研究》（东南大学出版社，2008）注意到日伪时期《北京都市计划大纲》的制订和部分实施问题，从技术层面肯定了该计划以扎实的调查资料为基础，采行了当时西方先进的城市规划理论，具有一定的科学性，对日后北京城市建设不乏积极影响。此种实事求是的分析态度纠正了以往北平沦陷史研究只强调日本殖民者侵略、掠夺之单一面向的偏颇。日本在北平的侨民也进入中国学者的视线。孙冬虎与王均概述了1928～1948年北平日侨数量经历了渐进增长、急剧增长、急剧减少三个时期，指出八年沦陷时期日本殖民政策导致的数量变化是关键性的，激增的日侨掠夺粮食，强占民房、商店、企业，在建设“新市区”中巧取豪夺，充分暴露了其侵略性的一面。[⑥] 米卫娜的系列论文还探

① 纪彦：《日伪在北平之奴化教育——以中学教育为核心的研究》，首都师范大学硕士学位论文，2008；陈兆肆：《日伪统治时期北平的中小学教育》，《北京社会科学》2009年第2期；曾德刚：《试析日伪在北平地区的奴化教育》，首都师范大学硕士学位论文，2009；米卫娜：《日伪时期北平市的日语教育》，《北华大学学报》2015年第5期。

② 郑善庆：《北京古学院的学人与学术》，《北京行政学院学报》2012年第2期。

③ 孙邦华：《陈垣与抗日战争时期的北平辅仁大学》，《北京社会科学》2007年第4期。

④ 黄金：《沦陷前后张庭济与“奉命维持”的北平故宫博物院事业》，《故宫博物院院刊》2014年第5期。

⑤ 张泉：《抗日战争时期中国沦陷区的言说环境——以北京、上海文学为中心》，《抗日战争研究》2001年第1期。

⑥ 孙冬虎、王均：《1928～1948年北平日侨的数量及其作用》，《北京联合大学学报》2001年第1期。

讨了日伪时期北平日侨职业，抗战胜利后对日侨的集中与管理以及日籍技术人员的留用、遣返等问题。[①]

六 “民国北京史”研究的再思考

通过以上的梳理，我们不难看出近年来民国北京研究无论在研究的广度还是深度上，都有了明显的进步，如果说十多年前陈平原先生还发出“北京学”远不及“上海学”辉煌之感慨，那么时至今日，我们欣喜地看到此种现象已大为改观，民国北京研究业已成为中国城市史研究不可忽视的重要组成部分，并且呈现出鲜明的研究风格，重新发现与认知“民国北京”正成为学者越来越强烈的学术自觉。这主要表现为以下三个方面。第一是“地方视角”的兴起。学者着力考察北京地方史的发展脉络，许多地方人物、事件、文化被充分挖掘和细致讨论，地方史的轮廓日渐清晰。同时，学者们又尽量避免其研究落入“就地方言地方”的窠臼，将地方史与全国史有效关联，体察民国北京史之于整个民国史的特殊认知意义。第二是努力发掘“民国北京”的特殊性。在中国城市体系中，北京的地位并不亚于上海，学者普遍意识到应重点阐释北京与口岸城市相异的、传统政治中心城市特有的现代转型之路。而民国北京的“非国都”经历也正受到前所未有的重视。第三是文献征引走向多元。北京档案馆所藏地方档案的整理和公布，使得利用原始档案成为本领域研究的一项基本要求，各种地方报刊资料的充分挖掘，社会调查、名人文集日记、地方志、旅游指南的点校出版，在很大程度上弥补了档案文献的不足。

当然，我们也需要清醒地意识到，从整体上看，民国北京研究仍处于起步阶段，尚存诸多不足。如研究领域冷热不均，个别方向已出现碎化现象，而新课题的发掘却十分有限。具体来说，社会史、文化史研究受到的

① 米卫娜：《抗战胜利后北平市对日侨的集中与管理》，《北京社会科学》2007 年第 6 期；《抗日战争后北平市对日籍技术人员的留用》，《北京社会科学》2009 年第 2 期；《日伪时期北平市日侨职业问题探析》，《北京社会科学》2010 年第 5 期；《抗战胜利后北平市日侨的遣返工作》，《北京社会科学》2012 年第 2 期。

关注最多，成果也最丰富，此种现象固然与当前中国近代史研究领域社会文化史热相一致，但也暴露了过密化的不良倾向。同时，社会文化史一家独大的局面，也意味着政治史、经济史、对外交流史等领域的冷落，势必造成一些重要课题被忽略。再如分析视角机械化，问题意识不突出，造成研究结论的重复、单一。绝大多数研究尽管在资料占有上非常充分，但只满足于对城市发展状况的描述介绍层面，即使附有一些分析和思考，也多给人结论简单、雷同之感。以社会史为例，学者普遍运用现代化视角去考察民国时期社会生活各领域的变迁，但不管是关于社会救济、文化习俗，还是市政建设、城市管理的探讨，结论大体不离现代化进程的两面性、国家权力的渗透、民间社会的抗拒等，仿佛已经落入某种预设结论的陷阱之中。问题意识的不突出还使不少“填补空白式”的研究，并未对整体的民国北京史，甚至是中国近代城市史研究提出富有挑战和冲击力的观点，这不可避免地削弱了文章的创新度。

笔者以为，民国北京史研究尚需要从理论方法、研究领域、资料建设等多方面加以改进。

在理论方法上，应该兼顾宏观研究与微观研究两种研究取向。目前，民国北京史宏观线索的梳理还相对滞后，这样一项基础性工作并不意味着简单地把民国北京发展历程复述一遍，而是应该带着强烈的理论预设和问题导向，重新整理民国北京史的总体线索和特色课题，从横向、纵向两个方面思考民国北京的特殊认知价值，既要厘清民国时段在整个北京史脉络中的独特地位，又应探讨同时期北京与其他城市的互动关系，还应重视一些更具基础意义的论题，如民国北京城市史研究的核心内容与学科边界何在？城市史视域下的选题与传统的政治、经济、文化、社会史论题有何区别和联系？再如学界已普遍意识到北京近代化历程步履蹒跚、阻碍重重，但推动和制约北京发展的动力究竟有哪些，它们之间的关系如何，何者居主要位置，何者居次要位置，在不同阶段、不同环境下，它们所发挥的作用是否有变化，迄今并未得到认真的解答。此外，研究者应具备整体把握北京史的学术视野，不应人为地将民国历史孤立起来，斩断其与此前的晚清史和此后的中华人民共和国史之联系。[1] 研究者一旦具备此种长时段的观察视野，不仅会更加明确“民国北京”的特殊意义和价值，还会自然牵引出许多探讨较为薄弱的课题。如逊清小朝廷在民国初年与北洋政府、北京地方管理机构存在政治、经济、文化方面的往来交涉，也有大量档案资料可资利用，它在民初北京社会生活中扮演何等角色，产生何种影响，很值得思量。再如 1946 ~ 1949 年的北平史鲜有学者问津，仅有的研究也主要从国共内战、学生运动的角度展开，倘若将其与共和国初期的北京史相勾连，做一前后对比，相信定会有所创获。在微观研究方面，应当强化历史学的叙事方法，对城市史事件重新提炼，不仅要考察事件的固态结果，还应详细解读事件发展演变的复杂过程。比如 1928 年迁都后北平市政府曾提出《本市区域划定草案》，过去的研究多从纸面文本来解析市府工作人员的城市规划新理念，这当然很有意义；除此之外，规划出台的台前幕后，国民政府、内政部、河北省政府与北平市政府多方往来协商的经过，处于跨界地区的北平、河北百姓的隶属选择，同样蕴含着丰富的历史信息，值得重新考察。

同时，应该倡导多元方法的运用和省思。在经济学、宗教学、地理学、信息科学等专业学者日益参与本研究之时，历史学者也尝试借助这些学科的理论方法来从事研究，但目前能真正做到有效融合者少之又少。像民国北京地图、市民心态、城市空间等明显的多学科交叉研究课题都亟待展开，比如王均从地理空间角度提炼出的“北京城市意象”课题就值得进一步探索。[2] 随着新文化史的逐渐兴起，传统的政治、经济、文化、社会条块分割式的史学研究正在淡化，研究论域的边界日渐模糊，强调社会多因素的彼此互动和综合把握成为越来越多研究者的选择，民国北京史恰以其研究对象宽泛、学术视野广阔、具备立体分析和整体把握的天然优势，引起学者的高度重视。此外，如何增强对话意识，对既有的研究理论和方法

① 例如熊远报新近发表的《八大胡同与北京城的空间关系——以清代和民国时期北京的妓院为中心》（《近代史研究》2016 年第 1 期）就注意到由清代到民国八大胡同之空间特征形成的延续性。

② 王均：《从地理空间角度认识近现代城市——以北京（北平）为例》，《城市史研究》2002 年第 21 辑。

加以改进和提升，也是学术创新的重要内容。比如上文提及的现代化方法已经日益走向僵化，这就需要我们给予必要的修正和反思。至于如何真正形成带有本土化特色的理论体系和解释模式，尚需要长时期的摸索。

在研究领域方面，以笔者之见，民国时期北京的民族关系、对外交流、城市对比研究应作为未来重点突破的新课题。自建都以来，北京因地理位置和政治功能显要，在处理边疆民族事务上一直发挥着至关重要的作用，很多民族事务的决策和处理、民族文化的交流与碰撞都发生于此，北京可谓民族融合交汇之中心场，故民国北京的民族成分和民族关系复杂，城市空间布局、建筑风格、社会生活、饮食服饰、文化教育都富有鲜明的多民族特色。但相关问题迄今还缺乏有分量的整体把握和个案分析。民国北京还是中国对外交流的绝对重镇，许多外国政界、学界的名人如杜威、罗素、泰戈尔、史迪威、斯诺、莫里循、端纳、司徒雷登、马林、加拉罕等均曾来此工作、参观或访问，北京还建有中德学会、中法汉学研究所等一批有影响力的中外学术交流机构，目前相关的研究仅停留在一般介绍层面，若将其当成城市史事件重新考量，相信对我们把握民国北京的文化功能和学术地位不无助益。近来，学者顾钧在《曾经风流——汉学中心在北京》（《读书》2014 年第 8 期）中提出“1920 年代的北京处于世界汉学中心地位”一说，且不论这一判定是否准确，其命题本身就足以促进我们在北京对外交流史上多下功夫。再如外国人的北京书写之论题，研究也很不充分。宋莉华论述了近代日本官话读本《北京风俗答问》对 1920 年代北京城市空间、市民生活、市政管理的描绘，认为来自异质文化的他者所特有的敏感和独特视角，将为透视民国北京的城市特性提供多元参照。[①] 其实，民国史上其他来京的外国人同样留下了有关北京城的丰富记载，均有进一步挖掘的可能性。此外，民国北京与其他城市的互动关系研究，除了围绕京派与海派的诸多研讨，目前仅见王玲的《北京与周围城市关系史》（北京燕山出版社，1988）、邱国盛的《中国城市的双行线：

---

① 宋莉华：《近代日本官话读本中的北京书写——以〈北京风俗问答〉为中心》，《上海师范大学学报》2007 年第 5 期。

二十世纪北京、上海发展比较研究》（巴蜀书社，2010）有所涉及，但都未对民国时段加以专门把握。实际上，城市对比不仅局限于京沪，同为政治中心城市，且在民国历次迁都之争中作为北京最重要竞争对手的南京，更值得关注。至于北京与伦敦、巴黎、纽约等国际都市的对比研究，则对学者的学术视野、知识储备提出更高的要求，出色的成果尚未见到。

在资料建设方面，应加强研究成果和史料的整理、发掘工作。此前编纂的北京史文献书目以王灿炽的《北京史地风物书录》（北京出版社，1985）、郗志群的《北京史百年论著资料索引（1900～1999）》（北京燕山出版社，2000）、韩朴的《北京历史文献要籍题解》（中国书店出版社，2010）最为重要，但随着学术研究的不断推进，新发现的史料和新发表的成果亟待增补完善。海外学者成果的推介方面，以赵晓阳的《北京研究外文文献题录》（北京图书馆出版社，2007）影响最大，但遗憾的是，很多代表性的成果仅见书目提要，迄今未见中译本，反映了国内信息转译工作的滞后，不利于学术界全面、深入地把握西方学术脉络和前沿成果，在中西对话时难免处于信息不对称的状态。至于外文资料的运用就更加稀少，如讨论日据时期的北京史，日文资料自是必不可少，它们现藏于日本外务省、防卫厅的图书馆和史料馆，但国内的研究者尚未充分利用。目前仅见房建昌依靠日本驻北京使领馆档案考察了1945年前日本驻北京特务、宪兵及宗教等机构情况，纠正了中日两国相关论著中的诸多不确记载。[①]像日伪时期及抗战后日本在北平的侨民的社会生活、心理状态，日本官方的侨民政策等课题都因缺乏对日文资料的征引和解读，难以有更深入的探究。

① 房建昌：《从日本驻北京使领馆档看1945年前日本驻北京特务、宪兵及宗教等机构》，《档案与北京史国际学术讨论会论文集》（上），中国档案出版社，2003，第355～385页。

·书评·

用性别解读城市——评程为坤《劳作的女人》

杨剑利*

历史研究往往会因理论与方法的革新发生重大转变，妇女史与城市史就是如此。前者因性别概念的引入，改变了原来“以女性为中心”的研究路径，拓展了自己的研究议题；后者则因“空间转向”和对空间概念的新理解而活跃起来，关怀的对象从物理存在扩散到政治、经济、社会与文化。论域的扩展使妇女史与城市史产生了越来越广泛的交叠，但真正将二者打通进行研究的史学著作并不多见。程为坤先生（1953～2007）的《劳作的女人：20世纪初北京的城市空间和底层女性的日常生活》[①] 就是一部打通妇女史与城市史的稀见之作。该著把性别和空间看作一对可以相互解释、彼此支撑的范畴，以清末民初北京公共空间的底层女性为主要研究对象，勾画了女性在变化的城市环境和动荡的国家政治中如何使用城市空间，将女性的生活经验整合进北京的历史，并从性别视角对现代化的城市变革进行考问，揭示了不一样的历史面相，给人启发，引人深思。

《劳作的女人》是程先生留学美国十年磨出的一剑，问世后在西方史学界产生了非常大的影响。从性别视角透视清末民初的北京是该著的立意

* 中国人民大学历史学院副教授。

① 该著有中英文两个版本，英文版2011年由伯克利加州大学分校东亚研究中心推出，书名为 *City of Working Women: Life, Space, and Social Control in Early Twentieth-Century Beijing*，中文版（杨可译）2015年7月由三联书店出版。作者程为坤，1977～1982年就读四川大学历史系，后入中国人民大学清史研究所读硕士并任教；1989年赴美留学，师从罗威廉，1995年获得博士学位，后在美国高校做研究并讲授历史；2007年罹车祸不幸辞世。本评介主要依托中译本，凡引该著仅在文中夹注中译本页码。

所在，其中包含三个相互关联的主题：一是对北京的城市空间做性别化阅读；二是还原女性在现代化城市变革进程中的主体性；三是揭示城市现代化变革中男女新的力量关系以及男权的新样式。这三个主题相互交织，从不同侧面再现了清末民初北京变动的政治、经济、社会与文化。

一　城市公共空间的性别化

在传统中国，空间向来就具有性别意义。受“男外女内”观念的支配，人们多习惯于将家庭之外的“公共空间”定义为男性空间，尽管传统中国内外之间并没有绝对明确的界线。现代西方理论家认为，空间是由权力和知识交错构筑而成的，是一种物质和精神的统一体；[①] 女性主义则提出，性别是社会与文化的后天建构，从而也是权力的象征。[②] 这两种观点合流，为空间的性别化阅读提供了强有力的理论资源，用来破解中国的历史。

北京是中国的首都与历史文化中心，像程著所指出的那样，其公共空间受两个方面力量的塑造，一方面，满族统治者的民族隔离政策以及对空间的分层管理把城市居民按照阶级和民族区分开来，制造了不同质的城市模块与街区；另一方面，儒家的性别区隔又形塑了北京的社会历史，给街道注入了性别意涵，譬如，北京的许多街道和胡同都以曾在其间居住过的男性英雄和名人来命名，而以女人命名的情况要少得多，只有那些从事特殊职业的女性有街道以她们的名字命名，且这样的命名多半是负面的。（第 30 ~ 32 页）街道经性别化定义后，对公共空间产生了永久性的影响。

儒家社会，男性享有自由使用城市公共空间的特权，而女性的使用则

---

① 法国思想家福柯（Michel Foucault）与列斐伏尔（Henri Lefebvre）分别对空间做了突破性的解释，改变了人们对空间惯常的理解。程著提到的列斐伏尔的《空间的生产》（*The Production of Space*），即是一部空间分析的经典之作。

② Joan W. Scott, *Gender and the Politics of History*（New York：Columbia University Press, 1988）pp. 42 – 43.

会受到这样或那样的限制。“当女性在城市空间中被当作外来者和麻烦制造者时，空间和性别就有了关联。”（第202页）有学者提出，空间上的内与外是相对的，儒家“男女有别”的性别区隔不一定就禁止女性离开内闱，从而拒绝关于隔离的空间概念。[1] 不过，程先生指出，从晚清的情形看，尽管社会界限在不断变革，女性的影响力也在不断扩张，但这并不意味着“幽闭女性的理想和社会实践已式微”。实际的情形是，“所有的社会阶层都认为女性幽居以及家庭内外的性别区隔对维持公共道德而言十分必要”，因为女性通常被视为对社会秩序具有破坏性，空间区隔的学说也就被用来为禁锢女性提供辩护。（第18～19页）但是，作为家的替代场所，城市公共空间又为女性的生存和发展提供了条件。这反映了女性对城市公共空间使用的矛盾性。

对清末民初的北京女性来说，城市公共空间就是这样一个矛盾的所在。程著指出，一方面，城市化和市场的力量把她们从家里吸引到工作场所、戏园、公园、电影院和街道上来；另一方面，文化规范与性别区隔又排斥她们在公共场合露面。这一矛盾在下面这个事实中得到了集中体现：“强烈的社会偏见禁止公共活动有异性参与，但男人对享乐的渴望催生了一个繁荣的娱乐业，大量的女性在此业内谋生。”（第20～21页）女性为谋生走向街头，僭越性别界限，也就牺牲了道德理想。不过，从历史的角度看，儒家有关妇德的理想主要作用于上层社会，对下层女性往往并没有特别强的约束力。程著主要关注的就是为生活所迫和面对道德指责的下层劳动妇女如何分享、借用或占用城市公共空间以及这类行为所带来的后果。

最先进入女性视野并为女性所用的公共空间是邻里街坊，劳动妇女可以在这个小规模的社区里“和邻居、朋友交流，寻找挣钱的机会，照顾小孩，和小贩讨价还价，看街头表演，或者和入侵者相较量”，家庭主妇可以在这里“反抗虐待她的婆婆或者丈夫，保护自己的利益，对自己的

---

① 〔美〕高彦颐：《闺塾师——明末清初江南的才女文化》，李志生译，江苏人民出版社，2005，第13～14页。

权利和地盘提出要求，并获得同情和支持”。在程先生看来，邻里街坊是家庭和城市之间的缓冲地带，对劳动妇女的生存至关重要，劳动妇女通过日常活动将这里变成了自己的“私有空间”。（第79、84页）如果说邻里街坊为普通女性创造了一个与家庭生活既相连续又有所间隔的所在，北京的街道则给她们提供了一种机会，让她们得以置身于一套超出主导性的家族、友谊的新的社会权力关系之中。

不过，女性对公共空间的使用常常会受到男性的钳制，譬如，男性犯罪把城市街头变成了女性的危险地带，从而限制了妇女的流动性及其对公共空间的利用，男性精英也常常利用对危险事件的报道来反对女性使用公共空间。“通过男性对女性的犯罪，以及可能会引起妇女焦虑和恐惧、让她们行动格外小心的相关讨论，一种性别化的权力关系建构了起来。”（第102页）这种权力关系强化了“男性永远是强壮的，而女性永远是虚弱的”观念，从而危害了女性的权利。（第97页）再如，民国初年，女商人金秀卿在前门南开了一家女澡堂，引起不少人关注。老派卫道者谴责这有伤风化，对由来已久的男女大防是一种破坏；改革派则认为这是现代卫生事业，是社会进步的体现，对女性的公共形象和社交机会来说是一种突破。在新旧知识人的争论中，女澡堂成为不断变化的女性领域、废除性别限制以及城市现代化等议题的象征。（第73～75页）

对围着家庭转的普通女性来说，公共空间尽管为她们“提供了表达同情、喜爱、愤怒和憎恶的场所”（第102页），但毕竟只是一个辅助性的区域，而对某些职业女性来说，公共空间既是家，也是工作的地方。程著着重刻画了两类这方面的职业女性：一类是从事舞台表演的女演员，她们“代表了下层女性在公共空间的成就与困境”；（第141页）另一类是妓女，她们是那些离开家庭出外工作的下层女性中“最不受尊重的，也被认为是最危险的”。（第169页）对舞台女演员来说，“戏园是公共场所也是闺阁，她们在这里学习艺术，扮演角色，结交同侪，获取名利，寻求爱情，引来观众喝彩。戏园让她们公众化，同样，她们也让戏园私人化。通过掌控戏园或者建立自己的班子，女演员创造了自己的空间和共同体。这一行让底层的女孩子得以摆脱贫穷，但同时也让她们出卖自己的身体，虽然不完全是以妓女的方式直接来做生意"。（第 167 页）北京的妓女被认为是公共的女人，她们在公共场所工作，并把自己的闺房当作娱乐男性顾客的社交空间。程著指出，"跟工厂、商店、戏园一样，妓院也是女性的工作场所。因为经济萧条、工作机会有限，单身女性以及贫困家庭的女性成员不得不把性工作看作一种职业选择"。(第 178 页）"作为一种娱乐服务业，妓院提供了一种私人化的公共空间，一个私密的社交空间，一种类似家庭的工作场所。"（第 183 页）不过，在当时的民族主义者看来，妓院是一种充满各种危险的空间，是城市走向现代化的障碍。程著说道："当性工作者为自己建立起空间的时候，新文化精英们也为讨论卖淫问题而建立起了一个平行的空间，这一讨论空间将性交易置于政治、社会改革的背景之中。而这正是报纸、演讲、提案中所鼓吹的主题。这是新精英为性产业这种社会疾病号脉诊治的科学空间，也是精英男性对妓女、鸨母及其他造成性产业市场的蓬勃发展的人进行评判的道德空间。除此之外，这也是新精英们将卖淫和民族主义以及在中国刚刚萌芽的现代性相关联的政治论坛。然而，这个空间在某种程度上与妓院的世界遥遥相隔，因为精英的声音很少能传到性工作者的耳中。"（第 190 页）而在对妓院的批评中，不无讽刺的是，那些通常反对卖淫的新式知识分子常常造访妓院，（第 174 页）"女性由于为男性提供服务而被诋毁为恶魔和破坏者，而有权光顾、管理和打造性产业市场的男性则自认为是受害者和卫道士"，(第 198 ~ 199 页)这就提示了一种不平等的男女关系。

除了在公共空间谋生，程著还谈到了女性在公共空间的休闲，如逛庙会、看戏、逛公园、看电影等。在 20 世纪之前，对公共空间进行休闲消费只不过是对女性在家庭中所受的禁锢的一种调整。清末民初时期，受妇女解放观念的影响，北京女性外出休闲才多起来并逐渐成为常态。但精英们对"女性的娱乐以及公共场所男女共处"的意见并不统一，赞成的只是少数。"在精英对公共空间不断变化的性质以及男女两性关系的讨论中，男女有别的旧观念依然存在。"（第 136 ~ 137 页）而对一般女性来说，走出熟悉的邻里空间进入娱乐休闲的场所会受到家庭责任和经济情况的限制，"除了女演员和妓女，女性花在公共场所的时间比男性少得多。

而且，她们出现在公共场所时总是有家庭成员或朋友的陪伴，因此可以说是处于公共空间中内嵌的私人空间之中”。(第 235 ~236 页)

城市公共空间对女性的生存非常重要，而女性如何利用公共空间也对其自身的形象和认同有影响。总的来说，女性走上街头，利用公共空间谋生，但街头仍然是男人控制的区域，女性很难与之竞争。她们被更广义的城市劳动力市场所排斥，经常被迫接受非技术、报酬微薄、道德有污点的工作。女性在经济上的挣扎揭示出阶层身份和性别身份的相互依存，而在公共空间工作对提升她们的社会地位也没有什么帮助。（第 75 页）尽管如此，20 世纪初北京城市公共空间的发展还是为女性带来了自由度的增加，而“城市中女性在物理意义上的扩散和社会意义上的拓展表明，区隔内外的界限出现了变化，女性也被纳入了城市的全面转型之中”（第 17 页)。空间是政治与权力施行的工具，程著对北京公共空间所做的性别化阅读揭示了某种矛盾，以及 20 世纪初急剧变化的性别观念中的一种不变。

二　还原女性的历史主体性

城市公共空间既被当作女性追求自由的平台，也被视为她们遭遇歧视和压迫的地方。这种矛盾性将女性主体性和性别研究这两条路径联结了起来。寻找女性的主体性是 20 世纪 90 年代以来西方妇女研究的一个主题，程著也包括了这一主题。不过，在后现代女性主义者看来，女性并不是一个同质化的范畴，她们按阶级、民族、职业、年龄等分属于不同的类，缺乏共同的认同和普遍的城市经验。“她们多样化的，有时候富于争议的形象是由男性的感觉、累积的印象，或者女性自身丰富而独特的个性和经验共同塑造的。”（第 13 页）这就意味着没有一个单一的模式可以用来概括女性的主体性。为了揭示“普通女性怎么适应现代的生活”，程著一方面把北京女性当作一个分层的、切身利益各不相同的群体；另一方面又不同于那些只关注某一特殊女性群体的研究，而是“将整个北京的底层女性作为一个更大的类别来加以检视”，这样可以纠正 Judith Stacy 所说的“地方专家谬误”。（第 13 页）在程著看来，北京的各类女性都在挑战城市性别隔离的社会领域和物理空间，以自己的方式去追求生活，而通过考察劳动妇女方方面面的抵抗，程著也“支持了女性主义的观点，改变了中国妇女受害者的单一形象”，还原了其历史主体性。（第 16 ~ 17 页）

像程著所指出的那样，清末民初充满矛盾的城市环境使北京的女性发展出了两种利用城市公共空间的倾向，一方面，经济上的困窘迫使穷苦女性走出家门来谋生，在城市公共空间里施展拳脚；另一方面，北京城对西方文化和民族主义政治的逐步开放鼓舞了中产阶级女性，她们开创了各种利用公共空间的方法，并由此发起了一场解放运动。（第 53 页）不过，底层女性的谋生活动与中产阶级女性的政治活动之间有巨大的隔阂。后者接受西方的文化和观念，摒弃了幽居闺阁的训诫，把城市公共空间当作政治舞台，对前者从事的职业和日常活动不以为然；前者天天为生活忙碌，“革命带来的冲击对她们来说无关紧要，城市重新改造对她们生活的影响也很小”，（第 35 页）在现实的生活压力面前，宏大的政治话语对她们来说并无多少意义。相对于精英女性，底层女性凭借日常生活来打破家庭和公共空间之间的阻隔。

20 世纪初的北京，底层女性尽管很少被现代化政治动员起来，但她们不只是城市改造的旁观者，还是参与者；现代化带给她们的不只是挑战、悲惨和牺牲，更有机会。一方面，她们在城市公共空间的活动改变了人们对空间的传统定义。为了生活，底层女性很少遵守地理上的界线，她们不会把工作限制在家里或者院子里，街道和其他地方也是她们赚钱谋生之处，有些女性从工厂接订单在家里做，有些女性则外出当女佣、收废品、卖货、做针线活、演地方戏或者从事其他民间娱乐表演，或者去做妓女。她们的贡献在城市经济中创造出一个非正式领域，对内外之别进行了再定义。譬如，为富裕家庭提供家政服务的女佣把女性的日常劳作转变成了有偿的雇佣劳动，模糊了家庭生活和工作的界限，挑战了社会对于家的意义的普遍看法。（第 56 ~ 62 页）另一方面，底层女性也根据自己的需要来主动利用公共空间，呈现了她们作为女性的主体性，如她们经常通过邻里街坊散布消息，说长道短，这“有利于阻止虐待和行为不端”；（第 85 页）媳妇经常反抗专横的婆婆，将她所受的虐待披露给邻里街坊，让公众来判断与主持公道；（第 87 页）街头叫骂和斗殴是她们日常生活中常有的事，“叫骂会引起围观，从而损害对手的名声”，斗殴是她们反抗压迫和攻击、重获心理平衡、争取同情的一个办法，“大多数被卷入公共视线的斗争，其目的就在于获取公众对家庭问题的有利舆论”，对当事女性而言，这“生成了一种自我保护的机制”；（第 87 ~ 91 页）她们还会利用大杂院、街道、庙会、戏园、妓院和许多其他类别的公共空间来发展社会网络、找工作或找乐子；等等。像程著指出的那样，“女性加入公共空间表现出强烈的生存愿望或者改善生活的愿望，尽管她们为如何使用城市空间所进行的谈判与传统规范和期望并不相符”，这修正了“所谓传统中国女性是顺从的受害者的刻板印象”。（第 25 页）

“传统中国女性是顺从的受害者”是美国不少研究中国妇女史的学者所讨论的主题，① 其中贺萧对 20 世纪上海妓女的研究比较典型。就北京的娼妓业而言，程著认为，很多女性进入妓院不是为了成为性奴隶，而是成为自雇佣的工人，因为这项职业为女性提供的收入比其他工作更多，更能让其家人远离饥饿；妓女也有自由意志，高级妓女常常看不上她们的客人，“她们最喜欢的男人是年轻漂亮的男演员”，“倒嫖”男戏子是常有的事；下等妓女也会拒绝她们不喜欢的客人，“为了自由的意志，她们不惜付出生命的代价，她们不希望自己只是一个听凭男性摆布的商品”。（第 186 ~ 192 页）此外，“性产业是分层级的，名妓和站街女有很大差异。很难说妓女属于某一个受压迫的阶级，因为很多高级妓女的生活实际上能与精英阶层的女性媲美”。（第 198 页）妓女通常被认为处于社会的最底层，程著关于北京的妓女的论述支持了美国学者的看法。

在程著看来，为了经济利益操控不同空间并把城市街道重新定义为女性的工作场所是底层女性的一种本事，她们进入公共空间并非拜男性所赐，也不是由于北京正在从传统向现代转变，相反，她们是通过自己的谈判和斗争才找到工作的。女性走出家门工作，努力赚钱维生，直接挑战了

① 这方面比较有代表性的著作有〔美〕高彦颐《闺塾师——明末清初江南的才女文化》；〔美〕贺萧《危险的愉悦——20 世纪上海的娼妓问题与现代性》，江苏人民出版社，2003。

精英们认为女性是依赖者的想法，推翻了千百年来对女性社会地位的假定和污名化。（第 55、75 页）与中产阶级女性相比，底层女性在公共场合往往享有更多的自由，如女仆可以比女主人更自由地利用城市空间，这使她在街坊四邻的社会生活中相当活跃。（第 62 页）中产阶级女性通过政治斗争建立了安全的工作场所和出行区域，但要忍受许多男性的监督和苛责。她们外出工作也常常被视为抛弃家庭责任和女子的淑德，给名誉造成了很大的损害。底层女性尽管受歧视，但驱动她们进入公共场所的是经济而非政治的问题，因而往往较少受道德的制约。程著对底层女性主动利用公共空间做了总结："这是个人为了应对经济危机，或者希望从城市转型中获得利益而做出的决定。城市的转型为女性打开了新的大门，但她们仍然得为了自己的权利和机会努力奋斗。在劳动女性看来，公共空间意味着经济上和社会上的另一种可能性，象征着自由，还是极大的诱惑。虽然公共空间让女性感到不安、受辱或紧张，但同时也能满足她们的欲望和需要。女性对公共区域有不同的利用方式和目的，通过她们的重新定义，原本排斥女性甚至危险四伏的公共场所成了城市中熟悉且能提供资源的日常空间。"（第 234 页）由是，城市的物理界限和社会界限都被重新定义。

当然，底层女性进入城市公共空间并不一定意味着妇女解放的重大进步。公共空间增加了女性的生存机会，街头生活的自发性、多样性和波动性模糊了男女势力范围之间原本显著的区别，但同样也给她们带来了限制，要她们付出代价。"不过，女性并没有为了在城市中生存下去而采取有组织的反抗。她们采取的自我保护的方式是自发的、非政治的，一定程度上还是传统的。她们日常生活的空间是为其家庭内部目标和个人利益而建立的。"（第 236 ~237 页）譬如，年轻的女戏子在戏园里挑战着性别区隔；女人力车夫干起了历来只属于男性的工作，挑战着人为的劳动分工；反抗婆婆虐待的家庭主妇引发了家庭模式的改变；等等。底层女性这样的主体性和反抗的例子绝大多数是非正式的，嵌在日常生活中。她们反抗尽管越出了性别的界限，但是，像程著所点明的那样，分析这个运动并不会产生颠覆男权的"反抗的传奇"，绝大多数女性所寻求的不过是对现行体系的改良，而非废除这个体系。（第 25 ~26 页）

公共空间扩展了女性的家庭领域，把女性当作城市社区的积极参与者接纳进来。不过，公共空间中的女性并不是一个同质性的群体，阶级和职业通常决定了女性的形象和公众的接受程度。这一点对于北京的底层女性同样适用。程著虽然把底层女性当作一个大类来对待，但同时也指出这个大类是分层的："职业不同或工作地点不同的女性会有不同的收入、名誉和地位。即使从事相同的行业，劳动女性的地位还是会分出等级：高级妓女和站街女的生活完全不同；在大剧院表演的戏曲女演员非常富裕，也比那些在天桥卖唱的更受尊重；在家工作的女性被看作良家妇女，而在街上谋生的则名声不佳。"（第 237 页）程著对那种不言自明的社会性别划分以及统一的女性身份认同提出了疑问，也用事实表明女性在性别、阶层、民族及其他因素的互相作用下形成了多重身份认同。不过，与女性分层不一致的是，程著却隐约假定了有一个居于所有女性之上的统一的男权或父权。

程著关于北京底层女性的研究提供了一个生动的个案，可以激发我们对精英分子潮流之外的女性的思考，并增进我们对底层女性根植于其日常生活的女性主体性的认识。

三　现代化转型中男权的重构

20 世纪初的北京是一个处于过渡期的城市，在城市边界不断变化的改造过程中，男女两性的关系也在不断发生改变。不过，城市的现代化改变了男女之间不平等的权利关系，但没有将它消除。当旧的规范渐渐消失时，女性又面临新的问题，一方面她们的自由度扩大了，另一方面制约她们的规矩也多了起来。这是一个性别关系再定位与男权重塑的过程，在此过程中，作为公共空间管理者的政府扮演了关键的角色。警察是政府管理公共空间的代表，程著主要分析了清末民初北京警方在城中的作为，用以揭示男权在变动时代的新样式。

20 世纪之前，北京女性在公共区域居住和工作是非常罕见并受到严格限制的，官方反对女性在大街上露面，其关注点为幽闭女性以及使良家妇女远离外来诱惑。到了清末民初，在北京城现代化转变的过程中，女性的公共活动变成正常的事。女性越来越多地出现在公共场合，不过男女有别的观念并没有消失，警察的职责虽然不再像此前的统治者那样侧重于把女性限制在家里，但要花大量精力来隔离公共区域的男性女性，指引和规范那些忘记妇德、无视男女杂处禁忌的女性。在警察看来，出现在公共场合的女性一般被分为“受危害的”和“有危害的”两类，受危害的是中上阶层的女性和寒门家庭的良家妇女，有危害的则包括来自社会底层的站街女、乞丐和无家可归者。警察认为，受危害的女性应该被隔离和监督起来，免受伤害，有危害的女性则应被管制。（第 24、201 ~ 202 页）从城市险境中拯救女性和从风尘荡女中拯救城市成为警察荣耀的事业，而他们也由此得以按照阶级和性别的界限来圈定社会边界。

为了避免公共场合男女杂处引起的道德问题，北京警方为公共场合的活动立了一些规矩，譬如，女性举办的公益活动或演出，男性不得混入；剧院男女入口、座位都要分开；男女在电影院不得坐在一起；等等。排斥女性进入公共空间的做法被隔离和规约取而代之。除了在公共场合隔离男女，管控有危害的女性，譬如三姑六婆和妓女，“防止良家妇女受到品行不端的女性的污染”，也是清末以来政府努力尝试做的事。“政府 1918 年试图将妓院与居民区和其他商业区隔离开来，体现了政府为减轻性产业对城市居民的不良影响所做的努力。”警察还投入了大量的时间和精力来查禁那些未经注册的妓女，并“要求妓女佩戴统一的标志，以更容易跟他人区别开来”。（第 205 ~ 224 页）警察对公共空间中女性的管制，某种程度上体现了国家对传统道德的维护。

为了完成维护城市社会秩序和道德标准的使命，京师警察厅最重要的工作就是防止和惩戒跟性有关的犯罪。性骚扰是被严厉打击的，不过，“性骚扰的定义不太明确，而且城市警察常常在证据不足的情况下就提出指控并严厉惩罚嫌疑人”，“一些无辜的男性或不严重的违规也会被抓捕”。程著就此指出，“警察拘留那些男女混杂人群中的男性违规者，只是为了保护女德和传统秩序，而不是为了保护妇女的权益”，他们“把公共空间的男女隔离看作保护中华文明的最后一道防线”。（第 212 ~213 页）

作为公共场合的“家长”，警察在一定程度上保护了女性的权益，但他们在某些情况下的作为却有违女性意愿。譬如，解救被绑架拐卖的女子是警察的责任，但也有一些非典型的“绑架”案是“被绑架”女子自己策划的，目的是逃离丈夫，警察在处理这类案子时一般会把逃走的女性送还给丈夫。由于妻子被认为是丈夫的财产，警察这样做其实是在维护男性权威。维护男性权威还体现在警察对家庭纠纷的调解上。一般说来，警察是在尊重社会规范和传统的基础上解决家庭纠纷的，他们认可丈夫在家庭中的权威，并把打老婆或其他虐待行为视为家庭内部事务，除非发生悲剧性的后果，丈夫才会受到指控。“警察们一般不会惩罚暴虐的男性，但对叛逆的女性却远远没有那么宽大。”（第 213 ~ 219 页）在这里，公领域的家长与私领域的家长成了同盟。

北京警察对女性管制的成就比较突出地表现在对问题女子的改造与教育上。民初隶属于警察部门的妇女机构有济良所、女习艺所和感化所，其中，济良所接纳的是性工作者，女习艺所是为良家妇女而设，感化所是女子监狱。济良所是要把妓女“改造成有道德、有技术的妻子”，女习艺所是要惩罚和改造那些“不守妇道的妻妾，敢于和家长争辩或干活不出力的年轻女子”。在大多数情况下，对女性的改造和教育是强制推行的，譬如，女子被送到女习艺所，警察通常会支持家长的权威，而不会理会被送来的女子自身的诉求；济良所实际上是一个妓女的监禁中心，她们每天被迫工作十个小时以上而无劳动所得。（第 226 ~ 231 页）在惩戒和教育女子方面，女习艺所和济良所成了掌握规矩的男性家长的化身。

总的来看，清末民初北京的公共性别领域是通过对两性关系和公共空间的重新定义来建构和运行的。尽管妇女解放思潮的兴起让传统的性别观念出现了松动，但男权社会相应地改变了对女性控制的策略，“从把女性排除在外部世界之外，转向在公共空间中对两性进行隔离。家长制的国家采用了一种新的规范女性行为和活动的方法，加强了对女性日常生活的干预”，（第 238 页）“通过精英人物对女性行为和现代性的论述，以及警察对街道上女性的监控，性别权利关系得以重新配置，新的性别权利关系出现了”。（第 17 页）在城市的现代化转型过程中，“警察对待妇女问题的态度表明了国家希望保护传统女德，将其作为文化改革的基石。……妇女问题不再被视为单纯的个人或家庭问题，而成为关系到公共秩序的基本问题。通过对女德和家庭领域的保护，通过社会建构的性别领域的分化，也通过解救那些逃入或迷失在城市公共空间的贫穷、不守妇道、有危险的女性，民族主义的父权制度得到巩固”。（第 231 ~ 232 页）程著对男权或父权所做的刻画和揭示，回应了有关公共空间的性别化解释，也呈现了公共空间与女性主体性之间的某种张力，而这种张力就是城市现代化政治的新主题。

·珍稀文献·

《武兆镐家书》简注

郭双林[*] 整理

《武兆镐家书》(*Chan-han Wu Correspondence*)现存美国哥伦比亚大学珍本和手稿图书馆(Rare Book & Manuscript Library),共计29封。其中26封是武兆镐及其女友武漪莲写给当时在美国威斯康星大学麦迪逊分校留学的胞弟武兆发的,另3封则分别是中共旅德支部成员邢之桢从柏林、美国工人(共产)党中央组织部长Jay Lovestone从芝加哥和Weott(身份不详)从意大利佛罗伦萨写给武兆发的。时间从1923年12月5日起,到1929年3月29日止。根据哥伦比亚大学图书馆相关资料记载,这部分书信系由张纯明(Chun-Ming Chang)先生于1977年捐赠。书信内容除关于武兆镐家庭事务外,还涉及中共旅德支部、五卅运动、共产国际、国际反帝同盟第一次代表大会、莫斯科中山大学等组织和事件,以及孙炳文、邢之桢、冀朝鼎、施滉、徐永瑛、李道煊等历史人物。现将家书整理发表,以飨读者。原信中一些涉及家庭内部事务的内容一并略去。英文信由殷露露初译,郭双林校改。在注译过程中曾就一些英、德、俄文的人名和地名等向杜宣莹、黑波、梁展、王大庆等同事和朋友请教,在此一并致谢!

* 中国人民大学历史学院教授。

1. 武兆镐致武兆发（1923年12月5日）

季弟：[①]

由新发信想早收到。一路风平浪静，殊自欣幸。闻他乘客云，往返欧亚间数次，要以此次为最平稳。虽在比斯开牙海湾小有风波，然一日余即已。饮食亦如常，不过多睡几时耳。

十月三日到新加坡，游博物院，动物标本至伙，尤以水族为最。下午五时开船，十一月二日早五时抵杉浜（Sabang）。杉为荷属苏门答腊西北端之一小端，来往船只于此取给煤碳［炭］。岛上风景绝美，草木丛茏，山邱起伏，花皆鲜艳，果均硕大。同伴十人共雇一大汽车，周游全岛，费时一点有半，各费两先令。途中是［见］一蜥蜴，长二尺许，又小猴跳跃树间，不知避人。岛上有游泳池一，面积一亩弱，导山上泉水注之，深处丈余，浅处不足三尺，票价一先（令）。久浴海水，今得于山泉中游泳二时，至为快意。三日早三时半由杉岛开往哥仑布，略有风浪，六日晚七时到，次早登陆，未得畅游也。

乘客在哥仑布、波赛间举行一游艺会，我为华人委员，以船上仄狭，各项运动都未加入。运动中饶趣味者颇多，尤以我国柔术为最精，西人采声亦以此为最烈，演者三人皆膺首奖。

十九日晚抵波赛。乘客言波地方硗薄，民情凶悍，多椎埋劫夺之徒，勿独身游行，故先怀戒心。渡船每次至，需一先购土耳其棹毯一，费六先令，颇廉。夜十二时开，由波西来，至希腊可望见 Candia 岛[②]，二十一日风浪陡起，略晕，次日更甚，二十四日始痊瘉。二十三日至 Messina[③] 海峡，在义大利半岛及西西林岛间，可望见西岛上之 Ätna[④] 火山尚喷吐烟舞［雾］。二十五日早四时到热内亚，曾登岸一游，尤以坟山（Friedenhof）及王宫（Palast）为最佳。义

① 武兆发（1904～1957），字季许，武兆镐胞弟，中国现代著名生物学家。1917年考入河南留学欧美预备学校英文科，1922年毕业。1923年考取河南省公费留学生，赴美国威斯康星大学麦迪逊分校学习。其间通过乃兄影响加入美共，负责美共中国局威斯康星大学分部工作。1929年获得博士学位后回国，历任东吴大学、北平师范大学、辅仁大学教授。中华人民共和国成立后，历任辅仁大学、北京师范大学教授，北京师范大学生物系主任，《生物学报》主编，1956年被聘为一级教授。1957年反右开始后因被错划为右派，不堪侮辱和虐待而自杀。

② 即今克里特岛。

③ 莫西拿。

④ 埃特纳。

大利雕刻之精，诚为不可思议（二处多大理石像）。三十日五时过直布罗陀海峡犹在酣睡中，未停船，十二月五日（今日）早八时到罗特丹姆（Rotterdam）。时［是］晚开，八日早可到汉堡，便直赴 Göttingen①。勾当就绪再通知。

有信寄：

Mr. D. H. Wu

P. A. Hesou Ying Dschang

Dahlmannstrasse19 II

Göttingen

Deutschland

兄镐②

十二月五日早

皓遁已到美否？

2. 武兆镐致武兆发（1924 年 1 月 25 日）

季弟手足：

前函想已收阅，近状何似，接得家信否？现在假期将届，恐甚忙碌。自我来德后，大哥在湖北，弟学美国，父亲年事已迈，尚须为家中琐事劳神，而父子远隔，精神必不甚快愉。我每半月必上一禀，叙述近状，弟亦可常写家信，略慰父亲劳念也。弟因经济关系转学，乃出于不得已，惟教授方法尚好，差足

---

① 哥廷根。

② 武兆镐（1899～1973），又名吴觉先、武剑西、武建西，河南省巩县（今巩义市）人。1913 年考入河南留学欧美预备学校（今河南大学前身）德文科，1918 年毕业后，于次年赴上海同济医工大学（今同济大学前身）学习土木工程。1923 年毕业后赴德国哥廷根大学学习数理。在德期间经朱德、孙炳文介绍加入中共。1925 年 8 月转赴莫斯科，接受苏联红军参谋总部特种军事训练，结束后留在共产国际工作，曾列席中共六大。1930 年回到上海，负责共产国际远东局秘密任务，并与冯雪峰、杜国庠、阳翰笙等共同领导中央文委工作。1933 年转调中央特科工作。1934 年奉共产国际远东局之命，离开上海，转赴北平，参加并领导了一二·九运动。其间一度与党组织失去联系。抗日战争时期，受八路军西安办事处委派，在国民党天水行营、洛阳第一战区长官司令部、河南省政府从事统战与情报工作。1946 年任河南大学教授期间重新入党，并曾领导学运工作。中华人民共和国成立之初，任武汉大学教授，兼中南军政委员会宣传部处长。1953 年调任高等教育部教学指导司副司长，后任商务印书馆总经理兼总编辑，人民教育出版社首任社长兼总编辑。

满意。将来官费如能按期发给，总以在著名的大学读书为佳。教授设备方面，自较完善，而能多得练习办事之机会，至少亦多得观察之机会，则可断言。

留美学生，每月官费是否美金九十元？每月九十元是否可以裕如？我在国内动身之前，德国生活尚廉，拟每年节余若干金镑，借给静吾（张凝）[①]，而令其家中归还我家，以补家用之不足。家中现在似不须多数补助，然试思家中生活之艰苦，较我等为何如？且粮食亦不敷用，债务尚多，大哥既无力营顾，我等如亦置之不理，必全恃父亲一人支持。而抵德已竟［经］一月有半，官费尚无信息，现在已系借贷度日。且德国现在生活极昂，恐马克不稳。前求教厅月给金镑二十，着英使代转，未知能如愿否。总之，此间纵甚艰难，尚能设法，而家中生活，尤时须顾及，惟数目目下不克决定耳。我来时曾将弟之旅费支出三百元，以资家用，一年半载内尚不至拮据。弟将来官费如果充裕，可就余款中拨出一份备急需，其余寄来设法济家（即将美金票付［附］保险信中便可）。惟美国生活素贵，关于学识各项品物尤关紧要，不可太自撙节。且饮食尤当注意，绝不能存俭省之心，在外能常保持身体及精神之康健，即家人至大之安慰。

将来专习何科，自当以性之所近为归指，惟亦当略注意于实用。我之抛弃土木工学而另攻数理，朋辈时以为言，而终不能动摇者，不惟性之所嗜，且以国内高等数理家寥若晨星，我豫尤形缺乏者也。文学我所素好，然只以余兼及之，于哲学亦然。哲学为各种科学之根源，亦为各种科学之精英，影响于人类思想较其他学问尤巨，其玄妙深奥，实不减于其他学问，且尤过之。然年来窥察国内人士之心力，率以为时髦，故趋之若骛［鹜］，故攻之者虽多，真有心得者少。弟欲由科学以转于哲学，甚好。盖科学、哲学非相离而相需也。一翻哲学史，近世纪之大哲，率为大科学家，可想而知。现在虽尚学普通科学，未涉哲学藩篱，而与哲学有关系之

---

① 张静吾（1900～1998），名凝，以字行，河南省巩县人。1918 年河南留学欧美预备学校德文科毕业，因无法赴德，曾往日本东京学习日语，拟在日学医，在入学考试时与日籍教师发生误会，愤而返国，转赴上海同济医工大学学习医学。1922 年自费赴德国哥廷根大学学习临床医学，1926 年获得医学博士学位后回国，历任河北医学院、上海同济大学医学院教授，河南大学教授兼医学院院长。

学问为逻辑、伦理、心理学等等，亦可稍注意之。惟弟择选专科之前，须就各方面思忖一过，决定后，虽时感觉困难，亦必打破之，且可引起兴味。我之舍土木工而转学数理，损失亦不在少数，而两者中间犹尚有关联也。写至此弟一月十一日信递到，统悉甚好，俊甫[①]被补，玉如[②]亦可少减困难也。总之，吾所劝弟且以自勉者：此后求学作事，少年之朝气，万不可失，惟事前须加以周密之考虑。

此颂

学礼！

二兄镐

元月二十五日晚

再，我来时家中一切之措置，略如前述，能否所行，尚未可知……[③]

3. 武兆镐致武兆发（1924 年 3 月 7 日）

季弟：

来信悉。弟云人越忙越勤，越闲越懒，亦系实话。弟欲研究哲学，尽可，我前信所云，确系国内大部份学生心理。惟我决令专攻数理外，而选有哲学一科，因将来博士试验，笔试一科外，另有口试两科，而我于哲学尚有兴趣也。

官费如不绰余，亦不必过于俭啬，在外求学，康健与学问最要。弟将来能略津贴家用，甚好，然不必勉强，以为非津贴不可也。现家中每年开支为数颇微，我一人便能支持。惟官费尚未兑到分文，函电交催，已竟［经］四次，大概恰值阴历年关，经济困难，又逢更换省长，学款想必挪

---

① 李俊甫（1902～?），字相杰，河南省洛宁县人，1922 年河南留学欧美预备学校二次英文科毕业，后留学美国，先后获伊利诺州立大学硕士、康奈尔大学化学博士学位。回国后历任安徽大学、河南大学教授，新乡师范学院（今河南师范大学）副院长。

② 李相琳（1899～?），字玉如，河南省洛宁县人。1918 年河南留学欧美预备学校德文科毕业后，转赴上海同济医工大学学习医学。后曾任武昌医科大学、河北大学医科、河南大学医学院教授。

③ 以下所谈为家务事，故从略。

移他用。现已累债至三十五镑，月内再不兑到，必感困难矣。幸来时家中尚有余款，或足支至本年年底。

闻留学考试备取，已发表补至第七名（朱光彩）①，而同济津贴亦批准归留学用，后两名亦甚有希望。

郭鑫斋（垚）② 欲得韩朝宗③君地址，弟可顺便通知，并崔皓遁④地址告我更好。顺问

学祺！

张镜轩⑤君代候。

二兄镐复

三月七日

4. 武兆镐致武兆发（1924年7月7日）

季弟：

五月十号及六月十二号两信都收到。

前被火灾，祸出意外，虽丧失书籍等件，究系身外之物，无足介意，幸身体未曾受伤，已足自慰。

四月初由驻英公使转到去冬及今春官费一百二十二镑半，现已告罄，

---

① 朱光彩（1899～?），字结舫，河南省淅川县人。1918年河南留学欧美预备学校德文科毕业，后转上海同济大学，继留学德国。回国后历任郑州黄河堵口工程处处长，南京港工程处处长，珠江水利局局长，广西农贷会总工程师。后往台湾。

② 郭垚（1899～?），字鑫斋，河南省孟津县人。1918年河南留学欧美预备学校德文科毕业，转学上海同济大学，继留学德国，获哥廷根大学医学博士学位。回国后曾任河南大学医学院教授。

③ 韩朝宗（1901～?），字海波，河南省孟津县人。1922年河南留学欧美预备学校二次英文科肄业，后留学美国伊利诺州立大学，学习土木工程专业，历任国民党军方驻国外代表、国防设计委员会专员等。

④ 疑即崔宗栋。

⑤ 张纯明（1902～1984），字镜轩，河南省洛宁县人。1917年与武兆发同时考入河南留学欧美预备学校英文科，1923年二人又同时公费赴美国留学，先在伊利诺州立大学主修社会政治学，获得政治学硕士学位，后到耶鲁大学攻读政治学博士学位。1931年获得博士学位后应南开大学邀请回国，出任南开大学文学院教授、院长兼政治系主任，并主编《南开政治经济学报》。1937年后弃学从政，历任国民政府行政院高级秘书、河南省政府委员、立法委员等职。1949年迁居香港，后去台湾，任“行政院”参议、中研院院士等。

又在借贷中生活，惟朋友中尚可周转，不觉艰苦。

自去年十二月十日抵 Hamburg[①]，次日来 G. 城，在静吾处寓九日，即移至现宿处。初时与曾同住，三月间曾君往 München[②]，即独住。共寝室及工作室各一间，相连西向，室各一大窗，写字台、书橱、衣橱、Sofa、Chai……均备。室内无汽炉，各一煤炉。冬日既长，煤炭又贵，寝室向未生火。房东颇难对付，幸房租月五十马克（灯火在内），合十二美金耳。日三餐，早茶、晚茶（自购面包、牛油等，而令房东烧茶）及午餐在宿处附近包定（每顿 1.20 马克，有马苓［铃］薯、青茶、肉数片及汤、点心——所谓点心系水果或 Pudding 之类，饭食尚可口，每周变更数次，有时亦吃 rice with Bonito[③] 之类），每日膳费约合三马克余，略有小应酬，月十二镑便够。惟衣物、书籍及其他用品太贵，哲学或数理书籍 300P. 左右者率 20 ~ 30MK，500P. 左右者 40 许 MK。现在购书大小（亦有数十面者），约七十册，已费去 900MK 有余，合两月官费。

哥城风景极佳，雨多，夏不酷暑，冬则寒冽，比开封为甚。

第二次官费八九月间或许兑来，如能将夏秋冬三季一次兑到约一百六十镑，我便往家汇去四十镑，弟目下便不必为家操心，明夏或明冬手有积蓄，再津贴家用不迟。

大哥今春往陕，前接父亲信，仍未谋得差事。前五月二十日刘茂寅[④]由德返国，已托代兄留意。闻现已抵陕，或能为大哥谋一枝之栖。张静吾之父亲亦在陕，将来或为该省铜元局或制造局局长，已托张静吾代谋，必能为大哥谋一位置。

上月接父亲函，家中均好，父亲今年在家，不外出。前皓遁曾来一

---

① 汉堡。

② 慕尼黑。

③ 鲣鱼。

④ 刘茂寅（生卒时间不详），字春浓，河南省巩县人，时任陕西督军刘镇华的六弟。1918 年河南留学欧美预备学校德文科肄业，后转学上海同济医工大学，继留学德国，获医学博士学位。回国后曾任河南大学医学院教授。

信，大概已有两月，仓卒忘复。彼尚在高[①]、郑[②]二位处否，顺便代为达知，想不怪我。三周后放假，便有长信寄彼。

张、韩[③]诸位顺便代候。

即问旅祺！

二兄镐

七月七日

5. 武兆镐致武兆发（1924年8月4日）

季弟手足：

寄浙校信及禀父函均在家中收到。兄已于六月十五日由浙返汴，二十二日到家。家中一切均安善，父亲精神甚好，大哥阴二月往湖北通城县杜得本处。杜现为独立营长，待大哥极好，大哥身体亦已复原，勿庸忧念。

弟信未到前，崔宗动[④]君已来函述及借弟川资事。兄复允借五百元，劝彼能自筹少许，便可成行。弟须知来信所分配款项，极难办到，因行装及旅费每人只八百五十元，如弟所云，借崔君美金二百七八十元，合中币五百五六十元，给弟妇学费二百元，再还穆藕初[⑤]先生二百三十六元，已经千元，更安有余资济家？且家庭之间，万不能如弟理想中之愁然。现在除弟及我外，一家全系消费者，大哥目下尚在杜营长处赋闲，不惟不能赡

---

① 疑为高济宇（1901～?），字恩波，河南省舞阳县人。1922年河南留学欧美预备学校二次英文科毕业，后留学美国伊利诺州立大学，获博士学位。回国后任南京大学一级教授，全国人大代表，中共江苏省委委员，中国化学会副会长等职。

② 疑为郑若谷（1901～?），字竹虚，河南省罗山县人。1922年河南留学欧美预备学校二次英文科毕业，后留学美国华盛顿大学，获学士学位，并曾在教育研究院研修二年。回国后历任国民党社会部参事，立法委员，复旦大学等校教授，河南大学教育系主任、文学院院长等。

③ 疑为张纯明和韩朝宗。

④ 崔宗栋（1900～?），字宗动，河南省南阳县人。1922年河南留学欧美预备学校英文科毕业，后留学美国，回国后历任南开大学教授、山东建设厅技士。后往香港办农场，并转往台湾。

⑤ 穆藕初（1876～1943），名湘玥，以字行。上海人，现代纺织工业实业家。1909年赴美留学，先后就读伊里诺斯大学、克萨斯农工专修学校等。回国后先后参与创办德大纱厂、豫丰纱厂等，同时热心教育事业，曾资助大批青年学生出国深造。

家，且无全力自给。父亲年岁已老大，今夏仅收麦两石许，一家安能枵腹过活？且外边借债尚有五百元（家中）之谱。我之川资，已极支绌，万无力资家，视此安能令老父日坐穷城……①

今日（八月四日）为阴历六月二十二日，后日［（八月）六日即（阳历六月）二十四日］兄便起程往汴领款。由西伯利亚坐车往德，共需二十日许，由沪坐船，便需五十日。惟坐车闻有阻碍，现尚未能决定，到德后（大约十月初或十月底）再去信。弟看此信后，万无生气，有不如意处可与我商酌，总有通融之处，弟妇极明晓，惟彼家人知识略浅耳。匆匆草此，余容后叙，即问旅祺。

二兄镐

八月四日夜十时

6. 武兆镐致武兆发（1924 年 8 月 24 日）

季弟：

七月二十二日信收到。

七月底河南留美官费生王承黻②君转德，直来 G. 城，言及美国情形，知美国生活较德为贵。惟德国战后，穷苦已极，科税既重（对于外人，名目更多），失业工人尤多。外国学生欲以工自资，在势不能，矧言以工自给也。

家中老幼均安，中国今夏水灾极重，吾豫亦在被灾之列。我亦未接到家信，不知吾乡何似。

前接河南教厅信，言于六月二十日将本年夏秋冬三季学费汇交驻英公使馆转汇。函催该馆数四，始知并未收到该项款目，现在只有再着手催促河南教厅。两月来便借钱度日，幸可以共缓急者多，不至十分困苦。俟款到后，拟先兑回三十镑。

八月二日已放假，三周荏苒已去。朋友多出外旅行，G. 城天气不佳，

① 以下所谈为家务事，故略去。

② 王承修（1899～?），字承黻，河南省潢川人。1917 年河南留学欧美预备学校英文科一次毕业，后留学美国，获医学博士学位。曾在加拿大、美国行医，抗战期间曾任中航公司经理。

平日以阴雨时为多，一月来天朗气清时，乃不及一周。现中夏时节有如晚秋初冬，颇形闷苦，除略略翻阅转学书籍外，以读文学书籍时为多。Tolstoy[①]之《复活》颇好，现刚读毕。Ibson[②]之《群鬼》、《国民之敌》、《玩偶家庭》（为 Ibson 亲校之德译本）描写深刻，所读社会剧以此为最好。英之 shaw[③]、德之 Hauptmann[④]，不及远甚（本来他们全是模仿 Ibson 的）。

信封上之××先生系第四格 Herren，原意为 Dieser Brief ist gerichtet am Jan Herren 或 Der Brief roll am Jan Herren ××，lefirjast werden ，am Jan ××二字省去，故仅写 Herren ××，现亦写 Am Herren ××者。

德文之难，再［在］其文法，至于发音，较英文简易。

草此，顺问近祺！

二兄镐

八月二十四日

7. 武兆镐致武兆发（1925 年 5 月 7 日）

季弟！

我二十日的信早上发，你八日的信晚上便到了。自从我们谈及“革命”同“社会主义”的问题，我总没有空给你封比较痛快详细的信。你这次给邢之桢[⑤]君的信颇足令我明了你的观点，我现在且就该信内容所及答复你：——

你的观点同我在此所会过的留美学生的没大差异；我们从小受的环境和教育大致完全相同，而现在思想却如是之异——你是和平主义者，我是

---

① 即托尔斯泰，俄国文学家。

② 即易卜生，挪威剧作家。

③ 即萧伯纳，英国现代现实主义戏剧作家和社会活动家。

④ 即豪普特曼，德国剧作家、诗人。

⑤ 即徐冰，原名邢萍舟，笔名西萍。河北省南宫县人。1923 年赴德国留学。1924 年在柏林加入中共。1925 年转赴莫斯科学习。1928 年回到上海从事地下工作。1937 年初到延安，1939 年到重庆从事统战工作。1949 年参加和平解放北平的接管谈判工作，并任北平市副市长。中华人民共和国成立后，历任北京市副市长，中共中央统战部第一副部长、部长等职。

革命主义者——真不能不归结到近二年的环境上。

你的观点，兄弟，真正幼稚、浮浅的很，那些解释在我给你那本《ABC》[①] 里便可得到充分满意的结果，如果你没有成见的话。不过我现在再详细的说几句。

你说："今日……最切己的是中国的自身问题，这个问题是我将来作事的重点。我的唯一的志向就是使中国民族将来能与白种人站在平等的地位上（不是物质的繁华与晏逸，而是人权与自由问题）。这个志愿不能达到时，我是不敢另有更大的梦想的……"

兄弟！中国民族要能与白种人站在平等的地位，现社会一切问题便解决大半了。因为国际上的两极，一边是剥夺的帝国主义的列强，一边是弱小国家、殖民地、半殖民地的被剥夺者。现在帝国主义的国家得以维持其优越地位，便站在不平等的立点上，便是强制弱小民族不能享受人权和和自由；而这些重要的殖民地半殖民地全在远东。［因为加拿大实际上已不成为英国的殖民地了，南美洲各国虽也受列强的剥削，但不如亚洲各殖（民）地之甚，澳洲和加拿大的情形类似，非洲比这些要差一点，而且分配的连撒哈拉的一粒沙都有主人］国际半殖民地的中国在远东更为重要。中国天产丰富，人口稠密，更引起帝国主义的贪婪和压力，老早我们也看到了。所以中国如果同帝国主义的国家平等了，就是说把一切列强在中国的特权取消了，印度、暹罗、菲利滨、波斯……便一拥而起，不然这些同命运的地方不会命运大不相同的，这样一来，不是世界一切问题的大半解决了么？帝国主义压迫之下，一丝一毫也不让人动的，而这样就是杀了他的衣食父母，他能无抵抗的忍受么？这个梦想还不大，你还要那个更大的？

这样说来，你便含有两个误点。第一，你把中国的问题不可能的强割离了一切，这是根本上的错误，后来的便由此发生。中国的问题要想自身解决，要但但［单单］解决自身，除非把中国单独移在另一行星上，或

---

① 即《共产主义 ABC》，是布哈林和普列奥布拉任斯基于 1919 年共同撰写的一本通俗性理论读物。它系统阐明了社会主义革命和建设的一系列基本理论问题，曾被译成多种文字，对马克思主义在苏联等国的传播起了非常重要的作用。

上溯至几千万年以前民人老死不相往来的时候才行。你说现在那个问题，不论大的，小的，不是国际的？第二个误点是你充分表现了“东方文明”的色彩，而把事实撇到脑后。我从前曾给你写道，社会上一切文化制度……统在经济的基础上建设着；而且所谓文明文化等等问题与生产和分配成正比例：这就是说，生产发达，物质条件具备，分配方法平均了，那些文化文明也随着继长增高。“仓廪实然后知礼义，衣食足然后知荣辱”是两句实话。像现在梁启超、张君劢那些浪人菲薄物质文明，高谈精神文明，全是骗人的话——他们的物质的供给比普通一般人好的多，所以才饭后嚼蛆。独秀说的好，如果这些人也像商务印书馆每月二三十元薪金的编辑，衣食还不周全，那有逸情雅致高谈精神文明？你想中国人的人权自由有了，就是生产的分配享受平等了，就是物质条件比现在比较具备了，文明文化只有向上，你却竭力避讳做甚？像中国那些资产子弟，外国也是一样，太繁华晏逸了，另生了他种不好的结果，这正是分配不平等的缘故。

现在看怎样可以达到你的愿望，就是使中国人与白种人平等。

你说：“现中国人（平民）的恶敌：国外则列强武力的限制（如海关、盐税、邮政、铁路之把持及其他一切不平等条约等），列强经济之侵犯；国内则军阀之为害，官吏之尸位，高等社会之为蠹：——据以上等因看来，社会主义似是最近之解决方法……”

兄弟——这几句话表现出你思想的紊乱！学科学的人，对于现象该怎样的抱客观的态度，精密的观察、分析、归纳，去整理出个系统来！怎可毫不思索的强事割裂?！中国平民的，即一切被压迫者的恶敌，只是帝国主义者，便是你所说的列强。他们唯一的利器只是经济的侵略。便是你武力限制下所注明的那些海关、盐税、邮局、铁路、一切不平等条约那件不是含着经济剥夺的意义？至于武力，他们不过是用以巩固扩张经济剥夺的方法，这两个——经济和武力——怎可平列起来？国内封建的军阀是借助帝国主义者以剥削国内平民的，却恰做了帝国主义者的狗。至于政客、官吏、所谓“名流”（即高等社会，特别是知识阶级）等等是直接间接依靠帝国主义者和军阀乘火打劫的寄生虫，他们那有资格同帝国主义的地位颉颃？帝国主义者一小部分人操纵全社会的生产，一切不平等的现象便因之而起，是社会主义的死敌。他们的壁垒如何坚固！他们的工具如何充足！工业落后国家内的封建军阀只是他们该地方一种特殊的工具而已。然而他们自身含有不可排除的致死的病证，他们自然的促进社会主义的发展和实现。社会主义是唯一的解决方法，岂只如你所说的“似是”？

眼看走到题上了，你却扯出了“然而我们须知中国的国势不同俄国；中国的平民是未受教育的；在社会主义之实行，人民须有普通教育，有自治能力；在社会主义之未行，对于无知识界最易招出种种误会……”这一派绝说不通的话！社会主义是迟早要在全世界上实现的，因各地方的情形不同，实现他的时间或策略自然相异。你怎看出中国的国势不同俄国，便不该——这本是客观的事实，社会主义要实现，不问人愿不愿或人说该不该的——去实现社会主义？因为中国的平民未受教育么？难道俄国的平民，在无产专政以前，已受了教育么？而且谁说这是社会主义战胜的必要条件？若然，怎么瑞士、德、英、法、美等国却让俄国先行成功？现在社会上一切建筑全含有阶级性，“国家”是资产阶级的复杂组织，其他一切国内国外的组织和机关也完全代表资产阶级的利益。专就教育来讲，一切国立公立的学校、报纸、教堂，国家豢养的教授、教师、新闻记者、牧师、神父那不是“反革命”的机关和人物？他们只鼓吹保持现状，歌颂资产家的神圣和仁慈，劝人蔑视现在超度来生，激起人类间一切仇视、忌嫉……恶德。关于无产阶级的书报，或替无产阶级说话的文字，国家要设法收没、禁止的。实在说来，越是现代教育陶冶出来的人，越想不到革命。比如知识阶级多数是小资产（家）的子弟，小资产家是大资产家的牺牲，他们的子弟本该含有革命性的，然而因为受了资产阶级教育的结果，便多数变成了资产阶（级）的忠仆。俄国无产专政，那不是“无知识界”的无产者的能力充分之表现?!你所看不起的“无知识界”正是革命军中之主要份子，现在借重一点知识界的，只是宣传工作。你要明白，社会主义是帝国主义的死敌，社会主义的成功便是帝国主义的死亡。现在帝国主义的铁网，除开俄国，笼罩了全世界，现在社会主义便是要打破这个铁网的。某地方的网密，打的人力弱，便难成功，反之，便一定成功。因为俄国一九一七年的帝国主义的网，不如德法英美等国的密，又有强大严整的共产党，所以一打便破。不要说中国的帝国主义势力同俄国那时类似（因为俄皇同时也是帝国主义的结晶，中国的军阀却不然），远不如各该帝国主义国家的压力大，法网密，便是敌人更强，我们要想早点实现中国人的平等，也该努力社会主义的实现。所以你说“社会主义之实行，人民须有普通教育，有自治能力”（这句话更不通，难道该谨守法度，做个顺民忠仆？至于建设组织的话，无产阶级的人的确不弱）固然说不过去，而“社会主义之未行，对于无知识界最易招出种种误会”，更是根本不明革命的原故。并且你要晓得，社会主义完全实现，不是可以嗟咄可就的。俄国的无产专政，是由资产社会到社会主义的社会的过渡。

你接着说“外人的友谊是不可太凭信的，必须自有实力……”这是一句不明内情的普通应酬话。世界上的人只有两种：压迫阶级，被压迫阶级。“国界”“种界”等等是压迫阶级愚弄被压迫阶级，使之丢去目标（即压迫阶级自身）以缓和革命的法宝。你说的“外人”当然不是帝国主义国家压迫我们的英、美、法、日等国，意思中了然指的是社会主义苏维埃俄罗斯共和联邦。苏俄是世界人类的解放使者，是社会主义胜利的先锋，是一切被压迫者——中国自然在内——之友。国际的社会主义的革命一日不战胜，苏俄的社会主义便一日不能实现；帝国主义一日不崩破，苏俄便不能毫无顾虑的自行建设。自从俄国一九一七年革命成功，帝国主义者便日日盼望他塌台，谁知他却不如人意的日日发［繁］荣起来，帝国主义者对他，真是“有你无我”。所以一九一八（年）到一九一九（年）联合起来攻打了一年多，反证明了工农国家的实力，只得放手。现在因为苏俄成功的暗示和援助，各殖民地的独立运动风行云涌起来，他们又暗缔盟约，想作扑灭祸首的再试。你想帝国主义者联合了战线压迫剥夺攻打他们的敌人，（列强的各种分赃会议那件不是国际的？不是联合的结果?）敌人不也该联合一起去防御攻击么？不然乌合之众，怎能不鸟兽散？我们为什么要这样猜疑，不可太凭信他的友谊？“实力”怎样讲，是天外飞来的呢，是向帝国主义者或其走狗讨来的呢？不自己充分预备组织怎么干？譬如我替你这样解释，劝你相信社会主义而且努力，也只是储蓄实力。

你说“中国人民今日燎目的问题，面包问题较平等问题为尤急”，却是句实话。社会主义的最大目的，便是要把社会的生产供社会的需要。现在被压迫者只有做面包的义务，没有吃面包的权利，便是帝国主义的厚赐，一切不平等的起源。面包问题和平等问题是一是二，唯一的解决方法便是促社会主义实现。

兄弟！这两句可太难恕你了！你怎样这等畏缩怯葸，说出这种没气力的话来！什么是“激烈运动易招列强嫌忌，而有所借辞”！这是奴隶心理！我们同他们的利益相反，怕嫌忌，只有听他宰割，一些［切］不要反抗！他们杀戮剥夺……某民族时用借什么辞？“人为刀俎，我为鱼肉”，你又想平等，你又怕他嫌忌，真充分的表现了知识阶级乞怜的心理！

至于那一段“我是非武力主义的，非资本主义的，非一切的不平等主义的，而乃是大同主义者……”言之无物，是空洞无着落的字句。

兄弟！我晓得你“是求学时代，尚在辨路的时代”，所以写了三点钟的功夫，想指给你一条我们该行的，或者可以说是你说的“唯一的”、“无误的”路。兄弟！你要没最后那几句“如我自家决定社会主义是解决我的问题，实行我的宗旨的纯正唯一无误的方法，我必为社会主义最忠诚之仆！我必尽我一生之力以行之！就是对于自私欺人的人们用流血的手段，我亦必为之！”我真不晓得你让拜金国的环境变到什么地步了！

美国现在是帝国主义者的大营，他的势力之伟大可想而知。这种资本势力制造的环境，兄弟，你，一个方在辨路的学生，怎能抵御得住？所以我还是希望你早点来欧洲读书！

《ABC》大概你没读完，不然不会说出这些很幼稚的话。一天分出一点钟，三四个星期也该完了。你将来有不明白的问题可以告诉我，据我的能力答复你。

兄弟的敬礼！

思想的进步！

二兄镐

五月七日

这封信已竟［经］有三四千字了，对于各项问题还嫌解答的太简略，你要有不释然的去处，下次再说。不过还有一个要点，忽略了，不提明，恐怕你要生出误会，现再补说几句，就是关于“殖民地”的问题。

殖民地的民族是整个被压迫的。不过帝国主义压迫之外，就中国说罢，有军阀及其附属品（即依赖军阀吃饭的寄生虫）、大商人、大地主和因帝国主义而生的买办阶级。这些分子虽一面受帝国主义者的压迫和剥夺，而一面仍可压迫剥夺最下层的工农。中国的土著资本家虽刚在发［繁］荣滋长，不像欧美的资本家把他本国的无产阶级逼得走投无路，而中国的无产阶级——工人和佃农——却仍比欧美的无产阶级弟兄更苦，因为国际的资本帝国主义势力已竟［经］伸入了穷乡僻野。这些工农们受的压迫剥夺最甚，一旦觉醒了，他们的革命性也最强。我们如果把中国各类人分析一下，便可得到下面的结论：——

（一）军阀及其附属物、买办阶级、大商人、大地主是反革命的。

（二）小商人、小农、手工业者、小资产的知识阶级，这些本来是不成阶级的，因为他迟早要被资本家吞没，要变成无产阶级，然而他们竭尽了心力血汗，想暴发起来也变成资本家快活一番，所以大部分是保守现状不革命的，一部分受了反革命者的豢养也反革命，一部分环境逼出来他们真正的阶级的观念走向革命的路。

（三）无产阶级——劳工、佃农——是革命的主力军。

中国现在唯一的出路是“国民革命”，敌人是国际帝国主义和封建军阀，国民革命的主力军是农工。

而国际帝国主义是世界被压迫者——他们本国的无产阶级和殖民地、半殖民地的整个民族——的公敌。工业落后国家的封建军阀是国际帝国主义的最有力的工具。

所以我们“解放殖民地”（自然中国在内）的结论是：——

组织工农的最进步分子，领导工农，宣传不革命的分子向革命方向，联合世界一切被压迫的弟兄，向主敌帝国主义及其工具军阀进攻。

然而资产阶级虽不革命或甚至反革命，但在革命部分的成功以后，就是打倒了封建军阀，推翻了一部分资产阶级以后（这个资产阶级是指国际的，特别是外国的比本国那些较小的资产阶级要强有力的多），他们或代之而兴，从［重］新成立了阶级的对抗形势。所以上个结论得补充如下：——

组织工农最进步的分子，领导工农，宣传不革命分子向革命方向，联合世界一切被压迫的弟兄，向敌人进攻；革命未暴［爆］发及革命未成功之时，使工农原来的阶级性要加强，至少不能失掉，革命已竟［经］成功（这些革命字眼自然是说国民革命，因为专就殖民地立论），则当迅速建设无产专政，使敌人无从再起，预备真正社会主义的实现。

这样便无大隙罅了。

中山先生——虽说他不是马克思主义者——的伟大，便在他能始终不变，一天进步一天，看清了殖民地革命的方向和步骤！他不但是中国的解放者，他是一切殖民地的解放者！虽说革命尚未成功，他便溘然长逝，然而他把方向和策略指示给我们了。两个伟大的人类使者都去了！去年死了无产阶级的使者列宁，今年死了弱小民族的使者中山，是人类何等的损失！我们——他两个所毕生保护拯拔的虎口的赤子，该怎样努力完成他们的工作呵！

镐附记

五月七日

8. 邢之桢致武兆发（1925 年 6 月 7 日）

兆发先生：

我自搬到柏林后，天天忙的不得闲，所以好久没答复你，请你原谅！

我所说的社会主义是马克思的科学社会主义——就是共产主义。

你是社会主义的朋友，狠［很］使我大欢喜。我们现在的问题是：社会主义可以解决中国的纷乱么？兹仅就这个问题来讨论！

社会主义成功的条件有二：（1）生产力发达，成一个资本主义的国家。（2）无产阶级有坚固的组织，绝对中央集权的纪律，民众有彻底革命的精神及经验。俄国 1917（年）未革命之先也不是资本主义的国家，俄人百分之八十是退化的农民。实在说起来，俄国的无产阶级同中国的一样，无受过普及教育的。然则他的共产（革命）怎么会成功？无他，就是因为俄国具有以上的第二条件。英国美国是资本帝国主义的国家，阶级分的特别清楚。为什么他们的共产革命还没成功？无他，就是他无有具备以上的第二条件。由此我们可以看出：实行共产革命非有无产阶级坚固的党不可，非有绝大的经验及纪律不可。有了这个条件先用严厉的革命手段实现了无产阶级专政，然后再用全力进行共产主义。这就是说：不必一定有了资本主义的国家政府才能行社会主义（如中国）。

中国不是资本主义的国家，资产阶级与无产阶级两阶级性还没分的十分清楚，中国人民无有普通的智识。是的，这个我都承认。但是不能因为这个，就可断定中国没行社会主义的可能，为什么？

欧战期间中国的资本主义已有相当的发展了，他设立了多少的工厂，各国的资产阶级跑到中国去设立了好多的工厂。几百万的工人在这些工厂内做工，受了无人道的压迫，他们因此常常起来反抗，特别是近两年罢工运动日甚一日。这已证明，中国的资产阶级（在中国的外国资本家也在内）已渐与无产阶级有明显的对抗了。各处的工人、农人、学生受帝国主义及军阀的两层压迫，他们晓的只做普通的革命是不成功的，是仍受资产阶级利用的（法国 1848 年的革命是如此），所以他们彻底觉悟来做共产革命——阶级斗争了（看近来中国各工会的宣言便知道）。中国的生产力虽不似英美的发达，然不妨实现了无产阶级专政之后再图共产主义的建设。中国教育固然不普及，但是我们要知道在资本主义社会之下绝无教育普及之可能。号称文明的各大国之教育普及么？不，没那回事。工人们也不过读一点书，仍然做资本家的牛马吧［罢］了。这不是真的教育普及。列宁说的好，现在宣传革命就是工农的教育。因为革命（共产主义的）后才有真正实现普及教育之可能。那么我们教育中国工农的方法只有“革命的方法”。综合以上的理由看起来中国绝对有实行共产主义之可能。质之吾兄以为然否？

你说：“外人的友谊不可太凭信的”，“中国今日瞭［燎］目的问题是面包问题”，“急［激］烈运动易招列强嫌忌而有所借辞”。兹仅再加以评论，希纠正！

是的，帝国主义的友谊（如英法美日的帝国主义政府）渐且的不可凭信。但是你指的外人友谊是俄国，我当然要分白［辩］了。俄国是共产主义的政府，他们的权力全操在“第三国际之手”。第三国际是各国共产党的代表组织而成（中国共产党的代表当然也在内）。他不但无侵略的野心，并且绝对帮助弱小民族的革命，以脱去帝国主义的铁链。我是共产主义者，不相信国家而心目中只有共产党。俄国当然不是外人。在事实上俄国也帮助中国的，（取消不平等条约，帮助中国工人及学生，等等，不胜繁举）这种人我们自然要相信的。

面包问题是最大的问题。我敢说一句，实现了共产主义才有解决面包问题之可能。（实现之后，平均生产，平均分配，全世界是一样）我太没时间，故不多说明之。

兆发兄，我们做彻底革命的人（除了革命没路走了），怕列强干涉么？我们正要干涉列强呢。我们与帝国主义非拼个你死我活不止，最终的胜利是我们的。希望你鼓起勇气来，不要怕他们吧！只有革命！打倒国际帝国主义，实现无产阶级专政！

你说：“我们个人做的事实在太小了。不幸在我们眼前的全是极大的问题。”兆发兄，你错了！我们为社会做事是团体的，不是个人的。群众集合起来，不怕做的事少，不怕极大的问题不会解决！

我近来事情太忙，因为近来上海的大暴动，我的事更忙了，天天做群众运动的事。（开华人大会，开弱小民族会，散传单等等）所以没工夫与你做详细的讨论。只燎［潦］草的写了以上的话，请你格外原谅。有错处请你纠正，不要客气。

近来上海各大城（市）的暴动及大罢工是有最大的革命意义的。或者此次失败了，但至少与帝国主义一大打击，至少引起劳动群众阶级斗争的热情来。列宁说，失败的暴动有苦的真理在。没有 1905 年的暴动决无有俄国 1917 年的革命成功。中国此次的暴动可以说是同俄国 1905（年）的暴动，一样重大的意义。干呀，时机到了，打倒帝国主义!!!

此间学生会已有重大的表示了，打电报回国辄［着］力援助。今天上午开了一个弱小民族大会，到会的埃及人、俄人、布加利亚人、德共产党，会内一致议决，通电反抗帝国主义在华的侵略行为。我们要散德文的传单了（或者被德警捉去）。时机一天紧似一天，希望美国的中国同学们也有严重的表示与援助。

我所介绍给你的书是：

布哈林（Bucharin）著《唯论［物］史观》

Bucharin 著《阶级斗争》

Marx 及 Engels 著《共产党宣言》

以上的书都是狠［很］重要的。可惜我不懂英文，不能写给你英文名字。我想你可以问的到的。

这封信太潦草了，原谅原谅！祝你

进步！

邢之桢上

六月七号

令兄与你寄的《共产主义入门》也是狠［很］要紧的书，想你已经看过了。

我的地址：

Herren：

C. C. Hsing,

Mommsenstr. 29.

Charlottenburg-Berlin

BeiKnaack

Deutschland（Germany）

9. 武兆镐致武兆发（1925 年 7 月 4 日）

季弟：

五月一日及六月二十一日信都收到。

兄弟！我们在国外读书，身体最要注意。我到德快二年了，可以说不曾病过。你的身体虽不算弱，但远不如我强壮，更要时时保持健康为要！现在想早复元了?!

官费，这里同学本年未曾接得分文，我夏季（七月底放假）因为没钱缴学费，在学堂听的课很少，大部时间自修。不过我不打算考试，证书方面不完备，没甚关系。我也久未接家信了。你不能早日来欧罢了，不过你的观点立定便好。你的几个朋友都是知道向好处走的青年，虽说缺乏社会上的经验；你要帮助他们，早日打破他们教育、实业……救国的迷梦和狭义的国家主义。

国内这次暴动，不是像你说的“学生运动”。那不是单纯的学生运动。学生运动那会死那样壮烈、伟大?! 这次暴动，要注意工人是主要脚材，和“五四”完全两样。这次暴动的意义和一九〇〇年义和团相似而更彻底；二者统是帝国主义压迫不可避免的结果，中国被压迫民众反抗精神之表现。但是在义和团为无组织的农民之暴动且为反动派（慈禧派之皇室及官僚）所利用，目标含糊，敌友不曾认清，纯为排外。此次之主要分子为工人、学生、农人、小商，中国国民党为之领导，认清敌人为帝国主义及其工具（军阀、买办阶级等）。至于国际情形更较彼时不同，有苏俄与世界无产阶级热烈赞助。我们晓得，现代革命之主力军为工人，工人实现革命之步骤为：经济罢工，政治罢工，暴动，再由暴动而导入革命。现在全中国紧张在暴动状态中，苟不导入革命，而为帝国主义者及其工具强制压下，不惟此次巨大之损失，不曾获得满意之代价，而暴动分子行将精神颓丧十年或二十年不能恢复，实为危险。俄国一九〇五革命失败后，其后十二年适际世界战争，帝国主义者互相斗杀力尽神疲时，一九一七年始克成功，中国一九〇〇义和团至今则二十五年；时机不常，万不能放失。所以我们，在德法的同志，决计回国从事革命，我大概本月中可以成行。

上面已经说过，我们本年没收到官费，我便用催款名义回国，预备将来再行来德地步，乘便并可催促你本年的官费。我大概在国内工作三月至半年之久，在何处工作，自己尚未把握，到国内才能决定。

要提起无产阶级，特别共产党人之国际的同情，真令中国学生喜杀愧杀。就德国的说罢。这次我们求德国国会各党的赞助，除多数国家中立，民主各党绝未回信外，社会民主党说，我们事情多，没暇帮你们忙，而实际上他们的机关报只载些诬蔑和反对中国的消息和论文。德国共产党呢，他们不唯在党报上特辟大张专栏，替中国鼓吹辨护，并且由中央党部令各大城市为中国革命开公开反对帝国主义大会，题目为“中国人之中国”，China für Chinesen。现在已竟［经］开了二十多个了，每次与会者数千至数万人，他们每次开销在千马克以上，他们特别派人为中国募捐，特别发行刊物为中国募捐。中国国民党同志随同演讲，他们晓得我们穷，一切路费开销都筹备。我们演讲时听众之欢迎，较从前我所见过的他们欢迎他们候选总统为尤热烈。但举一个例子便晓得共产党人对于中国革命、中国人之赞助：我们往 Mgdeburg① 演讲，到车站五千红军迎接，高呼中国万岁！中国革命万岁！中国工人万岁！高唱国际歌，簇拥我们到会场，听众在三万人以上，欢呼鼓掌之声，几乎把房顶震破，讲罢，他们肩［接］着游行示威，通电援助上海工人学生，登场募集钱、衣、食物。现在由德国寄助中国工人的钱也不知几许了。我们要许［晓］得共产党员差不多全是贫苦的工人，而德国的工人目下更贫苦，这种兄弟的同情援助真是世界上最堪宝贵的呵！

兄弟，现在实际上没有种界国界，只有压迫者与被压迫者。世界一切被压迫者统是我们的友人和弟兄！也只有联合了我们的友人弟兄才可以打破我们的敌人！任资产阶级报章上怎样造谣中伤，事实上看那个是帮我们的，那个是害我们的。

我在 G 城再留三四日，一切就绪后便往柏林，再［在］那里少留几日，便由俄返国，将来再告诉你动身和工作的情形。

兄弟！你晓得我们是怎样的着急呵！内部的勇气几乎冲破了肉体！

弟兄的敬礼！

二兄镐

七月四日

10. 武兆镐致武兆发（1925 年 8 月 27 日）

季弟：

我在 Göttingen 时去信说要回国，后来在柏林忙了一个月，没工夫给你信；八月七日从柏林动身到这里，二十天了，仍没时间给你信。

---

① 今译马格德堡。

我不晓得英文书中有多少你该读的，没法介绍，只是《ABC》可以读多［多读］几遍；Bucharin 的《唯物史观》，英文想有译本，可以设法购读。

你早开了学了罢？一共在乡间作了多少工？官费近来有消息没有？你的几个朋友（皓逎，相杰们）近来思想怎样？科学、实业救国的迷梦醒了不曾？至于什么新国家主义的妖言更不可入魔！看看这次上海事变，谁是友人，谁是敌人！现在没有一国家一民族的革命！

你要负着解释几个朋友的责任！他们都是有革命性的，上了敌人的当，更可惜。身体要珍重！没病罢？

祝你思想进步！

二兄镐

八月二十七日莫斯科

复信可由北京北池子骑马河楼马圈胡同十七号孙濬明[①]先生转。

11. Jay Lovestone 致武兆发（1926 年 6 月 3 日）

芝加哥 6 月 3 日，1926 年

武兆发

基督教青年会

威斯康星麦迪逊大学

亲爱的吴先生：

我们已经收到您 23 号的来信，询问您兄长的消息。我们建议您写信给莫斯科苏维埃，或莫斯科苏维埃社会主义共和国联盟（U. S. S. R. ）[②]。

我相信他们能够提供关于您兄长的必要的信息。

您忠诚的

Jay Lovestone[③]

组织部

① 即孙炳文，字濬明。

② Union of Soviet Socialist Republics（苏维埃社会主义共和国联盟）的缩写。

③ 时任美国共产党中央组织部部长。

12. 武兆镐致武兆发（1926 年 7 月 25 日）

季弟：

由 Komintern[①] 转告，知弟去信打听我的行踪，因收信人外出，今日才得到弟的地址。

我去年八月离德以前，曾函弟谓将过俄返国。到莫后，因学习及工作关系，未能即时东行；又因敌人环伺，政治上种种原因，不便因无关重要之事，致使消息透露，所以弟处及家中均未得到我到俄后的信。

上星期张静吾君由德转来父亲手谕，已复信略道梗概，详细情形自不能由书面叙述。

我几经审思，已决定不再返德，国内工作多，人力少，苟非此地工作急切不能结束者，我早束装东行矣。惟留此至多亦约半年之谱，回国内，大概先到广东，将来工作地域，尚未一定；所知者，除革命事业外，无他职业也。

弟年来情形，思想变迁，我亟欲一知。我弟思想大概尚在剧变中，社会关系或尚未能深一层认识，很易为环境所支配。美国为资本主义最“荣盛”之国家，一切反动思想之大本营；中国留美学生回国后，大都站在旧势力方面，与一切革命思想民众意思相敌对，此中因果，不言可知。并非凡留学美国者都系反动分子，不然，不然；然即极急进之青年，到美一经薰［熏］染，便成了有意无意的资本主义之工具。故我始终不愿你久在该环境中受陶融濡染；德文备有基础后，最好转学欧洲，资本主义开始崩破、无产阶级运动高涨之旧大陆，与资本主义新盛之新大旧［陆］相较，吾弟必另有一番认识。

这封信的任务，只在告诉你我精神身体都很好，并请你把自己的和你比较急进的朋友的思想志趣告我。其他情节，容后谈。此问

旅祺！代候

宗动、相杰……等！

镐莫斯科

七月二十五日

① 即共产国际。

我来去无定，信可由

Mr. P. C. Hsing（тов. Беляев）[①]

University-Syn-Yatsena

Wolhonka 16

Moskau（MackBa）

Russia

转交。

13. 武漪莲致武兆发（1927 年 4 月 20 日）

莫斯科 4 月 20 日，1927 年

亲爱的兆发弟弟：

突然收到一封女士的来信，还以“亲爱的弟弟”开头，我想你一定很吃惊。稍等，很快你就会明白！

几年前，我就常常从你哥哥兆镐那里听说你。听说你很聪明，学习也很刻苦，不只在中国如此，在美国也是如此。因此，我很想认识你，但之前没有可能。当然，知道我心爱的兆镐的优秀的弟弟会成为一个科学家，我非常高兴。但更重要的是，在工人阶级和资产阶级的激烈斗争中，你的眼界逐渐打开了。我与兆镐的看法一样，因此如果能知道你的想法，我会特别高兴，你是他最亲爱的弟弟。

我想，现在你该知道我是谁了。大约三年前我和兆镐在德国认识。也正是他帮我对社会科学有了一个清晰的概念。他不仅是我的老师，同时也是我的朋友，我深爱的朋友。当他离开德国以便将工作和生活服务于劳动人民时，这种感觉更深了。在近 10 个月的时间里，我没有得到他的任何消息。那段时期，我成为一名联合党党员（a member of the Comparty），我从事妇女工作，或许你知道，德国有个红色女性联盟（Red Girl and Women League）。

那些年，我一方面不得不承受来自家族传统的巨大压力，另一方面在

① 邢萍舟先生（别里亚耶夫同志），即徐冰。

学校遭到不公正待遇。你可以想象在这种环境里我有多不高兴。所以，去年冬天当我有机会去苏联并在那里学习时，我真的很高兴。今年一月我来到莫斯科，现在在中山大学学习。

现在亲爱的兆镐就是我的依靠。我们非常非常高兴，因此我忍不住把此事告诉在美国的你，我们亲爱的小弟弟。

亲爱的，希望你快些回复我，告诉我你的工作及想法。兆镐曾告诉我你想来苏联，现在你是怎么想的？如果你一定要来的话，我无法描述我对苏联的印象，我只能说我不想再住在像德国这样的君主制国家。在这里整个生活自由、舒适，的确很惬意。

请原谅我这糟糕的文字，尽管我已经学了五年英语，但会话和写作能力仍然很差，希望你至少能理解我的意思。

最亲切的问候

漪莲①

季弟！

我在德国共产党第十一次大会上曾托美国 Gomery② 同志给你带了一封铅笔写的信。那时 G 尚须在巴黎勾留一周，便返 Chikago③，想你已竟［经］和他会过面了。我曾要他有暇时多和你接洽，也希望你能多和美国的同志多多接近。——我由西欧转来，已竟［经］月余，前此染了时疫 Grippe④，卧病十余日，这星期才起床。

自蒋离开革命战线后，中国革命又换一新局面，此时大资产阶级已大部与帝国主义妥协，因害怕工农运动之高涨，工人在民族革命中之领导势力，宁违反民族革命中之整个政治与经济之利益，而欲开始建立资产阶级之统治。蒋某便是资（产阶）级的代理人。从前我们努力国民党之左右

---

① 武漪莲（1908～?），原名 Irene Petraschewskaja，德国哥廷根人，德共党员。与武兆镐相爱后，改名武漪莲。1925 年 8 月随武兆镐赴莫斯科，先在中山大学旁听，后到共产国际工作。1930 年随武兆镐回到上海，以瀛环书店为掩护从事地下工作。后因工作关系转赴西班牙，下落不详。

② 生平待考。

③ 芝加哥，美共中央所在地。

④ 流行性感冒。

派联合，唯恐统一战线少有破绽为敌所乘。现在局势便与前不同。如再与资（产阶）级妥协，实际上便是叛变革命。故组织巩固扩大工农城市小资产阶级的联合战线以建设革命的民主政府，是我们最近将来的唯一任务。目下则当加紧一切左派分子的团结，扩大工农群众的组织，加强军队中之宣传煽动工作，是巩固武汉国民政府的重要工作。蒋介石已与张作霖无异，将受一切帝国主义国家之赞助“颂扬”！

写这封英文信的是一位德国女同志，现在我们同居，将来拟同在中国工作。她通英、法文，现习俄文和中文。年十九岁，政治知识尚缺乏，但革命精神极强，求知欲亦热，现在中山大学旁听。

我在此工作羁身，本年尚难回国。有信即寄往中山大学交我。我半年来没得到你的音信，甚念。你不能每月给我一封信么？

镐

21/Ⅳ，27

14. Weott 致武兆发（1927年4月22日）

佛罗伦萨意大利4月22日，1927年

尊敬的武先生：

一个朋友刚给我寄来一份报纸，摘要刊发了你对迪昂·罗素（Dion Russell）关于中国形势所发表演说的批评。威斯康星的同学们在我们老师就中国的影响和事件做出看来与他们不协调的声明时有兴趣和勇气发表看法，每当发现这一点我总是很高兴。非常不幸的是，即使是我们大学里的人，对中国局势和中国历史也几乎一无所知，我们自己没有办法去纠正错误信息，不管它是多么背离事实，因此，立即纠正我们，使我们不被误导，这是我们所渴望的，也是迫切需要的。因此，我很高兴你能纠正你认为错误的东西。至于这件事情的细节我无法判断，但无论如何，你与报纸的交流深深鼓舞了我，我希望已有好的结果。

除了这件事情的消极的一面，我被你信中积极的内容所鼓舞。我们中间一些对中国感兴趣的人非常担心你所描述的正在中国滋长的一些观点会成为主流话语（the prevailing tone）。当然，我们希望你们伟大的国家不会感到自己接受了滑头哲学（the philosophy of trickery），正在遭受西方国家如此严重的欺凌。我们很希望中国尽其所能引领我们大家去建立一个更好的国际关系。但是，如果你拒绝再听我的道德说辞，我个人从内心里是不会责怪你的，虽然这让我看到你们的人民在这方面背叛了我们。

容我再讲几句。我想，如果我们能够避免养成将小团体的行动概括成全体人民的行动的习惯，这将是有益的。对政府近年对中国的态度，美国有成千上万的人深感遗憾，但他们自己无能为力。他们强烈反对中国对我们的这种变化了的态度，即使他们明白其中的缘由。我请你在信中和谈话中记住这些人，这有助于互相理解。

我相信，你会有越来越多的机会为你的国家服务，我希望你也以同样的方式为我们所有人服务，因为我们毕竟是一个整体。

真诚的

weott①

15. 武兆镐致武兆发（1927年6月4日）

季弟：

五月七日信今天收到。你既愿在美多留几年，只要经济方面支持得过去，便缓些归国也无妨。前几天姚石菴②君过莫，我曾和他会过一面，他道与弟相识。询知弟年来极形支绌，我以前告弟尽可能帮助家庭，既这样，可以作罢了。去秋张凝君归国时，我托他带回华币三百元许，至今没接到他的信，想总把该款转给家中了。

---

① 生平待考。

② 姚名寿（1898～1940），字石菴，以字行，山西省徐沟县人。先后毕业于美国芝加哥大学经济学院和威斯康星大学农学研究院农业经济系。历任山西农业专门学校教员、太原市基督教青年会总干事、山西省教育厅及山西农业专门学校特派赴欧洲农业教育考察员、北平商业专门学校校长、国立北平大学农学院（现北京农业大学）代院长、农业经济系教授、中华平民教育促进会生计部主任、河北省县政建设研究院经济研究指导员等职。1940年4月20日在自重庆赴北碚就任乡村建设学院农业经济系主任途中，因所乘轮船失事，与同船21名平教会同仁及眷属一起不幸罹难。

我在这里做党的工作，经济方面自然不会绰余，惟预备于九、十月前凑齐百元设法寄回。故乡附近年来屡经兵燹，想必困难已极，惟因我目下既难接济家庭，信件往还实无意义，所以除今春在德时给父亲去了封信说明我因为党的和政治的关系，目下和将来难转故乡外，一年多不曾写过信。父亲自然要焦急万分，但这也是无可奈何之事。我目下尚难归国。我在同 Irene 未曾结合以前，自然把家中情况已竟［经］告诉她个明白；在给父亲信中只提到将来也难回家，坤英[①]可以改嫁，在她娘家或在我家居住，我将来都尽量在经济方面维持她，却并未提到已和另一女人结合这一点。Irene 学习极勤，爱我亦挚，目下已能打字，俄语进步亦快，将来把英法俄文深造一步，再学些中国话，学些关于中国问题的政治知识，必能做些革命工作。

蒋介石之叛变，敌人自然做了不少的离间工作，但这绝不是他叛变的惟一原因，而且不是主要原因。中国革命虽还是资产阶级的民主革命，扫除封建残余是目下中国革命的一个重要使命，但因为：

（1）中国受帝国主义经济和政治的压迫，处于半殖民地的地位；

（2）民族资产阶级除买办银行大商资产阶级在经济上与外资（帝国主义）相依为命，在反对帝国主义的革命中只有反革命的作用外，幼弱的民族工业资产阶级实无担负甚至领导国民革（命）之能力；

（3）在中国民族革命中，出死力的劳动群众是工农阶级，这在一切较大的运动中事变中都看得出——革命的知识分子大抵是小资产阶级（大部是农民）的子弟，小资产阶级（干部自然是占百分之八十的农民）虽无领导革命的能力，但有左右革命的能力，他和谁一道走谁便胜利；

（4）在革命的过程中，无产阶级已逐渐获得参加革命的整千万劳动群众的信仰，他是革命中彻底的领导力量，他不仅是帝国主义（外资）的劲敌，在阶级关系上，他亦是本国资产阶级最后的敌人；

因为这些关系，所以在北伐军占领长江流域以后，拨起了空前的工农

---

① 武兆镐原配。

运动，尤其是上海工人以武装暴动取得了上海政权，建设临时地方政府，这是中国资产阶级所不能容忍的，加以帝国主义武装的压迫，于是统一的民族革命战线（自无产阶级农民革命的城市小资产阶级以至资产阶级自由派）便破裂了。

现在（根据五月一日中国共产党第五次大会的报告）：

工会会员 2800000 而 1925 仅 150000

农会会员 9829000 而 1925 仅 200000

共产党 57967 而 1925 仅 994

青年团 35000 而 1925 仅 2365

这些数目字便是逼近那幼弱的妥协的资产阶级离开革命战线的一个主要原因。国民党是多阶级的联合。革命过程中的阶级分化阶级斗争自然就反映到国民党内。所以蒋介石领导下的国民党右派之离开国民党（虽然他们还把中山那联俄联共工农政策的革命精神做了个反个，还挂着中山的招牌：三民主义的招牌），就是资产阶级退出革命战线的总表现。蒋介石和张作霖不同的地方，是他希望建设一个资产阶级的专政来代替封建残余的专政，他们相同的地方是不反对帝国主义，是勾结整个的国际帝国主义或某国帝国主义。总之，蒋介石之继续北伐是想实现资产阶级专政，他将来必须和北方军阀打［搭］伙，是因为他不反对帝国主义，要做帝国主义的新工具。

武汉政府是工农小资（产阶级）革命的民主专政的雏形，在革命继续发展中，无产阶级的影响跟着加大，中国革命的革命性跟着加大，一部分现在革命的力量也必随着离开，这是我们可以预言的。

“勿犯中国会”的意义，并不是专靠他便可以把帝国主义驻华军队撤退，不（是）的。如果这样，真成了你说的笑话了。我们现在拼命大喊“全世界无产者与被压迫民族联合起来”的口号，这个口号的实现的确是战胜帝国主义资本主义的最重要的武器。但他的实现是要在事实上一步一步做去才行。“勿犯中国会”便是实现这种任务的许多组织之一，他是极可宝贵的国际的革命组织。季弟，你在美国共产党——共产国际支部中最小的一个——的周围，在革命的工人群众中，便会晓得彻底的革命者是无国界无种界的。马克思说“工人无祖国”，这是事实，不只是一句很名贵的格言。你从前说到美国无色人与有色人间界限，这个界限的存在并不是以色分，而是以阶级划分的；自然美国的大多数工人统是工人贵族，很缺乏革命精神，受了资产阶级的余润及精神上的蒙蔽，逐渐把阶级意识丢了，但这个和世界一切物事一般，是不能久住的。英国战前拿在殖民地剥削的特殊利润之一部，贿买一部分上层工人，不和现在的美国一样么。一旦这种经济关系改变，其他由经济发生出来的现象也必然跟着改变。所以 Nicaragua① 的事变和目下帝国主义对付一切弱小民族所发生的事变之不克制止便是这个原故。你能和美国同志时常接近，能同他们一块做点工作，我很欢喜。

这类政治上的话，你听着或感觉乏趣，我不愿多说，我的工作忙，也无暇多写。

你有空可以多给我些音信。

我在这个月底可以得到两星期至四星期的休息，或往外城一游，将来详细告诉你。

革命的致礼！

二兄镐

4/Ⅵ，27

我的地址（暑假内不便由孙中山大学代转）

英文：

Petraschewski

C/oPiltschak

Pokrovka 38

Moscow

U. S. S. K

俄文：

Петрашевский

① 尼加拉瓜。

p. A . Пильчак

Покровка38

MackBa

C CC P.

16. 武兆镐致武兆发（1927 年 10 月 21 日）

季弟！

我常常挂念你，盼望得到你的消息，及至你的信来了，我又无暇即刻复你。现在，你九月十九日的信已到了一星期多了。

我这两年多来，政治工作占了我全副精力，一毫也不能顾及家庭了；但老父、大哥和你，便在工作最忙迫时，有了片刻的停顿，不由得便追怀你们。国内连年战争，河南受害已重，家人何以谋生？父亲年迈，仰事无人，大哥健康未知复原与否——他又有妻儿待养，你方在攻读时期，自然心有余而力不足，本该由我担负这条重担，事实上我却不能不置之不理，心境上怎过得去！我们在开封读书时，大哥怎样帮我求些知识；万一大哥到现在尚在半病状态中，谋生无术，这又怎得了？你呢，想官费一文也收不到了，每年仅仅七百五十元薪金，在美国生活怎支持得下？自然，像我们这种境遇，在现在社会中，处处遇得到，在中国更步步遇得到，个人实无能为力；但个人在力谋人群解放时，眼巴巴看着父母兄弟求生不得，思想该怎样痛苦！

兄弟，我们大家比起来，要算我个人生活情形最好了；唯是本身最无忧虑，所以想到你们，我的痛苦也更大。我住在工人国家，生活虽不特别好，但一毫用不着顾虑。工作虽繁重，但不比一般雇员，是替人做嫁衣裳的，替自己努力，劳苦也觉着轻松舒服。

我在七月十五到八月十五一个月内，同漪莲往南俄阿索佛海①海滨一个小城休息。每日在海水内游泳或划船，或在海滩沙地上筑个简单的帐棚［篷］，躺着晒太阳。我本来不大会浮水，到后来每次能游五十米远距离。她比我游的略好些。我们也曾挂过两次帆，坐在船上让风吹。未放假前精

① 今译亚速海。

神很困惫，一月后顽健如恒了。

我日常工作多，自己学习时间很少。我说的是专指政治经济，工程和数理早抛置到无何有之乡了。到莫两年有余，连俄文都不曾学。漪莲很勤奋，不但在政治认识上，有了很大的进步，俄文直接听讲，也懂得了十之七八。到明年暑假校课（她在中山大学做旁听生，除我们的房子不花钱外，衣服目下也不用置备，吃饭零用是要我维持的）完毕后，有了作工的能力，经济方面便可独力［立］了。

自资产阶级整个叛变后（从南京蒋介石到武汉汪精卫），工农组织受了严重的打击，一时甚难取得一个革命中心地点，革命怕有一时销［消］沉。现在是我们团结力量，扩大宣传，聚集群众，准备工农革命的时期。整个国民党领袖叛变后（宋庆龄、邓演达、陈友仁目下在莫，他们很难创立一个新的小资产阶级的政党，而国民党旧日联合革命势力的作用已竟［经］结束了），中山主义成了反革命的护身符。我们可以说自武汉叛变后，单拿中山主（义）号召是不够的了。此后，中国共产党须挺身出来，领导完成中国的民族革命。

冀朝鼎①君，在比时未与深谈，国内革命形势变迁，国外知识青年思想上，必然发生剧烈的变化。在民族革命中，资产阶级与劳动群众的阵线划分以后，一般号称民族革命者，不能再含糊下去，或走到无产阶级这边继续革命，或跑到资产阶级那边叛背革命。那时，我看冀君是个狠［很］勇敢的青年。

兄弟！你个人的生活起居，可详细告诉我一番。何时接过家信？家中情形，知道的，也告诉我。我两年未得家中音问了。父亲虽问我要地址，我因为政治关系未复信，目下更不便往家去信。

你可以常给我信，除去朋友外，我得不到别的消息。你也可常给父亲去信。你对于家庭问题有难言的地方，也告诉我，我或者可以帮你一点。

---

① 冀朝鼎（1903～1963），号筱泉。山西汾阳人。1916 年考入清华学校。1919 年参加五四学生爱国运动，“唯真学会”和“超桃”成员。1924 年赴美国留学，先后获芝加哥大学历史学硕士和哥伦比亚大学经济学博士学位。1927 年加入共产党，参与组织美共中央中国局。其间曾到莫斯科学习和工作。1938 年回国后进入国民政府，主持经济工作，据说其策划的法币与金圆券改革加速了国民政府的垮台。中华人民共和国成立后，历任中国国际贸易促进会副主席兼中国人民银行副董事长、中国拉丁美洲友好协会副会长等职。

在我们家庭中，你晓得只有我两人相知最深。我等着你的回信！

此问

旅祺！

二兄镐

21/X，27

亲爱的弟弟：

过些天我会写信告诉你在莫斯科中文大学的中国学生的生活和工作状况。今天我时间不够，就先说到这吧。

衷心祝福

武漪莲

17. 武漪莲致武兆发（1927年10月30日）

莫斯科10月30日，1927年

亲爱的兆发兄弟：

今天只有我有时间给你写信。首先谢谢你的上一封来信，我们很高兴你能够想着我们，也很骄傲有你这样聪明的教授弟弟。在德国时，我对生物学也很有兴趣，因此，我还带了几本生物书以便进一步自学，但是，我现在没时间学习这类科学。我的所有时间都花在了社会科学和经济学的学习上。

今天我给你谈谈我们的中文大学。首先我要说这是一所政治性大学，也就是说，每个进入这个大学的学生将只学习政治科学——或者说得好听点社会科学——政治社会科学。这一点不需要解释。很清楚，我们只学习革命的理论与实践。因此，其中一门主课是列宁主义或革命理论和实践。它意味着在课程中将集中研究以往不同的革命，他们的社会阶级构成，他们的方针，他们的成效和结果，他们的历史意义，并规划社会主义发展的远景。

在这类课程中，首先要学习的是俄国史和俄国革命运动史。从最初胆怯的农民反对亚伊克的农奴制起义到19世纪的知识分子革命，最后到无产阶级联合农民领导的1905年革命、1917年二月革命和1917年十月革命。

几乎与此相联的是西方革命运动史。欧洲所有国家的革命运动史是这门课程学习的主题。诸如古希腊罗马时期的第一次被压迫奴隶起义（斯巴达克斯起义），中世纪的法国、德国农民革命，17 世纪的英格兰革命，1789 年的法国大革命，19 世纪的各国资产阶级革命和第一次劳工运动，最后是工联主义的发展，等等。继续这样杂乱无章的讲可能会让你感到太乏味，因此，下面谈谈另一个非常重要的教育主题——政治经济学。

一言以蔽之，即卡尔·马克思的《资本论》学习。正如你所知道的，此书是我们社会主义者总的世界观形成的基础。为此，对每一个社会主义者来说，对它的学习不可或缺。对资本主义的最后阶段——必然导致社会主义的帝国主义，也给予了特别的关注。

我们在莫斯科的青年学生已经生活在社会主义的第一阶段。社会主义建立伊始，要反对俄国资本主义的残渣余孽，因此一个特殊的教育科目是“苏维埃社会主义建设”。的确，观察和研究苏联社会主义的发展，眼看着资本主义、私有制度的日渐消亡，非常有趣。

由于这是一所中文大学，中国研究必不可少，包括它的历史，它的经济和政治状况，它和其他国家各方面的关系，它的革命运动。目前学校正在花大力气撰写一部贯穿马克思主义观点的中国历史。真的，对一个外国人来说，由于缺乏欧洲语言史料，要对中国历史形成一个清晰的印象非常困难。过去两个世纪的历史更容易些。俄国人对中国历史非常感兴趣，这里有很多很多说中文和学习中文的俄国人。当然，现代中国当然是所有学习的中心，例如它进一步的革命发展。目前中国处在最黑暗和最血腥的时期，但我们不能失去信心，我们的口号是永垂不朽的列宁的名言：革命已死，革命万岁！

还有另外一个教育主题：东方史，东方国家的历史，尤其是他们的革命运动史和对帝国主义枷锁的反抗史。

现在我来谈谈学习方法。在美国也广为人知的所谓道尔顿制（Doldain system）被引入俄国。一所没有图书馆的大学不是大学，因此，对漂亮的、拥有各种不同语言的藏书的图书馆我不需要多说。还有一个专门委员会，专门负责将书译成中文。与此相关的是，每个教育专题都有一个房间，配有专门的图书室和译员。除了这些房间，还有大阅览室和俱乐部。这些俱乐部在俄国人的政治生活中发挥了重要作用。俱乐部都用政治和革命图片、表格、壁报等来装饰。这些壁报涉及学生的所有事情。俱乐部每周举行一次报告、放一次电影或开展其他事项。当然，这些都由学生自己准备。这个月及接下来的时间里，都会有关于“十月革命”历史的报告。如你所知，俄国正在准备十月革命的十周年纪念。以后我会专门写信告诉你此事。[①]

18. 武兆镐致武兆发（1927 年 12 月 27 日）

季弟：

我本月七日由莫往比京，参加反帝同盟大会，同行者除冀朝鼎同志外，尚有中国参加十月节之工农代表团中三人。我在比勾留三日，因工作往巴黎；在巴也仅停了三日。现来柏林已五六日，二十五日工作便告结束，三十日起程，明年一月可复抵莫斯科。

冀、章[②]二同志到莫后，曾屡道及吾弟。前日接漪莲信，知弟曾寄莫长信一封，并附像［相］片一张。漪莲言，弟貌近三十余，不类吾弟，我听了心甚悲感。你自留学美国之日起，省费不能按期按数兑到，因之生活异常困难；弟复刻苦过难，心力耗费过度，虽自今年起，求生较易，然劳瘁终较其他学生为甚。我们虽无日不在奋斗中，然精力须注意就可能培养也。

从前为旧礼教的羁束而不能自觉，当婚姻问题当前时，宁愿牺牲自己一部分，不愿牺牲对方，我亦劝弟走这条路。自进党后，更进了一步认识：除党和革命事业外，不该为任何东西牺牲，我与漪莲之同住，便是我男女问题最后认识之表现。我前自误后误吾弟，回忆辄生痛感。弟事可自处置，然我知你也不会有怨我意。附像系我将离莫时所摄，本托漪莲寄

① 按，此信无落款，似未完。

② 即章友江（1902～1976），又名裕昌，江西南昌人。1915 年考入清华学校。“唯真学会”和“超桃”成员。1925 年赴美留学，先后在斯坦福大学、芝加哥大学学习经济学。1927 年加入美共。后赴莫斯科，1929 年被王明等开除出党。1930 年回国后长期在北平大学、西北联合大学执教，成为爱国民主人士。1950 年代曾任国务院参事等。

去，她忘了你的弟［地］址，转来寄去留念。

国内状况，真是转瞬千变。从前西欧数十年数百年所经历者，在中国见之于一年半载中。我现在只同你谈到两个问题。（一）革命领导问题；（二）最近广州暴动问题。其实第二问题只是第一问题之一部。

国民党之西山派为买办阶级代表，蒋派为民族资产阶级代表，武汉派（汪、张发奎……）为上层小资（产阶级）代表，整个背叛了革命。而宋庆龄、邓演达等几个国民革命领袖虽仍反对国民党一切领袖之叛卖革命，然自身无组织群众之能力与勇气在行动上和反革命领袖斗争。故国民党整个成了反革命的组织，孙中山三民主义成了反革命的武器。我们无再同国民党任何派别合作之可能与必要；从此中国革命（现在之民主革命在内）只有我党可以担负，也只有我党能够担负。

广州暴动是我党率领工农群众及城市贫民反抗一切反动，特别是反抗资产阶级，永图建设工农政权之直接行动，虽一时失败，然“我党是革命之唯一领导者”，已在革命史中注册。——中国革命之潜势力太大，资产阶级纵有帝国主义的帮助，亦万无稳固政权之可能。中国现状之特征将是遍处单个的不断的工农暴动之发展蔓延。广州暴动之失败，不是此时期之最后一幕，而是第一幕。我们没有理由颓丧。我现在没工夫多写，到莫后再去长信说中国问题。你最好给我几个具体的问题。祝你

健康！

二兄镐

十二月二十七日

我在莫的新地址：

Petraschewski

Moscow

Twerskaja 39

Hotel “Sojosnaja”, Room 18. ①

① 该地址写于首页信纸的右边。

19. 武兆镐致武兆发（1928年1月19日）

季弟：

十二月二十六日信收到。所问四点，兹答复如下：

（一）中山大学详细章程：中大并没有详细章程。它的主要目的是为中国革命培养下级（或中级）干部人材，除去党的工作外（这只占很小一部分），差大［不］多全是理论的学习。所学范围甚广，至程度深浅，要看个人的工具（语言、知识、经验等）而定。譬如“政治经济”，教授指定大纲后，有人参考Borchardt[①]的《通俗资本论》，有人参考《资本论》原著。学生中有初中的学生，也有外国大学毕业生。从前漪莲给你那封信可供参考。（三）不再答。

（二）如果进学，一切（食、住、教育用品及衣服之一部）均由学校供给，可说一个钱也不用。要自己在莫斯科过生活，专就房子说便很难找到。如果是我们的同志，到这里要听党的支配，用不着顾虑到这一层，但事前要手续办妥，得到来莫的许可才行。

（四）党和工会在绝对的秘密下，一切出版物均难购买，我们这里也感同样的缺乏。只有：理论从英籍中找；时事材料从外国报纸，特别是《国际通信》（*Inprecorr*）和《共产国际》内找；中国问题要借重资产阶级的报纸了，例如上海《申报》、北京《晨报》或《顺天时报》都比较好。

关于中国问题，下月一日开第八次国际执行会议时将有新的讨论和决定，议决案必然在《国际通信》上发表。你目下也难回去，我是绝没有回去之可能（自然也是说目前），深劳父亲忧念，这是无可奈何的事。我凑积了几个钱，想寄家去，没有可能。我今寄去美金四十元，另装一信封内，是否收到，均望即来信告知。假定安安稳稳的到了，你或者有方法寄回家去。如果被查着没收了，便只有认倒霉而已，因为实在别无他法。

此复，即问

近祺！

冀留欧未返，章随国内工农代表往南俄一带游历，十日内可以回来，

① 今译博洽德。

我是这月二日由柏林回到莫斯科的。在比京勾留三四日，巴黎三四日，柏林十日。

镐

19/I，28

漪莲日内有信去，先附笔问好。

20. 武漪莲致武兆发（1928 年 1 月 24 日）

莫斯科 1 月 24 日，1928 年

我亲爱的弟弟：

自从上次收到你的来信到现在已经一个多月了，到今天才回复你。首先感谢你寄来照片，收到它我非常高兴。这已经不是第一次看到你的照片，你看上去比 1925 年的时候大了很多。你是一个积极的、聪敏的、勤奋的人，同时你的眼神坚毅而温和，你是我爱人的亲弟弟。你不知道他多么爱你，每当我对他的学识和优异感到惊叹时，他对自己总是很谦虚，只是说，你认识我弟弟后就不会这么说了。

在上封信中你告诉我你想转向医学。你讲的理由很对，作为一个专家你到任何地方都会受到欢迎，尤其是在工人共和国。

我很高兴你参加了党，但是你不要中断你的学习。你已经是一个专家了，你不知道我们多么需要各方面信仰马克思主义和共产主义的专家。苏联是一个如此落后的国家，尽管——你知道我的意思——所有这一切，你生活在美国无法想像。今天我没有时间就此给你谈论更多，下一次我将告诉你。一个共产主义者必须是唯物论者，他在困难和失败面前不允许闭上眼睛。

现在我有一个请求，希望你能帮助我。兆镐和你一样，非常爱父亲，他时常想父亲，想得到父亲的消息，但是由于他生活在苏联，写信很困难，因为在当前形势下收到一封来自苏联的信很危险。因此，请尽你所能去打听关于父亲的任何消息，甚至可能的话，给兆镐写封信。由于这个原因，我亲爱的人很难过，他想感谢父亲给他的爱，以及他给父亲带来的麻烦致歉，但是这并不容易。尽你所能，弟弟，但不要提到我。

对中国的事件不要不冷静，一个共产主义者的心可以为感情和爱国主义而燃烧，但他的头脑必须冷静。我们最终将获得胜利，只有工人阶级能够带着这样的英雄主义去战斗，像十二月的广州起义所再次展示的那样。因为他们什么也没有失去，他们将赢得一切。是的，广州起义以失败告终，但是不要忘记，这是工人、农民、士兵第一次在“一切权力归苏维埃”的口号下团结战斗！报纸每天都在刊登蔓延各地的起义，现在党的任务是团结如一，以恐怖对付资产阶级和帝国主义，争取无产阶级的胜利。

最诚挚的问候

漪莲

21. 武漪莲致武兆发（1928 年 4 月 29 日）

莫斯科 4 月 29 日，1928 年

我最亲爱的兆发：

首先，我要说特别感谢你在两个月前寄给我们的照片。看到这些照片我们特别高兴。你看上去变化多大啊，和 1925 年那时的模样差别太大了。你现在和兆镐太像了，看起来也比以前更轻松、更快乐。要乐观向上，我们希望你越来越好、越来越开心。

你一定想知道我为什么一直没有给你写信。上两个月兆镐病了。现在他完全好了，现在我给你说说他的病情。很久之前他就消化不良，两个月前又得了阑尾炎。手术本来应该立刻做的，但是因他一直高烧不退，就迟迟没做。他不得不再等五周，有时在家，有时在医院。手术过程很艰难，因为局部麻醉的效果不好，他能感受到手术的每个细节。手术之前他很好也很坚强，之后他变得非常甚至过度紧张。

现在术后已经三周了，兆镐打算再回莫斯科工作。我希望不久他能被送回疗养院调养身体。生活在苏联真的很开心，在这里，即使像我们这么穷，也有机会进疗养院调养身体。

不要害怕与抱歉，一切又好了。

你的学业怎样？你在医学上又进步了多少？暑假打算做什么？

我刚读了 U. 西姆·克莱尔的《石油》，经常会不知不觉地走神。我无法想象美国，尤其是我们在苏联，没有任何衡量资本主义社会的尺度。

可能你已经收到我从列宁格勒给你寄的卡片，我想和你谈谈它，但恐怕一点用也没有，不可能让你有个清晰的印象，因为反差太大了。对我而言，我必须说，这个城市以及那些我们非常喜欢的人们给我留下了深刻的印象。这里太好了！伴随着每个新的工厂、每个新的“文化馆”（“House of Culture”）的建立，我们不断前进。工人阶级万岁！

我希望你平安无事。上次没收到你的来信。小心，不要暴露或说你是党人①。

你从河南得到消息了吗？我很想知道。

期待你的回信。

最亲切的问候

漪莲

22. 武兆镐致武兆发（1928 年 4 月 29 日）

季弟：

这里国际二月执委会议刚毕，我忽然生了慢性盲肠炎。我本来很久就病，大便秘结，原因是肠神经衰弱，肠蠕动衰弱（胃的消化经［正］常）。因为大便秘结之故，积久发生盲肠炎。二月底病发，在家静养三星期，后入病院，肚痛完全停止，温度完全经常，于是医生在十八分钟内便把病根消除。现出院已两星期余，身体完全复原，拟明日照旧继续工作。盲肠本不是好东西，随时可以发生病症，一刀割去，许多病则可斩根绝苗。

你从前寄来的两张像［相］片，精神很好，我们看着异常喜欢！

在这里我有句话嘱咐你：我晓得我的弟弟的思想。你对于主义和党的忠实决不会后于你的哥哥。但是我们晓得，我们同志除开在苏联外，是在何种困难条件下工作。在欧美许多国家，党固然是公开，但资本主义国家的一切范束革命者的工具是怎样的残暴无耻！所以我们的同志非必要时，万不可自认党人［便在这里也是如此；在这里我说的自然外国（非苏联的）同志］!! 我晓得美国对我们同志如何无耻，其密探制度等等如何严密，你的工作和生活地位如何不稳……所以平素对外，总要灰色些。将来回国工作、做

① “党人”二字为中文。

事，也容易些。我晓得年幼的同志常常气意壮盛之故，只怕人家说自己胆怯，往往会在这些地方平［凭］空地危害自己，因此危害党的利益!!!

你在该校，一来是为学习问题，二来是为生活问题，将来学成之后，除政治外，可以替党做很多工作。然而目前稍一不慎，生活便即时无法开交。这点请你了解我的意思。

其次，我听说德国的河南留学生又收到官费了。你自留学以来，河南欠你几许款项，和每年该给你几许，可用呈文催请［清］。要知这些民脂民膏，我们得了，可以做许多有用的事业，放在那些混账手里，白让他们多造孽。所以你尽管，而且必要催请［清］，得多少算多少。得不到，也不费多少精神。得到，不惟你生活宽裕一些，可以静心学习，也可贴补些家用（在现在的制度下，我们不能看着家人挨饿。我的官费自25年来就无望了，河南全晓得我是做什么的了）。所以这点也不要书呆子习气，尽可连去几封呈子催催。最好同另外几个河南官费生一起。

你前信说父亲催你早日返国，回信后，又有信来否？父亲还说些什么话，有暇请告知我。我两月没收到你的信，心中时常挂念。你晓得，家中我因种（种）情形，不能问及，只有索性不问。亲族中我所最牵怀的只有你。你不仅是我的弟弟，你自来是我的同伴，我的朋友。不论怎样，或好或坏，或悲或喜的事情都请告诉我，我晓得了才会放心。以后有事没事，每月可以来两三次信，少写几句没关系。假如你的健康、生活、工作、学习，什么有趣的事，疑难的事，都可同我谈谈，同我商量。我将来每月也可给你两次消息（我叫漪莲代写）。我盼望你的音闻!! 祝你健康!

二兄镐

29/Ⅳ，28

23. 武兆镐致武兆发（1928年5月14日）[①]

季弟：

① 原信共两页。2009年拍照时因疏忽大意，漏拍了第2页。此次整理，又专门请美国哥伦比亚大学刘禾教授及其研究助理王思维女士帮忙予以补拍，使此信终成完璧。特此说明，以志谢忱。

我两个多月没接你的消息，念甚，我二月底病盲肠炎，四月初开刀，中旬出院，现已完全复完。我有事来西欧，昨天到此，现拟在此勾留两三日。我现在代莫·孙大挑选学生，我想美国方面也可派来几个同志。我另给三潘市施滉[①]信也为这事。

派选的同志应满足下列条件：（1）党员或团员，忠实而努力；（2）能读书写字，会外国文更好，但非必要；（3）医生检查，毫非疾病，并医生证书；（4）离华在五年以下；（5）在二十到三十岁间，但可略少于二十；（6）不准携带家眷。该同志应尽力自筹路费，不能，每人津贴不能多于美金百二十元。

我晓得许纪云[②]、陈素若[③]（纽约）、徐永煐[④]（闻已转纽约）；李道煊[⑤]、张恨棠[⑥]（三潘市）；冯胜光[⑦]（芝加哥）等同志却比较忠实努力，颇合上列各项条件，且有来此的可能。麦的孙有同志来否？

我请你对于上列各同志的观察（假使你认得他们），或介绍另外好同

---

① 施滉（1900～1934），字幼生，又名赵森。白族，云南大理白族自治州洱源县人。1917年考入清华学校。1919年参加五四爱国运动。1920年与徐永煐、冀朝鼎等建立进步学生社团“唯真学会”。1923年与冀朝鼎、胡敦源等八人在唯真学会内部成立秘密核心组织“超桃”，主张“政治救国”。1924年秋进入美国斯坦福大学学习东方史。1925年参加美共领导的“反帝大同盟”。1927年加入美共，任美共中央中国局第一任书记。1928年硕士研究生毕业后受美共派遣，到古巴从事建党工作。后到苏联学习。1930年回国，历任河北省委宣传部部长、省委书记等职。1933年冬在河北艺专主持党的秘密会议时被捕，次年初在南京雨花台就义。

② 美国华侨，美共党员。

③ 生平待考。

④ 徐永煐（1902～1968），江西龙南人。1916年从江苏常州考入清华学校。“唯真学会”和“超桃”成员。1925年秋赴美国留学，先后在芝加哥大学、威斯康星大学、斯坦福大学学习法律、经济、历史及哲学，1926年参加国民党，四一二政变后脱离国民党，加入美共。历任美共旧金山市委委员，美共中央中国局委员、书记。1946年回国后，历任中央军委外事组编译处处长，天津市、上海市外事处副处长。中华人民共和国成立后，任中宣部《毛泽东选集》英译委员会主任，外交部政策委员会负责人、美澳司司长，外交部顾问，中国人民外交学会副会长等职。

⑤ 李道煊，陕西安康人（一说山西人），1926年清华学校毕业后赴美留学。1927年加入美共，继施滉担任美共中央中国局书记。1931年因在美从事革命活动被纽约警方驱逐出境，引起当地民众与警察的大规模冲突，《良友画报》曾刊载此事。

⑥ 美国华侨，美共党员，美共中央中国局总部委员。

⑦ 生平待考。

志（他们的籍贯、年龄、社会地位、党籍或团籍等列明）告诉我。如果合以上的条件，务必设法令他们前来。需要的津贴（某人需几许）详细开明，信要六月二十日前到柏林。（交 D. H. Wu，Bi Küche，Friedberg str. 33，Berlin－chbg，Germany）我便即刻把款汇去。学生要八月二十前到柏林。护照最好办“限用一年，往各国游历，送德法等国使馆签字”。

这件事十分重要，请你六月二十日前将信寄到柏林。你个的状况没有变动时，可不必来。一切工作要谨慎。这件事要特别秘密！！除美一两个负责同志外，对其他同志只说“现在我们有往莫的可能”。及各事都已就绪，再向该同志说是就里。惟党外人绝不许知道半个字。我明后日便往巴黎去。专候你的消息。

镐

15/Ⅴ，28

24. 武兆镐致武兆发（1928年5月22日）

季弟：

本月十四日由伯林去信托调查美国同志事情，务请赶快着手。我道经比京到此，已竟［经］五天。昨晚闻许纪云及另外一位刘同志（名未详）于昨早由巴东下，可惜未曾会到。

我在此拟勾留三周，回柏林停一星期，便须东返，所以你的信能于下月十五到二十日间到柏林，庶好措置一切。太迟了，后面的手续，特别是经济的便难着手。

我不记得在前信中提到了没有？漪莲已竟［经］学科了结，我们本想她同道返德，学习三两月速记，打字，后来因为种种关系，特别是她在国际出版部有翻译工作（英、法翻德）的希望，所以她未能成行。我动身时，工作已竟［经］说妥，等一二日便该上工。后来还没接到她的信。不过，大概不会发生什么变动。

她在工作，经济方面能够独立，在各方面都要比较好些。她本来十分爱我，但到现在她须依靠着我过活，我虽不觉怎样，她心中未［非］常难过；言语中不觉流露过多次。其次，她是很勇敢的同志，能在党里工作，情绪上也要畅快些。

我两个月多，或许已竟［经］三个月了，没有接到你的消息，挂念得很。你的情形或好或坏，都要让我晓得。漪莲有了工作，我在经济上，以后多多少少可以补助你一些，或经由你补助家中一些。

我到巴黎后，工作进行当顺便，惟不通法语，没兴往各博物院参观，可惜得很。

你在工作中要十分谨慎！

我盼望你调查的结果，并盼望你个人的消息！

我现在身体很好，开刀的事情，现在不觉得半些影响了，请你放心！

祝你

健康！

二兄镐

22/V，28，巴

柏林地址：

D. H. Wu,

Bi Küche

Friedberg Str. 33 III

Berlin-Charlottenburg

Germany

25. 武漪莲致武兆发（1928 年 7 月 16 日）[①]

亲爱的兆发！

读完兆镐的信，你会再次看到他是一个多么好的人。我希望他能很快

① 从所用纸张和内容看，此信应是武漪莲在武兆镐所写家信之外附的短笺。原信应该已由武兆发转寄回河南老家。武兆镐所写“季弟！你如果把原信寄给父亲时，千万把上面写的地址完全涂去。镐”一语，位于短笺眉头。因系附笔，故落款无时间，哥伦比亚大学图书馆收藏时著录为 1928 年 7 月 6 日，但从信封上的邮戳看，此信应于 1928 年 7 月 16 日寄出。

看到父亲。我无法形容他在谈到父亲时那种神态，也无法形容他是多么热爱他老人家。当他写完这封信时，突然冒出一句：我为新世界什么也没做，只不过是扰乱了旧世界；写这封信对他来说是多么艰难。亲爱的弟弟，我曾答应你会去减少他的痛苦，我坚守我的承诺，兆镐会开心起来的。除了为之奋斗的党，兆镐是我生活的中心。当你读懂这封信字里行间的意思，你就能理解我们的生活情景。我对你的生物学研究非常感兴趣。或许你也会有机会学习俄语。作为一个工厂里的社会工作者，我现在非常忙，也很有趣。

漪莲

季弟！你如果把原信寄给父亲时，千万把上面写的地址完全涂去。镐。

26. 武兆镐致武兆发（1928 年 9 月 5 日）

季弟！

自六月三十日到“家”后，没一天闲。明天偕漪莲往高加索休息一个月，那里可以攀山，可以海浴，照像，将来详细告你。

漪莲十月起正式工作，担任 Varga[①] 的秘书。惟她第一次工作，成绩好坏尚无把握；语言等方面不成问题，惟实际技术尚差。她如能就这个工作继续做下去，不惟经济方面要比较宽裕得多（月薪大概有 60 美元），她的确可以在工作中学些东西。

由那里来了五人，已竟［经］进学，我太忙，至今还未曾同他们谈过一次话。

闻剑兄[②]前本决定回国的，他个人也很愿意，因工作离不开，他至少还要留半年。这点，他深不愿有人晓得，请你千万不必提到这类事。他的行踪，他总归事前要告诉你的。他还住愿［原］来的地方。惟你将来有信给他，不必直接由我转。话要圆活些，多加些比喻，他才能完全了解，

---

① 疑即耶诺·瓦尔加（Jeno Varga，1879～1964），在苏联的匈牙利经济学家，苏联科学院院士，时任苏联世界经济和世界政策研究所所长。

② 生平待考。

不时，他会发脾气的。他说，他前此说话也太梗［耿］直，他愿自现在起改变这个毛病。我认为他的话是对的。我们平素学做文章时，常听说“措辞有含蓄，才耐人寻味”，正是这个道理。请你明白他的意思。

季弟，我呢，虽然近几个月来，忙得不开交，但精神很好。家中接济，我觉得此后我们的可能多些。虽然换外国钱不容易，但不是不可能。从德国友人处代汇是可以的。这点，你后来可以宽心些。假设你太拮据时，告知我，我也可设法。我前信要你催官费，曾着手否？难道河南说你犯什么嫌疑，不给你钱么？你尽可多写几次信试试，说话要周转要强硬。钱白让那些混蛋们造孽，太不合算。多催几次无妨!!

剑兄的话请你注意！而且我们也犯不着白得罪这个人。

我同漪莲问你好！

镐

5/Ⅸ，28

27. 武兆镐致武兆发（1928 年 10 月 4 日）

季弟：

我于九月八日偕漪莲抵此，漪已于前日返莫。我再勾留一星期许，大约十二日由此往 Yalta[①]（是克里木半岛上风景最佳的消暑处），和一个同志相会，两三日后即从那里北上。

这个地方名 Sochi[②]，滨里海西岸，约位于北纬之四十三度半，天气略同中国中部，山岭俊秀，海涛澎湃，有松竹芭蕉桃梨苹果葡萄之属甚伙。我住的旅馆建于一九〇九年，靠海，开窗登小月台上，波浪如在足下翻啸。事实上本是如此：近两日风暴颇大，海潮直袭屋基。初来时，颇虑涛声扰人，不能安眠，但两三日后，单调之“天籁”，却有催眠的功能。

离旅馆八秒许有硫泉。我们来此的主要原因，就在拿矿泉医治神经过劳。漪莲洗了十四次，我十五次。每次六分钟到十分钟，温度从三十五度到三十

① 今译雅尔塔。

② 今译索契。

一度。开始时时间少，温度高，越往后来，时间越加多，温度越减少。

我们每早五时起床，五时半同鲍夫妇[①]（从前在中国的，他们也住在这里，十二日往 Yalta 时，我将与鲍同伴）乘汽车往浴所，山中蛇道曲折，上面是险峻的山，下面是汹涌的海，约行半点钟，七时半返旅馆：这是甚［整］日最快活的时间。

我现在的精神很好。初来十日仅增一百格兰姆，第二个十天中（从九月十八到二十八日）却增了一千一百格兰姆（1.10kg）。漪莲目下身体不大好。医生说矿泉的功效，一两个月后才有表现。

我们本不愿要小孩子，漪莲却怀孕了，打胎已来不及，（从前已竟［经］打过，自然很伤母体。现在因她神经过弱，而且为时较久，医生不许）她这次又坚执不肯，听她罢。我一时还须留此，北返后，拟由德国寄去我和漪莲的像［相］片，你可转寄父亲，用慰老人。你给父亲信时，说我挂念他老人家，只有比前更甚，我事实上不能安慰他，劝他不要忧虑我，自己不要伤怀，中国革命局面一有变动——这是很快的——我便奔家省亲。

你为什么不给我信？我要你常常给我信，尽管很简单的，说明你的生活情形、工作和健康。你有什么困难时，务必告诉我。我的工作虽忙迫，但没有别的困难，且可设法帮助你。请你不断给我写信才是。要有什么事情不便直接寄我的，可寄德国，c/o frau Weitemeger，göttingen，friedländer weg 87 转，这是漪莲的母家。

祝你健康！

二兄镐

4/X，28

28. 武兆镐致武兆发（1928年11月25日）

季弟：

你的十一月一日的［信］我现在收到了。

① 似是鲍罗廷。

我晓得我们家庭的苦处，我晓得你用心的苦处，你把一副家庭重担放在一个人的肩上，使我能专心工作，我还有什么话说！

这套悲剧在中国是经常现象。我有你这弟弟，你有我这哥哥，我们从千辛万苦中打着进步，悲剧都不是悲剧了。从前马克思的儿死了，没钱购报；燕妮——马克思的夫人，在儿死两天后，在街上遇见旧同乡，才借得了几镑钱。马克思在工作中，生活时时发生恐慌。肉铺因为欠债太多，不再赊帐，马克思几礼拜不知肉味。他的儿女常向他说，爸爸镇［整］日工作培根，礼拜天你却是我们的。马克思每逢礼拜日携妻儿往伦敦外散步，不某［进］咖啡店小憩。一天马克思的上衣当去没钱赎，礼拜天不能外出。——马克思一生的事业没一点间断！就在这方面恩格斯也是他终生唯一的朋友。马克思没有兄弟。

……①

你的生活困难，我很能了解。你没有提到河南官费到否。河南款到，你有余力再往家中寄钱。河南款不到，或每年只到二三百元，你不要往家寄钱，使你自己没法生活。

漪莲从十月起，在国际中做技术书记，我们生活不惟不像从前支绌，而且每月可剩若干。暑间往南俄休息，化［花］的太多，到十二月起就可腾出一些（本月底才能把欠帐还清）。我们每个月便可往家中寄五十元中国钱。我在下月（十二月）十日先把钱寄往德国，候你寄来家中地址。我不特别费力，这点你放心。（请你即回快信告我地址）我现在写信安慰父亲，并附信催张凝。

请你注意健康!!

地址：

Mr. D. H. Petraschewski

Moscow

Twerskaja 36，Lux，298②

---

① 此处所谈为家务事，故略去。

② 该地址写在首页信纸的左边。

你的二哥镐

25/XI，28

亲爱的兆发！

我们勇敢的兄弟！收到这封信我们感到又悲伤又骄傲。难过是因为知道了这出家庭悲剧，骄傲是因为兆镐有你这样一个好弟弟。我们一直很内疚。现在我很高兴有了一份确定的工作，非常有趣，也非常受教育。不管怎样，一定注意健康！

嫂子漪莲

29. 武兆镐致武兆发（1929年3月29日）

季弟：

你三月十日信及转来父亲及坤英信及［各］一封，前日收到。昨今两日因心绪不爽，未往办事处。大哥噩耗是丧母后第一次大创，父亲年老思子，令我不忍卒读，一家人各有伤心处。我已有长信给父亲及坤英，并附有信封相片，他们伤怀太甚，总非几行书可以安慰，不过要多少好些。我此后将常作家书，或可减少些他们的不幸。弟思，一家人精神物质上的痛苦，我该负主要的责任，我很难使他们了解我，能了解我时，精神上的痛苦，他们或可减少些。他们却也不怨绝我，只怨自己顾虑我，我又不能减少他们的悲哀，这是我最痛心之处。

你回去以后，自然要好的多。不惟家中生活要改善些，父亲觉得有个儿子在跟前（即令不能常在面前），彩妹也多添生气，坤英有时也可诉诉心头，宗尧教育问题也可相当解决……①

你既九月间必须抵校，归途要看你课业结束的迟早而定。国内局面的变动，这时决难以之决定返国的路线。我们自然希望和你把晤一番（惟我们甚难往西欧）。如经由欧洲回国，须于七月初动身才好；由校至纽约及料理行装旅行手续约一星期，由纽至汉堡约八日，汉堡至柏林及在柏林停顿约三日，由柏林至莫及在莫少停一二日共约四日，由莫经哈尔滨、北

① 此处所谈为家务事，故略去。

京抵家（如途中无阻）约十四五日；以上共三十七日许，再在家停留十日许，由家抵某约三日。此是五十日，加以沿途少［稍］有担［耽］搁，或某城略参观一些，则抵校时已是八月底。惟究取何路，六月间你便可决定告我。如果经由西欧，我当须事前给你几个地址，以便到柏林时由友人带领参观等。（柏林我有个极好的朋友名邢宇清[①]，C. J. Hsing，地址：Berlin-Charlottenburg，Friedburg strasse 33Ⅲ，Bei Küche。但到了那时他或许有移动，再介绍别的同志）。

至由美直返便不必说了。如果经西欧，大行李可直寄交某校，随身只带旅行必需东西。由莫东返的旅费，我可以预备出来（因用外币换俄币容易，用俄币换外币极难，无论你旅费充裕与否，这样至少可以省下几元美金带回），这在我并不十分为难。

总之，家中极困难的境况是最后几年，此后已渐渐的过去了。无论情绪方面，经济方面，此后都添了不少生机。只要家中老幼此后能衣暖食饱，便可省无数烦恼。至于坤英欠王沟的二三百元之债，我已函告此小小数目勿庸紧压在心头，少缓时日，使可清债；三伯父家非恃此为生，便不是什么大不了的问题。譬如朱光彩在德尚欠我华币四百余元，在美亦有朋友欠掩弟债。所以我们欠某人几元几百元债，总不必因一时不能清偿，日夕为忧。

家中过去已是如此，事后徒悲，于事无补。你亦宜排遣一切，注眼在现在将来，考试能愈早完结愈好。惟健康是本钱，弟经二十六岁，宜思需要精力之来日方长，总不可只顾一时的“干”。

此复，即祝旅祺！

镐、漪莲

三月二十九日

① 生平待考。

Contents and Abstracts

Articles

Abstract: "Zhonghuaguozu" or the Chinese State-nation is a new, complex political concept, which was closely correlated with another concept, "zhonghuaminzu" or the Chinese Nation. This new concept derived from another concept that was seen in late Qing and early Republican era, "the State-nation". This new concept was first used in the late 1920s and 1930s, and was adopted by the draft version of the 1935 May Fifth Constitution. This article discusses the process in which this concept was formed, its various connotations, how it was adopted, and finally the different perspectives and disagreement among the high-ranked Nationalist elites when this concept was adopted by the draft version of 1935 Constitution. This essay will also analyze the mode of thought as represented by the Republican anthropologist RuiYifu whose writing represented the theory of "the Chinese state-nation".

Keywords: Chinese State-nation; Chinese Nation; May Fifth Draft Constitution; Sun Ke; Rui Yifu

The Dispute over Provincial System in Early Period of the Republic of China

Zou Xiaozhan / 036

Abstract: Starting from late Qing, the provincial system increasingly gained influence. It was the independence of provinces that marked the 1911 Revolution, or the Xinhai Revolution. The new Republic of China was a republic of all those independent provinces, and federalism was once a promising proposal of political constitution in the Republic of China. One of the ideological motivations of Xinhai Revolution was to reinvent politics in order to save the Chinese nation. As such, statism became very influential after the revolution. It was so powerful that statism and strong centralism became popular in public sphere. In this case, how to recreate those independent provinces, and how to adjust the relationship between the central and local governments, became the hot issues in the circles of politicians and intellectuals in the Republic of China. At that time, there was a serious lack of mutual trust among the major political powers. After the old imperial power collapsed, the new central power experienced difficulty in transforming itself from a power that relied on military power and autocracy into one that relied on law and order. This made it more difficult for the elites of the early Republican era to deal with the relationship between the central and local governments, especially on a provincial level. In fact, this became the important reason for the rise of local warlords in the following decade.

Keywords: The Early Republic; Provincial Power; Political Pattern; Military and Civilian Division; Elected Province Governor; Dissolution Rights of Provincial Parliament

A Study on the Identity Formation of the Qing Adherents

Guo Shuanglin　*Dong Xi* / 097

Abstract: The Xinhai Revolution in 1911 brought to an end of the dynastic history of China, and embarked on a new era of democracy and republicanism. The adherents of the Qing Dynasty, under the pressures from nationalism and democracy, desperately sought for the new identity and attempted to arouse self-consciousness among themselves as well. This was done through various cultural practices, including compiling martyrdom literatures, adherents' records, and the *Drafting History of Qing*. This article discusses the identity formation of the last generation of the Qing adherents amid the debate over what is old and what is new. This article tries to reflect the pain and complex transition from an imperial system to the republican and hopefully provides a new perspective for the study on the History of the Republic of China.

Keywords: Adherents of Qing Dynasty; Identity; *Martyrdom in Xinhai Revolution*; *Draft History of Qing*

Abstract: In early period of the Republic of China, Zhang Dongsun published a large number of political commentaries, including the nature of the congress and constitution, the system of presidential and cabinet, the jurisdiction of the president, the system of administrative judgment, budget system, federal system, and the local autonomous system, which made a considerable impact on the thought circle. However, these commentaries did not affect the realpolitik. Zhang felt disappointed about his early political career, and thought that it was impossible to set up the republic in China, for the reasons of political revolution too fast and social revolution too slow. So he turned his interests into the field of thought and culture. In 1917, he inherited *ShishiXinbao*, and set up Xinxuehui, and founded *Xuedeng*, *JiefangyuGaizao*, from a political commentator to an enlightenment thinker, and became an important representative in the May Fourth New Culture Movement.

Keywords: Zhang Dongsun; Early Period of the Republic of China; Political Criticism; Ideological Enlightenment

From the Media Perspective on the Argument of "Problems and Doctrines" and the Echo of *Xingqi Pinglun* and *Weekly Review*

Wang Tiangen / 170

Abstract: With the western ideology and culture entering into China, the carrier of consensus became more and more important, which involved the discourse of modern state, social and ideology. The Argument of "Problems and Doctrines", was related to Hushi'S attitude to two Principles of People´s Livelihood, one from Anfu group, another from Sun Yat-sen'S Three Principles of the People, both academy and politics. As the important consensus carrier, both the journal of *Weekly Review* in Beijing and the journal of *Xingqi Pinglun* in Shanghai, joined the argument.. This article discussed the analysis framework of consensus space, and its relationship with political agenda.

Keywords: Problems and Doctrines; *Weekly Review*; *Xingqi Pinglun*

Zhang Dongsun and the Problem of "The British Way" in the Debates on Socialism

Gao Bo / 184

Abstract: In the debates on socialism, a major theme was the comparison between the Russian Way and the British Way. Zhang Dongsun disagreed with the Russian bolshevism; in his view, it was not consistent with the May Fourth spirit of democracy and social reform. By contrast, he was more inclined to the British guild socialism. However, he also believed that the guild socialism was irrelevant to China, because there were lots of differences between China and British in terms of social and political conditions. As such, his approval of the guild socialism was more of a response to the pressure from the time ; this was a time when a new school of intellectuals must have his own doctrine and belief, so that this school would not be mistaken for a theory of promoting capitalism. Zhang'S argument for the British way in a way reflected the ideological and political dilemma of the middle-way intellectuals. This case also helps us understand the rise of the National Socialism in the 1920s. The historical memory of Zhang Dongsun as a guild Socialist should also be reconsidered in light of current discussion.

Keywords: the Debates upon Socialism; Zhang Dongsun; the Russian Way; the British Way; British Guild Socialism

Viewpoints

Frontiers

[英文译校：牛贯杰、冯森]

稿　约

一、《民国史研究》是中国人民大学民国史研究所主办的一份专业学术辑刊，是国内外民国史研究者发表研究成果的共同园地。

二、本刊为年刊，主要刊发关于民国时期（特别是北京政府时期）政治、经济、军事、外交、社会、民族、宗教、思想文化、社会风俗、学术动态等方面的研究成果。文章类别包括专题论文、论史札记、前沿动态、书评、序跋等，竭诚欢迎国内外学者赐稿。

三、来稿字数不限，请附以英文标题、摘要、关键词；为方便核对，请尽可能提供纸质和电子两种版本；本刊不退稿，请自留底稿。

四、来稿请用简化字，注释一律采用脚注。本刊采用社会科学文献出版社的注释体例，请各位作者投稿前参照改妥，并校订无讹。

五、本刊实行匿名评审制；作者应允许编辑人员对原文进行必要的文字修改，如不同意，请于来稿时说明。

六、来稿请写明作者真实姓名、出生年月、职称（职务）、工作单位、通讯地址、邮编、电子信箱，以便联系和刊用时使用。

七、请勿一稿两投，作者自寄出文稿之日起，三个月内未接到本刊通知，可自行处理。

八、来稿请寄：北京市海淀区中关村大街59号 中国人民大学历史学院 郭双林收。

邮编：100872

电子信箱：mgsyj_ 2017@ sina. com

图书在版编目（CIP）数据

民国史研究．第1辑/郭双林主编．--北京：社会科学文献出版社，2017.6
ISBN 978-7-5201-0688-7

Ⅰ.①民… Ⅱ.①郭… Ⅲ.①中国历史-研究-民国
Ⅳ.①K258.07

中国版本图书馆CIP数据核字（2017）第081408号

民国史研究 第1辑

主　　编／郭双林

出 版 人／谢寿光
项目统筹／宋荣欣
责任编辑／李丽丽　陆　彬

出　　版／社会科学文献出版社·近代史编辑室（010）59367256
地址：北京市北三环中路甲29号院华龙大厦　邮编：100029
网址：www.ssap.com.cn
发　　行／市场营销中心（010）59367081　59367018
印　　装／北京季蜂印刷有限公司

规　　格／开　本：787mm×1092mm　1/16
印　张：22　字　数：335千字
版　　次／2017年6月第1版　2017年6月第1次印刷
书　　号／ISBN 978-7-5201-0688-7
定　　价／79.00元

本书如有印装质量问题，请与读者服务中心（010-59367028）联系

版权所有 翻印必究